70

ゴジラ70年記念

テレビマガジン特別編集

ゴジラ大鑑

東宝特撮作品全史

KODANSHA

ゴジラ

本年（2024年）で70周年を迎える「ゴジラシリーズ」の第１弾で、世界的に高い評価を得ている東宝特撮映画の金字塔的な作品。円谷英二が考案した、大ダコが出現する「海底二万哩から来た大怪獣」に着目したプロデューサーの田中友幸が作家の香山 滋に原作を依頼。それをベースとした「G作品 検討用台本」が完成し、監督に本多猪四郎、特殊技術に円谷が抜擢されて怪獣映画『ゴジラ』が完成した。

『ゴジラ』
1954年11月3日公開 97分

STAFF
製作／田中友幸　原作／香山 滋　監督・脚本／本多猪四郎　脚本／村田武雄　撮影／玉井正夫　美術監督／北 猛夫　録音／下永 尚　照明／石井長四郎　音楽／伊福部 昭　特殊技術／圓谷英二　合成／向山 宏　美術／渡辺 明　照明／岸田九一郎　編集／平 泰陳

CAST
尾形秀人／宝田 明　山根恵美子／河内桃子　芹沢大助／平田昭彦　山根恭平／志村 喬　田辺博士／村上冬樹　萩原／堺 左千夫　南海汽船社長／小川虎之助　老いたる漁夫／高堂國典　山田政治／山本 廉　山田新吉／鈴木豊明　山田くに／馬野都留子　国会委員長／林 幹

大戸島での出現や放射熱線のシーンは、手踊り式のギニョールを使用。

東宝撮影所のNo.３～４（後のNo.５～６）ステージに国会議事堂などのリアルなミニチュアが組まれ、ゴジラの破壊活動が表現された。

ステージ内に臨時のセットプールが組まれ、東京上陸シーンを撮影。

ゴジラは東宝の専属俳優、手塚勝巳と中島春雄が演技を担当した。

ゴジラを倒すため、芹沢がオキシジェン・デストロイヤーを使用するシーンでは、科学者の苦悩と犠牲的精神も描かれた。

ゴジラスーツは２体製作され、１号スーツは上下に切断されて使用。

作品のキーパーソンである芹沢博士を、平田昭彦が見事に演じた。

軽く作られたという２号スーツではあったが、その重量は１００kg以上らしい。

国鉄線路や鉄橋の精巧なミニチュアでゴジラの巨大感を強調する。

群衆シーンが多く盛り込まれ、怪獣に対する恐怖感が表現された。

表皮に使用されたゴムは白で、油性塗料の上に水性塗料が重ね塗りされて茶色っぽいグレーの体色となる。

GODZILLA
KING OF THE MONSTERS !

『GODZILLA KING OF THE MONSTERS！』
1956年4月27日（米）、1957年5月29日（日本）
STAFF
監督・脚本・監修編集／テリー・O・モース　製作総指揮／ジョーゼフ・E・レヴィーン、テリー・ターナー、エドワード・バリソン　カメラマン／ガイ・ロー
CAST
スティーブ・マーティン／レイモンド・バー　ジョージ・ローレンス／ミケル・コンラッド

日本国内で大ヒットした『ゴジラ』は、内容の斬新さや映像のレベルの高さから海外の映画関係者に注目され、追加撮影と再編集によって『怪獣王ゴジラ』が完成。海外版として日本に逆輸入されることとなる。

空襲をイメージしたような東京各地での火災シーンは、目を見張るほどの完成度である。

怪獣王 **ゴジラ**

身長／50m　体重／2万t　演技者／手塚勝巳、中島春雄

200万年前、ジュラ紀から白亜紀にかけてまれに生息していたと推測される、海棲爬虫類から陸上獣類への進化途上である巨大生物。その一部が大戸島近海で生き永らえていたらしく、伝説の怪物として恐れられていたが、度重なる水爆実験によって生活環境を破壊され、東京へと上陸した。その性質はかなり獰猛で凶暴。

光には敏感らしく、ライトなどを当てられると凶暴性が増して襲ってくる。

顎力

凄まじい怪力を誇り、脱線した東海道線の車両を咥え上げ、遠方へと放り投げてしまう。

放射熱線（白熱光）

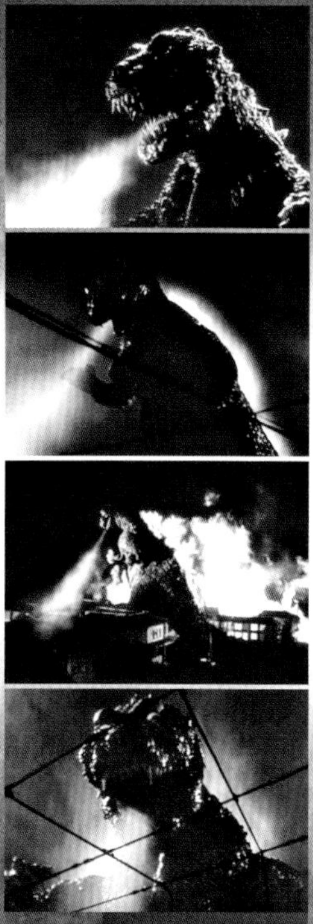

背びれを強く発光させながら口から高熱の光を放射する戦力。水爆のエネルギーを有しているらしく、有刺鉄条網の鉄塔をも一撃で溶解した。

尾力

尻尾を勢いよく振り回し、品川駅構内の建造物を蹴散らし、銀座のビルや鉄塔も破壊した。

大戸島

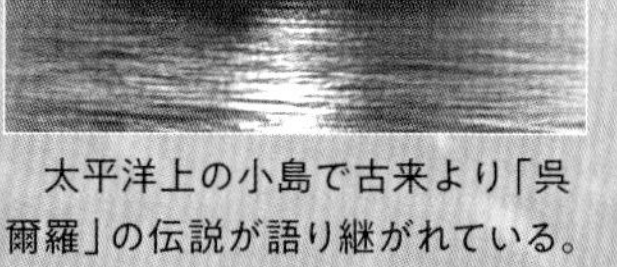

太平洋上の小島で古来より「呉爾羅」の伝説が語り継がれている。ゴジラが上陸し、大被害を受けた。

鉄条網に流れる５万Ｖの電流をものともせず、有刺鉄線を簡単に引きちぎってしまう。

全身に漲る怪力と頑強な表皮を生かした進撃力で、建造物を次々となぎ倒しながら都心を蹂躙する。

芝浦沖から移動して再上陸。新橋から銀座周辺、国会議事堂、テレビ塔などを破壊した。

ゴジラは単なる〝凶暴な生物〟ではなく、生物の枠から外れた存在と言える。

燃え盛る炎にも怯まず、破壊活動を続けながら東京都内を突き進んでいった。

ストロンチウム90の検出によって極めて多量の放射能を浴びていることが確認された。

ジェット戦闘機・F-86Ｆのミサイル攻撃もまったく受け付けない防御力を誇る。

腕の力も凄まじく、平河町のテレビ塔に右手をかけて激しくゆすり、土台からなぎ倒してしまった。

水爆の放射能による影響で肉体における著しい変異が促進され、驚異的な能力が付与された。

上野や浅草を次々と火の海にして南下。勝鬨橋を破壊した後、再び東京湾へと消えていった。

ゴジラを目撃した者たち

突如、海底から出現した大自然の怒りの象徴のような巨大生物「ゴジラ」。その姿を目撃し、様々な立場で向き合う人間たち。彼らは〝戦争〟にも似た〝強大な災害〟に敢然と立ち向かっていった。

芹沢大助

27歳の優秀な薬物化学者。恵美子の婚約者的な人物だったが、戦争で顔に傷を負ってからは周囲と距離を取るようになり、1人で研究に没頭していた。

オキシジェン・デストロイヤーを開発したが、悪用を恐れる。

恵美子を思い続けていたため、彼女のために密かに身を引いた。

山根恵美子

父の助手も務める22歳。秘密にする条件で芹沢からオキシジェン・デストロイヤーの秘密を教えられるが、ゴジラの被害を見かねて尾形に打ち明けた。

ゴジラを倒すために自分を犠牲にする芹沢を、心から案じていた。

芹沢を兄のように慕っていたが、その愛情は尾形に向いている。

尾形秀人

南海汽船の子会社、「南海サルベージK.K.」の若き所長である27歳の青年。大戸島調査団にも潜水作業の専門家として参加し、ゴジラを目撃した。

旧友である芹沢にオキシジェン・デストロイヤーの使用を迫る。

恵美子とは恋人関係にあるが、彼女の父・山根には公言していない。

南海汽船社長

南海汽船の社長。所有する「栄光丸」沈没の報を受けて海上保安庁に赴き、乗組員の安否を気遣う。

萩原

毎朝新聞の記者で年齢は28歳。大戸島で山田政治を取材。調査団にも同行してゴジラを撮影する。

田辺博士

大戸島災害調査団の団長を務め、ガイガーカウンターを用いて放射線を測定した、衛生研究所の所員。

山田新吉

大戸島に住む17歳の少年。兄の政治と母がゴジラの襲撃で死亡したため、尾形に引き取られた。

山田政治

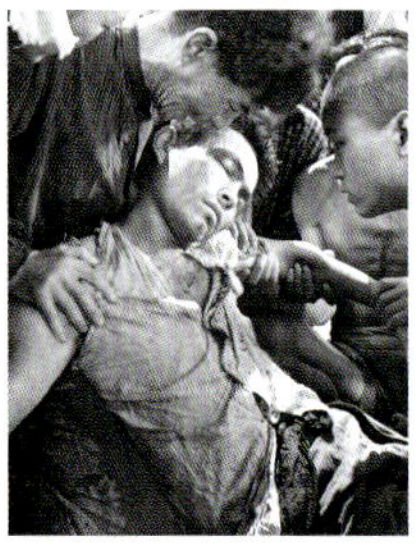

大戸島の漁師で24歳の青年。漁の最中に備後丸の船員を助けるも、謎の閃光を浴びて被害を受けた。

老いたる漁夫

大戸島の長老的な人物で、新吉と共に政治の筏を発見。ゴジラの伝説に詳しく、萩原に語った。

制服の少女たち

ゴジラの破壊活動で被害を受けた人たちの心を和ませるため、美しい歌声を聴かせた合唱団。

国会委員長

大戸島関連の公聴会や国会の専門委員会で議事進行を務める人物。興奮する議員たちをなだめた。

山田くに

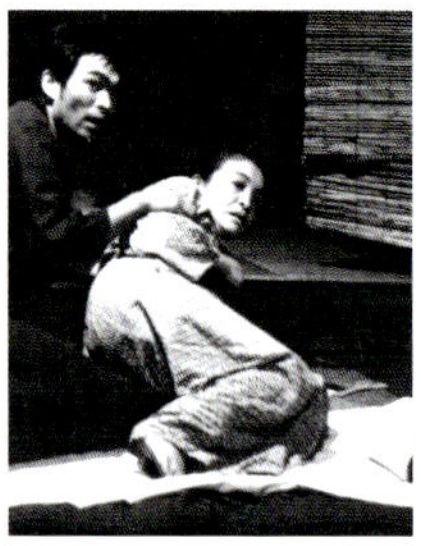

政治と新吉の母で48歳。嵐の夜、大戸島に上陸したゴジラによって自宅が倒壊し、命を落とした。

山根恭平

北京大学で教授を務めていた、55歳の古生物学者。学問一筋でゴジラの生命の秘密が最大の関心事だったが、東京の惨劇を目撃してからは考えを変えた。

芹沢の化学に対する才能を誰よりも認めており、評価していた。

大戸島で古代の甲殻類・トリロバイト(三葉虫)を発見し、興奮。

ゴジラ対抗防衛装備

ゴジラの本土上陸を阻止するため、サンフランシスコ平和条約によって主権を回復した日本が、使用することとなった防衛装備群。1954年当時としては、かなりの攻撃力・破壊力を有していた。

F-86F セイバー

ノースアメリカン社が開発したジェット戦闘機。空対空ミサイル弾を搭載。

フリゲート艦隊 くす型護衛艦

大戸島の海中に潜んでいるゴジラに、強力な爆雷攻撃を敢行した艦船群。

ブローニングM1917 水冷式重機関銃

口径7.62㎜の機関銃。上陸したゴジラを有刺鉄条網付近で攻撃した。

ブローニングM1919A4 空冷式重機関銃

銃身を24インチとし、緩衝装置の追加や照星の位置変更を施された銃器。

M24軽戦車 チャーフィー

アメリカが製作した軽戦車で、当時は「特車」と呼称されていた。京浜国道を進撃するゴジラ攻撃に使われた。

12.7㎜重機関銃M２や7.62㎜機関銃M1919も搭載する。

40口径75㎜戦車砲M６で、ゴジラに総攻撃を仕掛けた。

防衛隊

海上保安庁と並行して存在した保安庁・警備隊が海上自衛隊に改組。同時に保安庁・保安隊が陸上自衛隊となり、さらに新設された航空自衛隊がゴジラ対策用に統合された組織。

野戦救急車 ダッジWC-54

有刺鉄条網や鉄塔の建設などに使用された、攻撃バックアップ用車両。

トラッククレーン

施設科に配備される装備で、通常のトラックにクレーンを架装した車両。

モーターグレーダー

建設機械の一種で、整地用途に使用される自走式の産業用車両である。

13t牽引車M5

155㎜りゅう弾砲M１及び155㎜加農砲M2の牽引用として配備された。

芹沢は、自らの死とともに薬剤の製造法を葬る覚悟を決めていたらしい。

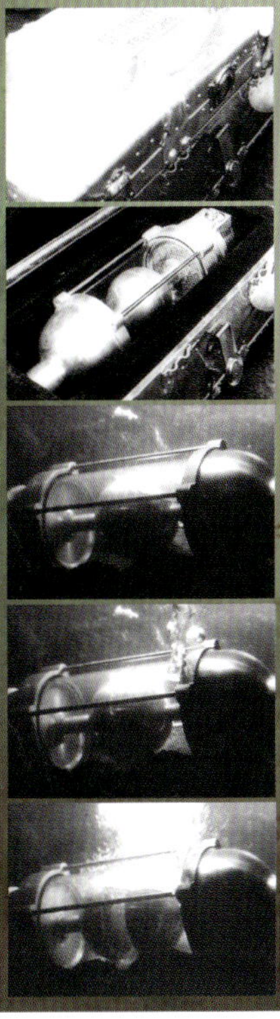

海中に潜った芹沢が薬剤の入ったカプセルを直接操作し、ゴジラを完全に消滅させてしまった。

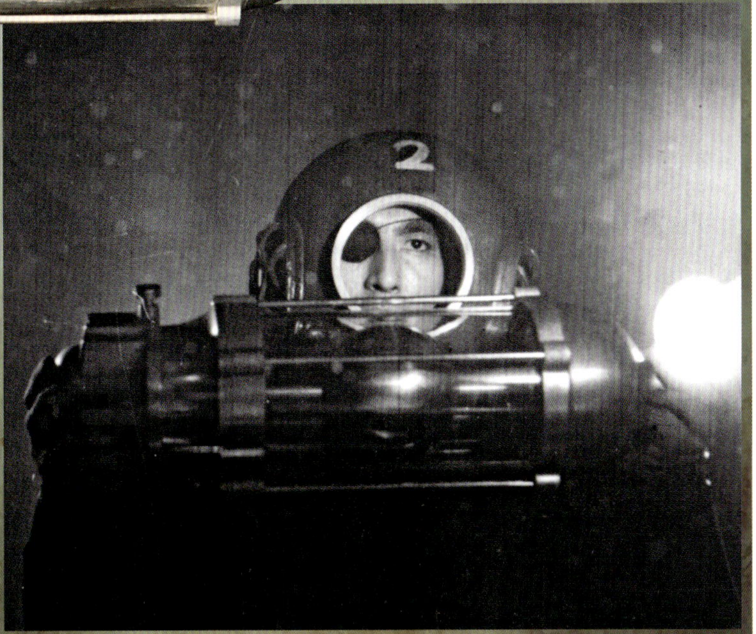

オキシジェン・デストロイヤー

芹沢大助が酸素というものをあらゆる角度から研究しつくした結果、偶然に発見した膨大なエネルギーを生み出す薬剤。電磁的に反応させることによって、東京湾内の酸素を一瞬で破壊しつくし、水中の全生物を窒息死、分解する。

海上保安庁

1948年に設立された保安庁の組織。海洋秩序の維持や事故への対策が主任務。大戸島の事件調査やゴジラへの最終作戦などで活躍した。

ちふり型巡視船 しきね

大戸島へ調査団一行を運んだ中型の巡視船。東京湾ではゴジラ攻撃用の母艦として使用した。

オキシジェン・デストロイヤーを使用するため、尾形と芹沢も乗船。

H-19 はつかり

萩原が大戸島に向かう際に搭乗した大型ヘリコプター。ゴジラに踏みつけられ、大破する。

①小笠原諸島近海を航行する栄光丸の甲板にいた船員が、強烈な閃光を目撃する。

②次の瞬間、栄光丸は海中に没し、救助に向かった貨物船や漁船も行方不明になった。

③漁船の乗組員だった山田政治だけが大戸島に漂着し、何かの存在を告げて気絶した。

④大戸島調査団が結成され、山根恭平博士や娘の恵美子、恋人の尾形秀人らが参加する。

⑤島に到着した山根は、巨大な足跡や絶滅したはずのトリロバイトを発見して興奮。

⑥その後、八幡山の尾根の向こうに巨大な生物が頭をもたげ、咆哮するのを目撃する。

⑦国会に出席した山根は、巨大生物を大戸島の伝承に基づいて「ゴジラ」と仮称する。

⑧大戸島近海にフリゲート艦隊が派遣され、ゴジラへの水中爆雷攻撃が開始された。

⑨ある夜、東京湾を周遊する納涼船の乗客たちが、海上から出現したゴジラを目撃。

⑩兄のように慕う芹沢大助を訪ねた恵美子は〝ある恐るべき実験〟を見せられた。

⑪ついにゴジラが上陸。品川運転所と八ツ山橋跨線橋を破壊して東京湾に去っていく。

⑫ゴジラを研究したい山根博士とゴジラの撃滅を主張する尾形の間で、対立が発生。

⑬再びゴジラが上陸。５万Ｖの電流が流れる鉄条網に接触したが、びくともしない。

⑭芝浦付近から新橋、さらに銀座へと進撃し、日本を代表する繁華街を破壊していった。

⑮口から放射熱線を勢いよく吐き出し、巨大な建造物を破壊。周囲を火の海に変える。

⑯松坂屋や、和光ビル、日本劇場などもゴジラの餌食となり、人々は恐れ戦く。

⑰対策本部が置かれたビルや国会議事堂も破壊され、日本の中枢が機能を失っていく。

⑱平河町のテレビ塔では、ＭＳ短波無線機による実況中継が続けられていた。

STORY

日本近海で船舶の沈没事件が多発し、大戸島も何者かの蹂躙で被害を受ける。政府は調査団派遣を決定し、古生物学者の山根恭平博士や娘の恵美子、南海サルベージＫ.Ｋ.の尾形秀人が大戸島へ上陸。前世紀の巨大生物を目撃する。その後、ゴジラは２度に亘って東京に現れ、都市を完全に破壊しつくして海へと消えた。被害者の姿に心を痛めた恵美子は、兄のように慕う芹沢大助から見せられた酸素破壊剤・オキシジェン・デストロイヤーの秘密を尾形に話し、２人で芹沢を説得。一旦は協力を断った芹沢だったが、心を動かされてオキシジェン・デストロイヤーの使用を承諾。自ら海底に潜って薬剤の入ったカプセルを起動させてゴジラを葬り、同時に自決を遂げてオキシジェン・デストロイヤーを永遠に封印するのだった。

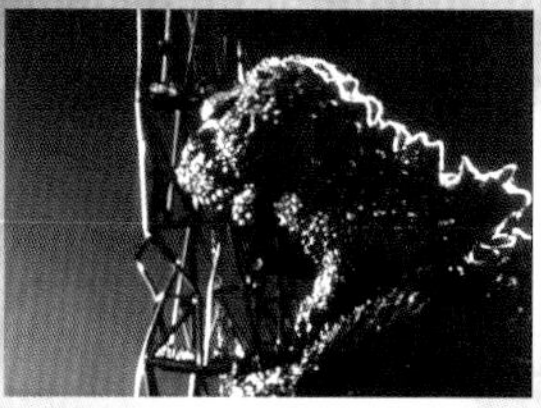

⑲ゴジラはカメラのフラッシュに刺激され、テレビ塔を摑んで一気になぎ倒した。

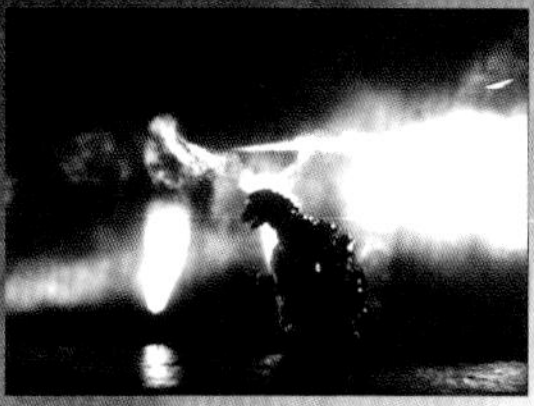

⑳防衛隊のＦ-86Ｆ戦闘機が追撃を試みるも、ゴジラはそれを振り切って海中へ姿を消す。

㉑ゴジラの破壊行動によって多くの人々が被災し、同時に放射線汚染も拡がる。

㉒恵美子は臨時救護所で被災者の救護に当たっていたが、その凄惨な光景に心を痛める。

㉓芹沢の開発したオキシジェン・デストロイヤーの実験を思い出し、尾形に伝える。

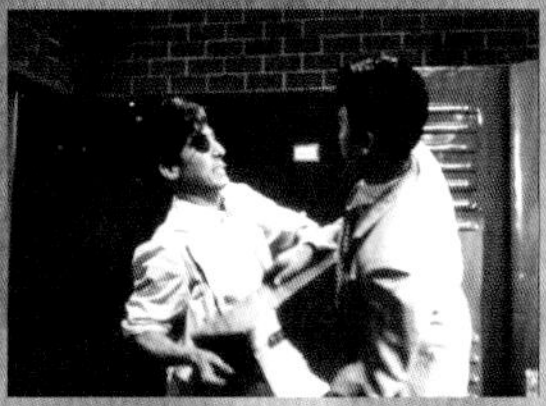

㉔芹沢は、オキシジェン・デストロイヤーの使用を断固として拒絶し、尾形と対立。

㉕少女たちの「平和への祈り」の斉唱に心を動かされた芹沢は、薬剤の使用を了承する。

㉖ゴジラに対し、オキシジェン・デストロイヤーを使った殲滅作戦が計画される。

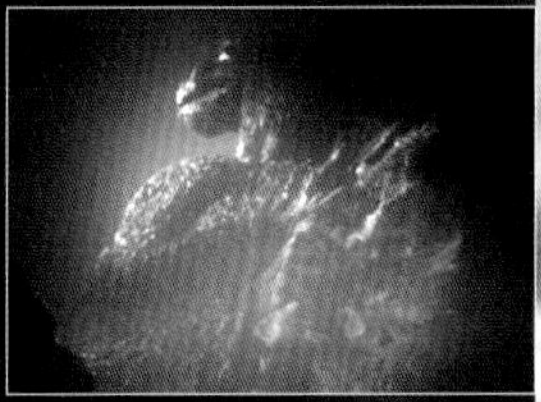

㉗ガイガーカウンターによって、東京湾に潜むゴジラの所在がつきとめられた。

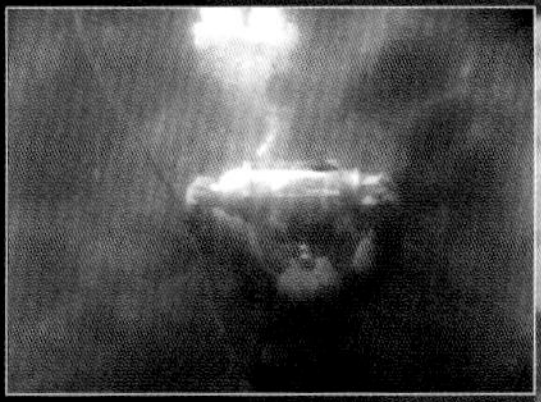

㉘芹沢が水中でオキシジェン・デストロイヤーのカプセルを起動させ、薬剤を放出する。

㉙薬剤の影響で水中の酸素が一瞬のうちに破壊され、ゴジラは激しく苦しみだす。

㉚ゴジラは海上へと現れて大きな断末魔を残し、再び東京湾へと沈んでいく。

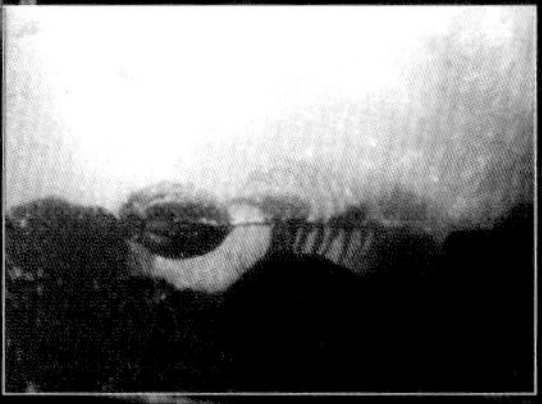

㉛ゴジラは命を失い、その死骸は溶解して骨となる。さらに泡と化して海底に消えた。

㉜芹沢は潜水服のエアパイプを切断して命を絶ち、薬剤の秘密を永遠に封印する。

ゴジラの逆襲

『ゴジラの逆襲』
1955年4月24日公開　82分

STAFF
製作／田中友幸　原作／香山 滋　監督／小田基義　脚本／村田武雄、日高繁明　撮影／遠藤精一　美術監督／北 猛夫　録音／宮崎正信　照明／大沼正喜　音楽／佐藤 勝　特技監督／円谷英二　合成／向山 宏　美術／渡辺 明　照明／城田正雄　撮影助手／有川貞昌　他　光学撮影／荒木秀三郎

CAST
月岡正一／小泉 博　山路秀美／若山セツ子　小林弘治／千秋 実　山根博士／志村 喬　田所博士／清水将夫　山路耕平／笠間雪雄　芝木信吾／沢村宗之助　寺沢／恩田清二郎　田島／土屋嘉男　井上やす子／木匠マユリ　大阪防衛隊隊長／山田巳之助　池田／山本 廉

『ゴジラ』のヒットを受けて製作された本作は、わずか半年弱のインターバルで公開された、完全な続編（または後編）。原作者・香山 滋が考案したドラマの重点は「ゴジラ殲滅の決定打となる装置〝オキシジェン・デストロイヤー〟と、開発者の芹沢大助を失った人類がいかにしてゴジラに対抗するのか？」である。ゆえに新怪獣・アンギラスの存在は、作品を世間にアピールする対抗馬的な存在で、ゴジラとの死闘は、ドラマ前半のピークといったバランスの仕上がりとなっていた。

本作は完成したばかりで600坪の広さのNo.８ステージで撮影。

２大怪獣の激突は、まさに「野獣同士」の争いとして演出された。

四足歩行で身軽という特徴を、演者の手塚勝巳が体を張って表現する。

スピーディーな動きを表現するため、低速度撮影やコマ落としが多用された。

多くの美大生が招集され、約２ヵ月の作業で大阪市街のセットが作り上げられた。

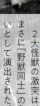

両雄が相手の喉笛を狙う攻撃に終始している点が、戦いの緊張感を高めている。

格闘シーンを演出するため、スーツの軽量化やフィット感に力点が置かれた。

動きのテストを兼ねて撮影された1枚で、この後、スーツが修正される。

一方、本編では若者たちの恋愛要素が、前作以上に取り入れられていた。

月岡正一の使命感や小林弘治との友情もドラマに重厚感を与えた。

激突する２大怪獣の手前にある川と橋が、巨大感と奥行きを強調している。

アンギラスの特徴の軽快な動きを表現するための宣伝用スチール。

〝青春映画〟のようなイメージで撮影されたスチール。このようなシーンは存在しない。

本作でも、観客に内容をイメージさせる宣伝用スチールが多く作られた。

「ゴジラ」のスチールにアンギラスの粘土原型の写真を組み合わせた１枚。

特撮班によって怪獣の躍動感溢れるシーンが多く撮影された。

中島春雄（ゴジラ）と手塚（アンギラス）の派手な格闘戦も本作の魅力。

怪獣王 ゴジラ

身長／50m　体重／2万t
演技者／中島春雄

岩戸島で目撃された２頭目のゴジラで、初代同様の凶暴性と戦闘力を有している。フォルムは１頭目よりも細身な印象で、動きもより素早いように見受けられる。大阪湾から上陸し、市街でアンギラスと激闘を繰り広げた後に北海道沖の神子島へ渡った。

放射熱線（白熱光）

大量の放射線を帯びた熱線を、口から勢いよく放ち、一撃で戦闘機をも撃墜する。

尾力

大阪湾に設置されていた灯台を、尻尾の一撃によって簡単に捻じ曲げてしまった。

ロケット弾の直撃を受けてもまったく怯まず、進撃を続けて建造物を破壊する。

岩戸島

大阪からそう遠くない太平洋上の孤島。海洋漁業パイロットの小林が不時着し、月岡が救助した。

岩戸島で目撃されたゴジラとアンギラスは、激しい戦いの末に海中へと没した。

海中を素早く泳いで移動し、突然、大阪湾にその巨体を現した。

光に反応する特性を利用し、自衛隊の照明弾で外海へと誘導されたが。

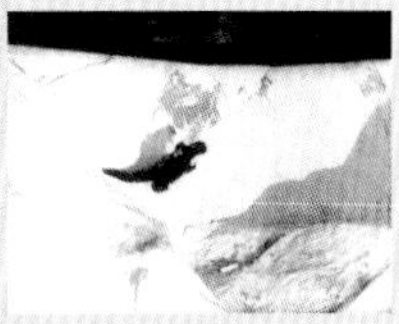

セスナ機でゴジラを捜索していた小林によって発見される。

上陸部隊の火炎作戦により、ゴジラは神子島に足止めとなる。

ゴジラの周囲は雪と氷塊に包まれ、雪崩が起きる状況下にあった。

大量の雪と氷塊に埋まったゴジラは、身動きが取れない状態に。

アンギラスの強烈な突進を受け止め、一気に押し返すほどの怪力を身につけていた。

全体的に肩幅が広く、首が細く長い。尻尾の先が尖っていることも特徴。

好戦的な性質で、大阪へ上陸早々、アンギラスと戦闘を展開して防衛隊員や一般府民を恐怖に陥れる。

雪崩に埋まったことで冬眠状態となり、７年間、行方不明となる。

大阪から姿を消した後、北海道沖、千島列島の神子島に現れ、防衛隊と戦闘。

周囲の建造物などを次々と突き崩しながら、アンギラスへの凄まじい攻撃を繰り返していく。

防衛隊機が発射したロケット弾で雪崩が発生し、ゴジラの巨体は雪と氷の中に沈む。

暴竜 アンギラス

身長／60m　全長／100m　体重／3万t　演技者／手塚勝巳

1億5000年前から7000万年前の中生代白亜紀に生息していた恐竜アンキロサウルスの生き残りが、水爆実験の影響で突然変異を起こして怪獣化。体の各部に脳が分散しているため、動きが素早い。

全身を覆う表皮と背中の甲羅は凄まじく頑強で、ロケット弾の直撃を受けても傷つかない。

凶暴な性質で、他の生物に対して激しい闘争本能を抱き、襲い掛かる。

体長が約10倍も巨大化しており、生態も草食から肉食へと変わっていた。

口の鋭い歯で敵を噛み砕き、頭頂部に生えた数本の角で体を貫いて倒す。

大阪城付近でゴジラと対決。敵の放射熱線にも完璧な防御を見せた。

戦闘時は２本足で立ち上がり、敵からの攻撃に備えた体勢を取ることもあった。

背中の甲羅には無数の鋭い棘が生えており、敵の体に突き刺して倒す。

大阪までゴジラを追跡して襲い掛かるも、返り討ちに遭って絶命する。

大阪港から工業地帯、中之島で戦う両者。ついには大阪城の公園にまで至った。

攻撃の際、頭部を大きく回して敵を挑発するさまは、獰猛そのものである。

2大怪獣が巻き起こす〝災禍〟に挑む人々

大阪でゴジラとアンギラスの激突による被害に遭遇。その後、北海道で再びゴジラと対峙することとなった人々。それぞれの立場で強敵に立ち向かい、平穏を勝ち取ろうとする。

月岡正一

海洋漁業ＫＫに所属するパイロットで、セスナ機を操縦して海上の魚群を発見し、社の船舶に知らせることが職務。

太平洋戦争では海軍雷撃隊の一員で、ゴジラ討伐の防衛隊の飛行部隊にも参加。

山路秀美

海洋漁業ＫＫの無線係で、同社社長の娘。月岡とは周囲公認の婚約関係で、愛を育んでいた。温和な性格の女性。

職務終了後は、月岡と食事やダンスを楽しむ。社長令嬢だが謙虚なタイプ。

小林弘治

月岡の同僚パイロットで北海道大学の同窓生。ゴジラの熱線を浴び、その影響で神子島の山腹に激突して死亡する。

陽気な性格。北海道支社で嫁探しを宣言。「花婿さん」のあだ名をつけられた。

井上やす子

海洋漁業ＫＫで無線係を担当していた女性。友人である秀美と月岡の仲を見守り、時には揶揄《からか》ったこともある。

明るいタイプで関西弁を話す。小林の緊急通信をキャッチし、月岡に知らせた。

山根博士

ゴジラ対策のため、大阪へ招かれた古生物学者。照明弾による誘導を提案する。

田所博士

ゴジラの対策本部に呼ばれ、アンギラスの生態などを解説した動物学者。

山路耕平

海洋漁業ＫＫの社長。ゴジラとアンギラスの上陸で缶詰工場が大打撃を受ける。

芝木信吾

海洋漁業ＫＫの北海道支社長。小林を信頼し、魚群探査の仕事を一任していた。

寺沢

防衛隊の幹部。海軍雷撃隊時代は月岡の上官を務めていた。部下を思いやる人物。

田島

北海道大学出身で月岡の学友。防衛隊の隊員としてゴジラ討伐の指揮を執った。

池田

防衛隊の隊員で月岡の戦友。舟艇隊を指揮し、ゴジラを神子島で足止めする。

大阪警視総監

対策本部での会議を主催。山根博士から2体目のゴジラの存在を聞き驚いていた。

防衛隊装備

ゴジラとアンギラスに対する攻撃に投入された兵器群。その性能を最大限に生かして巨大な敵に立ち向かうも、十分な成果を得られない装備もあった。

T-33A練習機

複座式のジェット練習機。神子島にいるゴジラの付近に爆弾を投下。雪崩を起こす作戦に使われた。

F-86Fセイバー戦闘機

神子島でのゴジラ討伐作戦に運用。山肌をロケット弾で爆破し、人為的な雪崩を発生させた。月岡も搭乗。

24連装ロケット砲車

３軸シングルキャブ型の軍用トラックに24連装ロケット砲を搭載した兵器。20㎞の有効射程距離を有する。

上陸用舟艇

神子島でのゴジラ討伐作戦に使用。ガソリンが詰まったドラム缶を仕掛けて爆破した。

あさかぜ型護衛艦

北緯三四度三〇分、東経一三四度五〇分で捕捉されたゴジラを確認するために急行した。

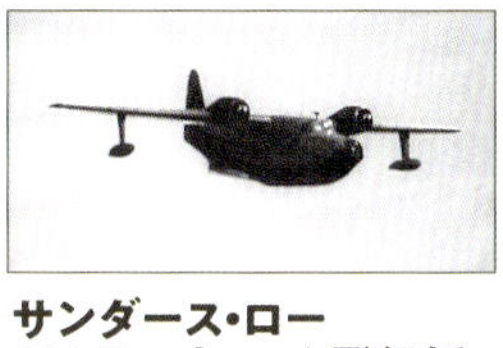

サンダース・ロー S36 ラーウィック飛行艇

ゴジラ捜索隊に投入された、英国製の飛行艇。洋上偵察機兼哨戒機として使われる。

M24軽戦車

40口径75㎜戦車砲Ｍ６や、12.7㎜重機関銃Ｍ２を装備。大阪で２大怪獣への攻撃を実施。

その他車両

大阪市内で運用されている、民間の車や警察関係の車など。それぞれの目的に応じて使われていた。

囚人護送車

ゴジラの大阪上陸に際し、刑務所の囚人を安全な場所へ移送する目的で使われた。

タンクローリー

いすゞ・ＴＸ型の移動タンク貯蔵所車両。囚人たちに奪われ、最後は爆発・炎上した。

パトロールカー

大阪府警が使用していた車両で、ゼネラルモーターズ製のシボレースタイルマスター。

海洋漁業KK所有装備

缶詰に使用する魚群を探し、その位置を知らせるためのセスナ機と、実際に魚を捕獲するための大型船舶である。

セスナ170

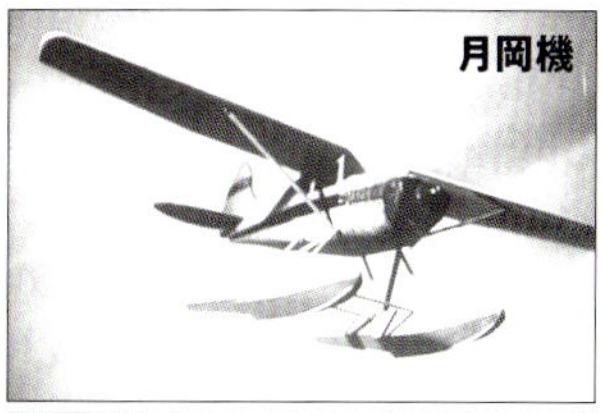

セスナ社が開発した軽飛行機。最大速度は230㎞／ｈで、950㎞の航続距離を誇る。海洋漁業ＫＫは２機を所有していた。

第三国竜丸

北緯三四度、東経一三六度に存在する鰹の大群を求め、全速で指示された地点へと向かった。

北海丸

小林機からの指示で、北緯四二度、東経一四六度で発見された鱈の大群を追う、北海道支社管理の船。

①魚群を求めてセスナ機を飛ばす月岡が、本社に状況を連絡する。

②そんな時、同僚・小林のセスナ機がエンジントラブルを起こした。

③知らせを聞いた月岡は、不時着した小林を救出するため、岩戸島へ向かう。

④2人は、岩戸島で激突するゴジラと正体不明の怪獣を目撃する。

⑤月岡らの証言で、新たな怪獣が凶暴なアンギラスであると判明。

⑥ゴジラ対策に招かれた山根博士は、有効な防衛手段がないと告げた。

⑦月岡と秀美は、大阪がゴジラによって壊滅しないかと恐れる。

⑧田所博士はゴジラが紀州および紀伊水道沿岸に上陸すると予想。

⑨海洋漁業ＫＫは、最重要漁区がゴジラの被害に遭わないかと悩む。

⑩ゴジラが進路を変えたことで、月岡と秀美はダンスを楽しむが。

⑪ゴジラが大阪湾内へ侵入。防衛隊による誘導作戦が実施された。

⑫同時刻、市内では護送車で移送中だった囚人が集団脱走を企てる。

⑬タンクローリーを奪って逃げた囚人が事故を起こし、火災が発生。

STORY

海洋漁業ＫＫの魚群探査機パイロット・月岡正一は、セスナ機の故障で不時着した同僚・小林弘治の救助で岩戸島へ向かい、そこで第2のゴジラと謎の巨大怪獣が激突する様を目撃する。数日後、ゴジラの対策本部会議に出席した2人の証言から、ゴジラと対決していた怪獣がアンギラスであることが判明。その後、ゴジラは大阪湾に出現。照明弾に誘導されて一旦は外海へ向かうも、市内で発生した大火災の光に反応して上陸。その後を追ってきたアンギラスと激闘を繰り広げて勝利し、同時に大阪を徹底的に破壊した。その後、海洋漁業ＫＫは北海道支社へ拠点を移すも、そこに再びゴジラが出現。小林はゴジラを足止めしようとしたが、放射熱線を浴びて神子島の山肌に激突し、命を失う。それを見た月岡は爆撃で雪崩を起こす計画を考案。防衛隊に参加して作戦を決行し、ゴジラを大量の雪と氷塊で生き埋めにするのだった。

⑭炎の光に反応したゴジラが大阪港に上陸。防衛隊の攻撃が始まる。

⑮ゴジラの後を追うように、アンギラスまでもが大阪に現れた。

⑯２大怪獣が暴れた影響で、海洋漁業KKの本社工場が壊滅状態に。

⑰淀屋橋付近ではビルが倒壊。川の水が溢れ、地下鉄に流れ込む。

⑱構内にいた３人の囚人は濁流に巻き込まれて行方不明となった。

⑲大阪城での激闘で、ついにゴジラがアンギラスの息の根を止める。

⑳戦いを終えたゴジラは海へ去るも、大阪の街は焦土と化した。

㉑操業不能となった海洋漁業KKは、活動拠点を北海道に移す。

㉒月岡と秀美が北海道支社を訪問。歓迎の宴会が開かれることとなる。

㉓料亭で月岡は、海軍雷撃隊時代の仲間だった防衛隊の隊員と再会。

㉔ゴジラが現れ、小林は想いを寄せる女性の写真を残して飛び立つ。

㉕月岡は海上のゴジラを発見するも、機の燃料がつきかけていた。

㉖月岡に代わって、小林が神子島に上陸したゴジラの監視を行う。

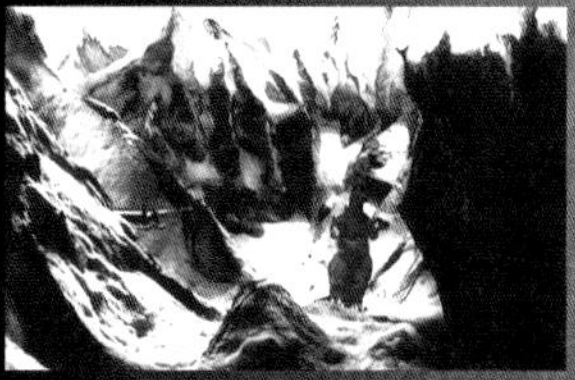

㉗海へ向かうゴジラを足止めするため、小林機が接近を試みた。

㉘放射熱線の犠牲となった小林機が、ゴジラ討伐のヒントとなる。

㉙秀美は、小林と女性の写真を机に並べ、悲しみに暮れていた。

㉚月岡は防衛隊の田島に頼み、ゴジラ討伐のための攻撃に参加する。

㉛上陸用舟艇で神子島にガソリン入りのドラム缶が持ち込まれた。

㉜ガソリンの爆発によって、ゴジラは神子島に足止め状態となる。

㉝神子島の山肌めがけ、防衛隊の戦闘機がロケット弾を発射する。

㉞神子島全体に雪崩が発生し、ゴジラは雪と氷塊の中に消えた。

㉟月岡の活躍でゴジラは生き埋めとなり、小林の無念は晴らされる。

キングコング対ゴジラ

『ゴジラ』、『ゴジラの逆襲』のヒットがありながらも、安易な続編の製作には消極的だった東宝。しかし、その興行力ゆえに海外プロダクションからのタイアップ企画が多く舞い込んだことと、東宝創立30周年のタイミングが重なり、ゴジラは復活することとなった。それが、米国の人気キャラクターとタッグを組んだ超大作映画『キングコング対ゴジラ』である。関沢新一の陽性で柔軟な内容の脚本、本多猪四郎の真摯な演出、円谷英二の優れた特撮技術によって本作は大ヒット。国内で1255万人の観客動員を得て、後々まで続くシリーズの方向性を確立した。

日米の協議により、ゴジラとキングコングの「両雄並び立つ」演出が意識される。

『キングコング対ゴジラ』
1962年8月11日（日本）、1963年6月3日（米）公開 97分（海外版・91分）

STAFF
製作／田中友幸　監督／本多猪四郎　脚本／関沢新一　撮影／小泉 一　美術／北 猛夫、安倍輝明　録音／藤好昌生　照明／高島利雄　音楽／伊福部 昭　特技監督／円谷英二　合成／向山 宏、三瓶一信　美術／渡辺 明　照明／岸田九一郎　撮影／有川貞昌、富岡素敬

CAST
桜井 修／高島忠夫　古江金三郎／藤木 悠　多胡部長／有島一郎　藤田一雄／佐原健二　桜井ふみ子／浜 美枝　たみ江／若林映子　東部方面隊総監／田崎 潤　重沢博士／平田昭彦　通訳コンノ／大村千吉　部族長／小杉義男　チキロの母／根岸明美　チキロ／平野治男　祈祷師／沢村いき雄　牧岡博士／松村達雄　大貫博士／松本染升　第二新盛丸船長／田島義文

※モノクロの写真は当時の資料を使用しています。

キングコングは広瀬正一、ゴジラは中島春雄と一部を手塚勝巳が担当し、激しいアクションを演じた。

東宝撮影所のNo.8ステージに広大な特撮セットが組まれ、2大怪獣の激突シーンが撮影された。

格闘シーンもこれまでよりも激しくなり、子供だけではなく大人の観客も大いに興奮させる。

操演によって、演者の入っていないゴジラのスーツを投げ飛ばす。

山肌を滑り降りるシーンでは、ミニチュア人形が使用された。

身軽なキングコングと重厚なゴジラの動きで2体の違いを表現。

作品内ではキングコングが善、ゴジラが悪の役割を担っている。

ラストシーンで2体は海に落下。勝敗をつけないことで続編への期待を盛り上げた。

最終決戦シーンでは、リアルな熱海城のミニチュアを破壊しながらの格闘を撮影。

白黒スチールを合成し、さらにカラーコラージュを施した宣伝用写真が作られた。

世界の大スター、キングコングにも引けを取らないゴジラのダイナミックな動きに注目。

立体的な特撮セットを組むことで、キングコングとゴジラの巨大感を強調した。

原子怪獣 ゴジラ

身長／50m　体重／2万t
演技者／中島春雄、手塚勝巳

7年前、神子島の雪山の崩落によって冷凍冬眠状態となり、閉じ込められた氷塊が北極海に流れ着いていた。それが融解したことで活動を開始した大怪獣。以前よりも好戦的な性格で、北方軍事基地を襲撃した後に松島湾に上陸。東北本線沿いに南下して那須高原に到着。キングコングと激戦を繰り広げた後に熱海で海中に没し、行方不明となった。

分類名が怪獣王から原子怪獣へと変ったことで、より力強さが増した。

全身が筋肉質となり、パワータイプの怪獣として生まれ変わる。

これまで以上に軽快でアグレッシブな戦闘スタイルが特徴的であった。

プロレス技に酷似した格闘戦を展開し、キングコングを幾度も窮地に陥れる。

東北本線を走る急行つがるの前方に出現。一撃で蹴散らして進撃した。

尾力

太い尾を勢いよく振り回し、周囲の物体をことごとく粉砕した。

放射熱線

原子炉が発するチェレンコフ光に似た光線。一撃で物体を焼失する。

氷塊＝光る氷山から出現し、調査に向かった国連の原子力潜水艦シーホーク号を破壊する。

ヘリコプターに誘導されながら、埋没作戦の現場へと向かっていく。

自衛隊の攻撃をものともせず、本能のままにキングコングと激突。

厚木付近で自衛隊の100万V作戦を浴び、丹沢方向へと進路を変えた。

全身に漲《みなぎ》る怪力を生かし、巨大な鉄塔をもなぎ倒して突き進む。

好戦的でバイタリティー溢れる怪獣として、日本に舞い戻る。

巨大なる魔神 キングコング

身長／45m　体重2万5000t　演技者／広瀬正一

ソロモン群島のファロ島に棲息する〝巨大なる魔神〞の異名を持つ猿人。パシフィック製薬の宣伝部がテレビ局ＴＴＶに協力を仰いで捕獲に成功。日本へ輸送する途中で逃亡。富士山頂でゴジラと激突した。

ファロ島

南太平洋のメラネシアに属するソロモン群島の南部に位置する島。

人間に近い知能を持ち、大木や岩石を武器として使い、ゴジラに対抗。

帯電体質

100万Ｖの電流にも耐性を示し、雷を受けて大量の電気を帯電。その力を生かしてゴジラに対抗した。

怪力

凄まじいまでの怪力が漲る剛腕で巨大な岩石や電車の車両をも軽々と持ち上げてしまう。

国会議事堂の上で、強い嗜好性を有する赤い実の成分・ファロラクトンを浴び、酩酊状態となった。

大ダコのあしで体を強く締めつけられても、怪力で簡単に振りほどいた。

鉄塔の高圧線さえも引きちぎって進撃する。身動きもかなり素早い。

人間の女性に興味を示して捕らえたが、痛めつけるようなことはしない。

ファロ島の住民が建造した巨大な柵さえも一撃で破壊してしまう。

コングはファロ島の島民に恐れられながらも敬愛される存在だった。

本能のままに各地を動き回り、悪意なく建造物を破壊してしまう。

巨大なバルーンに吊り上げられ、ヘリコプターで富士山頂へと運ばれた。

東京都内を走って移動し、後楽園付近で丸ノ内線の車輌を掴み上げた。

2大怪獣に翻弄される人々

キングコングとゴジラが激突するという、非日常的な状況に遭遇した人々。マスコミやスポンサー、自衛隊、科学者、一般人など、様々な立場からこの現状に立ち向かい、危機を乗り越えていった。

東部方面隊総監

対ゴジラ攻撃の総指揮官。国民の生命を第一に考え、避難を優先。

たみ江

ふみ子と同じカメラ店に勤務する友人。桜井や藤田とも仲がいい。

桜井ふみ子

カメラ店に勤務する女性。東北本線でゴジラに襲われてしまう。

部族長

ファロ島の責任者で威圧感溢れる人物。ラジオと煙草で気が緩む。

通訳コンノ

パシフィック製薬が雇った通訳兼案内人で、現地に詳しいパプア人。

重沢博士

アドバイザーとして防衛庁に招集された生物工学専攻の学者。

祈祷師

〝巨大なる魔神〟の怒りを鎮めるための祈りを捧げていた老人。

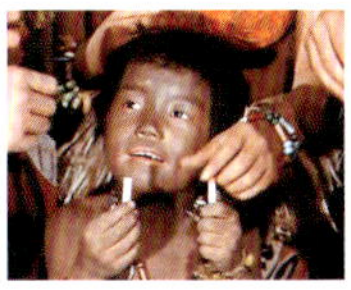

チキロ

コンノに頼まれ、高熱を出した古江のために赤い汁を取りに行く。

チキロの母

ファロ島随一の美女で〝巨大なる魔神〟に捧げるダンスを踊った。

第二新盛丸船長

藤田が特殊繊維の試作品テストをするために乗った船舶の責任者。

大貫博士

100万V作戦を技術的な側面からバックアップする、原子科学者。

牧岡博士

パシフィック製薬からの依頼で、南方の薬草を調査した薬学学者。

桜井修

TTVのキャメラマン。「世界驚異シリーズ」の聴取率を上げる業務命令を受けて〝巨大なる魔神〟を探した。

探検隊としてファロ島へ渡る。呑気なくせに向こう見ずな性格

古江金三郎

TTVの演出部員で、桜井とファロ島へ渡った。当初は企画に乗り気だったが、高熱とノイローゼに陥る。

多胡部長に反抗し、暴れ出したキングコングの処分に賛同する。

多胡部長

パシフィック製薬の宣伝部長。定年直前で、キングコングを社のイメージキャラクターにしようと躍起になった。

桜井は、彼を「無鉄砲に之繞《しんにゅう》が掛かった」性格と形容していた。

藤田一雄

繊維メーカー、東京製綱の技術者。「鋼より強く絹糸よりしなやか」と称される特殊繊維の開発に携わっていた。

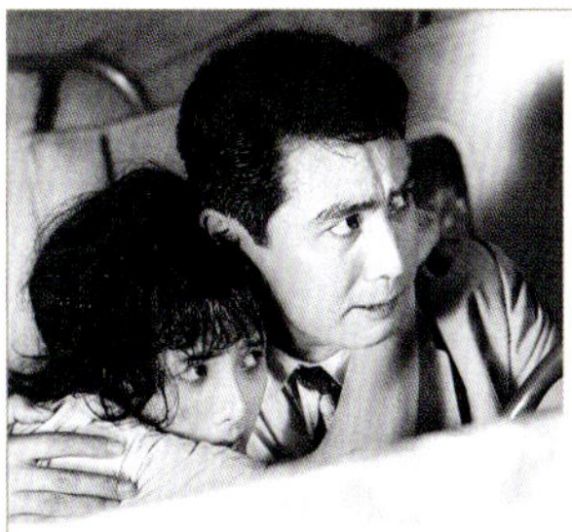

桜井修の妹・ふみ子とは、将来を誓い合った恋人同士であった。

ゴジラ対策メカニック

ゴジラの破壊活動に立ち向かうため、自衛隊が用意した装備の数々。また、国連が派遣した原子力潜水艦や北方基地の兵器なども登場した。

自衛隊

日本の全人口の40％以上を有する1都10県の防衛警備と災害対応を任務とした、東部方面隊の面々。ゴジラの脅威から国民の生命と財産を守るために活躍する。

M4中戦車

「シャーマン」の愛称で知られる、陸上自衛隊車両。コングを警戒した。

KV-107Ⅱ-4 中型輸送ヘリコプター

アドバルーンで空中に浮かんだキングコングを富士山麓へ移動させた。

H-19 多用途ヘリコプター

航空自衛隊がゴジラを警戒するために派遣した、救難ヘリコプター。

いすゞTXタンクローリー

高性能を誇るトラック。ゴジラ埋没作戦時、川にガソリンを放出した。

2t半トラック　3／4tトラック

いすゞ製前輪駆動トラックと、米国ウイリス社製の小型軍用車両。

1／4tトラック

ウイリス・オーバーランド・モータースが開発した高性能四輪駆動車。

海上自衛艦

日本近海に到達したキングコングの輸送船に接近し、注意を促した。

無反動砲（ジープ搭載）

無反動砲をジープに搭載したもの。ファロラクトンを入れた弾丸を発射。

無反動砲

発射時の反動を軽減することで、砲架を簡便なものとした大砲の一種。

北方基地 M4中戦車

北方軍事基地に配備されていた車両。赤い星のマークが印されていた。

救難航空機

米国海軍所属の中型輸送ヘリコプター。シーホーク号の捜索に出動。

シーホーク号

国連派遣の調査船。QTVの「海底探検シリーズ」にも協力していた。

海魔 大ダコ

全長／30m　体重／2万t

ファロ島の近海に棲息する巨大な蛸。闇夜に紛れて島に上陸し、島民を襲って食料にしていた。キングコングと激突し、海へと追い払われる。

怪力を秘めた長いあしを物に巻きつけ、物体を粉々に砕いてしまう。

大トカゲ

ファロ島のジャングルにいる大型の蜥蜴だが、その性質や毒性は不明。TTVの古江が尻尾を摑んで取り乱した。

全長／1m　体重／不明

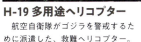

①多胡は「世界驚異シリーズ」の人気を高めようと躍起になった。

②薬学博士の牧岡から〝巨大なる魔神〟の話を聞き、調査を依頼。

③ＴＴＶの桜井は、妹の恋人・藤田から特殊繊維の説明を受ける。

④ファロ島に上陸した桜井と古江は、島民から退去を命じられる。

⑤部族長に取り入り、活動を認められるも、謎の咆哮に恐れ戦《おのの》く。

⑥一方、北極海の光る氷山が崩れ、その中からゴジラが復活した。

⑦ゴジラは某国の北方基地に上陸。破壊の限りを尽くし日本へ向かう。

⑧日本ではゴジラの話題で持ち切りになり、多胡はいらだっていた。

⑨ファロ島の奥へと進んだ桜井たちは、再び大きな叫び声を聞いた。

⑩その夜、島に大ダコが上陸し、桜井や島民たちは危機に陥る。

⑪そこへキングコングが出現。大ダコに攻撃を仕掛けて追い払う。

⑫ファロラクトンで眠らされたキングコングが船で日本に運ばれる。

⑬コングの捕獲に喜ぶ多胡だったが、政府から条件が付けられた。

⑭ゴジラは松島湾から上陸し、東北本線を南下して急行を踏み潰す。

⑮洋上ではキングコングが眠りから覚め、日本へ向かって泳ぐ。

⑯２大怪獣が那須高原で激突。ゴジラの放射熱線にコングは撤退する。

⑰自衛隊による埋没作戦も実施されたが、ゴジラには効果がない。

⑱東京都内に避難命令が出されるも、藤田とふみ子は残ると決意。

⑲100万Ｖ作戦で、自衛隊はゴジラの進行方向を変えることに成功。

⑳キングコングは高圧線に触れたことにより、帯電体質となった。

㉑ついに、キングコングが東京へ到達。後楽園付近を徘徊し、地下鉄の車両を掴み上げた。

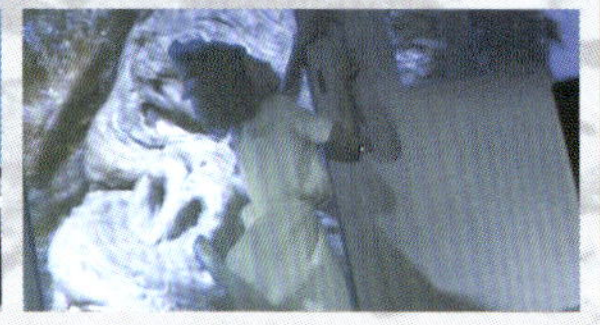

㉒藤田とはぐれてしまったふみ子が、キングコングに捕まってしまう。

㉓ふみ子を救うため、桜井はファロラクトンでコングを眠らせる。

㉔コングは特殊繊維のロープとアドバルーンで富士山麓へ空輸。

㉘キングコングは、ゴジラに対して強烈な放電攻撃を行う。互いに一歩も譲らない激突が続き、戦場は山頂から麓へ移動していった。

㉗コングは岩石に埋まって気絶するも、雷を浴びて力を取り戻す。

㉖ゴジラの放射熱線を恐れつつも怪力戦闘を繰り広げるコング。

㉕コングが空中から落下し、地上のゴジラにスライディングキック。

STORY

ＴＴＶのカメラマン・桜井 修と演出部員の古江金三郎は、自社提供のテレビ番組聴取率不振に頭を痛めるパシフィック製薬の宣伝部長・多胡から依頼を受け、ファロ島に伝わる〝巨大なる魔神〟の捜索に出発する。一方、北極海では海水の温度が上昇。調査に向かった国連の原子力潜水艦シーホーク号が行方不明になり、光る氷山からゴジラが復活。北方基地を破壊した後、日本へと向かった。ファロ島に上陸した桜井と古江は、巨大なる魔神ことキングコングに遭遇。島民が生成していた薬品・ファロラクトンを使って眠らせ、日本に輸送する。2大怪獣は本能に導かれるように日本国内を進んで那須高原で初対決するが、ゴジラの放射熱線に恐れをなしたキングコングが撤退。その後、100万Ｖの帯電体質となったキングコングは自衛隊によって輸送され、富士山頂で再びゴジラと対決。放射熱線と放電を駆使した激闘の末に２体が熱海の海へと落下し、戦いは引き分けに終わるのだった。

海外版 KING KONG vs. GODZILLA

大人気を博した『キングコング対ゴジラ』は、ＲＫＯ側の代理人であるプロデューサー、ジョン・ベックが米国などでの配給権を得て、新たなシーンを追加した再編集版『KING KONG vs.GODZILLA』を製作。110万ドルのヒットを記録した。

㉛コングが浮かび上がって泳ぎ出し、それを多胡たちが見送る。

㉚２体はもつれるように海へ落下。その直後、海底地震が発生した。

㉙電気を蓄えた腕で勢いよくゴジラを投げ飛ばし、戦闘力を奪う。

モスラ対ゴジラ

〝新進の人気怪獣vs怪獣の原点〟をコンセプトに作られた本作は、比較的わかりやすい設定で描かれている。暴れん坊のゴジラは〝ヒール〟が馴染みやすく、一方のモスラは〝ヒロイン〟的なイメージが固定しており、この〝善vs悪〟という構図は観客にとって感情移入しやすい内容だろう。さらに、これが人間ドラマにも組み込まれているという点も『モスラ対ゴジラ』がヒットした要因だったと言えよう。

『モスラ対ゴジラ』

1964年4月29日（日本）、1964年9月23日（米）公開 89分（海外版・91分）

STAFF

製作／田中友幸　監督／本多猪四郎　脚本／関沢新一　撮影／小泉一　美術／北 猛夫　録音／矢野口文雄　照明／小島正七　音楽／伊福部 昭　特技監督／円谷英二　合成／向山 宏　美術／渡辺 明　照明／岸田九一郎　撮影／有川貞昌、富岡素敬　光学撮影／真野田幸雄、徳政義行

CAST

酒井市郎／宝田 明　中西純子／星 由里子　三浦俊助博士／小泉 博　中村二郎／藤木 悠　虎畑二郎／佐原健二　小美人／ザ・ピーナッツ（伊藤エミ、伊藤ユミ）　丸田デスク／田崎 潤　熊山／田島義文　吉田大作県会議員／田武謙三　網元／谷 晃　自衛隊対策本部長／藤田 進　長老／小杉義男　老校長／佐田 豊　小林先生／八代美紀

孵化器のセットが組まれた特撮ステージで、モスラとゴジラの戦闘をイメージした宣伝スチールが撮影された。

操演怪獣であるモスラとスーツのゴジラの対決シーンは、演出が難しかったと思える。

格闘は、スーツと同寸サイズの造形物と、二尺サイズのミニチュアを併用して撮影。

モスラ成虫の造形物は４種類製作され、シーンで使い分けられた。

中代文雄の操演技術によって、２大怪獣に生命が吹き込まれる。

互いに組み合っているシーンでは、ギニョール人形が使われた。

No.11ステージ内にプールが組まれ、岩島の海岸線での対決を撮影。

セットの手前に植物の造形物を配置し、怪獣の巨大感を強調。

羽根にある極彩色の模様も、モスラの特徴を見事に表現した。

モスラ成虫の６本の脚は、電動モーターによって動かされる。

２体のモスラ幼虫を使って、立体的な戦闘シーンが演出された。

ゴジラの尻尾に噛みつく幼虫もギニョール人形だったらしい。

ゴジラの最終決戦の相手が幼虫だという点にも意外性があった。

尻尾にモスラ幼虫の造形物を取り付け、ゴジラを演じる中島春雄が大げさに動くことで、激しいアクションが表現される。

怪獣王 ゴジラ

身長／50m　体重／2万t
演技者／中島春雄

　熱海の海に落下し、行方不明となっていたゴジラが、倉田浜干拓地の地中から出現。四日市のコンビナートと名古屋の市街地を破壊して進撃し、静之浦に流れ着いたモスラの卵を狙って、インファント島から飛来したモスラ成虫と対決。そこで勝利を収めるも、卵から誕生した2体のモスラ幼虫との戦いに敗れる。

超大型台風8号が通過した後、突然、干拓地から出現して行動を開始。

静之浦に到着した際、浜風ホテルを破壊して進撃し、孵化器へ向かった。

　闘争本能なのか、モスラの卵の存在を察知して襲撃する。

以前にも増して凶暴性を発揮し、特徴的な三白眼でモスラを睨みつける。

　第二次空挺隊の特殊帯電ネットで威力を増強させた人工雷を浴びるも怯まなかった。

放射熱線

　超高温の放射熱線を放ち、61式戦車の装甲をも瞬時に溶かしてしまう。

尾力

　名古屋のテレビ塔に尻尾を巻きつけた状態で前進し、倒壊させた。

高圧電流が流れる鉄塔を一撃で破壊し、自衛隊と激しい戦闘を繰り広げる。

口の牙と両手の爪が鋭くなり、それを駆使して敵の皮膚を引き裂く。

全身に漲る強大なエネルギーで中部地方を襲撃、破壊の限りを尽くす。

激しい攻撃を繰り返して、勢い余って転倒したこともあったが、すぐに起き上がる。

キングコング戦時と比べてやや細身となり、身動きも素早い。

お堀に落ちた勢いのまま名古屋城の天守閣に手を掛け、突き崩してしまう。

ゴジラが足を踏み外し、お堀に滑り落ちた勢いで名古屋城が破壊されてしまう。

凄まじいまでの生命力を有しており、自衛隊のいかなる攻撃も通じなかった。

コンビナートにある様々な施設を、尾力と放射熱線で破壊した。

自衛隊のナパーム弾攻撃で頭部が燃えたが、特に反応せずに前進。

尾力で孵化器を破壊し、卵に手を掛けようとした瞬間、モスラ成虫がゴジラの眼前に現れる。

インファント島

原水爆実験が行われた海域の島。放射線で汚染されたが、島民は赤い汁の力で生き永らえていた。

羽根から出す鱗粉はモスラの切り札的な攻撃で、敵の体を麻痺させる。

モスラは卵の上へ覆い被さるように降り、そのまま生涯を終える。

6本の脚でゴジラの尾を掴んで引きずり回し、戦闘力を低下させた。

巨大蛾怪獣 モスラ（成虫）

体長／65m　翼長／135m　体重／1万5000t　飛行速度／M（マッハ）3

インファント島の守護神で〝平和の象徴〟とも言える巨大生物。台風でインファント島から流出し、静之浦に流れ着いた卵をゴジラから守るため、残り少ない命を承知で日本へ飛来した。羽根から放つ風速70mの衝撃波と機敏性を駆使して対決したが、ゴジラの放射熱線を浴びて羽根を焼かれた。

インファント島の洞窟内にある祭壇的な場所・聖なる岩に鎮座し、役割を果たしていた。

巨大な羽根を使い、M3の速度でインファント島から日本の静之浦へと一気に飛んできた。

口から丈夫な繭糸をゴジラの体めがけて勢いよく噴射し、動きを完全に封じた。

優れたテレパシー能力を持ち、互いに連携を取りながら敵を攻撃する。

鋭い歯でゴジラの尻尾に噛みつき、徹底的に追い詰めていった。

静之浦から海を渡って岩島へ上陸。親の仇・ゴジラに攻撃を仕掛ける。

青い目と赤い目の幼虫が誕生。巧みな連携攻撃でゴジラを苦しめる。

モスラの卵

長径／50m　短径／30m　重量／65t

2体のモスラ幼虫が入った卵。静之浦に流れ着き、地元の漁師に捕獲された後にハッピー興行社の手に渡った。

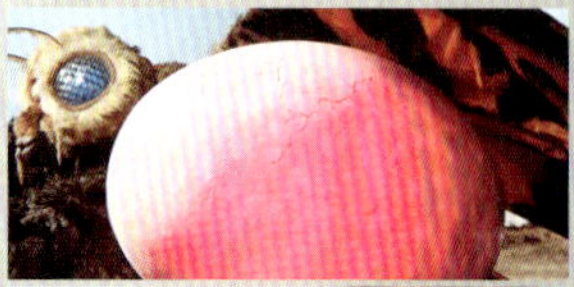

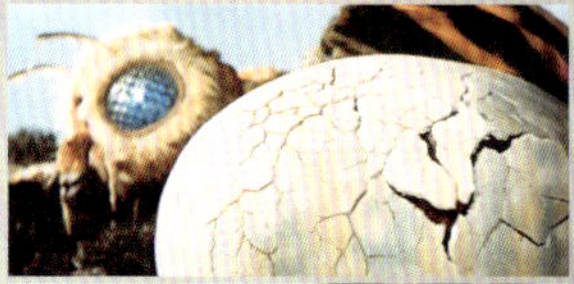

命が尽きた成虫の羽根に包まれていた卵が輝き、ひびが入る。そして殻を破って2体のモスラ幼虫が誕生する。

巨大蛾怪獣 モスラ（幼虫）

全長／53m　体重／8000t

次世代のモスラとして誕生した双子の幼虫。親である成虫の遺志を受け継いでおり、孵化直後からゴジラとの対決を決意し、攻撃を仕掛ける。コンビネーションを生かして、自身よりも戦力が勝るゴジラに立ち向かい、最後は繭糸で敵の動きを封じた末に海へと沈めた。

マンモス卵と巨大怪獣に関わる人々

静之浦に漂着した〝マンモス卵〟を巡り、善意で関わろうとする人間と己の利益だけを考えて動く悪漢。対極に立つ者たちは、モスラやゴジラの出現に翻弄されていく。

三浦俊助博士

京南大学の教授。動物学を専攻しており〝マンモス卵〟の調査を担当した際、酒井たちと意気投合。

「誠意」を信じる人格者で、小美人の行動に力を尽くした。

中西純子

毎朝新聞の新人見習いカメラマンで、写真には芸術性を求めるタイプ。やや理屈っぽい女性。

酒井や三浦と共にインファント島へ渡り、モスラの協力を依頼。

酒井市郎

毎朝新聞社会部の記者。正義漢であり、〝マンモス卵〟を小美人に返すためにハッピー興行社と対立した。

ペンの力で世論を動かそうとするが、それに懐疑的な面も見せた。

熊山

ハッピー興行社の社長。虎畑の傀儡として暗躍していたが、ゴジラの出現で計画は潰えてしまう。

最後は虎畑が隠し持つ現金を狙って争い、射殺されてしまった。

虎畑二郎

興行界を陰から操る実力者で、政財界の大物を父に持つ。〝マンモス卵〟で金儲けを企んでいた。

熊山を言葉巧みに操り、一大レジャー事業を目論んでいた。

中村二郎

酒井の同僚で半熟ゆで卵が好物。怠惰な性格だが、モスラにゴジラ対策を頼むことを思いついた。

丸田デスクに「クビだ」と怒鳴られ、〝マンモス卵〟に張り付く。

小美人 身長／0.3m　体重／不明

インファント島に住む双子の妖精で、守護神であるモスラとの意思疎通を図る、一種の巫女のような存在。世界の平和を望んでおり、それを乱す怪獣に立ち向かう人類に協力する。テレパシーで相手に語り掛ける。

温和な性格で、困っている者を見捨てられない博愛主義者である。

電子音のような独特な言語を使うが、人間や怪獣の言葉も理解可能。

吉田大作県会議員

三重県の県会議員。伊勢湾の倉田浜新産業計画を積極的にアピールしていた。

丸田デスク

毎朝新聞の社会部デスク。ペンの力を信じており、酒井の弱気発言を窘《たしな》めた。

長老

インファント島の指導者。「悪魔の火」をもてあそぶ人間に怒りを感じていた。

自衛隊対策本部長

政府から第三緊急出動が発令された際、その軍事作戦を統括する指揮官。

小林先生

分教場に勤務する女性教師。子供たちを引き連れ、海沿いの洞窟へと避難した。

老校長

岩島にある分教場の責任者。ゴジラから子供たちを守ってほしいと懇願する。

ゴジラ迎撃装備

ゴジラの出現に際し、その生態を考慮しつつ自衛隊が迎撃作戦に使用した兵器群。スピード感をもった攻撃を展開する。

C46 輸送機

カーチス・ライト製の大型機。6800kgの貨物搭載が可能で、ゴジラに爆撃を敢行。

UF-2 かりがね

グラマンが開発した水陸両用のレシプロ飛行艇。380km／hで空中を高速移動する。

F-86 F

ノースアメリカン製の亜音速ジェット戦闘機。ゴジラに対し、ロケット弾攻撃を行った。

バートルV107

パイアセッキ・ヘリコプター製。ツインローターで、特殊帯電ネットをゴジラに投下。

無反動砲

陸上自衛隊の75mm無反動砲M20や107mm迫撃砲M2。ゴジラとの白兵戦に使われる。

61式戦車

1961年に三菱重工が生産した戦車。52口径90mmライフル砲でゴジラを攻撃した。

①超大型台風８号が倉田浜干拓地を襲い、排水作業が行われる。

②毎朝新聞の酒井と中西は、台風による被害状況を取材していた。

③そんな時、海に浮かぶ瓦礫の中に鱗のような虹色の物体を発見。

④一方、静之浦の海岸に巨大な卵が漂着し、漁師が浜へ引き上げる。

STORY

静之浦の海上に巨大な卵が漂着。それに目をつけた興行師の熊山は、孵化施設を兼ねた「ハッピーセンター」の建設を始めた。毎朝新聞の酒井と中西は、京南大学の三浦博士と共に卵を調査するが、そんな時、インファント島の小美人と遭遇。彼女たちによると、あれはモスラの卵らしいのだ。３人は熊山とその黒幕・虎畑に卵の返却を依頼したが断られてしまう。センターの建設が急ピッチで進んでいた頃、干拓地の地中からゴジラが出現。四日市や名古屋を破壊して卵のある静之浦に向かっていく。酒井たちはゴジラに対抗するため、モスラに協力を仰ごうとインファント島で説得を試み、その願いは叶えられた。ゴジラが卵を攻撃しようとした時、モスラ成虫が日本へ飛来。最後の力を振り絞った鱗粉攻撃を展開するも、ゴジラの放射熱線を浴びて落下。羽根で卵を庇うような状態で絶命した。その後、卵から２体のモスラ幼虫が誕生。ゴジラに繭糸を噴射して動きを封じ、最終的には岸壁から海へと転落させた。ゴジラを倒したモスラ幼虫は、小美人を乗せてインファント島へと帰る。

⑤京南大学から動物学の三浦博士が派遣され、卵の調査を開始。

⑥興行師の熊山が漁師から卵を買い取り、所有権を主張し出した。

⑦熊山は金主の虎畑と協力し、卵を見世物にして一儲けを企む。

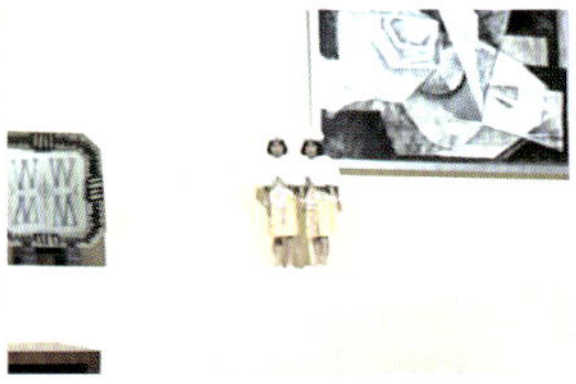

⑧虎畑の部屋に小美人が登場。２人に「卵を返して」と懇願する。

⑨酒井たちは小美人と出会い、あれがモスラの卵という事実を知る。

⑩３人は熊山に卵の返却を頼むが、話は平行線で一向に進まない。

⑪人間社会に落胆した小美人は、インファント島へ帰ってしまう。

⑫排水作業中だった倉田浜干拓地の地中から、ゴジラが出現した。

⑬ゴジラは四日市の工業地帯と名古屋市内を破壊。静之浦へ向かう。

⑭酒井たちはインファント島へ飛び、モスラの協力を要請する。

⑮中西の誠意が伝わり、モスラはゴジラと戦うことを承諾した。

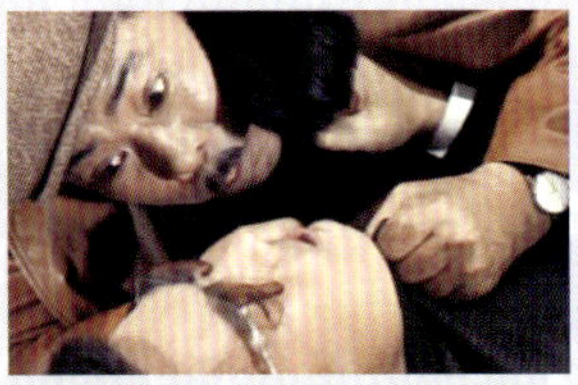

⑯金のもつれで熊山を射殺した虎畑は、ゴジラに踏み潰される。

⑰静之浦に達したゴジラが、尾の一撃で卵の孵化器を破壊した。

⑱そこへモスラ成虫が到着。自身の命を懸けてゴジラに挑みかかる。

⑲丘の上に現れた小美人は一同に「約束は守ります」と告げた。

⑳鱗粉攻撃で力尽きたモスラは、卵の上に覆い被さって絶命する。

㉑自衛隊は特殊帯電ネットによる人工雷でゴジラを攻撃するも失敗。

㉒小美人たちが祈りの歌を歌うなか、卵から2体の幼虫が誕生した。

㉓双子のモスラ幼虫は、ゴジラを追って岩島に向かい、攻撃を開始。

㉔ゴジラの尻尾に噛みつき、その戦闘力を低下させようとする。

㉕岩場に隠れた２体はゴジラに繭糸を噴射し、動きを封じていく。

㉖モスラの活躍を見守り、応援する小美人と分教場の子供たち。

㉗繭糸で身動きが取れなくなったゴジラは、崖から海へと転落した。

㉘戦いを終えた２体のモスラ幼虫は、小美人と共に帰っていく。

㉙平和が戻り、酒井たちは人間不信のない社会を作ることを決意。

海外版 GODZILLA vs. THE THING

国連が派遣した新鋭艦隊が登場。ロリシカ国によって開発された誘導弾フロンテアでゴジラを攻撃し、浜松の海岸線を進撃するゴジラの周囲が爆発するカットが、名古屋襲撃シーンの後に挿入されている。

三大怪獣 地球最大の決戦

『三大怪獣 地球最大の決戦』
1964年12月20日公開 93分

STAFF
製作／田中友幸　監督／本多猪四郎　脚本／関沢新一　撮影／小泉 一　美術／北猛夫　録音／矢野口文雄　照明／小島正七　音楽／伊福部 昭　特技監督／円谷英二合成／向山 宏　美術／渡辺 明　照明／岸田九一郎　撮影／有川貞昌、富岡素敬　光学撮影／真野田幸雄、徳政義行　光学作画／飯塚定雄

CAST
進藤／夏木陽介　進藤直子／星 由里子　村井／小泉 博　サルノ王女／若林映子　塚本博士／志村 喬　小美人／ザ・ピーナッツ（伊藤エミ、伊藤ユミ）　沖田課長／平田昭彦　老臣長／天本英世　金巻班長／佐原健二　テレビ司会者／青空千夜、青空一夜　漁師／沢村いき雄　マルネス／伊藤久哉　暗殺団手下／黒部 進 他　宇宙円盤クラブ会長／松本染升　調査隊隊員／野村浩三　火山研究所職員／澁谷英男　帽子拾い屋／大村千吉　小牧記者／加藤春哉　国防会議議長／高田 稔　防衛大臣／富田仲次郎　インファント島長老／小杉義男

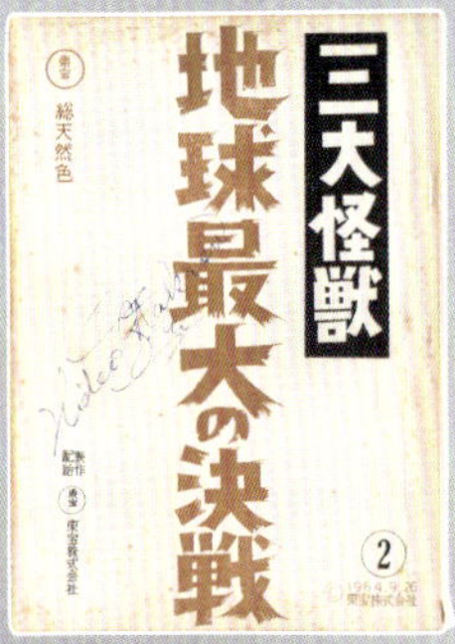

キングギドラが引力光線を放射するカットの手前に、逃げる群衆が合成された。

吊り専用モデルのラドンで、ゴジラへの攻撃シーンを作り上げる。

ゴジラとラドンの対峙状況を表すため、物語前半にバトルシーンが挿入された。

ゴジラが倒れ込み、橋を破壊することで引力光線が命中した際のダメージを表現。

キングギドラのスーツがNG状態のまま、宣伝用スチールが撮影された。

特撮セットを俯瞰から捉えた写真によって、ステージの広さが確認できる。

ラドンの飛行シーンやキングギドラの3本首の動きは、操演技術で表現された。

映画のイメージを観客に知らせるため、製作された合成スチールの1枚。

『三大怪獣 地球最大の決戦』は、敵役として〝強大でインパクトの強い宇宙怪獣〟キングギドラが創造され、それに対抗するため、人気怪獣のラドンとモスラがゴジラと共演。〝怪獣路線〟が一般映画からファミリーものへとシフトした作品ではあるが、観客を飽きさせない工夫が盛り込まれていた。

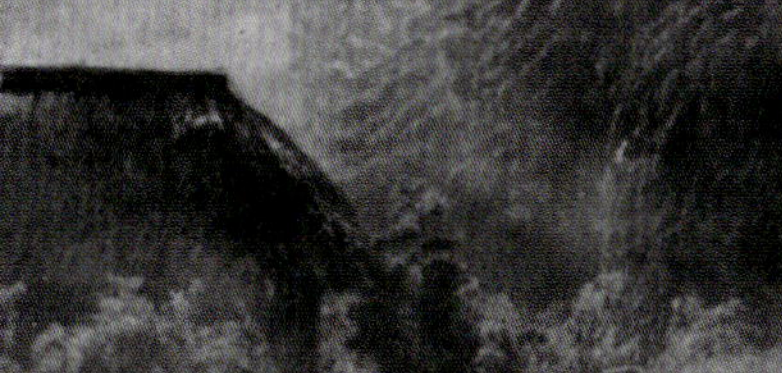

複数体怪獣の登場は、舞台に富士の裾野が選ばれることが多い。

スーツの素材が軟質ゴムに変更され、アクションの幅が広がる。

前作のスーツが改修され、ゴジラの表情が柔和で正義のイメージとなった。

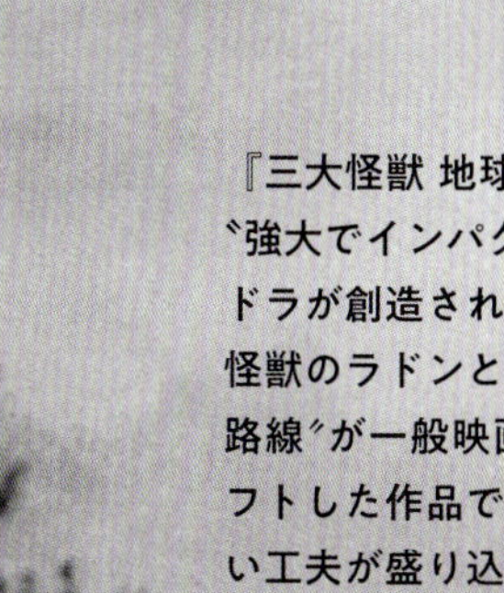

ゴジラやラドンのギニョール人形を使った撮影も、一部のシーンで行われた。

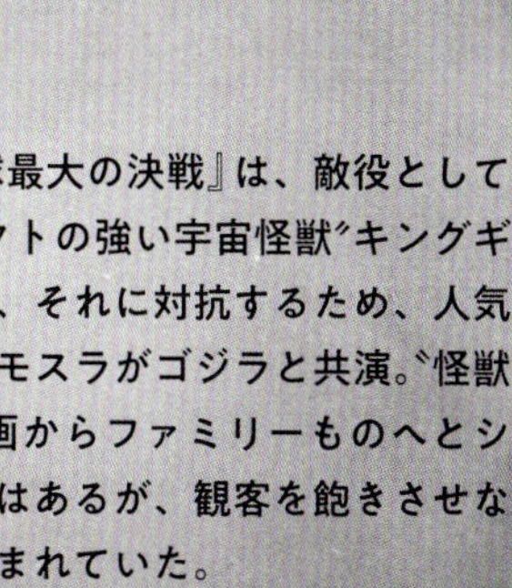

ゴジラ、ラドン、モスラの揃い踏み。観客である年少にとって胸躍るシーン。

怪獣王 ゴジラ 身長／50m　体重／2万t
演技者／中島春雄

　夏のような暑さとなっていた冬季、クジラの群れを追って太平洋上に出現し、大型客船を破壊した後に横浜港に上陸した。阿蘇山から復活したラドンを追って富士の裾野へ進撃し、モスラから共闘を持ち掛けられてキングギドラと戦った。

　指で鼻を掻くなど、人間に近い仕草や表情を見せるようになる。

　突然、海中から現れ、放射熱線の一撃で寿山号を沈めた後、日本へ向かった。

放射熱線

　強い放射線を帯びた熱線を放ち、一撃で寿山号の船体を焼き尽くした末に沈没させた。

腕力

　巨大な岩石を持ち上げ、投げつける。また、キングギドラの尻尾を摑んで動きを封じた。

　地球に生息する三大怪獣は、恐るべき宇宙の侵略者に敢然と立ち向かう。

　胸部に引力光線が直撃するも、そのパワーに耐え抜いて反撃。

　キングギドラに追い詰められ、巨大な橋を背にして危機に陥る。

　ラドンとの接近戦の際、頭部めがけて勢いよく放射熱線を浴びせ、戦意を砕く。

　ゴジラとラドンの攻撃力は五分五分で、戦いの決着はつかなかった。

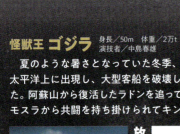

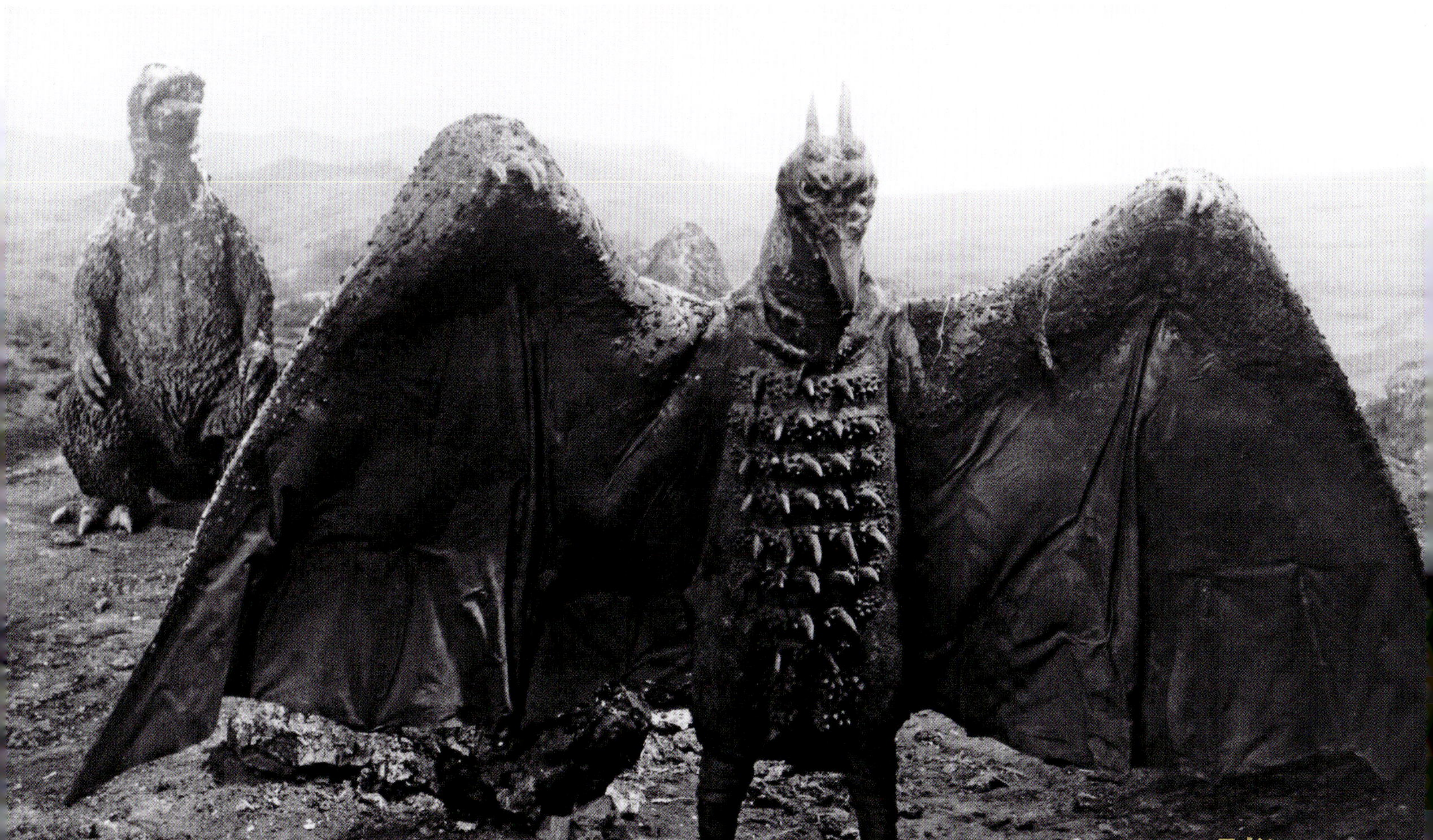

空の大怪獣 ラドン

身長／50m　翼長／120m　体重／1万5000t
演技者／宇留木耕嗣

阿蘇山の火山活動の影響で火口側面から出現。ゴジラの出現に呼応するかのように横浜へ飛来。戦闘を繰り広げながら箱根から富士の裾野に移動し、ゴジラやモスラと共闘してキングギドラに立ち向かった。凶暴だが一定の理解度はあるらしい。

巨大な翼を羽ばたかせて強風を巻き起こし、敵の巨体を吹き飛ばした。

M（マッハ）1.5の速度で飛行。それによる衝撃波は見せていない。

背後からキングギドラに襲い掛かり、鋭い嘴を後頭部に突き刺す。

胸から腹部にかけて、棘が剣山のように生えていることが特徴。

キングギドラとの戦闘で危機に陥るも、その間にゴジラが立ちはだかり、最大の難を逃れた。

飛行能力

高速飛行した状態でキングギドラめがけて勢いよく突進し、地上へと一気に叩き落とす。

キングギドラの猛攻にも怯まず、野生の戦闘力を駆使して挑み掛かった。放射線への耐性もある。

嘴

頑強な嘴を素早く突き出し、相手の弱点に集中攻撃を浴びせた末に動きを封じてしまう。

一瞬で空中へと飛翔し、敵の死角に回り込んで攻撃を仕掛ける。

ラドンはゴジラの尻尾を掴んだ状態で空へ舞い上がり、宙吊りにしようとする、空の大怪獣にふさわしい力の持ち主だ。

高い飛行能力を生かして素早く移動。各地に出現して建造物を破壊し、その被害を拡大させた。

隕石

〝キングギドラの卵〟と考えられる物体。磁力に似た強いパワーを発し、金属を吸い寄せる。

悪意に近い破壊衝動を有しているらしく、人類が築き上げた文明を次々と粉砕する。

キングギドラは当初、体が青、翼は青、白、赤のトリコロールカラーで彩色されたが、全体が金色に塗り直された。

巨大蛾怪獣 モスラ（幼虫）

全長／53m　体重／不明

かつてゴジラを倒した双子の幼虫の1体。キングギドラ来襲の際、小美人の祈りによってインファント島から呼び寄せられ、ゴジラとラドンを説得。断られたために単独で戦うも、その後に3体で共闘してキングギドラを宇宙へと撃退した。

同時に誕生した目の青い個体は、インファント島で死亡したらしい。

怪獣独特の言語（鳴き声）を発し、ゴジラやラドンと会話をする。

ゴジラと立体的なフォーメーションを展開し、強敵を追い込む。

繭糸

地上やラドンに乗って飛翔した空中から糸を噴射し、キングギドラの動きを封じようとした。

ゴジラの戦いをサポートしつつ、地上を素早く這ってキングギドラに接近。死角から攻撃する。

単独ではキングギドラに敵わず、苦戦を強いられる。

インファント島

放射線に汚染された南海の孤島だったが、現在は一応の平和を取り戻したらしい。

小美人

インファント島に住む双子の妖精で、モスラを崇拝し、巫女として仕えている。キングギドラの攻撃から人類を守るためにモスラを呼び寄せ、ゴジラたちの説得に協力した。怪獣の言語を理解する。

合成の位置決め用に人形が作られた。

キングギドラに立ち向かう三大怪獣の活躍を見守りつつ、その戦況を進藤や直子、村井らに伝えた。

金星人の予言を信じて日本に残留し、進藤直子たちと行動を共にした。

セルジナ公国の暗殺団に襲われたサルノ王女（金星人）を救い出す。

テレビ局からの要請でショーに出演するも、騒がれることを避けていた。

宇宙超怪獣
キングギドラ

身長／100m　翼長／150m
体重／3万t
演技者／坂本晴哉、広瀬正一

現在の地球よりはるかに進んだ文明を持つ、金星を滅ぼしたといわれる宇宙超怪獣。流星雨と共に黒部峡谷の霞沢へ吸引力を帯びた隕石となって落下したが、その後、怪獣の姿となって松本から東京、横浜を次々と破壊し、富士の裾野で三大怪獣と激突した。凄まじい攻撃力を秘めた人類の敵である。

3本の長い首の先に頭部を有している。

引力光線の衝撃でゴジラを吹き飛ばし、巨大な橋を突き崩した。

背中の翼を大きく開いて敵を威嚇し、怯んだ隙に襲い掛かる。

ゴジラとの戦闘で地上に激突した後、戦意を喪失して宇宙へ退散。

ラドンが背後から繰り出す攻撃に翻弄され、ゴジラとの戦いに苦しむ。

ゴジラを圧倒するほどのパワーと、ラドン以上の飛翔能力を身につけた強敵である。

引力光線

周囲を無重力状態にして物体を吹き飛ばす光線。3つの頭にある口から放つ。

飛行能力

大気圏内を高速飛行し、その際に発生する衝撃波で周囲の物体を破壊する。

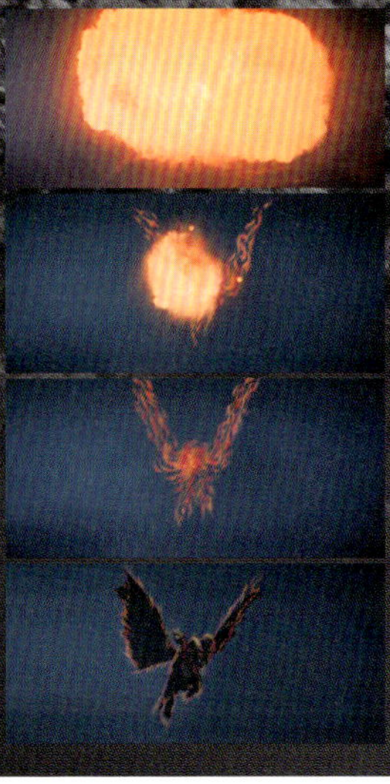

隕石から飛び出したエネルギーが空中で炎の塊となり、やがてキングギドラの姿を形成していった。

王位継承権にまつわる政争と〝金星人〟の予言に翻弄される人々

「金星人」を名乗る者の警告、ゴジラたちの復活と宇宙超怪獣キングギドラの地球侵略。さらにセルジナ公国の王位継承に関わる政治闘争の末に起きる暗殺事件など、様々な事案に巻き込まれて翻弄される人々。

マウス・ドゥリナ・サルノ王女

日本への移動中、爆発事故に遭遇。超自然的な力で生きながらえ、予言者・金星人として地球の危機を訴えた。

滅亡した金星人の意識が憑依したのか、王女の記憶を失っていた。

村井

帝都工大に勤務する助教授。霞沢に落下した隕石の調査隊長を務め、その際にキングギドラの出現を目撃する。

取材中に直子と親しくなり、金星人を追う。

進藤直子

進藤の妹。東洋放送のラジオ番組『20世紀の神話』を担当する報道記者であり、金星人を追ってその主張を取材した。

活発なタイプで勝ち気な女性だが、兄とは意外に仲が良く会話も多い。

進藤

警視庁の若手刑事。危険回避のために来日したセルジナ公国の王位継承者、サルノ王女の護衛を行い、暗殺団と対決。

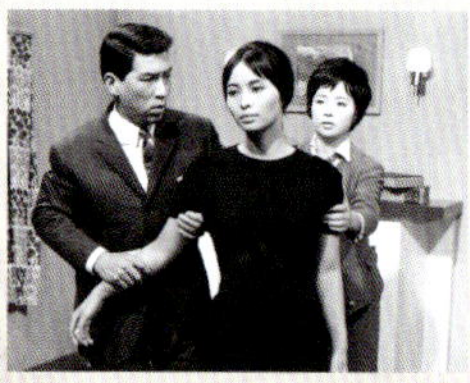

巷で話題の予言者・金星人が王女に酷似していたため、守ろうとする。

サルノ王女特別機

双発の小型レシプロ旅客機。暗殺団によって爆弾を仕掛けられ、壮絶な空中爆発を遂げた。

寿山号

小美人がインファント島へ帰る際、乗船するはずだったが、ゴジラの放射熱線で破壊される。

暗殺団の自動車

羽田空港でマルネスを待っていた車両。富士の裾野を逃走中、崖の岩に圧し潰されてしまう。

塚本研究所の自動車

トヨタクラウンＲＳ46マスターライン。進藤や直子、サルノ王女らが避難の際に乗車した。

金巻班長

東洋放送の社員で『20世紀の神話』の責任者。自称、金星人の取材を指示する。

老臣長

王女の側近。特別機から飛び降りる王女の姿を目撃した後、爆発事故に遭う。

沖田課長

警視庁・捜査課の課長。進藤の能力を評価し、サルノ王女の護衛役に選んだ。

塚本博士

精神医学者で「塚本研究所」の責任者。過去に何度も警視庁から依頼を受けた。

暗殺団手下

日本でマルネスを待ち受け、サルノ王女を殺害する計画に参加して暗躍した。

マルネス

サルノ王女暗殺の使命を帯びて来日し、金星人を執拗に追い詰めて狙った。

漁師

漁の最中、海に浮かんでいたサルノ王女に頼まれて衣服と金の腕輪を交換した。

テレビ司会者

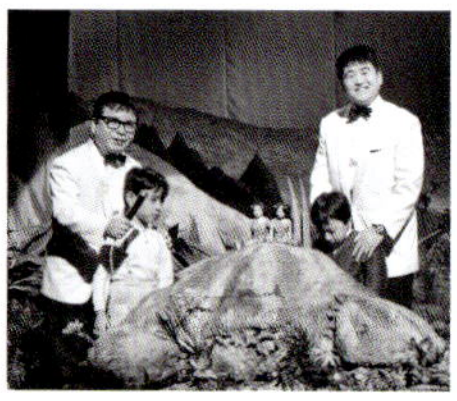

７チャンネルの人気番組『あの方はどうしているのでしょう？』の進行係。

帽子拾い屋

火口に落ちた帽子を200円の手間賃で拾おうとし、ラドンの被害で行方不明に。

火山研究所職員

阿蘇山の火山研究所の一員。異変が起こるという金星人の予言を否定していた。

調査隊隊員

村井の隕石調査隊に参加したメンバー。帝都工大の助手や関係者と思われる。

宇宙円盤クラブ会長

宇宙人の存在を信じ、空飛ぶ円盤を研究する会の責任者。異常現象を憂いた。

インファント島長老

インファント島の島民を束ねる人物。日本に向かうモスラを洞窟から見送る。

防衛大臣

防衛軍の代表。国際合同軍との緊密な連携を主張し、モスラの協力に期待する。

国防会議議長

ゴジラとラドン、キングギドラの出現に対応し、国防会議の進行役を務めた。

小牧記者

毎朝新聞の記者で、警察回りも担当。直子と共同取材をすることも多いらしい。

STORY

セルジナ公国の特別機が爆発し、搭乗していたサルノ王女は死亡したと思われたが、数日後、金星人を名乗る王女そっくりの人物が現れ、怪獣出現の予言を告げた。その発言通りにラドンとゴジラが復活し、さらに黒部峡谷に落下した隕石からキングギドラが誕生。人類は最大の危機を迎えると思われるも、小美人が呼び寄せたモスラの説得でゴジラ、ラドンが共闘。激闘の末にキングギドラを宇宙へと追い返した。

①警視庁の進藤刑事は、来日するサルノ王女の護衛を命じられた。

②その後、金星人を名乗る女性が各地に出没して予言を繰り返す。

③金星人の予言通り、阿蘇山の火口からラドンが現れて飛翔する。

④漁師の証言を聞いた進藤は、金星人がサルノ王女であると確信。

⑤進藤の妹・直子が金星人を保護したが、暗殺団が彼女を狙う。

⑥太平洋上で旅客船を襲ったゴジラが横浜港へ上陸して暴れる。

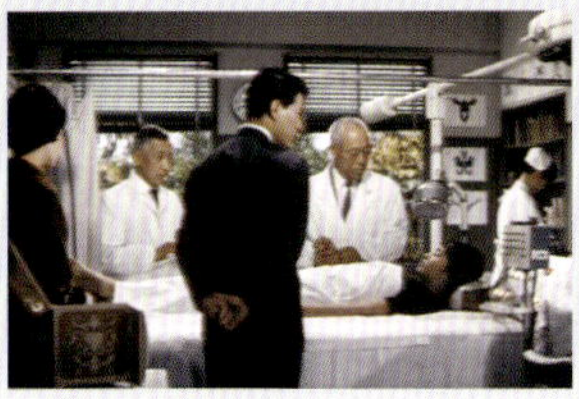
⑦金星人は塚本研究所へ運ばれて診察を受けるも、問題はなかった。

⑧そんな頃、黒部峡谷に落ちた隕石からキングギドラが出現する。

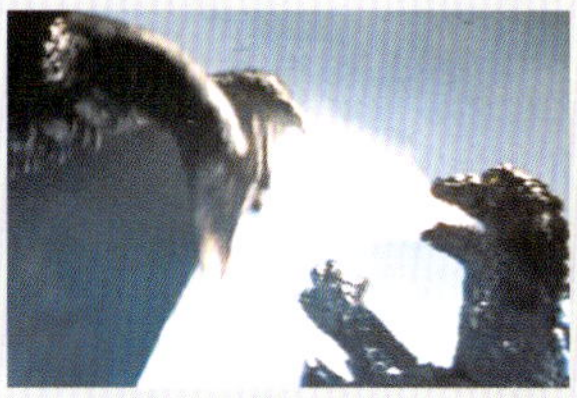
⑨富士の裾野で対峙したゴジラとラドンは、本能でぶつかりあった。

⑩日本に残っていた小美人が、テレパシーでモスラを呼び寄せる。

⑪キングギドラを倒すため、モスラがゴジラとラドンに共闘を提案。

⑫怪獣会議は決裂し、モスラは単身でキングギドラと戦うことに。

⑬強敵に苦戦するモスラを見て、ゴジラたちは協力することを決意。

⑭同じ頃、金星人／王女は暗殺団のボス、マルネスに狙われていた。

⑮引力光線の影響で発生した崖崩れにより、マルネスは命を落とす。

⑯モスラを庇ってキングギドラに迫るゴジラは、怪力を生かした攻撃を展開し、ねじ伏せようとした。

⑰戦いのなか、三大怪獣のコンビネーションが徐々に確立していく。

⑱ラドンの背中に乗ったモスラが、繭糸でギドラの動きを鈍らせる。

⑲ゴジラの投げ技が決まり、キングギドラは宇宙へと逃げ帰った。

⑳強敵を撃破した３大怪獣の雄叫びが、富士の裾野に響き渡る。

㉑記憶を完全に取り戻したサルノ王女は、セルジナ公国へ帰国。

㉒戦いを終えたモスラも小美人と共にインファント島へ戻っていく。

怪獣大戦争

『怪獣大戦争』
1965年12月19日（日本）、1970年7月29日（米）公開 94分

STAFF
製作／田中友幸　監督／本多猪四郎　脚本／関沢新一　撮影／小泉 一　美術／北 猛夫　録音／小沼 渡　照明／小島正七　音楽／伊福部 昭　特技監督／円谷英二　合成／向山 宏　美術／渡辺 明　照明／岸田九一郎　撮影／有川貞昌、富岡素敬　光学撮影／真野田幸雄、飯塚定雄、川北紘一　操演／中代文雄

CAST
富士一夫／宝田 明　グレン／ニック・アダムス（声／納谷悟朗）　波川女史（X星人）／水野久美　富士ハルノ／沢井桂子　桜井博士／田崎 潤　統制官（X星人）／土屋嘉男　鳥井哲男／久保 明　自治代表／佐々木孝丸　医学代表／村上冬樹　婦人団体代表／塩沢とき　移動司令／田島義文　世界教育社社長（X星人）／田武謙三　下宿のおばさん／千石規子

富士山麓での最終決戦。ゴジラとラドンがキングギドラに突進を決める迫力満点の場面だ。

1960年代後半、大人向けSF映画路線の製作・公開に限界を感じた東宝は、戦記路線以外で特撮を売りにする作品を、高い収益実績のある〝怪獣シリーズ〟に絞ることを決定。その第1弾ともいえる本作は〝怪獣〟に〝SF〟路線のエッセンスを加えた内容となった。登場するキャラクターは、観客に高い人気を誇るゴジラとラドン、前作に出演した強敵・キングギドラ。さらに『地球防衛軍』のミステリアン的な強さと魅力を有するX星人と、鉄壁の布陣が揃えられた。

3大怪獣がX星を舞台に戦う設定のため、異世界のセットが組まれる。

キングギドラの存在が、新怪獣未登場という弱点を補っていた。

バリアーで包まれた、体を丸めたゴジラとラドンの人形も作られた。

巧みな操演技術でキングギドラとラドンの動きと生命感が表現された。

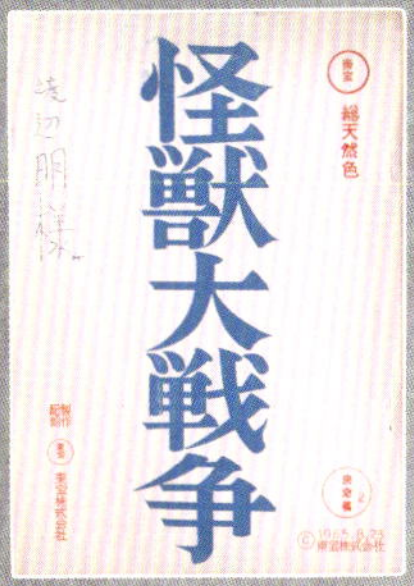

X星人に操られるゴジラには大規模な破壊シーンが用意された。

正確な合成によって、怪獣の蹂躙から逃げ惑う群衆が描かれる。

キングギドラが放つ引力光線のエッジは、前作よりも緩やかになる。

キングギドラを前後から挟んだシーンで、空間の奥行きを表現。

中島春雄の演技によってゴジラのダイナミックな攻撃が表される。

キングギドラの巨大感、宇宙怪獣としての異様な動き、その攻撃力が前作以上に強調される。

各シーンの演出密度や特撮のテンポなど、技術レベルは最高水準といえる。

怪獣王 ゴジラ

身長／50m　体重／2万t
演技者／中島春雄

明神湖の湖底で長い眠りについていたが、X星人の科学力で確保されて木星の第13衛星・X星へと運ばれる。そこでキングギドラと対決した後、特殊な電波によってX星人にコントロールされて日本各地で暴れた。しかし、防衛軍の活躍で洗脳が解かれ、ラドンと共にX星人が操るキングギドラと戦い、宇宙へ撤退させる。

放射熱線

凄まじい破壊力と衝撃を秘めた熱線であり、一撃でキングギドラをも退かせてしまう。

X星から飛び立つロケット・P-1号を見上げ、哀愁の表情を見せる。

X星人円盤から放射されたバリアーで球状の電磁膜に包まれ、地球からX星へ移送される。

X星でキングギドラと対決。勝利後に〝シェー〟のアクションを披露した。

防衛軍のAサイクル光線を浴びたことで自我を取り戻し、敵に挑む。

X星に到着した際、人間のように大きく背伸びをして起き上がった。

全身の表皮が頑強な岩壁のようになり、双眸も大きめに変化する。

X星人の意思により、人類が建造した物体をことごとく破壊していく。

地球に戻された際、本来のゴジラが有する凶暴性を発揮して暴れる。

接近戦を得意とし、キングギドラめがけて強烈な鉄拳を打ち込む。

人間のような喜怒哀楽が、その表情に垣間見えることもあった。

野生の本能的なものでラドンと共闘し、宇宙超怪獣を追い詰めた。

X星人から怪物01(ゼロワン)と呼ばれ、地球侵略に利用された。

空の大怪獣 ラドン

身長／50m　翼長／120m　体重／1万5000t
飛行速度／M(マッハ)1.5　演技者／篠原正記

鷲ヶ沢で冬眠状態だったが、ゴジラと共にX星へと運ばれた。キングギドラとの対決で勝利したかに見えたが、その後、X星人の支配下に陥り、他の怪獣らと地球を攻撃。コントロールが解けてからは、ゴジラと協力してキングギドラに挑む。

高い運動能力を有し、敵から攻撃された際は素早く飛翔して躱す。

キングギドラの喉に嘴を突き立て、頑丈な皮膚を貫く。

引力光線を巧みに避けながら突進。キングギドラに襲い掛かる。

ラドンは、X星人から怪物02（ゼロツー）と呼称されていた。

音速飛行した際の衝撃波で、周囲にある鉄橋なども簡単に破壊する。

X星人円盤のバリアーで確保され、大気圏から宇宙空間へ運ばれる。

Aサイクル光線を浴びて一度は倒れるが、すぐに自我を取り戻した。

両脚先にある爪で巨大な岩石を掴み上げ、敵の頭部めがけて落下させる。

キングギドラを攻撃した際の勢いでゴジラ共々海中へ落下し、行方不明となった。

一瞬でX星の宙へ飛び上がり、キングギドラの引力光線攻撃を逃れる。

嘴でキングギドラの尾を掴んで動きを封じ、ゴジラの攻撃をサポート。

宇宙超怪獣 キングギドラ

身長／100m　翼長／150m　体重／3万t
飛行速度／M3（大気圏内）、M400（宇宙空間）
演技者／広瀬正一

木星の第13衛星・X星を襲撃していた宇宙超怪獣だが、X星人のコントロール下にあって怪物0（ゼロ）と呼ばれる。X星に運ばれてきたゴジラ、ラドンと戦い、敗れたふりをして撤退。その後、地球に出現し、ゴジラたちと共に破壊活動を行った。

引力光線

引力、重力、斥力、反重力を自由自在に制御し、周囲の建造物を木っ端微塵に砕く。

背後は死角で、回り込んだラドンの攻撃には苦戦を強いられた。

巨体ゆえに、一度倒れると体勢を整えるまでに一定の時間が掛かることが弱点ともいえる。

巨大な翼を羽ばたかせ、長距離を一気に移動しても体力は衰えない。

ゴジラたちと同様に、Aサイクル光線を浴びたことで自我を取り戻す。

ゴジラに首を掴まれて戦闘力が低下。動きを封じられてしまった。

長い首を後ろへ回し、尾を掴んでいるラドンめがけて引力光線を放つ。

ゴジラに背後を押さえられて動きを封じられ、ラドンから攻撃を受ける。

X星人の最大戦力であり、ゴジラと同等のパワーを秘めていた。

アメリカで暴れた後、日本に現れて凄まじい攻撃力を見せつけた。

X星人が全滅した後は、コントロールが解けて戦闘力が弱体化。

波川女史【X星人】

地球に潜入していたX星人の女性。同胞の弱点となるレディガードを手中に収めるため、世界教育社の社員として鳥井に接近する。活動のなかで次第に人間的な感情を身につけていく。

X星人の女性は、波川と同じ美しい姿形で統一されている。

裏切り者として処刑。グレンに遺したメモがX星人打倒の鍵となる。

グレンの動向を監視するために接近したが、計算外の愛に目覚めた。

X星人

身長／1.8m
体重／80kg

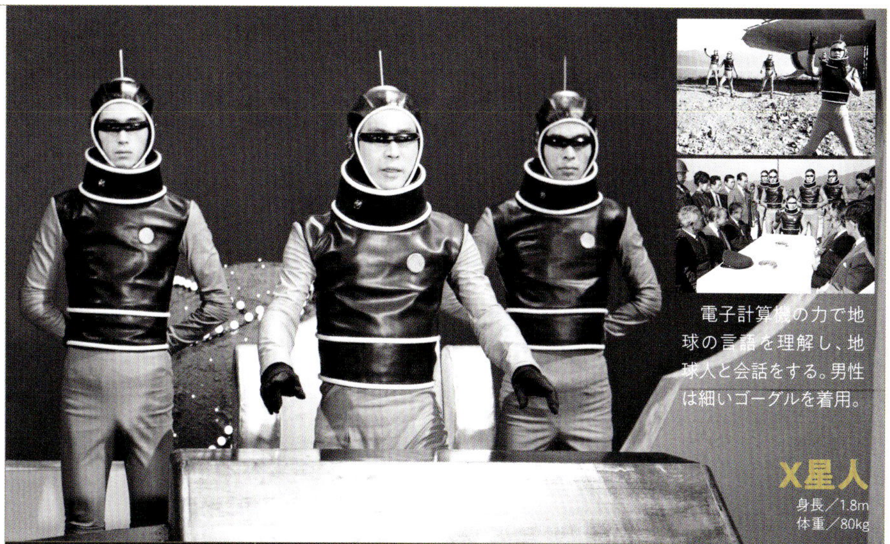

電子計算機の力で地球の言語を理解し、地球人と会話をする。男性は細いゴーグルを着用。

木星の裏側に位置する13番目の衛星に生息する宇宙人で、「X星人」という名称は地球の天文学者が暫定的に命名した「X星」からつけられたもの。豊富な水源に目をつけ、地球征服を企てた。

統制官

X星人の司令官。電子計算機からの指示に従い、地球征服計画を展開した。

X星人円盤

X星人が脳波で操る宇宙船。光速の1/10の速度で宇宙空間を移動できる。

世界教育社

地球で暗躍するX星人が隠れ蓑にしていた会社。レディガードの完成を阻止。

世界教育社社長

地球人に扮し、地球征服の準備を進めていた。秘密を知ったグレンらを捕らえる。

X星基地

X星の地下に建造された高度な科学都市。円盤の発進口は地上の岩壁にある。

命令に従わない者は容赦なく処刑する。レディガードから発せられる不協和音が弱点。

地球連合宇宙局、防衛軍装備

宇宙探検用に開発されたロケットや、X星人に対抗する兵器・科学装備群。それぞれの状況で特性を発揮。

Aサイクル光線車

全長／14.5m

電磁波を遮断するAサイクル光線を放射する装置を装備した大型車両。自走機能はなく、牽引車で移動する。

P-1号

全長／110m　重量／2000t

地球連合宇宙局が開発した、木星探査用宇宙ロケット。ブースターは使用せず、同じ形状で地球~X星間を航行する。

61式戦車

戦後初の国産戦車。荒れ地をも45km/hで走行し、装備する61式52口径90mm戦車砲で障害物を粉砕する。

24連装ロケット砲車

運転用車両と後部台車が一体化した多連装ランチャー。X星人が操る怪獣への攻撃に使用し、一定の成果を見せた。

3/4tトラック

主として兵員や武器、各種装備の運搬に使用された。防衛軍でも多くの同型車両を保有しているらしい。

1/4tトラック

最前線で兵士の指揮を執る際に使用される四輪駆動車。最高出力100ps/3300rpmを誇り、道なき道を走破する。

桜井博士

地球連合宇宙局の科学者でX星探査計画の責任者。Aサイクル光線車を開発。

医学代表

怪獣の貸し出しの見返りとして、X星人が提供する癌の特効薬に興味を示した。

婦人団体代表

X星人が唱える"銀河系宇宙の平和"に好感を持つ。攻撃後は対策会議に参加。

移動司令

明神湖の監視を担当した防衛軍の司令官。X星人への攻撃で陣頭指揮を執る。

3大怪獣の脅威に晒される人類

X星人に騙されてしまい地球を危機的な状況に晒すも、最終的にはそれぞれの立場で侵略行為に敢然と立ち向かい、平和維持に貢献した人々。

富士一夫

地球連合宇宙局局員でロケット・P-1号の乗組員。X星人からゴジラたちの貸し出しを依頼され、地球に伝える。

強い探求心を持ち、そのため危機に陥ることもあった。

グレン

アメリカ国籍の地球連合宇宙局局員。X星人が高周波に弱いことを波川から聞かされ、地球防衛の糸口を掴む。

波川がX星人とは知らず、心から愛して恋人関係となる。

富士ハルノ

富士一夫の妹で地球連合宇宙局に勤務。鳥井哲男からレディガードを買い取ろうとする波川に、不信感を抱く。

X星人に対抗するため、Aサイクル光線の開発に協力。

鳥井哲男

富士ハルノの恋人。好青年だが、町の発明家で収入が低く気も弱いため、一夫からは今一つ信頼されていない。

レディガードを発明したため、X星人に狙われることに。

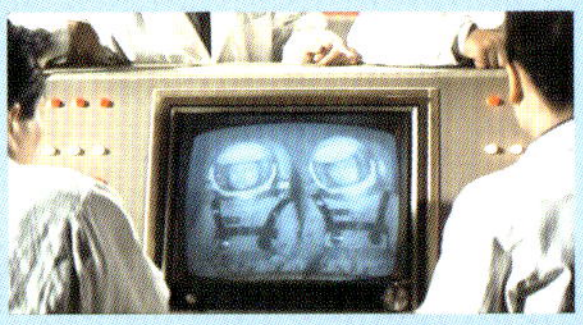
①富士一夫とグレンは、P-1号に搭乗してX星へと探査に向かう。

②一夫の妹・ハルノと恋人の哲男は、謎の女性・波川と会っていた。

③P-1号が木星の裏側に到着。X星へと静かに降下していく。

④緊張が続く中、２人の操縦によってP-1号はX星の大地に着陸。

⑤消えたP-1号とグレンを探す一夫は謎の声に導かれ、装置へ入る。

⑥地下の施設で再会した一夫とグレンは、X星の統制官らと出会う。

⑦地球人とX星人の会談の最中、X星にキングギドラが出現。

⑧キングギドラに苦しむX星人は、ゴジラとラドンの貸し出しを依頼。

⑨怪獣を借りた際の条件を聞いた2人は、P-1号で地球に帰還する。

⑩国会でX星人の要請が議論され、結果的に協力することが決定する。

⑪哲男が世界教育社に渡した製品の設計図は、社長に処分された。

⑫X星人の指摘通り、湖でゴジラの存在が確認され、円盤も出現。

⑬統制官を代表としたX星人と地球人が会合をし、交渉が成立する。

⑭一夫とグレン、桜井博士がX星人円盤に乗り、怪獣の輸送に同行。

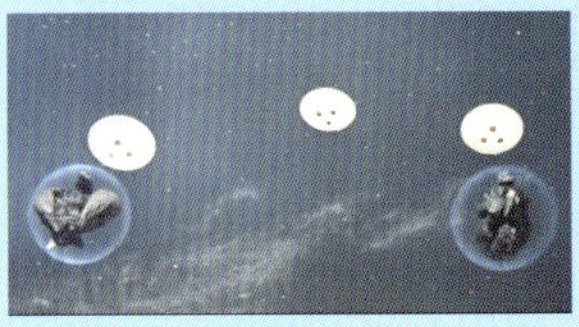
⑮バリアーに包まれたゴジラとラドンは、円盤でX星に向かった。

⑯X星に到着した２大怪獣は、キングギドラを追い払うことに成功。

⑰一夫とグレンはX星人に不信感を抱き、地下施設の中を調査する。

⑱グレンは地球にいるはずの波川に似た女性たちと出会い、驚く。

⑲X星人が製作したP-1号が離陸。それをゴジラが寂しげに見つめる。

⑳一方、世界教育社の波川のもとには哲男の行方を捜すハルノが。

㉑P-1号が帰還し、X星人から渡されたテープの内容が公表される。

㉒だが、テープにはX星人統制官の地球征服の宣告が入っていた。

㉓世界教育社でグレンと再会した波川は仲間の手で処刑されてしまう。

㉔X星人の電磁波に操られるゴジラとラドンが地球へ運ばれてきた。

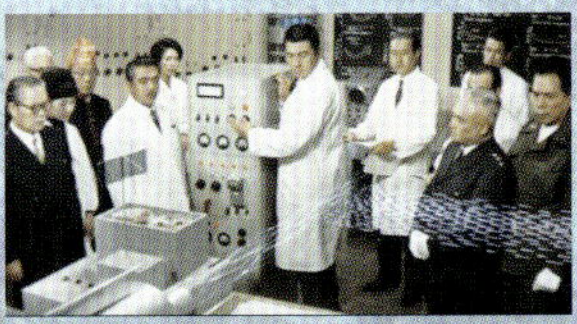
㉕地球連合宇宙局は、電磁波を遮断するAサイクル光線で敵に対抗。

㉖囚われていた鳥井とグレンは、高周波でX星人を苦しめて脱出する。

㉗計画に異常が生じたと知ったX星人は、怪獣を使った攻撃を開始。

㉘ラドンの翼から発生した強風が、付近の建造物をすべて吹き飛ばす。

㉙放射熱線で発生した火災をものともせず、進撃を続けるゴジラ。

㉚２大怪獣の破壊活動によって大被害が発生し、人々が逃げ惑う。

㉛米国で猛威を振るったキングギドラも日本に飛来し、暴れ始めた。

㉜そんな中、一夫たちはＡサイクル光線を使った計画を準備する。

㉝ついにＡサイクル光線車が到着し、いよいよ反撃が開始された。

㉞富士の裾野に集合したゴジラたちに、防衛隊は集中砲火を開始。

㉟防衛隊の号令でＡサイクル光線がＸ星人円盤めがけて放射された。

㊱グレンと鳥井、ハルノは、高周波によるＸ星人への攻撃を見守る。

㊲高周波の影響で地上のＸ星人は全滅し、統制官も円盤と共に自爆。

㊳Ａサイクル光線により、３大怪獣はコントロールを完全に脱する。

㊴自我を取り戻したゴジラとラドンはキングギドラに向かっていく。

㊵引力光線の直撃にも怯まず、敢然と立ち向かっていくゴジラ。

㊶ラドンがゴジラの巨体を吊り上げ、キングギドラに空中突進。

㊷もつれ合った状態で海に落下し、ゴジラとラドンは行方不明になる。

㊸キングギドラは宇宙へ逃げ帰り、一夫とグレンの顔に笑みが浮かぶ。

STORY

地球連合宇宙局の富士一夫とグレンは、木星の裏側にある衛星を調査中、Ｘ星人と遭遇。キングギドラへの対抗手段としてゴジラ、ラドンの貸し出しを依頼される。２人から報告を受け、地球側はそれを了承。怪獣たちがＸ星に送られるも、それは敵の策略であり、電磁波で操られた２大怪獣とキングギドラが地球へ送られる。全面降伏を迫るＸ星人に対し、地球連合宇宙局は、電磁波を遮断する「Ａサイクル光線」で怪獣を洗脳から解き放つ作戦を立案、同時にＸ星人が苦手とする高周波を増幅して反撃する計画を発動させた。それによって怪獣たちは自我を取り戻し、Ｘ星人の統制官たちは円盤と共に自爆する。ゴジラとラドンは本能のままにキングギドラを攻撃し、もつれ合うようにして海中へ転落。地球は再び平穏を取り戻すのだった。

ゴジラ・エビラ・モスラ
南海の大決闘

『ゴジラ・エビラ・モスラ 南海の大決闘』
1966年12月17日公開 86分

STAFF
製作／田中友幸　監督／福田 純　脚本／関沢新一　撮影／山田一夫　美術／北 猛夫　録音／吉沢昭一　照明／隠田紀一　編集／藤井良平　音楽／佐藤 勝　特技監督／円谷英二　特技監督補／有川貞昌　美術／井上泰幸　照明／岸田九一郎　撮影／富岡素敬、真野田陽一　光学撮影／徳政義行、川北紘一　合成／向山 宏　操演／中代文雄　火薬／山本久蔵

CAST
吉村／宝田 明　ダヨ／水野久美　仁田／砂塚秀夫　市野／当銀長太郎　彌太／伊吹 徹　良太／渡辺 徹　小美人／ペア・バンビ　竜尉隊長／平田昭彦　基地司令官／田崎 潤　船長／天本英世　島民／沢村いき雄　白衣の男／伊藤久哉　デスク／石田茂樹　老婆／本間文子　カネ／中北千枝子　漁業組合長／池田生二

本作あたりからゴジラの擬人化が進み、正義の味方的な演出が顕著となっていく。

このシーンは陸のゴジラと、海のエビラで行われた。

エビラは機動性のない造形物のため、操演で動きをフォローした。

新怪獣が甲殻類のエビラであるため、海上シーンが多用された。

福田純監督が演出した本編の軽快な作風が、特撮にも採用された。

水槽越しの疑似海底以外に、初めての水中撮影も行われた。

東宝の大プールとステージ内に設置したセットプールを併用。

モスラと対峙する際のゴジラは、悪役的な部分が目立つ演出だった。

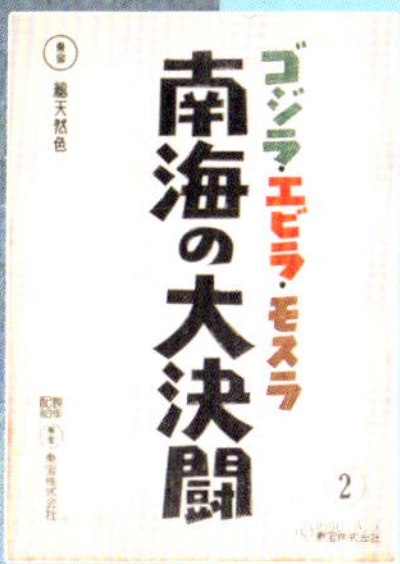

海上のエビラは、俳優が上半身だけのスーツを纏って演じる。

俳優が入っていないスーツを吊り、ゴジラが投げる場面を撮影。

近接戦闘シーンでもギニョール人形ではなくスーツが使われた。

背中越しに敵と対峙するシーンを多用することで、奥行きを表現。

正体が明確でない主人公や無鉄砲な若者、国際的犯罪組織など、これまでのゴジラ映画にはないキャラクターの登場で冒険的な要素を加味した作品となる。

1966年、円谷プロ製作のテレビ映画『ウルトラQ』を筆頭に始まった、いわゆる「第1次怪獣ブーム」の真っ只中で公開された本作は、当初、海外提携作品『ロビンソン作戦 キングコング対エビラ』として製作されるはずであった。しかし、脚本内でのキングコングの在り方に米国側が難色を示したことから登場する怪獣が変更され、「ゴジラ映画」の1本に加えられることとなる。

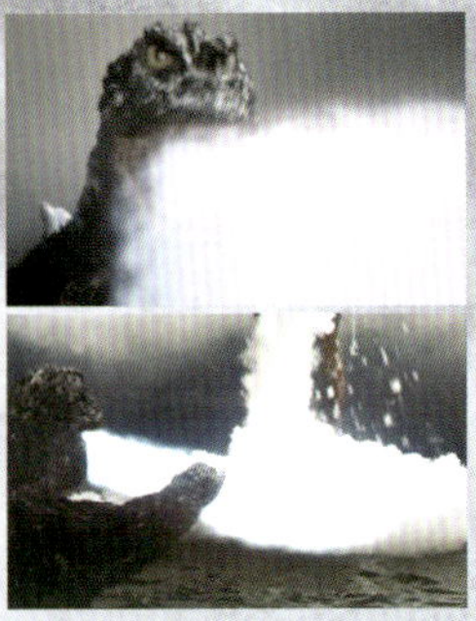

放射熱線

口から放つ、多量の放射線を発する熱線。エビラの周囲の海水を蒸発させ、怯ませることに成功する。

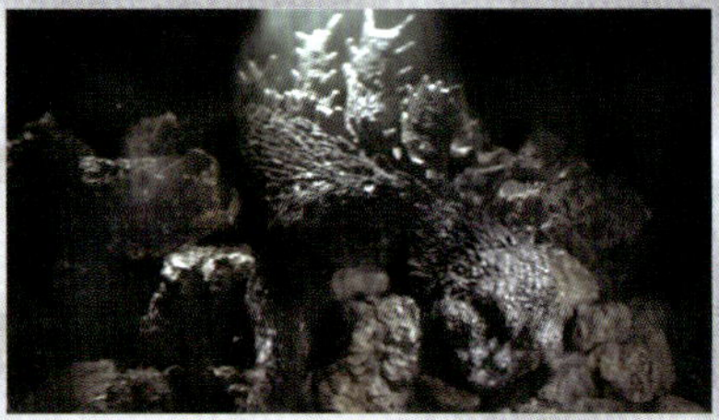

ゴジラは、レッチ島の巨大洞窟の中で冬眠をしていた。

怪獣王 ゴジラ

身長／50m　体重／2万t
演技者／中島春雄

南海の孤島・レッチ島の洞窟で長い眠りについていた怪獣。「烈１号」を製造する国際的犯罪組織・赤イ竹の秘密基地で強制労働を強いられるインファント島の住民を救うため、落雷のエネルギーによって覚醒させられた。近海に潜むエビラと激闘を展開。

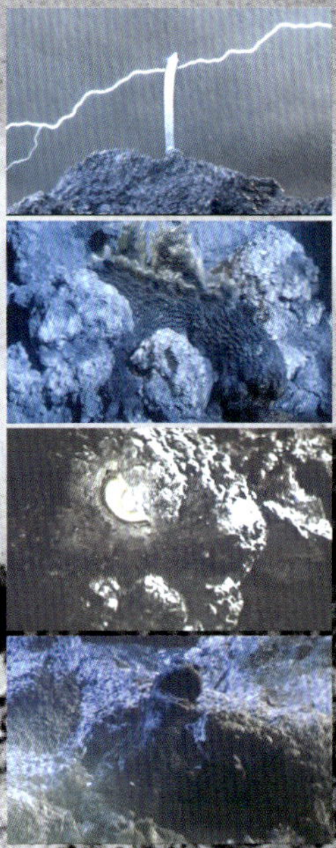

崖の上に突き刺した剣に雷が命中。銅線を通じて多量の電気が流れ込み、そのショックでゴジラが目覚めた。

岩石を使って激しい打ち合いを行うことで、エビラの戦闘能力を測った。

海中戦では、大岩を掴んでエビラの頭部をめった打ちにする戦いを行う。

自身のテリトリーに侵入してきた、赤イ竹の兵士を睨みつけて排除した。

野生の本能で赤イ竹の秘密基地を徹底的に破壊し、使用不能状態にした。

優れた反射神経を有しており、赤イ竹戦闘機の攻撃を巧みに躱して立ち向かった。

顎に漲る怪力を生かしてエビラの頑強な腕を噛みちぎり、戦闘力を大幅に低下させた。

核爆弾でレッチ島が爆発寸前になった際、人々の声から危険を悟って海中へ脱出。いずこかへと去った。

人間のような戦闘態勢を取り、赤イ竹の兵士やエビラを威嚇した後に襲った。

エビラからの猛攻撃を受けて瞬間的に気絶し、海中へ沈んだこともある。

エビラに水中へ引きずり込まれて苦戦するも、激闘の末に勝利を得た。

指で自身の鼻を掻き、照れたような人間に近い仕草を見せた。

放射熱線の一撃で自身に接近する赤イ竹を一掃し、反撃を展開。

インファント島の娘・ダヨには興味があるらしく、結果的に守った。

大コンドルやエビラなど、外敵に対しては凶暴性を発揮する。

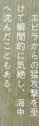

巨大蝦怪獣 エビラ

体長／50m　鋏の長さ／15m（右）、13m（左）
体重／2万3000t　水中速度／150km/h

レッチ島近海に生息していた甲殻類が、赤イ竹の核兵器工場から流出した放射線廃液の影響で怪獣化したもの。激しい闘争心を有しており、海上で尾を立てて敵や捕食対象を威圧し、戦闘意欲を低下させた後に襲い掛かっていく。右腕は巨大な鋏、左腕は槍のように細い鋏になっている。

島に自生する植物の実から作られた特殊な黄色い汁が苦手らしい。

13mにも及ぶ左の鋏で、ゴジラが投げた岩を受け止めた。

レッチ島に秘密基地を持つ赤イ竹が、エビラを用心棒として利用。

覚醒したゴジラと対峙した際、敵と認識して攻撃を仕掛けてきた。

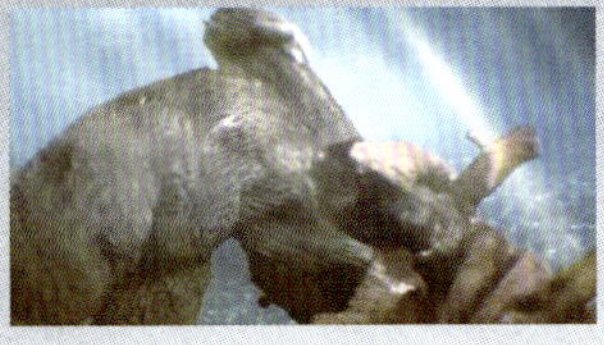

水中戦を得意とし、ゴジラを引きずり込んで止めを刺そうとする。

鋏の先を獲物の体に突き刺し、息の根を止めた末に捕食した。

海中から出現。レッチ島の近くを進む船を沈没させ、巨大な鋏で乗組員を攻撃。

海中から巨大な右の鋏を突き出し、勢いよく振り下ろしてくる。

ゴジラに左右の鋏をもぎ取られ、島から逃走して行方不明となる。

上半身に比べて下半身が発達しておらず、陸上では活動できない。

偽の汁を撒きながら近海を移動する赤イ竹の水上艇を叩き潰した。

怪鳥 大コンドル

体長／20m　翼長／25m
体重／6000t　飛行速度／M1

通常のコンドルの約10倍もの大きさを誇る、獰猛で巨大な猛禽類の怪獣。レッチ島の岩山に生息しており、テリトリーに侵入した大型生物や人間を次々と捕食していた。

ゴジラの放射熱線を浴びて翼が燃え、岩に激突。最終的には海へと落下した。

空中を高速飛行し、突然、地上の敵に急降下攻撃を仕掛けてくる。

好戦的な性質であり、鋭い嘴でゴジラの頑丈な皮膚を貫こうとした。

巨大蛾怪獣 モスラ（成虫）

体長／65m　翼長／135m
体重／1万5000t　飛行速度／M(マッハ)3

キングギドラと対決した幼虫が成長した姿。赤イ竹に捕らわれ、強制労働をさせられていたインファント島の島民を救出するため、核爆発寸前のレッチ島へと飛来した。

巨大な羽根を大きく羽ばたかせ、襲い掛かるゴジラを薙ぎ払った。

ゴジラとの対決が目的ではない。足の指が3本であることが特徴。

インファント島民らが乗った巨大な籠を吊り上げ、レッチ島から脱出。

インファント島

モスラや小美人が生息する、南海の孤島。島民が赤イ竹に拉致された。

小美人

祈りの歌を捧げてモスラを目覚めさせ、共にレッチ島を訪れて核爆発から島民たちを救い出した。

赤イ竹

レッチ島で秘密裏に「烈１号」なる重水を製造していた国際的犯罪組織。エビラを用心棒として利用し、秘密基地を守った。

基地司令官

赤イ竹のレッチ島秘密基地を指揮する責任者。出現したゴジラを「革命的怪物」と命名。

レッチ島

赤イ竹が占拠していた南海の孤島。エビラや大コンドルが生息していた。

秘密基地

レッチ島の中心部に建造された、赤イ竹の施設。大量の重水を製造。

黄色い汁はエビラ避けに有効なため、水上艇に積み込まれる。

捕らえたインファント島の島民に、黄色い汁を作らせていた。

重水の製造工場へ侵入した吉村たちを攻撃し、捕らえようとする。

赤イ竹戦闘機

秘密基地防衛のために出撃したジェット戦闘機。ロケット弾を発射。

赤イ竹水上艇

インファント島島民の強制連行と、レッチ島で作った「烈1号」を運搬。

竜尉隊長

赤イ竹の秘密基地警備隊長で、左目の眼帯が特徴。冷酷な性格で吉村たちを執拗に追跡したが、失敗を繰り返す。

南海の孤島で悪漢と戦う人々

様々な事情や強制によってレッチ島に辿り着き、赤イ竹と対決。さらにはゴジラやエビラの被害に遭いながらも、知恵と行動力を発揮して生き抜いた。

ダヨ

赤イ竹に拉致され、レッチ島で強制労働をさせられていたインファント島出身の女性。日本語を理解して話す。

吉村

港に停泊するヨット、ヤーレン号に潜伏した際、大学生たちに関わった金庫破り。レッチ島に流れ着き、赤イ竹と対決。

犯罪者だが浪花節に弱い人情家で、仲間を危機から守り抜く。

仁田

田舎からきた青年・良太の兄探しに無理矢理協力させられた大学生。

良太

イタコの言葉を信じ、遭難した漁師の兄・彌太を探していた田舎の青年。

彌太

乗っていたマグロ漁船が沈没し、インファント島で保護されていた漁師。

市野

耐久ラリーダンス大会で仁田、ヤーレン号で吉村と知り合い、同行する。

STORY

偶然、ヤーレン号に集った吉村たち4人は、暴風雨の中で海上から現れた巨大な鋏に襲われて遭難。南海のレッチ島に打ち上げられるも、そこは国際的犯罪組織・赤イ竹の秘密基地であった。吉村たちは赤イ竹が連行してきたインファント島の女性・ダヨと共に洞窟へと逃げ込み、眠っていたゴジラを発見。それを覚醒させて赤イ竹にぶつけようと計画した。蘇ったゴジラは、島に生息する怪獣、エビラや大コンドルと対決。さらに赤イ竹の秘密工場を破壊した後、再びエビラに挑んで叩きのめす。その後、島は大爆発の危機に陥るが、モスラが飛来して吉村や島民たちを救出。ゴジラも海に飛び込んで島を後にした。

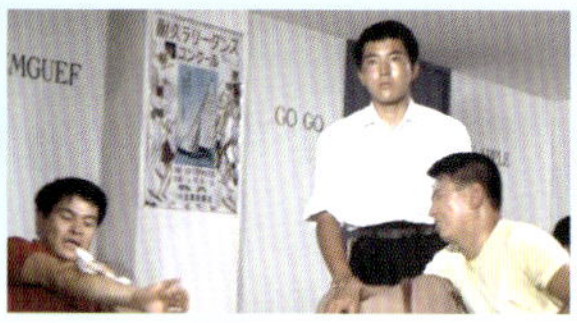
①兄を探す良太は、耐久ラリーダンス大会で仁田、市野と知り合う。

②3人は港にあったヨット、ヤーレン号に侵入し、吉村と出会った。

③翌日、良太は吉村たちに無断でヤーレン号を出航させてしまう。

④ヤーレン号は太平洋を南下していくが、その目的地は不明のまま。

⑤ラジオの報道で、吉村が金庫破りの犯人で逃亡中ということが判明。

⑥その夜、ヤーレン号が暴風雨の中で巨大な鋏に襲われ、沈没する。

⑦翌日、吉村たちは南海の孤島レッチ島に打ち上げられていた。

⑧レッチ島には、国際的犯罪組織・赤イ竹の秘密工場が作られていた。

⑨赤イ竹から逃れたインファント島の島民が巨大な鋏に襲われる。

⑩吉村たちは脱走してきたダヨと出会い、赤イ竹の追跡から逃れた。

⑪ダヨはインファント島の状況を語り、良太の兄の無事を知らせる。

⑫一方、赤イ竹は「烈1号」という重水の増産を急いでいた。

⑬吉村たちが赤イ竹の秘密工場へ潜入し、その謎を探ろうとする。

⑭敵の攻撃で良太が気球に引っかかり、インファント島へ辿り着く。

⑮吉村たちは、洞窟で眠っていたゴジラを落雷の力で復活させた。

⑯覚醒したゴジラは、野生の本能でエビラに挑み掛かっていく。

⑰海上と海中で激しく激突するが、決着はつかず引き分けとなった。

⑱再会した良太と兄の彌太が、小舟に乗ってレッチ島へやってくる。

⑲赤イ竹は、ゴジラに対抗するための策を練り、攻撃を仕掛けた。

⑳ゴジラを恐れて赤イ竹は一時撤退するも、ダヨが近くに残された。

㉑大コンドルが飛来してゴジラを襲ってきたが、返り討ちになる。

㉒続いて赤イ竹戦闘機が爆撃を開始するも、ゴジラは怯まない。

㉓ゴジラは赤イ竹の秘密工場へ進撃し、施設を完全に破壊した。

㉔ゴジラの攻撃で捕らわれていたインファント島の島民が危機に陥る。

㉕吉村は島民たちを救出し、脱出用に巨大な籠を作ることを提案。

㉖赤イ竹は水上艇で脱出を図るが、エビラから攻撃を受けて全滅する。

㉗ゴジラが海上へと進撃し、エビラとの対決が再び開始された。

㉘放射熱線でエビラを弾き飛ばし、そのまま格闘戦へ持ち込んだ。

㉙一方、小美人らの祈りで覚醒したモスラがレッチ島へ急行。

㉚ゴジラが顎の力で鋏を引きちぎり、エビラを撤退させた。

㉛レッチ島へ飛来したモスラは、強風を起こしてゴジラを牽制する。

㉜その後、吉村や島民たちが乗った大きな籠がある場所へ向かう。

㉝籠はモスラによって吊り上げられ、一同はレッチ島から脱出。

㉞ゴジラが海へ飛び込んだ後、レッチ島は大爆発を起こして沈む。

怪獣島の決戦
ゴジラの息子

「ゴジラ映画」がプログラムピクチャー化している環境で生まれた本作は、年少の観客を意識して〝ゴジラの子供をお披露目する〟というコンセプトで製作された。内容は1966年に東宝がアニメ製作会社「スタジオゼロ」に依頼して考案された「以前に製作した怪獣映画の特撮シーンを利用したテレビ映画」の企画が元であるらしい。特技監督は、円谷英二に代わって愛弟子・有川貞昌が担当することとなり、高度な操演技術を駆使した怪獣表現が光る作品となった。

『怪獣島の決戦 ゴジラの息子』
1967年12月16日公開 86分

STAFF
製作／田中友幸　監督／福田 純　脚本／関沢新一、斯波一絵　撮影／山田一夫　美術／北 猛夫　録音／渡会 伸、伴 利也　照明／山口偉治、小島正七　編集／藤井良平　音楽／佐藤 勝　特技監修／円谷英二　特技監督／有川貞昌　美術／井上泰幸　照明／原 文良　合成／向山 宏　撮影／富岡素敬、真野田陽一　操演／中代文雄　火薬／山本久蔵

CAST
楠見恒蔵博士／高島忠夫　松宮サエコ／前田美波里　真城伍郎／久保 明　藤崎／平田昭彦　森尾／佐原健二　古川／土屋嘉男　気象観測機機長／黒部 進　気象観測機操縦士／鈴木和夫　小沢／丸山謙一郎　田代／久野征四郎　鈴木／西條康彦　気象観測機無線員／当銀長太郎　気象観測機計測員／大前 亘

本作最強の敵・クモンガはゴジラとほぼ同サイズの操演人形が作られ、激闘が描かれた。

子供怪獣であるミニラは、小柄な体格の俳優・マーチャンが演じ、幼さや可愛らしさを強調。

No.8ステージ内にゾルゲル島のセットが作られ、宣伝用スチールを撮影した。

ミニラとの高低差を見せるため、ゴジラ役には高身長の俳優・大仲清治が選ばれた。

カマキラスの操演人形をゴジラが投げ飛ばすシーンにも操演が生きていた。

カマキラス3体の操演は、手練れの技術者にも難敵だったと思われる。

化粧品モデルとして高い人気を誇る前田美波里が、ヒロイン役として出演。

操演怪獣と俳優が演じるゴジラの格闘は、動きが制限される困難な撮影と言える。

高島忠夫や土屋嘉男など、東宝を代表する俳優陣が出演し、花を添えた。

撮影所内での芝居も多いが、主要キャストのみグアム島ロケが行われた。

ゴジラの出現や舞台となる島への上陸は、以前とは異なる映像表現で演出された。

怪獣王 ゴジラ

身長／50m　体重／2万t
演技者／大仲清治、中島春雄、関田 裕

嵐の夜、南太平洋上に出現。同族と思われる卵から発せられた〝助けを請う〟テレパシーに呼び寄せられ、ゾルゲル島に上陸した。その後、誕生した子供の怪獣・ミニラに咆哮や放射熱線の吐き方などを伝授し、一人前に育て上げる。

ミニラの活動をサポートし、島に巣くうカマキラスやクモンガから守った。

手本としてミニラの前で放射熱線を放ち、その熱で沼の水を蒸発させてしまう。

放射熱線

以前よりも白煙の量が多くなり、放射時の勢いが増した。カマキラスの巨体をも一撃で焼き尽くす。

腕の怪力でカマキラスを高く担ぎ上げ、地面めがけて一気に叩き落とす。

自身よりも巨大なカマキラスに挑むミニラを、離れた場所から見守る。

全身の怪力を発揮してクモンガを捻じ伏せ、その動きを完全に封じた。

クモンガの毒針で右目を負傷するも、放射熱線で反撃して止めを刺す。

最終的には超低温空間となったゾルゲル島で、ミニラと共に冬眠する。

卵から生まれたばかりのミニラを尻尾に乗せ、島内を移動する。

気象観測機のパイロットに姿を目撃されたが、襲ってこなかった。

放射能ゾンデの影響で島の気温が急激に低下し、身動きが鈍くなる。

荒れ狂う海面を割って出現し、ゾルゲル島へと一直線に突き進んでいく。

〝ゴジラの息子〟と呼ばれてはいるが血縁関係はなく、同族として結束している。

ゴジラの〝スパルタ教育〟によって徐々に戦力を身につけ、怪獣として成長した。

3体のカマキラスに襲われ、食料にされる危機に陥った。

まだ姿勢が安定しておらず、ふとしたことで地面に倒れてしまう。

誕生直後のミニラ

カマキラスに外殻を突かれ、強制的に誕生した。孵化直後は小さい体で歩行すらできず、力も弱かった。

人間の赤子のようなはいはいでゴジラの後を追い、体力をつける。

ミニラの卵

産卵した生物は不明だが、ゴジラの同族らしい。その外殻はかなり硬い。

ちびっこ怪獣 ミニラ

身長／13~18m　体重／1800~3000t
演技者／マーチャン

ゾルゲル島の地中に産み付けられていた卵から誕生した怪獣で、孵化直前に特殊なテレパシーで自身の同族であるゴジラを呼び寄せた。人懐こい性質で人間を恐れず、好意を抱いて接してくる。〝いじめられっ子〟気質で他の怪獣に狙われていた。

ゴジラを信頼し、その教えや行動には忠実に従う。成長に伴い、気弱な性格から活発に変わっていく。

表情が豊かで、喜怒哀楽の気持ちが、その顔に色濃く表れる。

カマキラスやクモンガとの戦いを乗り越えたことで、自信をもった。

誕生後に松宮サエコから果物を貰ったことで、懐くようになった。

放射熱線

初めはリング状の熱線しか吐けなかったが、戦いの最中、高い威力の熱線を吐けるまでに進化する。

その後、ミニラが新たなゴジラとなっていったのかは不明だが、特性などは受け継いだと思われる。

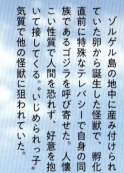

かまきり怪獣 カマキラス

体長／50m　体重／2800t
飛行速度／M(マッハ)0.5

大カマキリが、気象コントロール実験の失敗による70度の異常高温と合成放射能の影響で生体構造が変化。巨大怪獣化した姿。右前肢は槍、左前肢は巨大鎌のような形状をしており、それらを使って獲物に襲い掛かり、捕食する。

地中に埋まったミニラの卵を掘り起こし、餌にしようとした。

背面にある羽根を開き、空中を滑空して自在に移動する。

大カマキリ

体長／約2m

ゾルゲル島に生息する蟷螂《かまきり》の大型種。両目を強く光らせて獲物を探し、深夜の森を徘徊する。

左前肢の巨大鎌には、鋸の刃のような鋭く尖った棘が生えている。

ゾルゲル島

南太平洋に浮かぶ孤島。当初は無人島だと思われたが、考古学者の娘・松宮サエコが暮らしていた。

蟷螂特有の戦闘姿勢を取り、次の瞬間、敵に飛び掛かっていく。

空中からの岩石落としや田楽刺しなどの攻撃を得意としている。

4本の肢を素早く動かし、滑るように地上を移動して敵を攻撃。

ミニラの卵を3体で囲み、じりじりと迫って玩具のように弄ぶ。

3体の同族で活動し、獲物を取り囲んで一斉に襲い掛かる連携攻撃を得意としていた。

巨大な鎌をゴジラの背後に回し、後頭部から一気に斬り裂こうとした。

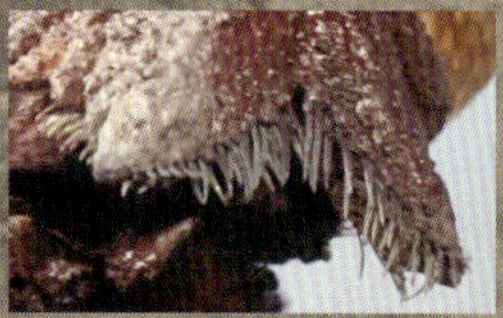

口に生えた鋭い牙で、いかなる頑強な物体をも簡単に噛み砕いてしまう。

クモンガが天敵らしく、命を奪われた後で捕食されることもある。

巨大な目を生かし、広範囲を視認して敵の動向等を探った。

2体はゴジラに倒され、最後の1体は逃走し、クモンガに敗れる。

かなり残虐で凶暴な性格であり、ミニラを餌として執拗に狙っていた。

気象コントロール実験隊の本部を襲撃し、隊員たちを狙った。

巨大グモ クモンガ

体長／45m　体重／8000t

「クモンガの谷」に生息する巨大な毒蜘蛛の怪獣で、ゾルゲル島の捕食者の頂点に立つ存在。普段は土の中で休眠しているが、捕食の際は地上に出現。感情が高ぶると目の色が青から赤へと変化し、獲物を捕獲して餌にしてしまう。

攻撃を受けると死んだふりをして敵を油断させ、突然、反撃に転じる。

巨体ながら身軽に動き回り、どんなに狭い場所へも入り込もうとしてくる。

滑空するカマキラスめがけて大量の糸を吐きつけ、地上に落下させてしまう。

通常の蜘蛛と同じ形状であり、２つの大きな目、６つの小さな目を有している。

洞窟の中にも脚を差し込み、先にある鋭い爪で獲物を捕らえる。

敵の自由を奪った後、口から伸ばした毒針を突き刺し、命を奪う。

８本の脚を巧みに動かして谷を素早く昇り、人間に襲い掛かった。

口から粘着性の高い強靭な糸を吐き、敵の動きを封じてしまう。

気象コントロール実験隊装備

実験のため、楠見博士らがゾルゲル島へ持ち込んだ装備や、島へと接近した各組織のメカニック群。

冷凍ゾンデ気球

気象コントロール実験用の装置。800m上空で爆発し、ゾルゲル島の空気を冷やす。

実験隊本部

実験に使用する各種装備が置かれている。隊員たちの居住施設でもあった。

気象コントロールタワー

2基のパイプからヨウ化銀を噴出し、人工雲を発生させるための装置。

放射能ゾンデ

冷凍ゾンデの次に1000m上空で爆発させ、合成放射能で太陽熱を吸収する装置。

国連潜水艦

気象コントロール実験終了後、楠見博士たちを救出にきた原子力潜水艦。

気象観測機

太平洋上を飛行していた気象観測機。ゴジラと遭遇するも無事だった。

ゾルゲル島で活躍する人々

合成放射能の影響により異常高温となったゾルゲル島で、怪獣の攻撃を躱し、実験を成功に導こうとする。

森尾

楠見博士の研究室に勤務した関係で実験隊に加わる。異常事態にも動じない人物。

古川

ゾルゲル島での生活に耐えられずノイローゼとなり、一時的に錯乱してしまう。

気象観測機機長

気象観測機を操縦中、海面から出現したゴジラと激突しそうになった。

松宮サエコ

考古学者の父を持つ女性で、ゾルゲル島で誕生。優れた脚力を有した野生児で、ミニラの感情を理解する。

楠見恒蔵博士

高名な気象学者でゾルゲル島の気象コントロール実験隊隊長を務める。頑固な完璧主義者だが、悪意はない。

藤崎

実験隊の副隊長。沈着冷静な性格で隊員たちのまとめ役を担当し、脱落者を出さないために奔走する。

真城伍郎

気象コントロール実験を取材するため、ゾルゲル島へ上陸したフリーの記者。サエコに好意を抱いていた。

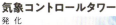

①凄まじい嵐の中、ゴジラがゾルゲル島へ向かい南太平洋上を進む。

②島では楠見博士を中心とした食糧難対策の研究が進められる。

③数名の隊員が、気象をコントロールする実験を行っていたのだ。

④そんな時、島から謎の妨害エネルギーが出ていることが判明。

⑤実験を嗅ぎつけたフリー記者の真城伍郎が島へとやってくる。

⑥楠見博士は取材を拒否し、日本へ帰るよう真城に告げるも……。

⑦最終的には根負けし、藤崎の口添えで雑用兼炊事係となった。

⑧実験隊本部へ大カマキリが接近するが、古川の発砲で逃走した。

⑨翌日、食料を探しに行った真城は、岬付近で美しい女性に遭遇。

⑩隊員の手で気象コントロール実験の準備が着々と進められていく。

⑪実験開始後、妨害エネルギーの影響で放射能ゾンデが早期に爆発。

⑫島全体が摂氏70度という異常高温に包まれ、豪雨が降り注ぐ。

⑬被害を受けた気象コントロールタワーの近くにカマキラスが出現。

⑭３体のカマキラスは地中から巨大な卵を掘り起こして取り囲む。

⑮付近を調査していた真城と森尾も静かに成り行きを見守っていた。

⑯卵から小型の怪獣ミニラが出現し、同時にゴジラも島へ上陸する。

⑰ミニラを狙う３体のカマキラスの前にゴジラが立ち塞がった。

⑱突進してきたカマキラスを高く持ち上げ、地面へ投げ落とす。

⑲２体の同族がゴジラに倒され、残った１体は飛翔して逃走。

⑳誕生直後のミニラは、美しい女性・松宮サエコに懐いていった。

㉑穴に落ちていた真城は、そこへ戻ってきたサエコと出会う。

㉒真城は実験隊本部にサエコを連れ帰り、事情を説明する。

㉓その頃、ゴジラはミニラに怪獣としての教育を施していた。

㉔隊員たちが南方特有の熱病に侵され、生命の危機に陥ってしまう。

㉕真城とサエコは解熱作用がある"赤い沼"の水を汲みに行く。

㉖残ったカマキラスが現れ、サエコを襲うも、それをミニラが救う。

㉗同族の危機を察知したゴジラは、放射熱線でカマキラスを攻撃。

㉘仲間のもとへ水を運ぶ真城とサエコが、クモンガに襲われる。

㉙隊員たちが隠れていた洞窟にもクモンガが現れ、襲ってきた。

㉚再実験の準備が進む最中、クモンガとカマキラスが激突する。

㉛気象コントロール実験が再開された頃、ゴジラがクモンガと対決。

㉜ゴジラは、糸に包まれて身動きが取れないミニラを救い出した。

㉝クモンガが吐き出す大量の糸を、放射熱線で焼き払うゴジラ。

㉞一方、実験は成功。ゾルゲル島全体の温度が急激に低下していく。

㉟ミニラとの共闘により、ゴジラは苦戦しつつもクモンガを倒す。

㊱吹き荒れる猛吹雪の中、ゴジラとミニラの動きが徐々に鈍くなる。

㊲2体は抱き合った状態で深い眠りにつき、一時の安らぎを得た。

STORY

南太平洋上にゴジラが出現し、ゾルゲル島へと進んでいた。そこでは楠見博士が放射能ゾンデという装置を使った実験を進めていたが、謎の妨害エネルギーによって計画は失敗。島全体が異常高温に見舞われた影響で3体のカマキラスが出現。怪獣らによって掘り起こされた卵からミニラが誕生し、それを守るようにゴジラまでもが上陸してきた。ゾルゲル島は短期間で怪獣が跋扈する地帯となり、実験隊も窮地に追いやられたが、島に住む女性・サエコの協力で熱病に苦しむ隊員たちの命は助かり、実験も再開される。一方、ゴジラはミニラに怪獣としての教育を施すも、再びカマキラスが襲い掛かってきた。さらにクモンガまでもが覚醒し、怪獣たちの戦いが激化する。そんななか、冷凍ゾンデ気球と放射能ゾンデが再び打ち上げられて実験は成功。島全体が超低温に包まれる。クモンガを倒したゴジラはミニラと抱き合い、雪の中で冬眠に入るのだった。

怪獣総進撃

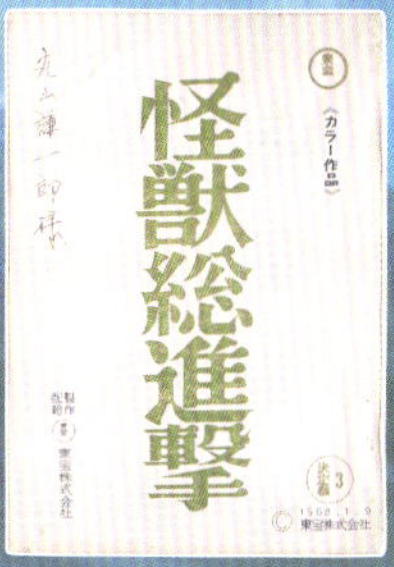

『怪獣総進撃』
1968年8月1日公開 89分

STAFF

製作／田中友幸　監督・脚本／本多猪四郎　脚本／馬淵 薫　撮影／完倉泰一　美術／北 猛夫　録音／吉沢昭一　照明／平野清久　整音／下永 尚　音響効果／西本定正　音楽／伊福部 昭　特技監修／円谷英二　特技監督／有川貞昌　合成／向山 宏　美術／井上泰幸　照明／原 文良　撮影／富岡素敬、真野田陽一

CAST

山辺克男／久保 明　真鍋杏子／小林夕岐子　吉田博士／田崎 潤　大谷博士／土屋嘉男　スチーブンソン博士／アンドリュー・ヒューズ　杉山警備司令／田島義文　多田参謀少佐／伊藤久哉　西川／佐原健二　黒岩 信／黒部 進　工藤 実／伊藤 実　伊勢徹男／伊吹 徹　技師／鈴木和夫　藤田／西條康彦　キラアク星人／愛 京子、森 今日子、宮内恵子、高橋厚子 他

「ゴジラ映画」の起死回生を狙った本作は〝東宝怪獣映画20作目〟であることも考慮に入れ、各作品の人気怪獣を大挙登場させるというコンセプトで企画された。当初の仮題『怪獣忠臣蔵』でもわかるように〝ゴジラを中心とした怪獣たちが、地球全体を苦しめる悪の宇宙人・怪獣と戦う〟という内容であり、長く続いた〝怪獣路線〟に一区切りをつける意図も感じられる。結果的に製作費を十分にカバーできる興行成績を収め、「ゴジラ映画」の製作は継続されることとなる。

ミニラを再登場させ、ゴジラたちと共演させることで、年少観客の興味を引こうとしていた。

「ゴジラ映画」には出演していない怪獣の登場も魅力の一つである。

富士山麓で展開した怪獣の激闘は、圧巻の一言に尽きる内容。

多勢に無勢的な最終決戦だが、キングギドラの強さは表現された。

地球怪獣が赤穂浪士、キングギドラが吉良上野介の立ち位置？

ホリゾントに描かれた富士山とゴジラたちの構図が、絶妙なバランスで表現されていた。

奥行きのあるNo.8ステージでダイナミックな格闘戦が演出される。

ゴジラとマンダによる臨海地帯と銀座の破壊は、かなりの完成度。

製作発表では登場怪獣が集合した宣伝用スチールが撮影された。

怪獣たちの動きは擬人化され、ゴジラがリーダー的立場を担う。

一つの画面では４体の怪獣の活躍を描くことが適正であったらしい。

ゴジラ電撃大作戦

『ゴジラ電撃大作戦』
1972年12月17日公開 72分

1972年冬用の「東宝チャンピオンまつり」のメイン作品として、海外版と同編集である『怪獣総進撃』72分短縮版が製作された。

俳優たちによって、それぞれの特性に応じた演技で各怪獣を表現。

ゴジラたちが集う島「怪獣ランド」の設定も本作から始まった。

最終決戦シーンはアンギラス、ラドンの活躍が目立つ演出であった。

ゴロザウルスのスーツを吊り上げ、飛び蹴りのアクションも撮られる。

怪獣王 ゴジラ

身長／50m　体重／2万t
演技者／中島春雄

小笠原諸島に存在する国連所有の孤島「怪獣ランド」で保護・管理されていたが、キラアク星人に意識を支配され、ニューヨークや東京第１地区を攻撃した。その後も星人の基地防衛のために防衛軍の戦車隊と戦闘を繰り広げたが、後に野生の本能でキラアク星人に立ち向かった。

ニューヨークの海岸線に出現し、放射熱線の一撃で国連本部を破壊した。

放射熱線

口から放つ放射能を帯びた熱線。一撃で巨大な汽船や国連ビルを焼き尽くす。

全身に漲る怪力は健在で、拳を勢いよく振り下ろし、巨大な建造物を木っ端微塵に粉砕。

最終決戦ではモスラ幼虫と同行し、キングギドラに立ち向かっていった。

富士山麓に結集した怪獣たちを指揮し、キングギドラやファイヤードラゴンと対決した。

キラアク星人のコントロール下にあった際は、何も恐れずにひたすら暴れ回った。

キラアク星人によって体内に特殊な操縦装置を埋め込まれ、操られていた。

海から東京第1地区へと上陸し、工場群を破壊して炎に包んだ。

「怪獣ランド」では本能と習性に応じた科学の壁で活動を制限された。

空の大怪獣 ラドン

身長／50m　翼長／120m　体重／1万5000t
演技者／新垣輝雄

「怪獣ランド」の切り立った岸壁に棲んでいる怪獣で、空中に張られた磁気防壁によって保護されている。キラアク星人の支配下から解放された後は、M(マッハ)5の飛行速度を生かしてファイヤードラゴンと対決した。

以前よりも温厚な性質となり、ゴジラに対して攻撃を仕掛けない。

「怪獣ランド」の近海の海洋牧場で養殖されたイルカを主食にしている。

モスクワを攻撃後、ウラル山脈でジェット旅客機を撃墜する。

高速飛行による衝撃波で、周囲の建造物を次々と粉砕していく。

特殊なガスによって眠らされ、キラアク星人に操縦装置で操られた。

ちびっこ怪獣 ミニラ

身長／18m
体重／3000t
演技者／マーチャン

「怪獣ランド」に収容されている怪獣だが、各地の破壊活動では姿を見せず、最終決戦では青木ヶ原にいち早く駆けつけた。ゴジラと協力してキングギドラに挑んだが、これといった攻撃や活躍は見せなかった。

子供怪獣のため、キラアク星人のコントロール下には置かれない。

放射リング

リング状の弱い熱線だが、倒れたキングギドラの首にすっぽりはめた。

暴竜 アンギラス

全長／100m　体高／60m
体重／3万t
演技者／関田 裕、渡辺忠昭

「怪獣ランド」の平地に生息する怪獣。凶暴な初代とは対照的に温厚な性質だったが、キラアク星人にコントロールされていた時は、防衛軍の戦車隊と激しい戦いを繰り広げた。甲羅の鋭い棘が武器となる。

空中から落下した際、その衝撃でキラアク星人の基地が明らかになる。

先陣を切ってキングギドラの首に嚙みつき、戦闘力を大幅に低下させた。

腕部や尻尾に生えた棘、頭部の角と鋭い牙で敵を攻撃。

巨大蛾怪獣 モスラ（幼虫）

全長／40m　体重／1万t

「怪獣ランド」の森林から砂浜にかけてのエリアを生息地としている、両目が赤い個体。キラアク星人の意思で北京郊外に出現して列車を攻撃。その後、東京では地下鉄の駅に襲い掛かった。

繭糸

口から大量の繭糸を放出し、キングギドラの動きを封じてしまった。

インファント島や小美人との関連性は特に語られておらず、不明のまま。

巨大な頭部を使い、全身に漲る怪力で地下鉄の駅があるビルを崩した。

島のエリア外に出ようとすると、苦手とする赤いガスの力で阻止される。

原始恐竜 ゴロザウルス

身長／20m　全長／35m
尾の長さ／15m　体重／8000t
演技者／関田 裕

「怪獣ランド」に収容されている怪獣の1体。キラアク星人のコントロール下に置かれた状態でパリに出現。怪力で攻撃を繰り出す。

突如、地底から出現し、巨大な頭部で凱旋門を粉々に突き崩した。

巨大な口に生えた牙で敵の体を噛み砕く。両腕は攻撃に使用しない。

尻尾をばねにして跳躍。巨大な両脚で敵に飛び蹴りを決める。

むささび怪獣 バラン

身長／50m　体重／1万5000t

以前に出現したバランとは別個体らしき怪獣で、「怪獣ランド」に保護されている。音もなく素早く空中へと飛翔する以外、特性は見せなかった。

背面に生えた棘と両手の鋭い爪で敵に攻撃を仕掛ける。

地底怪獣 バラゴン

身長／25m　体重／250t

「怪獣ランド」の平地に生息している怪獣として登場。キラアク星人のコントロール下に置かれて世界各地で暴れ、その後、天城山で目撃された。

キングギドラ戦に姿を見せるも、実際の戦いには参加していない。

四足歩行で移動し、格闘戦では立ち上がって敵を威嚇。

守護竜 マンダ

全長／150m　体重／3万t
移動速度／100km/h

「怪獣ランド」の岩場に生息していた怪獣。初代とは同族だが頭部の角と髭がなく、地上でも高い破壊能力を見せた。長い体で敵を締め上げた後、強烈な毒液を流し込んで止めを刺す。

凶暴でしぶとい性質らしく、敵をどこまでも追い掛けて攻撃する。

モノレールの線路に体を巻きつけて怪力で締め、粉々に破壊してしまう。

巨大グモ クモンガ

全長／45m　体重／8000t

「怪獣ランド」の低地で生息する怪獣で、両目は常に赤く輝いていた。キラアク星人にコントロールされていた際の行動は不明。最終決戦にはその姿を見せ、モスラ幼虫と共闘する。

口から粘着性の高い糸を噴射し、キングギドラの動きを封じてしまう。

一撃でゴロザウルスを倒し、モスラも吹き飛ばしたが、破壊力は強くなかった。

引力光線

ゴロザウルスの飛び蹴りで倒れ、アンギラスの牙で首を噛まれる。

空中からアンギラスの背中へ勢いよく着地し、両脚で強く踏みつけて戦闘力を大幅に低下させた。

宇宙超怪獣 キングギドラ

身長／100m　翼長／150m　体重／3万t
演技者／内海 進

　富士山麓に建造されたキラアク星人の地底基地を防衛するため、宇宙から呼び寄せられた超怪獣。高い戦闘能力を誇っているが、ゴジラたちの猛反撃で次第に劣勢を強いられていった。

アンギラスの背中の上で巨大な翼を羽ばたかせ、強風を巻き起こした。

鋭い牙でゴジラに噛みつき、首を勢いよく振り回して苦しめる。

宇宙空間はもちろん、地球の大気圏内でも高速飛行能力を発揮。

アンギラスを首に噛みつかせた状態で飛翔し、空中から落とした。

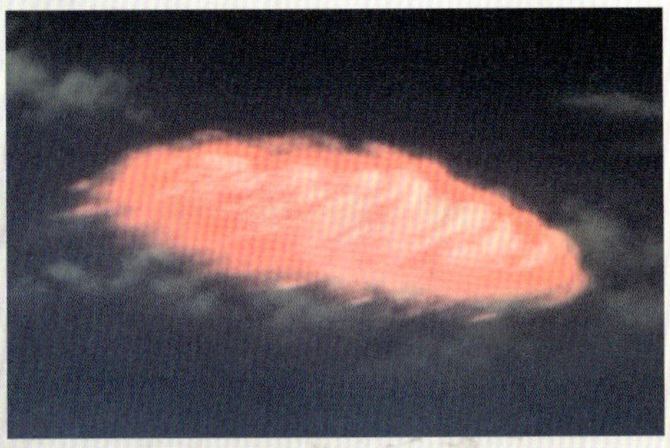

ファイヤードラゴン

　キラアク星人が誇る「燃える怪獣」。キングギドラの敗北後に出現し、凄まじい高温によってラドンにダメージを与えた後、東京などを襲撃した。

その正体は、キラアク星人が月と地球の往復に使用していた大型円盤だった。

全体に高熱火炎を帯びた状態でビルに突進し、一撃で粉々に粉砕してしまう。

キラアク星人

身長／不明　体重／不明

　火星と木星の間に存在する小惑星帯に存在する、高度な科学文明を有した宇宙生命体。地球征服を企てた。

美しい女性の姿をしているが、その正体は小型の鉱物生命体であった。

全身に電気エネルギーを漲らせており、触れた者を感電させて倒す。

特殊な操縦装置を人間や怪獣の体に埋め込み、意のままに操った。

小笠原諸島 怪獣ランド・海底牧場

　国連科学委員会が建造した大規模な実験施設。怪獣たちを保護し、その生態や生活環境を研究している。

海上には、ゴジラが苦手とする薬品を噴射する機器が置かれている。

最も面積のある硫黄島の中心には、第２宇宙空港が設置されていた。

世界最新の科学設備が設置されており、怪獣たちの行動を管理する。

怪獣と共存する世界の人類

怪獣との共存を模索しつつ、科学の力で進化した平和な地球で暮らしていたが、地球外知的生命体の脅威に晒されてしまった地球人類。

多田参謀少佐

統合防衛司令部の参謀。キラアク星人の伊豆基地攻略に自ら出動。

杉山警備司令

防衛軍の中心人物で、統合防衛司令部の警備司令官。怪獣に挑む。

スチーブンソン博士

国連科学委員会の委員。鉱物であるキラアク星人の本質を見抜く。

工藤実

黒岩らと共に大谷を連れ戻そうとする。キラアク星人が操った。

黒岩信

「怪獣ランド」の技師だが、キラアク星人に操られる。大谷を奪還。

西川

SY-3の本拠地である月面開発基地の建設技師長で、山辺の上司。

藤田

ムーンライトSY-3の乗組員。「怪獣ランド」での銃撃戦に参加した。

技師

キラアク星人に洗脳されており、カッシーニ噴火口の基地で絶命。

伊勢徹男

洗脳された「怪獣ランド」の技師の1人。射撃に優れていた。

真鍋杏子

「怪獣ランド」に赴任した国連科学委員会の技師。山辺の恋人でもある23歳の女性だが、キラアク星人に利用されてしまう。

星人にコントロールされ、地球侵略作戦をバックアップした。

山辺克男

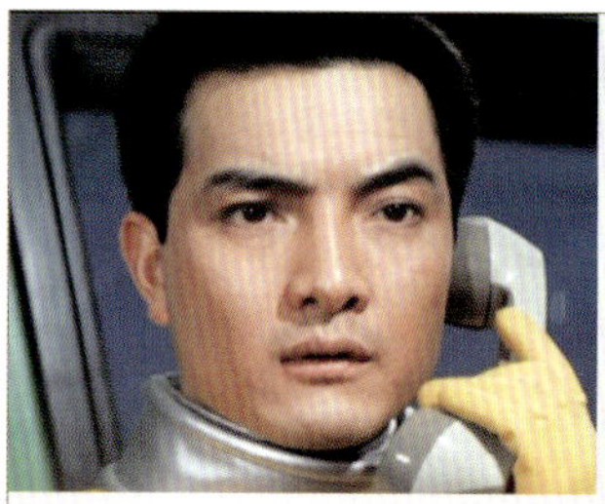

国連科学委員会の一員であり、ムーンライトSY-3の艇長。防衛軍の作戦を補佐してキラアク星人に立ち向かった。

キラアク星人が画策する、人間と怪獣のコントロールを断ち切った。

大谷博士

「怪獣ランド」の技師長を務めていたが、キラアク星人によって首筋に装置を埋め込まれ、意のままに操られてしまう。

宇宙人の科学的教養や想像力に敬服したと語り、銃撃戦を展開した。

吉田博士

国連科学委員会に所属する科学者で「怪獣ランド」の所長を務めていた。キラアク星人対策の中心人物として奔走する。

怪獣操縦機を分析し、構造を把握。怪獣コントロールシステムを作った。

防衛軍

20世紀末の地球を守る大規模な組織で、統合防衛司令部が指揮している。多くの兵器を所有している。

戦闘指揮車

キラアク星人の伊豆基地制圧に出動した、地上攻撃用の車両。

多目的戦車

無人で活動する戦闘車。砲塔に200㎜戦車砲と160㎜副砲を装備。

小型ミサイル搭載ジープ

富士山の2合目に複数展開されていた装備。キラアク要塞を攻撃。

ミサイルランチャー車

2連装ミサイルランチャーを搭載した、M3ハーフトラック。

支援ヘリコプター

伊豆基地の攻撃に出動した、タンデムローター式の大型ヘリ。

光線砲ハーフトラック

高出力光線砲を積んだM3ハーフトラック。ミサイル基地に配備。

侵略者に対抗する最新防衛設備

キラアク星人の攻撃に対抗する人類が使用した、国連科学委員会や防衛軍の最新防衛装備軍。それぞれが優れた力を有していた。

ムーンライトSY-3

全長／46.7m　全高／12~17.5m　全幅／13.5~36.3m
ブースター全長／77m　全高／31m　全幅／32m

国連科学委員会が開発し、月面開発基地に所属する原子力科学調査船。ゴジラの放射熱線にも耐えられるほど、機体の強度が高い。

大気圏を離脱する際には、後部に巨大ブースターをドッキングさせて上昇。

機体の先端に小型のコクピットがあり、6名の乗組員によって操縦される。

星人の月面基地で高熱の火炎攻撃を受けても、大きな損傷はなかった。

後部とコクピット下部に発射管を装備しており、強力ミサイルを放つ。

大型ガン

SY-3機内に搭載された、セミオートマチックタイプのライフル。

小型ガン

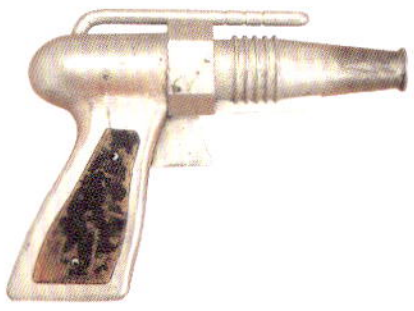

SY-3の隊員が携行する銃。強力な弾丸を発射して敵に対抗する。

探険車No.3-1

SY-3に搭載されている小型万能戦車。車体の前部と上部に掘削用のメーザー砲を2門備えており、キラアク星人基地の攻撃に使用された。

月面開発基地

月に建設中の施設。SY-3用ブースターも置かれている。

国連科学委員会

月面開発基地や人工衛星、ムーンライトSY-3を所有する巨大科学機関。怪獣ランドも管轄する。

①小笠原諸島の「怪獣ランド」では多くの所員が働き、怪獣問題に向き合っていた。

②突如「怪獣ランド」に謎のガスが立ち込め、所員や怪獣たちの消息が絶たれる。

③その後、世界各地に怪獣たちが出現。凄まじい力で都市を破壊していった。

④事件を重くみた国連科学委員会は、ムーンライトSY-3に事件の調査を依頼。

⑤月面開発基地にいたSY-3の艇長・山辺を中心とした乗組員は、ランドに急行。

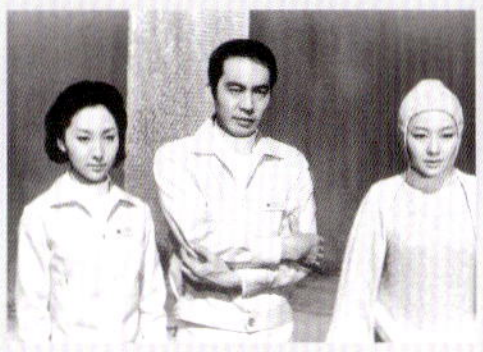

⑥山辺たちの前に所員の大谷や杏子が現れ、キラアク星人と名乗る女性を紹介。

⑦星人に洗脳された所員が襲ってくる。山辺らはSY-3で「怪獣ランド」を脱出。

⑧委員会は捕らえた大谷から宇宙人の秘密を聞こうとするも、自殺されてしまう。

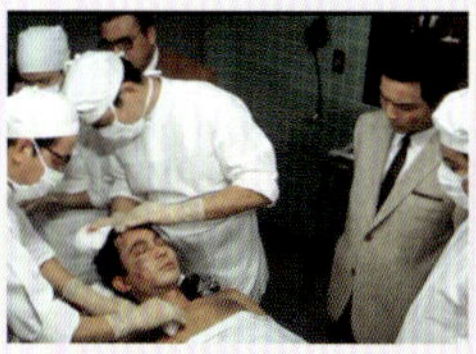

⑨大谷の遺体から人間を操る装置が発見され、事件の謎が明らかになっていく。

⑩キラアク星人に操られた怪獣たちが日本に現れ、東京の中心部で暴れ始める。

⑪ゴジラの放射熱線によって、湾岸の工場地帯が火の海と化してしまった。

⑫山辺たちと防衛軍はキラアク星人の基地を捜索したが、ゴジラに妨害される。

⑬ＳＹ－３によるキラアク星人の月面基地攻撃が実施され、相手の弱点も判明。

⑭地球怪獣が操れなくなったキラアク星人は、宇宙からキングギドラを招聘する。

⑮人類の装置でコントロールされた怪獣たちが、富士山麓でキングギドラと激突。

⑯怪獣たちの攻撃でキングギドラは倒れたが、続いてファイヤードラゴンが出現。

⑰ファイヤードラゴンがコントロール装置を破壊するもゴジラは攻撃を止めない。

⑱自我を取り戻した怪獣たちは、本能的にキラアク星人を敵とみなし、攻撃した。

⑲ファイヤードラゴンはSY-3との空中戦に敗れて爆発し、星人の野望は潰える。

STORY

20世紀末、国連科学委員会は人類の脅威であった怪獣を「小笠原怪獣ランド」に集め、管理と研究を進めていた。だが、宇宙の侵略者・キラアク星人によって怪獣たちは体内に操縦装置を埋め込まれ、世界各地で暴れ始める。それに気づいた人類は、ムーンライトＳＹ－３にコントロール電波の発信源を攻撃させ、星人の支配から怪獣たちを解放。ゴジラを中心とした10大怪獣は星人の手先であるキングギドラを宇宙へ追い返し、敵の基地を破壊する。

ゴジラ・ミニラ・ガバラ
オール怪獣大進撃

『ゴジラ・ミニラ・ガバラ オール怪獣大進撃』
1969年12月20日公開　70分

STAFF
製作／田中友幸　監督／本多猪四郎　脚本／関沢新一　撮影／富岡素敬　美術／北 猛夫　録音／刀根紀雄　照明／原 文良　編集／氷見正久　火薬／山本久蔵　操演／中代文雄　合成／向山 宏　光学撮影／川北紘一　整音／下永尚　音楽／宮内国郎　特技監修／円谷英二

CAST
三木健吉／佐原健二　三木タミ子／中 真千子　三木一郎／矢崎知紀　南 信平／天本英世　千林／堺 左千夫　奥田／鈴木和夫　屋台の親父／沢村いき雄　アパート管理人／石田茂樹　平さん／佐田 豊　A刑事／田島義文　B刑事／当銀長太郎　ペンキ屋／中山 豊　ガバラ(三公)／伊東潤一　ガバラの取り巻き／森 徹、黒川俊哉、宮岡裕之、高橋信人　サチ子／伊東ひでみ　サチ子の母／毛利幸子

『怪獣総進撃』の興行が成功したことにより、東宝は「ゴジラシリーズ」を年少の観客が中心となる「東宝チャンピオンまつり」のメインプログラムとして存続させることを決定。当初は過去の怪獣映画を再編集した短縮版を公開する予定であったが、プロデューサー・田中友幸の意向により、第１弾は新作映画でいくこととなる。ただし、その製作費はかつての1／3まで圧縮され、以降の怪獣映画も同程度で製作された。

少年が空想するゴジラやミニラが暮らす世界「怪獣島」は、№11ステージに作られた。

ゴジラの〝頼もしい父親〟的な要素が強調され、ある種の「教育映画」となった。

ガバラは、主人公の少年を苦しめる〝いじめっ子〟をイメージした空想の怪獣〟として登場。

『ゴジラの息子』よりも擬人化されたゴジラとミニラは、〝親子〟として描かれる。

日常社会が舞台であり、ゴジラたち怪獣は〝少年の夢の中の存在〟と表現された。

中島春雄のけれん味を利かせた芝居が、格闘戦を盛り上げている。

テレビ公開や再上映が少ない当時、流用への抵抗感はなかった。

『南海の大決闘』からエビラとの海上戦が抜き出される。

ゴジラ対怪獣の格闘シーンは、過去作品の映像から流用している。

低予算作品ながらも、合成シーンでは優れた技術が発揮される。

主人公の少年が見た〝白日夢〟として撮られたファンタジー映画。

公害問題、鍵っ子、児童誘拐などの社会問題も扱った内容だった。

ミニラの新造形のスーツも、可愛らしい少年の雰囲気に。

怪獣王 ゴジラ 身長／50m　体重／2万t
演技者／中島春雄

共稼ぎの両親と暮らす〝鍵っ子〟の少年・三木一郎が、ガラクタで製作したコンピューターによって夢想した世界に登場する〝怪獣島の王者〟。ガバラにいじめられる息子・ミニラにスパルタ教育を施し、一人前の怪獣に育て上げようとした。

ダイナミックな一本背負いでガバラを投げ飛ばし、勢いよく地面に叩きつけた。

怪獣島で最高位に君臨しているが、気弱なミニラの教育に悩む。

放射熱線

ミニラの前で吐き方を教えようと放射。一撃で地表を大爆発させる威力を有していた。

怪獣島で傍若無人な振る舞いを続けるガバラを、諌めるために戦ったと思われる。

ミニラに対して〝厳格な父〟を演じるが、実は溺愛している。

〝怪獣島の平和を守る〟という使命的なものも担っていたらしい。

ミニラの眼前で勢いよくガバラを投げ飛ばし、その強さを見せた。

悪行を重ねるガバラを懲らしめた後、勝利の雄叫びを上げる。

一郎は、ゴジラに自身の父・健吉の姿を重ね合わせていた。

ゴジラの巨大な手に摑まれそうになった時、一郎は夢から覚める。

ミニラからの声援を受けつつガバラと対決。敵の電撃にも耐えた。

ちびっこ怪獣
ミニラ

身長／18m　体重／3000t
演技者／マーチャン　声／内山みどり

三木一郎が夢想する怪獣島で、彼を案内する怪獣。普段は一郎とほぼ同じ大きさで言葉も話すが、ゴジラから怪獣としての教育を受ける際やガバラと戦う時には巨大化する。勇気を振り絞って自分をいじめるガバラに敢然と立ち向かい、知恵を生かした攻撃で勝利する。

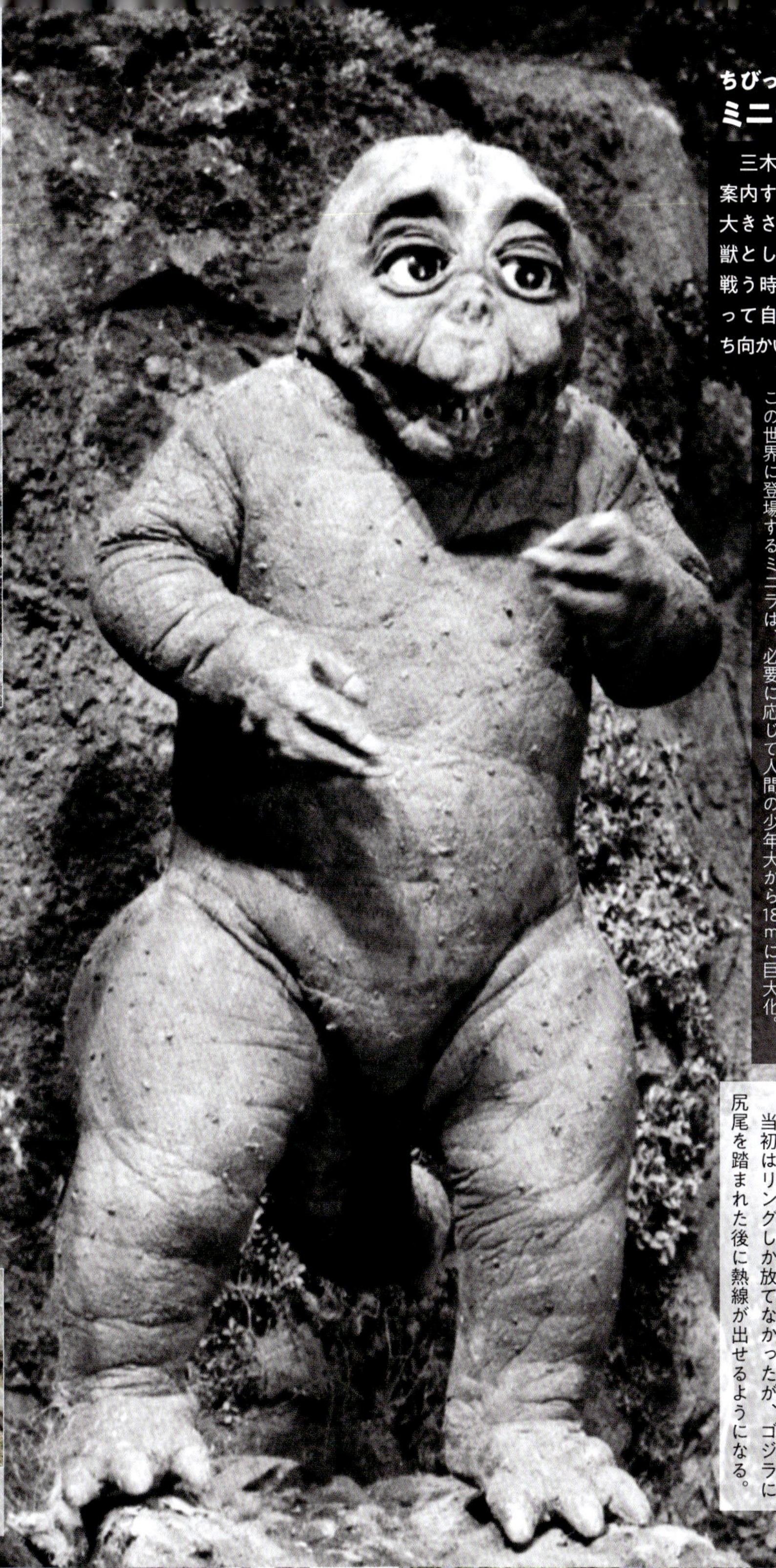

一郎とミニラは〝ガバラ〟から理不尽ないじめを受ける、一心同体の存在である。

ガバラが立つ板の反対側に高所から飛び降り、その勢いで空中へと弾き飛ばした。

電撃の影響で倒れるも、一郎の応援攻撃で危機を脱して復活。

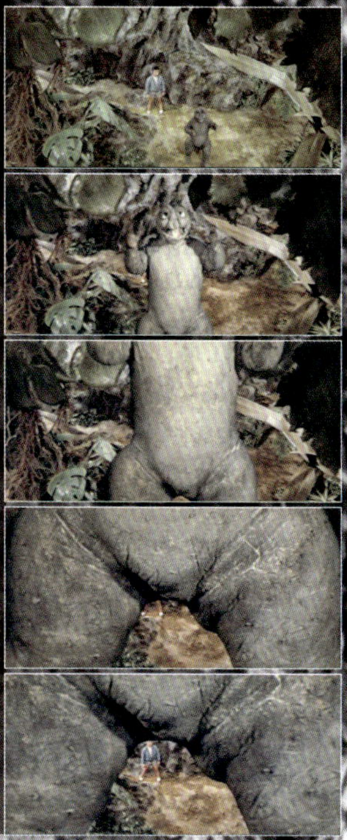

この世界に登場するミニラは、必要に応じて人間の少年大から18ｍに巨大化。

放射熱線

当初はリングしか放てなかったが、ゴジラに尻尾を踏まれた後に熱線が出せるようになる。

ガバラの手から放射される電撃を浴び、身動きが取れなくなってしまう。

性格は温厚で平和的。甘えん坊な一面を見せることもあった。

一郎とミニラは、お互いの状況を語って励まし合い、勇気を得た。

ゴジラとは、精神エネルギーのようなもので心が繋がっている。

草食怪獣らしく、怪獣島に群生する木の実を食料としていた。

人間大のミニラが話す言葉は日本語として一郎に伝わるが、その仕組みは不明のままである。

凶悪怪獣 ガバラ

身長／58m　体重／2万3000t　演技者／覚幸泰彦

三木一郎が夢想する怪獣島で暴れ回っていた怪獣で、核実験による放射線の影響でガマガエルが突然変異したと言われている。意地が悪く、残忍かつ獰猛な性格で、ミニラをいじめることに執着していたが、ゴジラにはまるで敵わず、最終的には戦闘で傷ついた脚を引きずって退散した。

体表から敵の体を瞬時に腐らせる毒液を放つと言われていた。

頭頂部に生えた巨大な角を突き立て、敵に突進攻撃を仕掛ける。

口に生えた長く鋭い牙で、あらゆる物体を噛み砕いてしまう。

好戦的なタイプで、視界に入った怪獣に喧嘩をふっかけてきた。

両腕を大きく振り上げて敵を威嚇し、突然襲い掛かっていく。

胸部から腹部にかけての筋肉が発達しており、力はかなり強い。

格闘戦で興奮すると、頭部の角が光り輝くことも特徴の一つ。

一郎が苦手とするいじめっ子の少年が投影された怪獣であり、実在はしない。

体内で発電して背中から両手を通して電撃を放射し、敵を感電させる。

ゴジラの強さに対する腹いせとして、ミニラをいたぶっていたらしい。

全身が弾力のある粘液性の皮膚で覆われており、敵の攻撃を防ぐ。

ミニラに腕を噛まれても怯まず、鋭い爪を突き立てて反撃してきた。

右腕から怪力を漲らせたハンマーパンチを繰り出し、敵の体を弾き飛ばす。

かまきり怪獣
カマキラス

体長／50m　体重／2800t
飛行速度／M0.5

怪獣島に到着した一郎が、初めてゴジラの活躍を目撃した際の対戦相手。3体の同族が登場する。

空中を滑空して敵に襲い掛かり、右前肢の槍と左前肢の巨大鎌で攻撃。

大ワシ

怪獣島の空中を旋回飛行していた。大コンドルに酷似しており、ゴジラと対決。

巨大グモ **クモンガ**

体長／45m
体重／8000t

怪獣島の谷から出現。口から毒針を発射してゴジラの右目を傷つけた。

巨大蝦怪獣 **エビラ**

体長／50m　鋏の長さ／15m(右)13m(左)
体重／2万3000t　水中速度／150km/h

怪獣島の近海に生息する怪獣。ゴジラと大岩を打ち合いをして戦力を比べる。

暴竜 **アンギラス**

身長／60m　全長／100m
体重／3万t

怪獣島の森林に生息しており、一郎の声に反応し、体を持ち上げて振り向いた。

原始恐竜 **ゴロザウルス**

身長／35m　尾の長さ／15m
体重／8000t

怪獣島の森林に出現。咆哮しながら威嚇してきたが、襲ってはこなかった。

守護竜 **マンダ**

全長／150m　胴回り／10m
体重／3万t

怪獣島の岩場から顔を出し、大きく咆哮した瞬間を一郎に目撃される。

怪獣が〝フィクション〟である世界の住人

〝怪獣〟という存在は、あくまでも小説や映画、テレビなどに登場する空想の産物であると認識されている世界の人々。それぞれの人生を懸命に生きていた。

南信平

一郎と同じアパートに居住する、自称・おもちゃコンサルタント。一郎と仲が良く、両親が不在の時は食事の面倒をみていた。

鍵っ子である一郎の相談相手になってくれる、心優しい人物。

「ちびっこコンピューター」を製作したが、あまり売れていない。

三木一郎

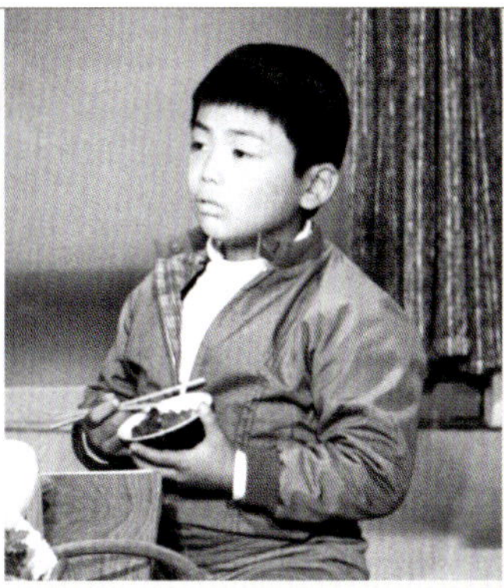

怪獣と機械いじりが大好きな小学2年生。いじめられっ子だったが、夢の中で出会ったミニラから勇気をもらった。

マスコミの取材も物おじせずに受けるような少年へと成長する。

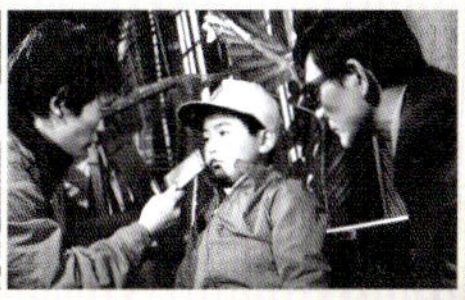

2人組の銀行強盗に誘拐・監禁されるも、1人で立ち向かった。

三木健吉

三木一郎の父親で貨物列車の運転手。気の弱い息子のことを心配しており、強い心の少年になってほしいと願っている。

ディーゼル車両を運転しており、一郎に声を掛けることもあった。

現在の目標はお金を貯めて空気のいい場所へ引っ越すことである。

サチ子

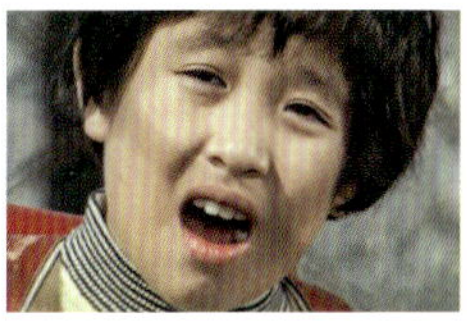

気弱でガバラにいじめられる一郎を心配し、見守っていたガールフレンド。

ガバラ(三公)

小学校のガキ大将でいじめっ子。一郎との喧嘩に負けた後は友人となった。

奥田

千林の子分。廃工場で運転免許証を落とし、それを一郎に拾われてしまう。

千林

5000万円の現金を奪い、逃走していた犯人。一郎を誘拐したが逆襲されて逮捕。

三木タミ子

一郎の母。料亭に勤めており、家を空けることも多いため、息子の身を案じる。

A刑事

5000万強盗犯の事件を追い、建設関係者に扮して聞き込みをしていた警察官。

平さん

三木健吉の同僚で、貨物列車の連結手。元気がない一郎の体を心配する。

アパート管理人

信平たちが住むアパートを管理。一郎を探しにきた奥田に中古車を勧めた。

屋台の親父

一郎たちのアパート近くでおでんの屋台を開いていた人物。信平が常連客。

ガバラの取り巻き

ガバラと共に行動して一郎を揶揄ったりするが、暴力などは振るわなかった。

空想のメカ

一郎がガラクタで作った玩具や、彼が空想した世界に登場した兵器などである。

戦闘機

怪獣島でゴジラに攻撃を仕掛けてきた、国籍不明の航空機集団。

コンピューター

一郎が真空管やダイヤルなどの廃品を使って製作した玩具の機械。

サチ子の母

買い物の途中、ガバラに絡まれたサチ子や一郎を見かけ、早く帰るように促す。

ペンキ屋

小学校付近で看板の文字を書いていた際、一郎の悪戯でペンキを被ってしまう。

B刑事

A刑事の同僚らしき若い警察官。信平の部屋に来た後、おでんの屋台で再会。

①三木一郎は、ガキ大将・ガバラとその仲間たちに揶揄われていた。

②サチ子に大好きな怪獣・ミニラの話をし、一時の安らぎを感じる。

③帰り道で貨物列車の運転手である父・健吉から話し掛けられる。

④健吉は、息子の引っ込み思案を心配し、同僚の平さんに相談。

⑤一郎は金網を超えて空き地で遊ぶことをサチ子に提案したが。

⑥ガバラたちにいじめられ、拾った真空管を取り上げられてしまう。

⑦誰もいない家へ帰り、自分が作ったコンピューターを取り出す。

⑧コンピューターで遊ぶ一郎は、空想を始め、ジェット機に搭乗。

⑨怪獣島へと辿り着き、ゴジラとカマキラスの戦いを目撃する。

⑩向かってきたカマキラスから逃げた際、縦穴に落下してしまう。

⑪しかし、ミニラが降ろしてくれた蔓に掴まり、地上へと戻った。

⑫一郎はミニラから、いじめっ子怪獣・ガバラの存在を聞いて驚く。

⑬夢から覚めた一郎は、廃工場へコンピューターの部品を探しに。

⑭そこで拾った免許証は、銀行強盗犯が落としたものだった。

⑮近所に住む信平と食事中、捜査にきた刑事から強盗事件を聞く。

⑯再び空想の世界へ入った一郎は、ガバラに追われて危機に陥った。

⑰何とか逃げ切り、岩山の上でミニラと再会。ゴジラの活躍を見る。

⑱怪獣島の近海では、ゴジラとエビラが激闘を繰り広げていた。

⑲そこへガバラが出現。ミニラは18mに巨大化して戦いを挑む。

⑳ミニラの弱さを心配するゴジラは、放射熱線を吐く特訓を行った。

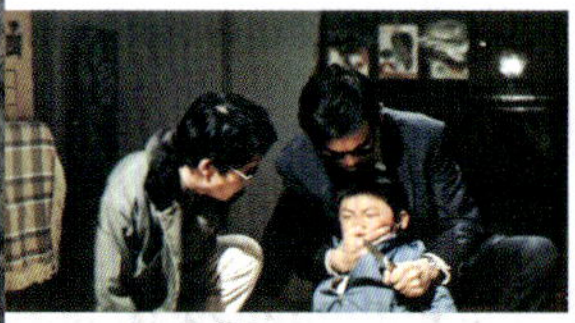
㉑突然、植物に襲われて目を覚ました一郎は強盗犯に捕まっていた。

㉒信平はおでんの屋台で刑事たちと再会し、詳しい話を聞く。

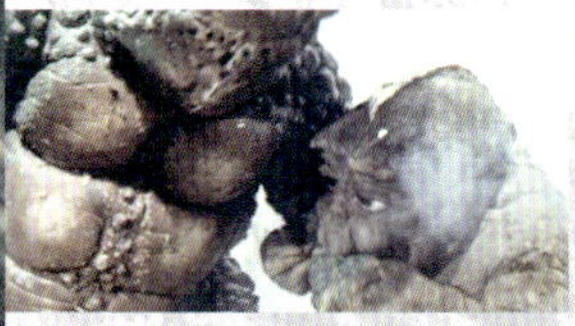
㉓強盗犯に拉致された一郎は、ミニラがいる空想の世界へ向かう。

㉔ミニラは苦戦しながらも、ゴジラに励まされて再びガバラに挑む。

㉕一郎がミニラに授けた戦法でガバラは吹っ飛び、地面に落下する。

㉖ガバラが電撃でゴジラを攻撃したが、まったく効果はない。

㉗ゴジラの一本背負いが決まり、脚を負傷したガバラが逃げ出す。

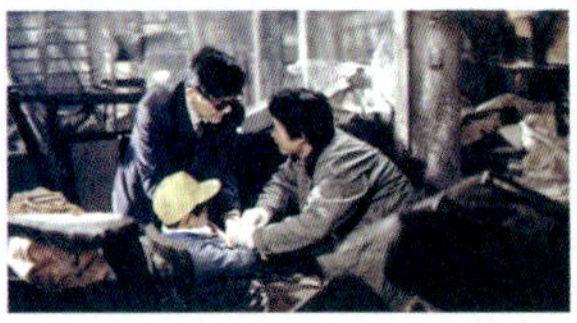

㉘夢から覚めた一郎は、体の自由を奪われ、強盗犯の人質にされた。

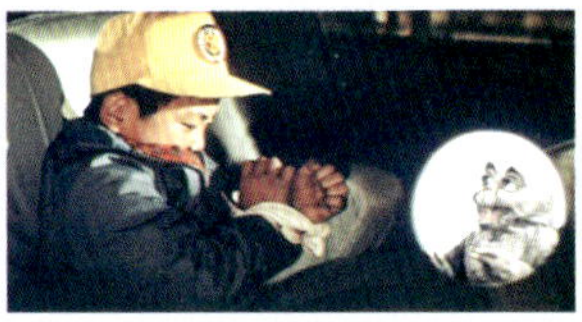

㉙ミニラから勇気を貰った一郎は強盗犯と戦うことを決意して脱出。

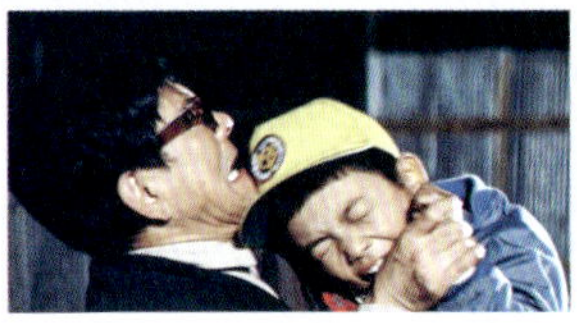

㉚捕まえようとする強盗犯の腕に噛みつき、廃工場の中へ入った。

㉛信平は、盗まれた自分の車と現金を発見し、警察に通報する。

㉜ナイフを手に迫ってきた強盗犯をガバラに見立てて、攻撃を開始。

㉝近くにあった消火器を持ち、ホースを強盗犯に向ける。

㉞ミニラの放射熱線のように、強盗めがけて消火剤を噴きつける。

㉟強盗犯が混乱している隙に、一郎は廃工場の外へ逃げ出した。

㊱外では警察が待ち構えており、強盗犯が逮捕されて事件は解決。

㊲一郎は信平によって保護され、緊張が解けて思わず涙を流す。

㊳新聞記者からの質問に一郎は、ミニラと共に立ち向かったと話す。

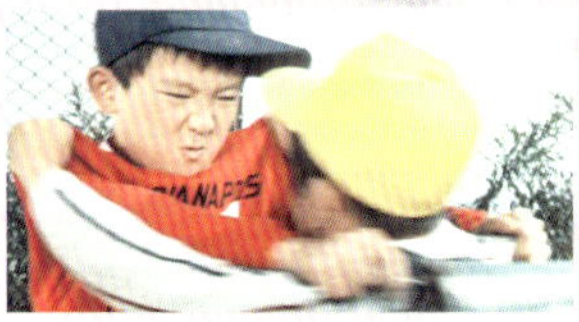

㊴登校中にいじめっ子のガバラと対決し、全力の突進で勝利を得る。

㊵一郎は自信を漲らせながら、小学校へと向かっていくのだった。

STORY

工業地帯に住む小学2年生の三木一郎は、気弱で引っ込み思案な性格。両親が共稼ぎの鍵っ子であり、ガラクタを使って組み立てた〝玩具のコンピューター〟で遊ぶような少年だった。一郎はコンピューターに「怪獣島へ連れて行って」と願い、空想の世界でゴジラたち怪獣と遭遇。危機に陥るもミニラに救われて友達になる。一郎は自分をいじめるガキ大将と同じ名の怪獣・ガバラにミニラが苦しめられていることを知ったが、突然、夢から覚める。その後、一郎は廃工場で銀行強盗犯の免許証を拾ったために狙われるも、再び空想の怪獣島へ向かう。ゴジラの活躍やミニラの特訓を見ていたが、そんな時、銀行強盗犯に捕まってしまう。監禁の最中、ガバラに苦戦するミニラを助けたいと考えた一郎は、もう一度空想の世界へ。そしてミニラに奇襲の策を与えてガバラに一泡吹かせ、駆けつけたゴジラの応援で敵を退散させた。ここで目を覚ました一郎は知恵を駆使して強盗に立ち向かい、駆けつけた警官隊が悪人を逮捕。自信をつけた一郎はいじめっ子のガバラにも怯まない、強い少年に成長していた。

ゴジラ対ヘドラ

『ゴジラ対ヘドラ』
1971年7月24日公開 85分

STAFF

製作／田中友幸　監督・脚本／坂野義光　脚本／馬淵 薫　撮影／真野田陽一　美術／井上泰幸　録音／藤好昌生　照明／原 文良　整音／東宝録音センター　音楽／真鍋理一郎　特殊技術／中野昭慶　小道具／渡辺忠昭　特殊効果／渡辺忠昭　合成／土井三郎　操演／小川昭二　光学撮影／徳政義行

CAST

矢野 徹／山内 明　矢野 研／川瀬裕之　矢野敏江／木村俊恵　富士宮ミキ／麻里圭子(ビクター)　毛内行夫／柴本俊夫　伍平爺さん／吉田義夫　岡部アナウンサー／岡部 達　学者／岡部 正　巡査／大前 亘　幹部将校／鈴木治夫　将校／勝部義夫　技術将校／小松英三郎　ヘリのパイロット／権藤幸彦

１９７０年夏、田中友幸から「新しいゴジラ映画」の企画を依頼された坂野義光は、レイチェル・カーソンの『沈黙の春』のイメージを内包した環境破壊を主題とする映画を考案。「宇宙から来た未知の生命体がヘドロ内で急速に怪獣化する」というシノプシスを提出し、それを元に馬淵 薫が検討稿『ゴジラ対ヘドロン』を執筆、それに自ら加筆して『ゴジラ対ヘドラ』の脚本が完成する。それには当時の若者文化や社会に対する批判も盛り込まれており、後に〝低予算ながらも高い完成度を誇る怪作〟としてファンから評価されることとなった。

坂野のＡカメと中野のＢカメがセットの左右から同時に撮影した。

中野昭慶が特撮の責任者として坂野が求める映像を考案していく。

操演技術を駆使し、ヘドラを振り回す大胆なシーンも撮影された。

宇宙生物ヘドラは、進化・変態を繰り返す強敵として描かれた。

登場人物も当時のサイケデリックな衣裳で演技をしており、時代を感じさせる映像と言える。

最終決戦場となる富士の裾野で本編ロケが行われ、芝居を撮影。

ヘドラの被害者が白骨化するという、かなりショッキングな表現。

光化学スモッグを意識した赤いガスがステージ内に充満している。

予算の問題もあり、富士の裾野セットは夜間の平原となった。

工場地帯のセットをバックに、宣伝用の特写スチールが撮られた。

完成直前、遠景カットが足らず、２日半の追加撮影が行われる。

退廃的なイメージを強調する〝ゴーゴークラブ〟は、時代性を写した演出だった。

本作の主人公は、科学者でも若者でもなく〝ゴジラの感情を唯一理解できる少年〟だと思われる。

特撮はNo.９ステージで撮影されたが、その期間は５週間程度らしい。

クライマックスを盛り上げるために〝ゴジラが放射熱線を吐いて飛行する〟シーンが撮影されたが、田中は「ゴジラの性格を変えてもらっては困る」と憤慨した。

放射熱線

放射熱線を吐いたのは矢野研の夢に登場したゴジラで、現実かどうかは定かでない。

海上を覆いつくす廃棄物に嫌悪感を抱き、放射熱線で焼き尽くそうとした。

感情も持ち合わせているらしく、人間的な仕草を見せることもあった。

空中高く跳躍し、ヘドラに強烈な飛び蹴りを打ち込んで、地上に叩きつける。

青みがかった熱線を、両腕を力強く突き出すアクションを伴って放つ。

工場地帯の決戦では、ヘドラ(飛行期)が放射する硫酸ミストに苦戦。

富士山麓では、ヘドラと組み合って地面を転がり、電極板の鉄塔を破壊してしまった。

両腕を水平にして90度回転、地面に向けて熱線を勢いよく放射して体を浮上。それを推進力に変えて空中を高速で移動する。

両腕を十字に組んで敵のヘドリューム光線を受け止め、ダメージを軽減させる。

尾力

怪獣王 ゴジラ

身長／50m　体重／2万t
演技者／中島春雄

自然環境を破壊した人類と、それによって発生した〝公害〟に憎しみを抱いている、怪獣の王。工場地帯に上陸したヘドラ(上陸期)と戦い、海へと撃退。その後、富士山麓に出現したヘドラ(完全期)と戦闘を繰り広げて止めを刺した。

朝日と共に出現したゴジラは、まさに〝大自然の象徴〟とも言える存在。

本能に従いつつ、自衛隊の「ヘドラ乾燥作戦」と並行して戦う。

研以外の人間の命には興味を示さず、特に庇うこともなかった。

ヘドラの体液でゴジラの右手が白骨化し、左目を負傷してしまう。

ゴジラの攻撃でヘドラの破片が飛び散り、人間が被害に遭う。

ゴジラが放射熱線を浴びせたことで、ヘドラの体に異変が発生。

空中突進してきたヘドラを怪力で受け止め、鉄拳をめり込ませる。

ヘドロ内の汚染物質を吸収し、オタマジャクシのような姿となる。

ヘドラの体はダイヤモンドに近い成分で構成されており、乾燥に弱い。

駿河湾で激突した船舶2隻を押し上げ、引き離すほどの怪力を発揮。

公害怪獣 ヘドラ（水中棲息期）

全長／0.1㎜〜20m　体重／不定

隕石に付着した鉱物・ヘドリュームが、磁力で仲間と引き合って融合して巨大化。駿河湾で海坊主のような怪物に変異したもの。

公害怪獣 ヘドラ（上陸期）

身長／30m　体重／不定　演技者／中山剣吾

水中棲息期からさらに巨大化し、ゼラチン状の体と四肢を形成した姿。霧の夜に田子の浦から富士市に上陸し、工場排煙を吸収した。

工場の煙突から大量の煙を吸収して成長。高い跳躍力を発揮する。

ヘドロ弾

口のような部分から硫酸を帯びた泥を撃ち出し、対象物を溶解。

基本的には四足歩行だが、２本足で立ち上がることもあった。

滅亡と終末に怯える人々

ヘドラが上陸した富士市で被害に遭った者や、宇宙生物の秘密を探り、弱点を発見した科学者。さらに人間社会をヘドラの脅威から守る作戦に従事した自衛隊関係者などである。

矢野研

海坊主のような怪物に「ヘドラ」と命名。行動を監視した。

徹の息子で小学2年生。ゴジラに強いシンパシーを感じ、意思を感じ取ることができるらしい。

矢野徹

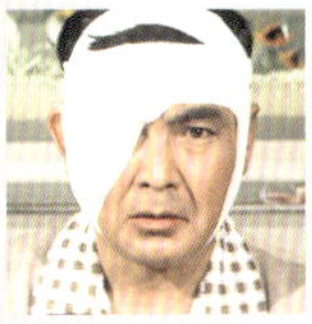

駿河湾を調査中、硫酸ミストを浴びて顔に怪我を負った。

富士市の自宅で研究活動をする、36歳の海洋生物学者。ヘドラの弱点が乾燥だと突き止める。

毛内行夫

「公害反対!! 100万人ゴーゴー」開催中にヘドロ弾で絶命。

敏江の弟で19歳の青年。社会に反発する傾向にあり、全日本青年連盟の一員として活動している。

矢野敏江

息子と夫の身を心から心配し、様々な面からサポートした。

富士市の中学校に勤務する32歳の体育教師で、矢野家の主婦。夫と共に自衛隊の陣地へ向かう。

伍平爺さん

「公害反対!! 100万人ゴーゴー」を冷ややかに見つめていた。

矢野家に出入りする地元の漁師で鮮魚を届ける。オタマジャクシ状のヘドラを捕獲し、持ってきた。

富士宮ミキ

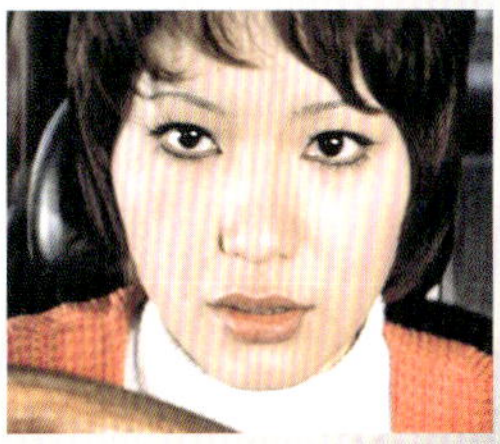

サイケデリックな扮装でお立ち台に上り、歌って踊る。

ゴーゴークラブ「アングラ」に勤務する18歳の女性歌手で、行夫の恋人。ヘドラから研を守った。

将校

幹部将校の補佐を務める副官。現場からの連絡を上官に伝えた。

幹部将校

電極板を使った「ヘドラ乾燥作戦」の責任者で、各部隊を指揮。

巡査

工場地帯の交番に勤務する警察官。ヘドラ上陸の電話を受けた。

岡部アナウンサー

駿河湾のタンカー事故と現場に出現した怪獣のニュースを伝える。

対ヘドラ戦力

「ヘドラ乾燥作戦」を成功させるため、最前線である富士の裾野に展開した自衛隊の装備群。未知の宇宙生物に立ち向かう。

酸素弾

爆発した瞬間、大量の酸素を放出する。ヘドラに有効と考えられたが効果はない。

中型輸送ヘリコプターKV-107II

電極板作戦用に運用され、ヘドラを誘導するために3機出動、酸素弾を装備する。

電極板

富士の裾野に設営された、2枚の巨大な電極板、300万Vの電流で中央の物体を焼く。

輸送トラック

輸送用の2.5tトラック。ヘッドライトの点滅と超音波でヘドラを電極板の間に誘導。

キャリヤー

送電線ワイヤーのリールを搭載している5tトラックで、1号車と2号車が投入された。

公害怪獣 ヘドラ（飛行期）

全長／40m　体重／不定

上陸期から強化変身し、核爆発と同様のシステムで飛行能力を身につけた姿。硫酸ミストを放出し、富士市と周囲に甚大な被害を発生させた。空中突進攻撃を得意とする。

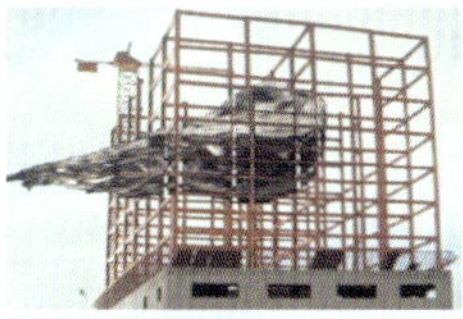
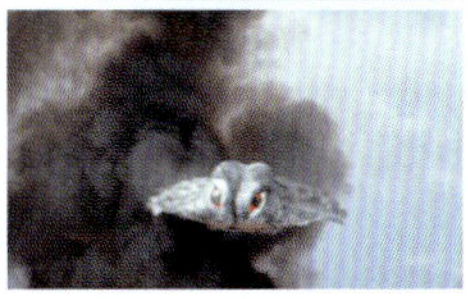

飛行中に硫酸ミストを放出し、通り過ぎたビルの鉄骨を腐食させた。

日本の各地に飛来し、1000万人以上の犠牲者を出すに至った。

硫酸ミスト

ヘドラが体内で生成した強酸性の溶解液。人間やゴジラの体に多大なダメージを与える。

公害怪獣 ヘドラ（完全期）

身長／60m　体重／4万8000t　演技者／中山剣吾

富士の裾野で飛行期から変形した、ヘドラの最終形態。ゴジラより頭一つほど大きく、動きはやや鈍いが高い跳躍力を身につけている。全身に漲るエネルギーとゴジラに対する敵愾心で、長時間に亘る戦いを繰り広げた。乾燥が唯一の弱点。

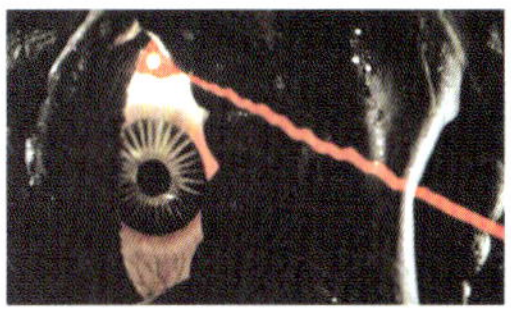

ヘドリューム光線

眼球の上部を発光させて撃ち出す赤い光線。一撃で周囲のあらゆる物体を粉砕する。

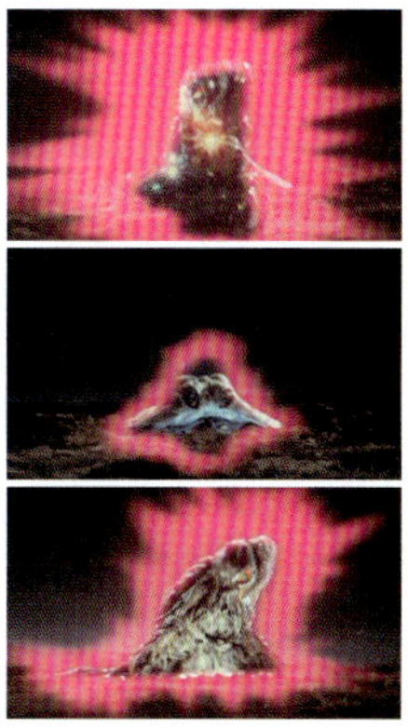

完全期になった後も飛行期の姿に変形可能。

ゴジラを窮地に追い込むほどの強靭な生命力を有する、恐るべき怪獣。

ヘドロ弾を放つ器官が、体の鰭状に隠された数ヵ所に増加した。

表面部分が乾燥した場合は、水分を含んだ内部が脱出を図る。

STORY

駿河湾で不気味なオタマジャクシが捕獲される。海洋生物学者の矢野 徹は海中に潜って調査を行うが、巨大な怪物に遭遇し、顔に重傷を負ってしまう。一方、徹の息子・研も海岸で怪物を目撃し、記者からの質問中に「ヘドラ」と命名した。ある夜、富士市にヘドラが上陸し、工場の排煙を吸っていたが、そこへゴジラが出現。激戦を繰り広げるも勝負はつかず、2体は海へと消える。数日後、ヘドラは飛行能力を身につけて白昼の街を襲い、ゴジラも再び現れるが、敵を取り逃がしてしまう。ヘドラの存在は深刻な社会問題となり、徹の考案した「ヘドラ乾燥作戦」が自衛隊で準備されるなか、さらに大きくなったヘドラが富士山麓に出現。追ってきたゴジラと激闘を展開するが、最終的にはゴジラの放った放射熱線と電極板の間に発生した高圧電流の影響で体が乾燥して朽ち果てる。しかし、汚染された海では第2のヘドラが誕生しつつあった。

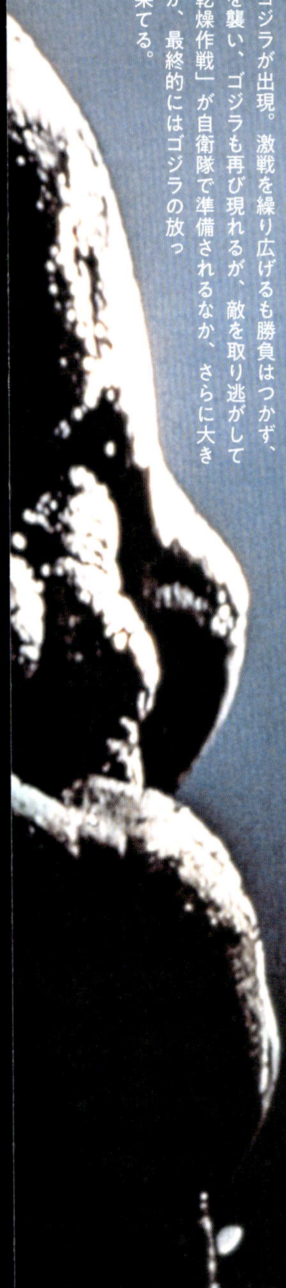

①駿河湾付近。工場廃液で汚れた海面から、謎の怪物が顔を出した。

②巨大なオタマジャクシの調査に赴いた矢野親子に、危険が迫る。

③矢野 研少年は、人類に対するゴジラの怒りを夢によって理解する。

④研の父で海洋生物学者の矢野 徹は、オタマジャクシの秘密を解明。

⑤富士市にヘドラが出現し、工場の排煙を吸収して成長を遂げる。

⑥ヘドラを追うようにゴジラが出現。2体は夜の街で激戦を展開。

⑦飛び散ったヘドラの破片が飛び散り、工場関係者が被害者となる。

⑧毛内行夫がいたゴーゴークラブにもヘドラの破片が迫ってきた。

⑨恋人の富士宮ミキと脱出した行夫は、ゴジラとヘドラの戦いを目撃。

⑩敵のヘドロ弾が命中したゴジラの表皮から白煙が上がった。

⑪ゴジラが放った放射熱線が直撃し、ヘドラの体がスパークする。

⑫徹はスパークした状況から、ヘドラも鉱物であると推論した。

⑬飛行能力を身につけたヘドラが出現し、硫酸ミストを撒き散らす。

⑭ヘドラが通過した後、硫酸ミストやスモッグの影響で人間が倒れていく。

⑮さらにヘドラは、渋滞中の自動車を襲い、ガソリンを吸収した。

⑯再び飛翔して移動。周囲にいた人間たちは次々と白骨化する。

⑰硫酸ミストを浴びたゴジラも倒れ、ヘドラは何処かへ飛び去った。

⑱そんな折、行夫が「100万人ゴーゴー」の開催を提案する。

⑲およそ100人の若者が富士の裾野に集まり、イベントが始まった。

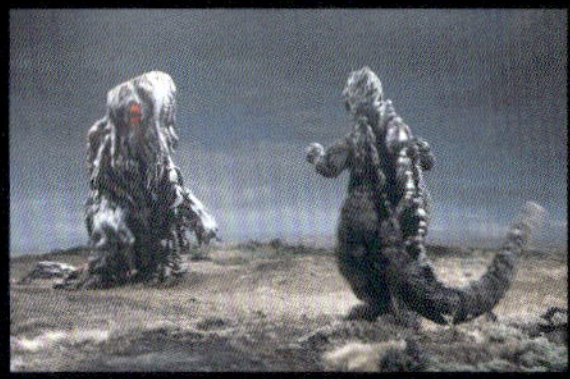

⑳イベントの最中、ヘドラが来襲。それを追ってゴジラも出現する。

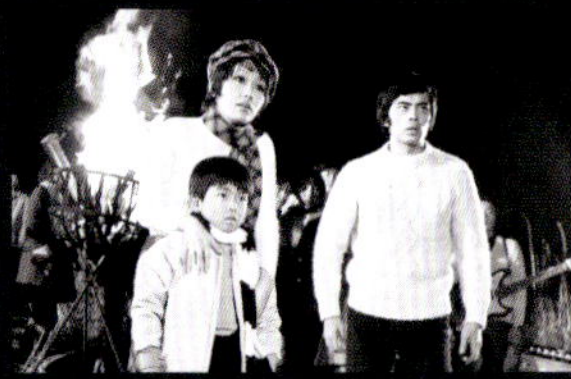

㉑研や行夫、ミキらの眼前で2大怪獣の激闘が開始された。

㉒ヘドラが飛行形態となり、ゴジラを富士山に運んで落下させた。

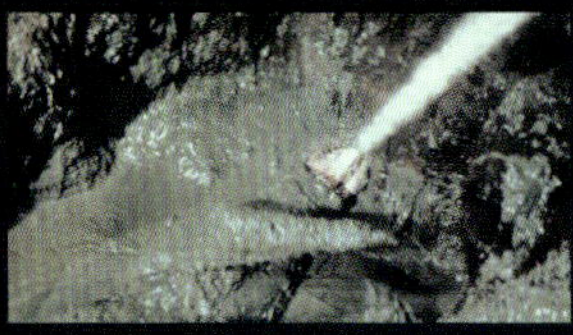

㉓巨大な穴に埋まったゴジラめがけて、ヘドロが流し込まれる。

㉔一方、裾野に到着した徹は、自身が考案した「ヘドラ乾燥作戦」を見守った。

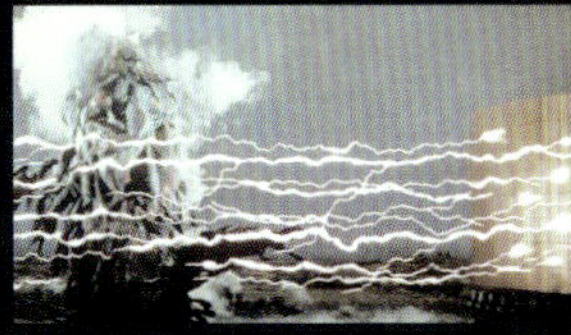

㉕2枚の電極板の間に入ったヘドラは、高圧電流を浴びて倒れた。

㉖そこへゴジラが接近し、乾燥したヘドラの体から核を取り出す。

㉗ヘドラは死んでおらず逃走。それを追うためゴジラも飛翔した。

㉘ゴジラは再びヘドラを捕らえ、電極板の高圧電流で止めを刺す。

㉙ゴジラは、ヘドラの亡骸を怒りに任せて粉々に引きちぎった。

㉚負傷しながらもヘドラを倒したゴジラは、海へと戻っていく。研はその雄姿を見送った。

地球攻撃命令 ゴジラ対ガイガン

『地球攻撃命令 ゴジラ対ガイガン』
1972年3月12日公開 89分

STAFF
製作／田中友幸　脚本／関沢新一　監督／福田 純　撮影／長谷川 清　美術／本多好文　録音／矢野口文雄　照明／佐藤幸次郎　編集／田村嘉男　音楽／伊福部 昭　特殊技術／中野昭慶　美術／青木利郎　特殊効果／渡辺忠昭　撮影／富岡素敬　合成／土井三郎　光学撮影／徳政義行　操演／中代文雄

CAST
小高源吾／石川 博　志摩マチコ／梅田智子　友江トモ子／菱見百合子　高杉正作／高島 稔　少年／藤田 漸　クボタ／西沢利明　志摩武士／村井国夫　防衛本部司令／清水 元　おばさん／葦原邦子　和尚／中村是好　編集長／武藤章生　受付の警官／草川直也

新怪獣・ガイガンの他、絶大な人気を誇っていたキングギドラが、ゴジラの対決相手に選ばれる。

第２次怪獣ブーム時に製作され、ゴジラとアンギラスは〝正義のヒーロー〟として描かれた。

年少の観客を意識し、吹き出しでゴジラとアンギラスの会話を演出。

東宝の大プールを利用し、2大怪獣が大海を渡るシーンも撮られた。

大プールをオープンステージとして利用し、都市破壊場面を増やす。

長年、ゴジラを演じてきた中島春雄による最後のアクションとなった。

ガイガンの"全身が凶器"という設定を、視覚的に理解できるデザイン。

ガイガンとキングギドラの特徴を表すための演出が各部に施された。

宣伝用スチールでは、4大怪獣の揃い踏みや激突場面なども撮影。

ゴジラが苦戦を強いられるシーンも意図的に増やされている。

ゴジラが血を流すシーンも、当時としては画期的な演出だと言える。

キングギドラは伊奈貫太、ガイガンは中山剣吾が演じている。

侵略者の操る怪獣にゴジラが立ち向かうというフォーマットは、以後の数作品にも踏襲されていった。

多少の擬人化は見られるも、怪獣同士の激突は野生味満点に表現。

格闘シーンも多くなり、ゴジラがダイナミックな攻撃を行うように。

怪獣たちがタッグを組み、正義と悪に分かれてタッグマッチを行うという内容で格闘シーンが撮影される。

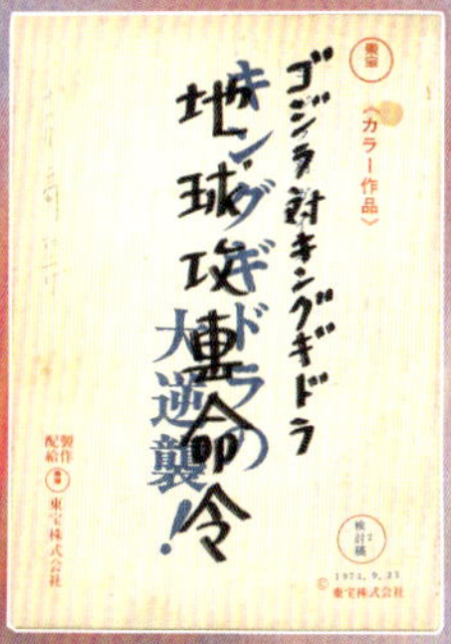

前作公開直後、坂野監督は『ゴジラ対ゲジラ』や『ゴジラ対ヘドラ2』を提案したが、田中友幸は複数の脚本家に企画を依頼。それを受けた関沢新一が『ゴジラ対ガイガン キングギドラの大逆襲！』を、馬淵 薫は『ゴジラ対宇宙怪獣 地球防衛命令』を提出。最終的には関沢の脚本が採用され、本作が製作された。内容的にはバトル性の高い作品となっており、観客動員も前作を上回る好成績をマークする。

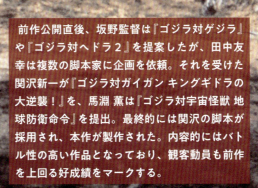

怪獣王 ゴジラ

身長／50m　体重／2万t
演技者／中島春雄

M宇宙ハンター星雲人の磁気テープの音をキャッチしたことで地球侵略の意図を察知し、南海にある〝怪獣島〟から日本へ出撃してきた正義の怪獣。アンギラスを相棒として、キングギドラやガイガンと激闘を繰り広げ、宇宙人の野望を打ち砕いた。

巨体を勢いよく振り、その勢いでガイガンの頭部を尻尾で打ちのめして倒す。

放射熱線

口から白色の熱線を放射し、空中へ飛び去ろうとしたガイガンに命中させて撃墜した。

キングギドラの長い首を掴み、怪力で締め上げて動きを抑える。

攻撃が荒々しくなり、ガイガンに馬乗りとなって拳で連打した。

キングギドラの引力光線が腹部に命中し、悶絶したこともあった。

自身に酷似した形状のゴジラタワーからの攻撃には驚愕。

アンギラスを相棒的な存在としており、共闘関係を結んでいた。

人間に近い感情を有しており、喜怒哀楽を明確に表現していた。

接近戦を得意としていたが、ガイガンには効かず、逆に苦戦する。

怪獣島では平和に暮らしていたらしく、争った痕跡は体にはなかった。

アンギラスとのコンビネーションで強敵の死角を突いて攻撃。

キングギドラの巨体を担ぎ上げ、勢いよく地面に投げ落とした。

海中を素早く進み、M宇宙ハンター星雲人が暗躍する日本を目指す。

サイボーグ怪獣 ガイガン

身長／65m　体重／2万5000t
飛行速度／M3（大気圏内）　M400（宇宙空間）
演技者／中山剣吾

M宇宙ハンター星雲人が、「平和計画＝アクション3」の切り札として招聘した宇宙怪獣。全身に機械改造が施された強敵、いわば生物兵器で、結晶体のような状態で地球へ飛来し、キングギドラと共に日本を攻撃した。ゴジラやアンギラスと死闘を繰り広げる。

大気圏内を高速飛行し、地上にいる敵に急降下攻撃を仕掛ける。

日本へ到着後、大都市に降り立って建造物を徹底的に破壊した。

両腕のハンマーハンドを勢いよく振り下ろし、いかなる頑強な物体も打ち砕く。

背中に生えた翼の先にある鋭利な爪で、敵の体をずたずたに引き裂いてしまう。

額に強力レーザー光線発射装置が埋め込まれていたが、使用は見られなかった。

放射熱線の直撃や周囲の大爆発にも怯まず、敵への攻撃を続ける。

キングギドラ以上の戦闘力と凶暴性を有し、ゴジラを苦戦させた。

腹部に装備したカッターを高速回転させ、あらゆる物体を切断する。

宇宙空間で結晶体が爆発。次の瞬間、ガイガンが実体化し、地上へ降下。

M宇宙ハンター星雲人のアクションテープで、活動がコントロールされていた。

ゴジラやアンギラスを相手に、全身に漲る超パワーを見せつけ、危機に陥れた。

宇宙超怪獣
キングギドラ

身長／100m　翼長／150m　体重／3万t
飛行速度／M3（大気圏内）M400（宇宙空間）
演技者／伊奈貫太

地球を侵略するための「平和計画」を推し進めるM宇宙ハンター星雲人が、ガイガンと共に招聘した宇宙超怪獣。東京のビル街で破壊活動した後にゴジラ、アンギラスと対決して追い詰めたが、M宇宙ハンター星雲人からのコントロールを失って宇宙へと逃げ帰る。

誤ってガイガンに引力光線を直撃させてしまったことから、争いに発展する。

巨大な翼を横に広げて敵を威嚇。怯んだ隙に攻撃を仕掛ける。

引力光線

3つの口から放射される稲妻状の光線。巨大なビルをも粉砕する。

隕石状の赤い発光体が燃え上がり、キングギドラの形状に変化して出現。

暴竜 アンギラス

身長／60m　全長／100m
体重／3万t　演技者／大宮幸悦

ゴジラと共闘関係にある怪獣。M宇宙ハンター星雲人の陰謀を突き止めるために日本へ向かうも、襲撃と誤解した防衛隊からの攻撃を受けた。その後、ガイガンとの対決で頭部を斬り裂かれるも、ゴジラとの連携で勝利を得た。

背中の表皮はかなり頑強で、ミサイルの直撃でも傷つかない。

突進攻撃を得意とし、鼻先の巨大な角で敵の体を貫こうとする。

四足歩行で敵めがけて素早く接近し、鋭い牙や爪で攻撃する。

後ろ向きの状態で敵に突進し、背中に生えた無数の棘を突き刺す。

ゴジラに対しては一目置いており、絶対の信頼を寄せていたと思われる。

パワーではガイガンにまったく及ばず、苦戦を強いられることが多かった。

ゴジラから依頼され、M宇宙ハンター星雲人の動向を探ろうとする。

宇宙からの侵略者と対決する人々

「世界子供ランド」に関わったことで、M宇宙ハンター星雲人の暗躍に辿り着き、最終的には地球侵略の野望を打ち砕くことに貢献した勇敢な人々。

防衛本部司令

防衛本部から部隊を指揮する責任者。ゴジラタワーを内部から破壊する計画に賛同した。

おばさん

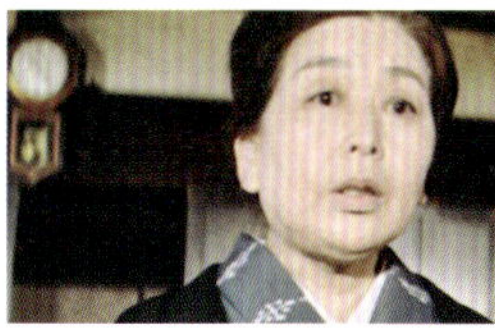

須東文夫の母で山野市在住。息子の一周忌を行っていた時、小高と高杉の訪問を受けた。

志摩武士

マチコの兄でもあるコンピュータ技師。M宇宙ハンター星雲人の野望に気づき、軟禁された。

受付の警官

「世界子供ランド」の悪事に気づいた小高たちから捜査を依頼されたが、まったく信じなかった。

編集長

小高が漫画原稿を持ち込んだ出版社の編集長。彼が説明したアイデアを「単純だ」と切り捨てた。

和尚

山野市に住む僧侶。須東文夫の実家を訪ねた小高らに、彼やクボタの遭難事故について説明。

志摩マチ子

友人の高杉正作からの協力を得て、行方不明となった兄を探していた女性。「世界子供ランド」から謎のテープを盗み出した。

M宇宙ハンター星雲人の地球侵略計画を阻止するためにも活動。

小高源吾

駆け出しの売れない漫画家で、雑誌編集者の受けも良くない。トモ子からの紹介で「世界子供ランド」の仕事にありつく。

M宇宙ハンター星雲人の侵略計画を知り、全力で立ち向かった。

高杉正作

志摩マチ子と共に「世界子供ランド」を調査していた、ヒッピースタイルの男性。ゴジラタワーに監禁された仲間を救出。

小高に同行し、「世界子供ランド」の関係者たちの経歴を探った。

友江トモ子

小高源吾のガールフレンドで、漫画のマネージャー的な協力も担っている。空手三段の猛者ではあるが、何故か虫が苦手。

少々口うるさく、教育ママの怪獣・ママゴンのモデルにされた。

怪獣迎撃装備

防衛隊が怪獣に対抗するため、展開させた装備群。アンギラスの上陸阻止でも活躍した。

ミサイルランチャー車

大型のミサイルを搭載して最前線へ急行し、怪獣めがけて発射する。

メーサー殺獣光線車

パラボラ型の照射装置を搭載する装輪式の装置車。殺獣光線を放つ。

支援ヘリコプター

地上部隊の指揮と誘導を担当していた、タンデムローター式のヘリ。

多目的戦車

指揮車からの遠隔操作で活動する、無人戦闘車両。ミサイルを撃ち出す。

M41軽戦車

東京に飛来したガイガンたちを攻撃した。76.2mm砲や7.62mm機銃を装備。

戦闘指揮車

地上部隊の中核となっている車両で、他の攻撃車両をコントロール。

1／4tトラック

最前線への人員や兵器の運搬、現場での連絡などに使う、多目的車両。

サーチライト車

海から上陸しようとするアンギラスを強い光で照らし、位置を知らせる。

昆虫生命体 M宇宙ハンター星雲人

身長／不明　体重／不明

ゴジラタワー

M宇宙ハンター星雲人の地球侵略基地。指令室からガイガンたちを操り、口から光線を放つ。

人間型生物の文明が滅びた惑星を支配する、ゴキブリ型の昆虫生命体。母星の滅亡が近いことを知って地球侵略を計画し、暗躍を続けていた。

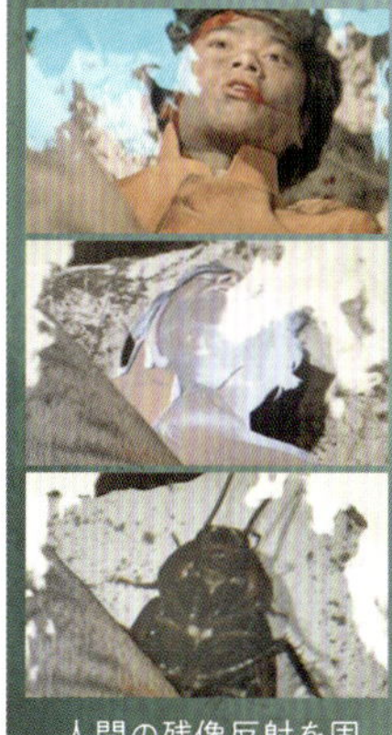

人間の残像反射を固定し、姿をユニフォームとして纏っていた。

クボタが実働部隊を指揮。アクションテープを取り返そうとした。

本物の文夫とクボタは1年前に山で遭難し、命を落としていた。

須東文夫

「世界子供ランド」の会長。正体はM宇宙ハンター星雲人の指揮官である。

クボタ

「世界子供ランド」の事務局長。文夫の片腕として地球侵略を推し進めた。

①小高は製作途中の漫画原稿を編集長に見せるも、拒否された。

②「世界子供ランド」の事務局長にアイデアを認められ、仕事を得る。

③友江トモ子をイメージした「ママゴン」のデザインを描く。

④「世界子供ランド」に絵を届けに行き、女性とぶつかってしまう。

⑤女性が走り去った後、小高は謎の磁気テープを拾い、困惑する。

⑥小高は「世界子供ランド」の事務局内で会長と名乗る少年と遭遇。

⑦帰宅の途中、先ほどの志摩マチ子やその友人の高杉正作と知り合う。

⑧「世界子供ランド」のシンボル、ゴジラタワーに会長たちが集う。

⑨そこには、マチ子の兄・志摩武士が監禁状態で働かされていた。

⑩小高たちは「世界子供ランド」にあった磁気テープを再生する。

⑪テープから流れるノイズを聞いたゴジラがアンギラスを送り出す。

⑫一方、小高は「世界子供ランド」の会長や事務局長の調査を開始。

⑬会長の須東と事務局長のクボタは、死んでいたことが判明する。

⑭ノイズの調査で日本へ来たアンギラスは、防衛隊の攻撃を受ける。

⑮小高の部屋をクボタらが襲い、テープが奪い返されてしまった。

⑯ゴジラたちは、M宇宙ハンター星雲人の暗躍を悟り、日本へ急行。

⑰武士を救うため、小高と友江トモ子がゴジラタワーに潜入する。

⑱しかし、銃を持ったM宇宙ハンター星雲人に捕まってしまう。

⑲テープからの指令電波で、ガイガンとキングギドラが地球へ到着。

⑳ガイガンは東京に降り立ち、攻撃を開始。多くの人間がいるビル街を次々と破壊していく。

㉑宇宙からの２大怪獣が工場地帯で暴れ、大火災が発生する。

㉒小高たちは、高杉が送ったワイヤーでゴジラタワーから脱出した。

㉓ゴジラタワーから発射されたレーザー光線の攻撃を巧みに躱す。

㉔防衛隊に合流し、ゴジラタワーの破壊作戦を実行に移した。

㉕ゴジラタワーから発射されたレーザー光線がゴジラに直撃。

㉖小高と防衛隊は、爆薬を使ってゴジラタワーを内側から爆破した。

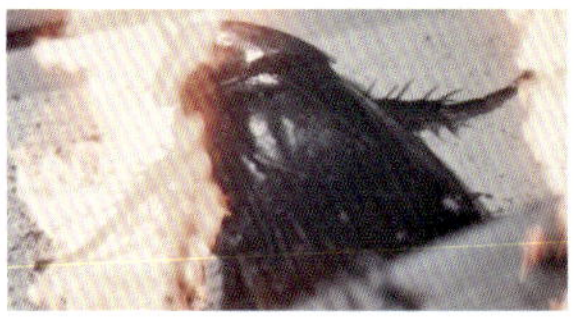

㉗爆発の影響で、須東会長たちは昆虫生命体の正体を現して絶命。

㉘指令電波を失ったガイガンとキングギドラの行動が乱れ始める。

㉙レーザー光線を浴びて倒れたゴジラに2大怪獣が襲い掛かった。

㉚キングギドラの頭突きで飛ばされたゴジラが、タワーにぶつかる。

STORY

漫画家の小高源吾は「世界子供ランド」から怪獣のデザインを依頼されるが、そんな時、拾った磁気テープが縁となって行方不明の兄を探す志摩マチ子、その友人・高杉正作と知り合う。3人が磁気テープを再生してみると、奇妙なノイズが流れ出し、怪獣島でそれを聞いたゴジラがアンギラスを日本へ向かわせるも、防衛隊の攻撃で撤退を余儀なくされる。その後の調査で「世界子供ランド」の関係者は地球侵略を企むM宇宙ハンター星雲人であることが判明。同じ頃、ゴジラとアンギラスもそれに気づいて行動を開始した。テープは星雲人らの手に戻り、そこから流れるノイズの指令を受けてガイガンとキングギドラの2大怪獣が地球へ飛来。ゴジラたちとの壮絶な戦いが開始される。一方、小高らは防衛隊の協力を受け、敵の基地であるゴジラタワーを爆破。それによって星雲人は昆虫の正体を現して絶命する。指令電波を失ったガイガンとキングギドラは、ゴジラとアンギラスの攻撃に恐れをなして宇宙へ退却したのだった。

㉛ゴジラが力を取り戻し、ガイガンに馬乗りとなって集中攻撃。

㉜アンギラスとのコンビネーションでキングギドラを追い詰める。

㉝攻撃を受けて弾き飛ばされたキングギドラが、ガイガンと激突。

㉞恐れをなしたガイガンとキングギドラが宇宙へと逃げ帰る。

㉟ゴジラの活躍で侵略者が滅び、小高たちの顔に笑みが浮かぶ。

㊱戦いを終えたゴジラとアンギラスは、怪獣島へ戻っていった。

ゴジラ対メガロ

『**ゴジラ対メガロ**』
1973年3月17日公開 82分

STAFF
製作／田中友幸　原作／関沢新一　監督・脚本／福田 純　撮影／逢沢 譲　美術／本多好文　録音／林頴四郎　照明／森本正邦　編集／池田美千子　整音／東宝録音センター　特殊技術／中野昭慶　撮影／富岡素敬　美術／青木利郎　特殊効果／渡辺忠昭　光学撮影／宮西武史

CAST
伊吹吾郎／佐々木勝彦　陣川 博／林 ゆたか　伊吹六郎／川瀬裕之　防衛隊前線本部長／森 幹太　アントニオ／ロバート・ダンハム　黒服の男／富田浩太郎　灰色の服の男／大月ウルフ　海底王国無電員／ロルフ・ジェサップ　ダンプカーの助手／三上左京　ダンプカーの運転手／中島 元

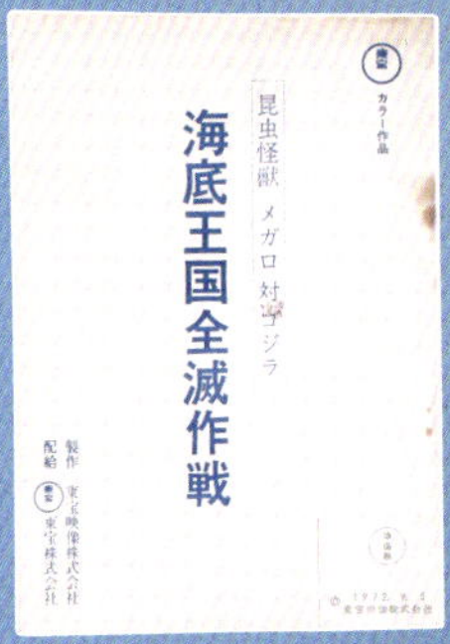

ジェットジャガーは魅力的なヒーローだが、テレビシリーズは作られなかった。

メガロ、ガイガンの２大怪獣に苦戦する、ジェットジャガーのアクションが強調された。

圧縮空気を利用することで、メガロが空中へ飛翔する際の〝勢い〟が表現されていた。

ジェットジャガーは、「変身・怪獣ブーム」の影響を色濃く受けている。

駒田次利と森正親がジェットジャガーを演じ、危険な格闘が撮られた。

メガロは、子供に人気の甲虫をアレンジした独特なデザインである。

製作費が大幅に抑えられ、特撮パートの撮影期間は約2週間しか与えられなかった。

本作は「昆虫怪獣メガロ対ゴジラ 海底王国全滅作戦」の準備稿で企画が開始されたが、ゴジラを主人公に据えた映画ではなく、東宝のテレビシリーズ用のキャラクター〝レッド・アローン〟のお披露目を目的に製作された作品である。製作が進むなかでヒーローのデザインが変更され、名称も〝ジェットジャガー〟となったが、内容的には準備稿と同様のままで、ゴジラは、あくまでも客演扱いの登場だった。

演技者が入っていないガイガンのスーツをピアノ線で吊り上げ、ジェットジャガーが持ち上げるアクションシーンが撮影された。

ゴジラは、強敵に孤軍奮闘するジェットジャガーの助っ人的な役割。

前作で観客の人気を得たガイガンが、メガロのサポート役として出演。

メガロのダム破壊シーン以外は、ほとんど荒野のセットで行われた。

最終決戦の荒野のセットを流用し、４大キャラクターの宣伝用スチールが撮影された。

ジェットジャガーからの招聘を受け、海を渡って戦場へ駆けつける。

放射熱線

体内の放射能を熱線に変え、口から放射。一撃でガイガンを後退させる。

空中へ跳躍して勢いよく幅跳び。両脚で敵の胸部に蹴りを放つ。

大木を引き抜いて武器にするという、人間的な行動が目立った。

ジェットジャガーの戦いに共感し、全力で支えようと決意する。

怪獣王 ゴジラ

身長／50m　体重／2万t
演技者／高木真二

シートピア海底王国が差し向けた怪獣・メガロに立ち向かう、正義のロボット、ジェットジャガーを救うため、怪獣島から駆けつけた怪獣の王。凄まじい戦闘力を誇り、メガロとガイガンが繰り出す猛攻撃に対して一歩も退かずに戦い抜いた。

2体の強敵を退かせた後、ジェットジャガーと固い握手を交わした。

高熱火炎の中に倒れたジェットジャガーを助け上げ、危機から救出。

ジェットジャガーが空中へ投げ上げたガイガンに、放射熱線を放つ。

怪獣島から日本本土まで一気に泳ぎきった後、敵との戦闘を開始する。

ガイガンと組み合っても一切怯まず、強烈な鉄拳技を繰り出して倒す。

超音波装置

緊急時にジェットジャガーを遠隔操作するための装置。超音波が届く範囲でのみ、使用が可能。

製作途中、シートピア海底王国の工作員に研究所内が荒らされた。

日常生活の補助用ロボットとして開発されたため、武器は装備していない。

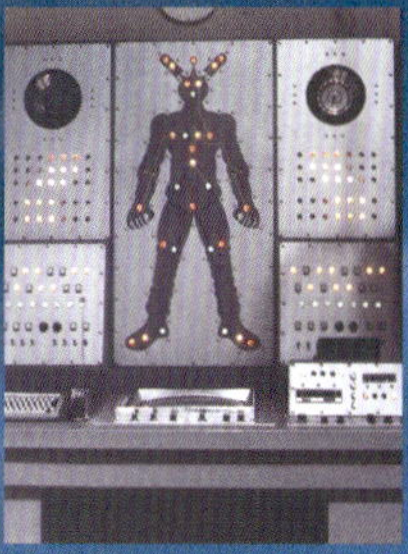

元々は研究所の電波操縦器で操作される遠隔操縦ロボットだった。

ゴジラを〝正義の味方〟と認識しており、協力を惜しまずに活躍する。

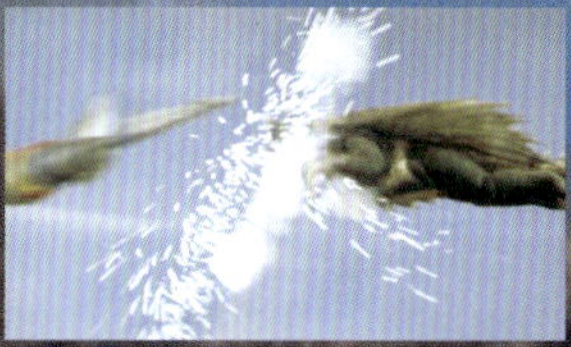

空中でガイガンと激突しても、ボディーへの損傷はなかった。

凄まじいパワーを有しており、戦闘時はそれを生かした肉弾戦を展開。

大気圏内をM（マッハ）3.5で飛行、怪獣島にゴジラを迎えに行った。

2大怪獣に苦戦を強いられるも、ゴジラの加勢を受けたことで撃退する。

海底王国に勝利した後は電子頭脳の自我が消え、元のロボットになる。

電子ロボット
ジェットジャガー

身長／1.8〜50m　体重／150kg〜2万5000t
演技者／駒田次利、森 正規

電子工学の青年科学者、伊吹吾郎が開発した特殊合金製の人間型万能ロボットで、良心回路を内蔵しており、簡易的な自立行動が可能。シートピア海底王国に強奪されてメガロの水先案内をさせられたが、後に自我に目覚めて巨大化。地上世界を襲うメガロやガイガンに敢然と立ち向かった。

両腕でポーズを取って飛翔。空中飛行の際は頭部の両側からアンテナが出る。

突然、電子頭脳に強烈な正義の意思が芽生えて巨大化し、メガロに挑んだ。

両目に装備されたサーチライトから強い光を放射し、暗闇に潜む敵を発見する。

昆虫怪獣 メガロ

身長／55m　体重／4万t
演技者／伊達秀人

シートピア海底王国の守護神的な甲虫型怪獣で、全身が頑強な皮質で覆われており、外部からのあらゆる攻撃を弾き返す。また、人間の数百倍の視力を有する複眼で敵を発見し、巨大な角を突き立てて攻撃してくる。体の各部に強烈な力を漲らせていた。

通常は洞窟内で長い眠りにつき、全身の力を温存しているらしい。

前胸背板は、ダイヤモンドと同等の強度を誇っている。

M宇宙ハンター星雲から飛来したガイガンと共闘して破壊を実行。

前胸背板を展開させ、羽根を伸ばして空中を飛行。その際に風速1000mの強風を発生させる。

膝と脚に強力なバネを有しており、跳躍しながら地上を素早く移動する。

シートピア人の願いを受け、角を輝かせながら洞窟から出現した。

地下核実験で海底王国に多大な被害を与えた人類に復讐するため、地上へと送り出された。

強烈な突進力を駆使してダムの外壁を突き破り、洪水を発生させた。

ジェットジャガーの案内で北山湖に出現し、巨大なダムを破壊した。

万能削岩ドリル

両腕を合わせることで完成する巨大なドリル。高速回転させ、物体を砕く。

レーザー殺獣光線

頭部の角から撃ち出す、稲妻状の殺獣光線。一撃でいかなる物体も破壊する。

地熱ナパーム弾

口を左右に開いて発射する破壊弾。高熱を帯びており、爆発力もかなり強烈。

メガロとのコンビネーションは強力だがゴジラには敵わなかった。

頭部の角度がやや上向きとなり、頭部の一つ目も垂れ気味である。

互いの意思を疎通させて活動。北山湖付近で破壊の限りを尽くす。

両腕に備えたハンマーハンドを勢いよく振り、ジェットジャガーを弾き飛ばす。

空中からゴジラめがけて飛び掛かり、頭部に攻撃を浴びせる。

ジェットジャガーを蹴りつけ、先にある巨大な爪で頑丈な装甲を貫いた。

サイボーグ怪獣 ガイガン

身長／65m　体重／2万5000t
飛行速度／M3（大気圏内）　M400（宇宙空間）
演技者／中山剣吾

シートピア海底王国の司令官・アントニオが、友好関係にあるM宇宙ハンター星雲から招聘した怪獣。以前、地球に飛来したガイガンと同個体だが、体色が黒っぽく変化し、嘴も短くなっていた。メガロとの連携攻撃で、ジェットジャガーを徹底的に追い詰める。

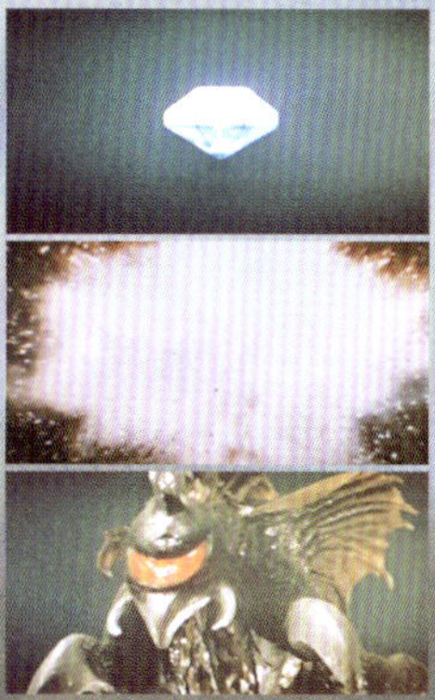

発光体の形状で宇宙空間を移動。地球の近くに到達し、その姿を現す。

空の大怪獣 ラドン

身長／50m　翼長／120m
体重／1万5000t

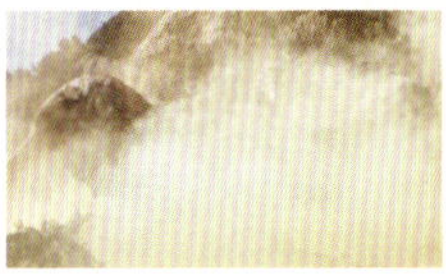

怪獣島の崖にある巣で平和に暮らしていたが、水爆実験の影響で土煙の中に消えた。

暴竜 アンギラス

身長／60m　全長／100m
体重／3万t

アスカ島での水爆実験で怪獣島に発生した地震に巻き込まれ、地割れに飲み込まれる。

シートピア海底王国

300万年前、太平洋に沈んだレムリア大陸人が酸素や人工太陽を開発し、築き上げた海底王国。核実験を行う人類に対して攻撃を仕掛けた。

黒服の男

シートピア海底王国から地上に派遣された工作員。伊吹吾郎の研究室に侵入し、襲い掛かった。

アントニオ

シートピア海底王国の最高司令官。種族の平和を守るため、やむなく地上への攻撃を決定した。

地上ワン

シートピア海底王国の攻撃部隊。オートバイに乗り、自動車で追ってきた陣川とマシン戦を展開。

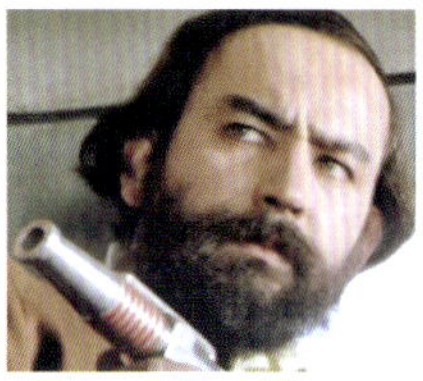

灰色の服の男

ジェットジャガーを奪うことが使命。伊吹兄弟を閉じ込めたコンテナを湖に沈めようとする。

海底からの侵略に巻き込まれた者たち

地上人類への復讐を誓うシートピア海底王国の工作員に襲われ、開発中の人間型ロボットを狙われた青年科学者とその家族や友人。また、侵略計画に利用された民間人や防衛隊の関係者も登場した。

伊吹吾郎

天才的な技術を有した電子工学者であり、単独でジェットジャガーを完成させた人物。シートピア海底王国にその研究を狙われる。

ジェットジャガーの設計から製作までを1人で行った天才。

後輩の陣川 博、弟の六郎と行動することが多い。温厚な性格。

陣川 博

新人のプロレーサーで、吾郎の学生時代の後輩。優れた運転テクニックを発揮し、シートピアの工作員とカーチェイスを繰り広げた。

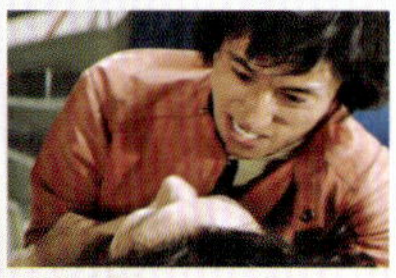

意外にも格闘技の猛者であり、シートピアの工作員を叩きのめす。

あらゆるタイプの自動車を完璧に乗りこなし、敵を追跡する。

伊吹六郎

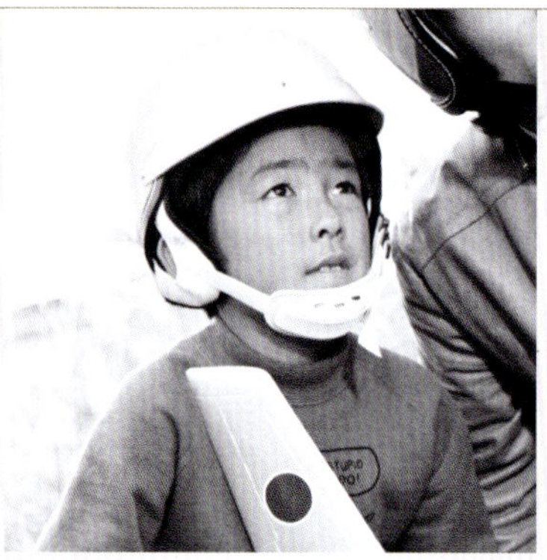

伊吹吾郎の年齢の離れた弟。兄と同様に科学が大好きな少年であり、小型オートバイ「ベビーライダー」を自作して乗り回す。

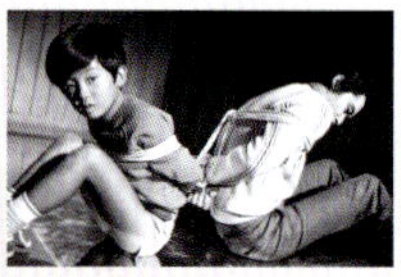

シートピア人に捕まり、コンテナごと地割れに落とされそうに。

吾郎が製作した小型船ロデオ「ドルフィン号」のテストに協力。

ダンプカーの運転手

謎の男から依頼され、トラックでコンテナを北山湖に運ぶ。

ダンプカーの助手

コンテナを追跡してきた陣川の自動車を奪い、逃げ出した。

防衛隊前線本部長

メガロを迎撃するため、最前線で兵士の指揮を執っていた。

伊吹のバギー

伊吹吾郎が所有しているバギーカーだが、主に陣川が運転していた。

防衛隊装備

地上攻撃を開始したメガロとガイガンを撃滅するため、北山湖付近に展開した防衛隊の兵器群。高い攻撃力を誇る。

輸送トラック

攻撃の最前線に武器や弾薬、人員を運ぶ目的で投入されている。

M41戦車

様々な怪獣攻撃作戦に出動した、米軍供与の車両。メガロを攻撃。

60式無反動砲106mm

メガロ迎撃に出動した兵士らが使用する、大型砲。

ジープ

前線基地とその周辺に作戦内容を伝える車両。山間部も走破できる。

偵察用ヘリコプターTH-55

シートピア人に操られたジェットジャガーを奪還するために離陸した。

戦闘機F-86F

メガロ攻撃に出動したが、多くの機体が撃墜されて犠牲者を出した。

ミサイル戦車

60式装甲車の上部にミサイル発射機3基を設置した機動兵器。メガロらを攻撃した。

メーサー殺獣光線車

メガロとガイガンの攻撃に出動。紫外線レーザーと高圧電流による電撃を放射する。

戦闘指揮車

怪獣攻撃の最前線で活動し、各装備を動かす兵士たちに様々な指令を伝える車両。

ミサイル砲車

装甲車の荷台にミサイルランチャーを搭載した車両。小回りが利き、運動性も高い。

①アスカ島で行われた地下核実験により、各地で巨大地震が発生。

②日本でも地殻変動が起こり、湖の水が地割れに吸い込まれた。

③伊吹吾郎の研究室に謎の男たちが侵入し、襲い掛かってきた。

④研究室には製作途中のロボット、ジェットジャガーがあった。

⑤一抹の不安を感じつつ、吾郎はジェットジャガーの完成を急ぐ。

⑥吾郎の弟・六郎が、ベビーライダーの試運転中、謎の男に捕まる。

⑦謎の男たちは、シートピア海底王国が地上に送った工作員だった。

⑧工作員は、ジェットジャガーを地上への攻撃に利用しようとする。

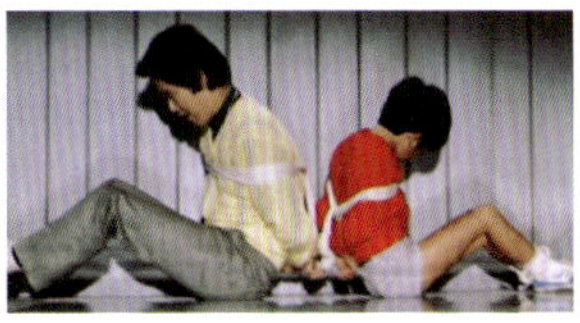

⑨敵に拘束された伊吹兄弟は、コンテナで北山湖へと運ばれた。

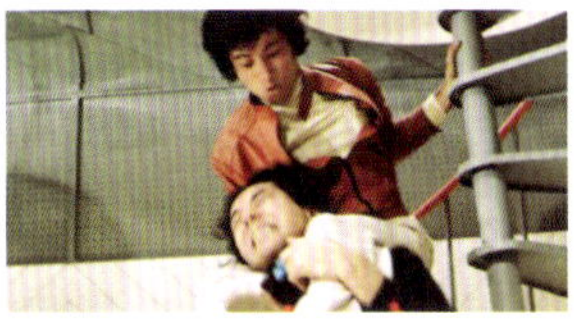

⑩研究所内に捕らわれていた陣川が工作員と戦い、救助に向かう。

⑪シートピアの攻撃部隊とマシン戦を展開しつつ、コンテナを追跡。

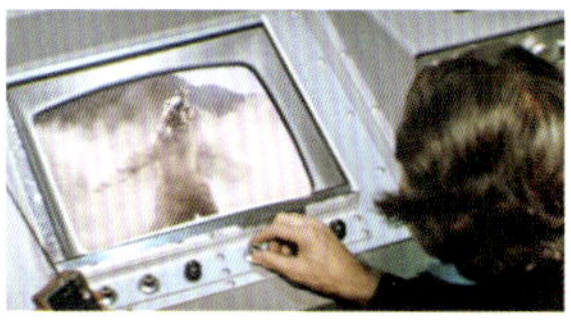

⑫研究室で意識を取り戻した工作員は、メガロの地上到着を確認。

⑬コンテナを積んだトラックに、メガロが襲い掛かってきた。

⑭メガロに吹っ飛ばされたコンテナから、伊吹兄弟が脱出する。

⑮超音波装置の力でジェットジャガーは、吾郎たちの味方に戻った。

⑯ジェットジャガーから協力要請を受けたゴジラが、日本へ向かう。

⑰陣川が研究室の工作員を倒し、ジェットジャガーの操縦を阻止。

⑱吾郎たちと再会したジェットジャガーは、自我に目覚めていた。

⑲ジェットジャガーが巨大化し、メガロとガイガンに立ち向かう。

⑳戦場へゴジラが到着し、強大な力を発揮して2大怪獣に挑んでいく。

㉑メガロが放つ地熱ナパーム弾により、ゴジラたちは炎に包まれる。

㉒ジェットジャガーが力を取り戻し、ガイガンを高く持ち上げた。

㉓一方のゴジラは、メガロの尾を掴んで勢いよく地面に叩きつける。

㉔ゴジラたちの活躍で２大怪獣は力を失い、何処かへ逃げ去る。

㉕ジェットジャガーは人間大になり、吾郎のコントロール下に戻る。

STORY

核実験の影響で領土が甚大な被害を受けたシートピア海底王国は、人類への復讐を決意。守護神である怪獣・メガロを地上に放ち、さらに伊吹吾郎が製作した人間型ロボット、ジェットジャガーを奪い、東京攻撃の水先案内人に使おうと企む。だが、吾郎が持っていたペンダント型の超音波装置によって、ジェットジャガーは奪還され、ゴジラに協力を要請するために怪獣島へ向かう。その後、自我に目覚めたジェットジャガーは全身を巨大化させてメガロに挑むも、シートピアがM宇宙ハンター星雲から呼び寄せたガイガンの参戦で窮地に陥る。そこへゴジラが到着。ジェットジャガーとのコンビネーションで、2体の強敵を撃破した。

ゴジラ対メカゴジラ

『ゴジラ対メカゴジラ』
1974年3月21日公開 84分

STAFF
製作／田中友幸 原作／関沢新一、福島正実 監督・脚本／福田 純 脚本／山浦弘靖 撮影／逢沢 譲 美術／薩谷和夫 録音／矢野口文雄 照明／森本正邦 編集／池田美千子 音楽／佐藤 勝 特技監督／中野昭慶 美術／青木利郎、小村 完 特殊効果／渡辺忠昭 撮影／富岡素敬、山本 武 合成／三瓶一信 光学撮影／宮西武史、川北紘一

CAST
清水敬介／大門正明 清水正彦／青山一也 金城冴子／田島令子 宮島秀人／平田昭彦 宮島郁子／松下ひろみ 国頭那美／ベルベラ・リーン 国頭天願／今福正雄 和倉博士／小泉 博 南原／岸田 森 田村／鳥居功靖 船長／佐原健二 黒沼／睦 五郎 柳川／草野大悟

森一成は、ロボットを意識した無感情な演技を心掛けていた。

メカゴジラが変装した偽ゴジラとゴジラの対決は、衝撃的だった。

沖縄の万座毛が、メカゴジラを迎え撃つ激戦地に選ばれた。

ゴジラのスーツは、初代と比べてかなり異なった造形となる。

ゴジラ以上の戦闘力を備えた機械怪獣の表現には注意が払われた。

沖縄を守る神獣・キングシーサーは、久須美 護が演じている。

大人の観客を意識し、リアルな人間ドラマの演出が心掛けられた。

安豆味王朝が残した獅子の置物が、キングシーサー復活の鍵となる。

特殊技術の責任者、中野昭慶は、ブリキ玩具のゴジラを金槌で叩いて変形させながら、メカゴジラの形状を決めていったという。

キングシーサーは、残酷な演出にもなりかねないゴジラとメカゴジラの激闘を、和らげる存在だった。

静のメカゴジラに対し、動のキングシーサーは細かく素早いアクションで特徴を印象づけた。

〝ゴジラがメカゴジラの首をもぎ取る〟場面は、敵が機械怪獣であるために撮れたシーンだろう。

ゴジラの熱線とメカゴジラのビームが激突するという、派手なシーンも。

偽ゴジラに襲われ、アンギラスが口から血を流す演出があった。

〝ゴジラ誕生20周年〟として作られた本作は、翌年に開催を控えた「沖縄国際海洋博覧会」を内容に絡めることを前提とし、沖縄を舞台にすることが決定。検討用として脱稿された『大怪獣沖縄に集合！ 残波岬の大決斗』に登場する機械怪獣をメカゴジラに発展させた準備稿『残波岬の大決斗 ゴジラ対メカゴジラ』を経て、決定稿が完成した。アニメから始まった〝ロボットブーム〟の影響もあり、主人公のライバルとして描かれた機械怪獣は、観客に大きなインパクトを与えた。

放射熱線

白色の熱線を勢いよく放射し、偽ゴジラの表皮の一部を吹き飛ばした。

敵愾心むき出しの鋭い目つきで沖縄の万座毛に現れ、メカゴジラに挑んだ。

落雷を受けて帯電体質となり、全身に凄まじいまでの磁力を身につけた。

磁力によって巨大な鉄塔や、空中を飛ぶメカゴジラさえも吸い寄せる。

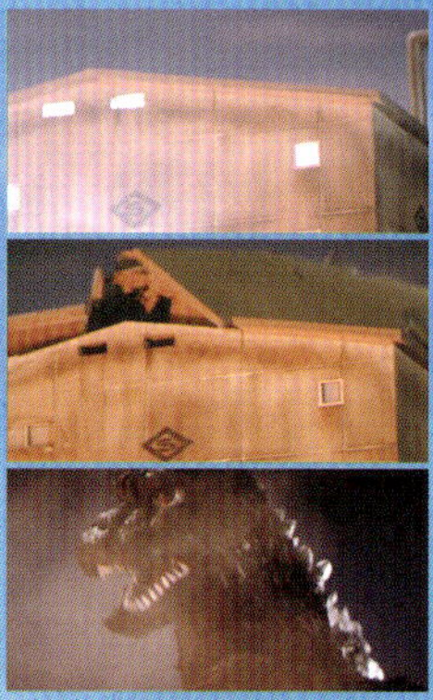

突然、コンビナート地帯の倉庫がスパークを起こし、その中から現れる。

メカゴジラとの戦いで負傷するが、雷の電撃を吸収して力を取り戻す。

メカゴジラのスペースビームが首に命中し、出血して戦闘力が低下した。

ゴジラに擬装したメカゴジラ(左)と、熾烈な戦闘を繰り広げ、結果、相打ちとなる。

異様な海鳴りと共に渦潮の中から姿を現し、沖縄での激闘に参戦した。

メカゴジラの怪力と全身に備えた様々な武器には、苦戦を強いられる。

怪獣王 ゴジラ

身長／50m　体重／2万t
演技者／図師 勲

東京湾のコンビナート地帯で暴れるゴジラ(偽ゴジラ)の前に出現した、真のゴジラ。強い闘争本能を発揮し、放射熱線で敵の正体がメカゴジラであることを暴くが、痛み分けとなって海中へ没する。その後、全身を強化して沖縄に出現し、メカゴジラを撃破した。

スペースビーム

両目から撃ち出す、強烈なレーザー光線。一撃で頑丈な物体を粉々に破壊する。

フィンガーミサイル

両手から放つ速射ミサイル。発射した後、腕部の武器庫から新たに装填される。

クロスアタックビーム

胸部のハッチを展開させて発射する光線。凄まじいまでの破壊力を有していた。

前方のゴジラと後方のキングシーサーに、同時攻撃を仕掛ける。

ディフェンスネオバリヤー

頭部を高速回転させてボディーの周囲に電磁膜を発生させ、敵の攻撃を弾き返す。

ホーミューショット

両膝に装備した鋭利な棘をミサイルのように発射し、敵の体に突き刺して爆破。

ハイプレッシャーホーミング

鋭い6本の足指を連射し、敵の各部に命中させて爆破。戦闘力を大幅に弱めた。

ミサイル

大きく開いた口から大型のミサイルを撃ち、敵の周囲を破壊して退路を断つ。

メカゴジラが擬装したゴジラ

メカゴジラの全身を合成表皮で覆い、擬装した(左)。外見はゴジラそっくりだが、咆哮は金属音。

偵察に出現したアンギラスに容赦ない攻撃を仕掛け、負傷させた。

背鰭を黄色く発光させ、口からスペースレーザーを放射する。

富士山の火口から噴出した岩石の中から、偽ゴジラの姿で出現した。

ブラックホール第3惑星人の操作で全身を覆う表皮が燃やされ、正体を現す。

東京でゴジラと対決後、格納庫でメンテナンスが施され、沖縄に出撃した。

全身を飛行形態に変形させて空中を飛行。地上の敵にビームを放つ。

初登場の際、全身に装備した武器を稼動させてゴジラを威嚇した。

ロボット怪獣 メカゴジラ

身長／50m　体重／4万t　飛行速度／M5
演技者／森一成

地球征服を企てる侵略者・大宇宙ブラックホール第３惑星人が、ゴジラの生態を研究して完成させた、スペースチタニウム製のボディーを有するロボット兵器。全身に武装が施されており、前後の敵に同時攻撃をすることも可能である。ゴジラを絶体絶命の窮地に陥れた。

上半身は長い毛、下半身は鱗に覆われており、大きな耳と尻尾を有している。

敵めがけて全力疾走し、強烈な突進攻撃を繰り出して吹き飛ばす。

戦闘時、感情が高まると両耳が逆立って攻撃力なども強化される。

鋭い聴覚で敵の動きを瞬時に確認。頭突きや鋭い爪で攻撃した。

国頭那美の歌声を聞いて長い眠りから目覚め、メカゴジラに挑み掛かる。

置物の目から光線が放たれ、それが万座毛の岩肌を破壊して姿を現す。

敵が放った光線をプリズム化した右目で吸収し、威力を10倍に強化して左目から撃ち返してくる。

伝説怪獣 キングシーサー

身長／50m　体重／3万t
演技者／久須美 護

古代琉球「安豆味王朝」の守護神。玉泉洞に描かれた壁画の予言通り、王家の末裔が歌う「ミヤラビの祈り」に呼応して万座毛から出現し、活動を開始した。当初は〝ゴジラの脅威から沖縄を守る〟と思われたが、メカゴジラを敵と認識し、攻撃を仕掛けた。身軽さと俊敏な動きが特徴的な怪獣。

全身を武装したメカゴジラには苦戦を強いられたが、ゴジラとの共闘で撃滅に成功。最後は万座毛の岩壁に戻り、再び長い眠りにつく。

大宇宙ブラックホール第3惑星人

身長／1.8 m　体重／90 kg

母星が終末を迎えようとしていたため、地球を侵略して移住しようと企てていた宇宙人。メカゴジラを開発。ゴジラを倒すと同時に、キングシーサーの復活の阻止を狙う。

黒沼

地球侵略作戦の司令官。基地からメカゴジラを操り、各地を攻撃。

柳川

第３惑星人のスパイ「R1号」。獅子の置物を狙って敬介らを襲う。

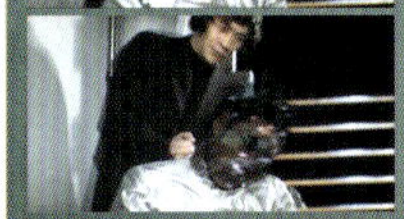

重傷を負ったり、死亡すると同時に、猿人の正体を現した。

猿人が真の姿だが、地球では人間に変装して暗躍や活動をしていた。

沖縄の玉泉洞地下に巨大な基地を建造し、地球侵略計画を遂行。

暴竜 アンギラス

身長／60m　全長／100m　体重／3万t　演技者／久須美 護

根室沖から地底を移動して御殿場に出現。メカゴジラが変装した偽ゴジラと戦うも、その圧倒的な怪力攻撃に敗れて地中へと退散した。背中の棘や鋭い爪などが武器。

跳躍からの突進攻撃で、偽ゴジラの右腕の表皮を一部剥がした。

偽ゴジラに口をこじ開けられ、その影響で顎が外れて流血する。

最強の侵略者に挑む者

大宇宙ブラックホール第３惑星人が狙う獅子の置物を守り、さらにメカゴジラによる地球侵略攻撃を阻止し、人類の平和を守ろうとした人々。それぞれの立場で活動しつつ、共闘して敵に挑んだ。

清水敬介

建築技師として沖縄国際海洋博覧会の工事に1年以上関わっていた青年。獅子の置物を守り抜く。

工事現場から出土した獅子の置物を金城冴子と共に調査した。

清水正彦

敬介の弟で大学生。休暇を利用して沖縄の玉泉洞に赴き、宇宙金属スペースチタニウムの破片を拾った。

宇宙工学の権威・宮島と共に、ブラックホール第3惑星人に挑む。

金城冴子

首里大学考古学研究室の研究生。工事現場で発見された古代壁画の予言を解読し、獅子の置物の謎を解明。

敬介と同じ飛行機に乗り合わせ、黒い山のような雲を目撃する。

和倉博士

城北大学の教授で考古学の専門家。清水兄弟の叔父で2人とは気が合うらしい。

柳川の妨害に遭いながらも、冴子から依頼された古代文字を解読する。

南原

ブラックホール第３惑星人の暗躍を調査していた、インターポールの捜査官。

フリーのルポライターと名乗り、敬介や冴子の周辺にも出没した。

宮島秀人

宇宙工学でノーベル賞を受賞した科学者。スペースチタニウムの破片を分析し、偽ゴジラの正体を暴いた。

娘を人質に取られ、やむなくメカゴジラの修理に協力してしまう。

宮島郁子

宮島の助手を務める一人娘で、清水正彦の友人。玉泉洞で大宇宙ブラックホール第3惑星人に拉致された。

敵の基地に捕らわれ、父や正彦と共に処刑されそうになった。

国頭那美

沖縄民謡の歌手。安豆味王朝の末裔で、怪獣の出現を予言するなど、特殊な能力を身につけていた。

キングシーサーを眠りから覚醒させることができる、唯一の存在。

国頭天願

安豆味王朝の末裔で那美の祖父。祖先の遺恨から、本土の人間を快く思わない。

キングシーサーが、ヤマトンチュから沖縄を守ると信じていた。

船長

クイーン・コーラル号の船長。敬介から獅子の置物を預かっていた。

田村

インターポールの捜査官。同僚である南原をバックアップした。

①沖縄民謡の歌手・国頭那美は、観光客の前で歌い踊っていた。

②突然、怪獣が街を焼き払うイメージが頭に浮かび、倒れてしまう。

③その後、玉泉洞を訪れた清水正彦は、洞内で金属の破片を発見。

④一方、兄の清水敬介は、海洋博の工事現場に出現した洞窟に入る。

⑤首里大学の金城冴子は、洞窟に描かれた壁画から予言を読み解く。

⑥東京へ向かう飛行機内で敬介と冴子が再会し、謎の男・南原が関わる。

⑦2人は予言に記されていた「黒い山のような雲」を機内から目撃。

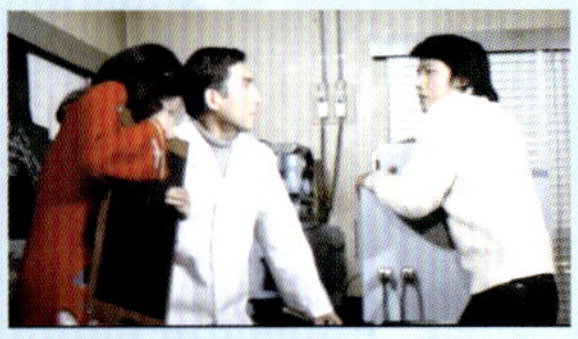

⑧正彦が、金属を宮島博士のもとへ持ち込んだ時、地震が発生する。

⑨その晩、和倉博士の自宅に賊が侵入するも、甥の敬介が撃退した。

⑩富士山の火口から飛び出した巨大な岩石から、ゴジラが出現する。

⑪仲間のアンギラスに攻撃されたゴジラの傷口から金属が露出。

⑫ゴジラは、アンギラスを完膚無きまでに痛めつけ、撤退させた。

⑬宮島博士は、金属の破片がスペースチタニウムであると断定する。

⑭東京湾に現れたゴジラは、黄色い光線でコンビナート地帯を破壊。

⑮そこへもう1体のゴジラが登場。最初のゴジラに放射熱線を放つ。

⑯最初のゴジラの全身が光に包まれ、メカゴジラの正体を現した。

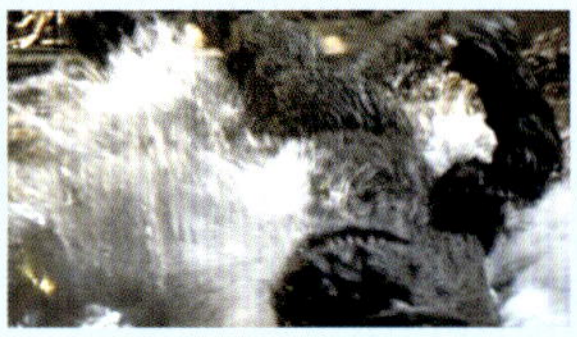

⑰熱線とビームが激突し、その勢いでゴジラは海中へと没した。

⑱和倉博士が置物の文字を解読。沖縄の守護獣の謎が解けていく。

⑲玉泉洞へ調査に向かった宮島たちは、第3惑星人に捕らわれる。

⑳先の戦いで負傷したゴジラは、孤島で落雷を浴びて全身を強化。

㉑クイーン・コーラル号で置物を運ぶ敬介たちを、第3惑星人が襲う。

㉒娘たちを人質に取られた宮島はメカゴジラの修理を強要された。

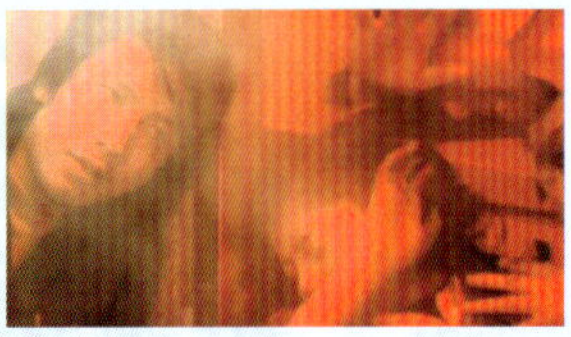

㉓修理が完了した後、3人は処刑室で蒸し焼きにされそうになる。

㉔敵の基地へ侵入した敬介とインターポールの南原が、3人を救出。

㉕安豆味城跡へ向かった敬介たちをインターポールの田村が守った。

㉖第3惑星人はメカゴジラを出撃させ、守護獣を倒そうとする。

STORY

沖縄国際海洋博覧会の工事現場で獅子の置物が出土し、謎の男に狙われる。一方、富士山の火口からゴジラが出現。コンビナート地帯で破壊の限りを尽くすも、そこにもう1体のゴジラが現れ、2大怪獣の戦闘が開始された。最初に現れたゴジラは、大宇宙ブラックホール第3惑星人が操る侵略用ロボット、メカゴジラであり、さすがのゴジラも苦戦を強いられたが、落雷によって全身を強化。獅子の置物の力と那美の歌で復活したキングシーサーと共闘し、沖縄の地でメカゴジラと激戦を繰り広げて勝利を得る。同時に宇宙人の野望も砕かれた。

㉗置物の力と那美の歌声で沖縄の守護獣・キングシーサーが覚醒。

㉘南原や宮島たちが敵の基地へ再潜入するも、捕らわれてしまった。

㉙善戦空しく、キングシーサーはメカゴジラの攻撃で窮地に陥る。

㉚そこへ傷が癒え、全身のパワーを強化したゴジラが駆けつけた。

㉛メカゴジラはバリヤーを展開し、ゴジラの放射熱線を弾き返す。

㉜全身から放つ強烈な磁力でメカゴジラを引き寄せ、動きを封じる。

㉝ゴジラは、腕に漲る怪力でメカゴジラの首を捻り、もぎ取った。

㉞南原がメカゴジラのコントロールマシンと第３惑星人を攻撃。

㉟コントロールマシンが破壊されると同時にメカゴジラも爆発した。

㊱戦いは決着し、置物は元の祠に安置されて沖縄に平和が戻る。

メカゴジラの逆襲

『メカゴジラの逆襲』
1975年3月15日公開 83分

STAFF

製作／田中友幸　監督／本多猪四郎　脚本／高山由紀子　撮影／富岡素敬　美術／本多好文　録音／矢野口文雄　照明／高島利雄　編集／黒岩義民　音楽／伊福部 昭　特技監督／中野昭慶　美術／青木利郎、小村 完　特殊効果／渡辺忠昭　光学撮影／真野田嘉一　合成／三瓶一信　光学作画／石井義雄　操演／松本光司

CAST

一之瀬 明／佐々木勝彦　真船 桂／藍 とも子　真船信三／平田昭彦　田川／中丸忠雄　草刈／大門正明　村越二郎／内田勝正　山本ユリ／麻里とも恵　津田／伊吹 徹　若山勇一／六本木 真　太田／富田浩太郎　真船家の老人／沢村いき雄　防衛隊司令／佐原健二　真鶴の漁師／小川安三　中谷艇長／守田比呂也　ムガール隊長／睦 五郎

チタノザウルスもゴジラを追い詰める〝強敵〟として表現される。

メカゴジラの〝強さ〟と〝凶暴性〟が強調された演出となった。

格闘シーンでは、低予算ながらも都市部のセットが組まれている。

２体の怪獣を相手に、ゴジラが孤軍奮闘する場面が目立つ一作。

北米では1978年3月に劇場公開されている。

横須賀郊外をイメージした最終決戦場で、宣伝用スチールを撮影。

チタノザウルスは、ウルトラマンレオを演じた二家本辰巳が担当。

小さな飛行用ミニチュアを背後に飛ばし、セットに奥行きを出す。

新作の「ゴジラシリーズ」としては『東宝チャンピオンまつり』の最終映画となる。

チタノザウルスには、強さの表現だけでなく、コミカルな動きも要求された。

スーツの造形と一部の着色が変更され、メカゴジラ２の名が与えられる。

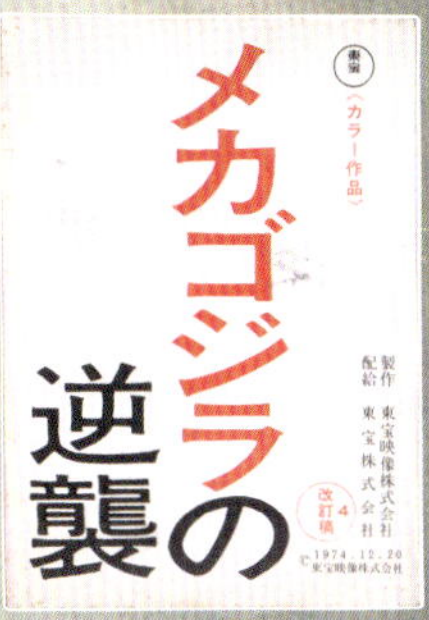

前作に登場し、人気キャラクターとなったメカゴジラのドラマを中心に据えた本作は、シナリオ学校の生徒を対象としたコンペによって選ばれた高山由紀子が脚本を担当。また、監督を本多猪四郎、劇中音楽を伊福部 昭が担当したことでもわかるように、〝原点回帰〟とも言えるハードな内容となった。しかしながら、製作側の〝熱い思い〟は観客動員数の増加に繋がらず、東宝は「ゴジラシリーズ」の継続を一旦、終了する。

バックに焚かれたスモークは、スチール用にセッティングされた効果。

宣伝用スチール撮影の時点では、セットの飾りつけが施されていない。

メカゴジラ２を演じた森 一成の動きも、前作以上に磨きがかかっている。

本編では、宇宙人の手でサイボーグ化された真船 桂の苦悩と悲恋を描く。

ゴジラを演じた河合 徹は、東映所属のベテランスタントマンであった。

チタノザウルスのスーツはゴジラ以上に大きく、取り回しも困難だった。

怪獣王 ゴジラ 身長／50m　体重／2万t　演技者／河合 徹

　横須賀に上陸したチタノザウルスの攻撃により、窮地に陥った少年の前に登場した怪獣の王。闘争本能がより高まっているらしく表情が険しくなり、敵に対して敢然と挑むも、メカゴジラ2には苦戦を強いられた。

2大怪獣の破壊活動を察知し、噴煙を背にして登場。戦闘を開始する。

腕の怪力を生かしてチタノザウルスに一本背負いを掛け、遠方へ投げた。

放射熱線

放射線を帯びた熱線を放出し、大穴に落ちたメカゴジラ2のボディーを爆破する。

メカゴジラ2のフィンガーミサイルで一度は生き埋めになるも、復活を遂げた。

スペースビームによって発生した爆発にも怯まず、戦闘を続ける。

チタノザウルスめがけて猛突進し、腹部に頭突きを炸裂させる。

チタノザウルスを持ち上げた際、背後からメカゴジラ2のスペースビームを浴びて倒れる。

フィンガーミサイルが直撃し、口から白煙を吐いてダウン。

怪獣だけでなく、大宇宙ブラックホール第3惑星人の円盤も攻撃。

ロボット怪獣

メカゴジラ2《ツー》

身長／50m　体重／4万t
飛行速度／M(マッハ)5
演技者／森一成

ゴジラに敗退し、海底に沈んだメカゴジラの残骸を、大宇宙ブラックホール第3惑星人が回収。天城山の地底基地内に運び、世の中に憎しみを抱く真船信三博士の協力を得て強化改造を施したロボット兵器。出力が大幅に向上しており、強力な新兵器も装備された。

サイボーグ少女・真船 桂の体にコントロール装置が埋め込まれており、彼女の脳波で操られて活動する。

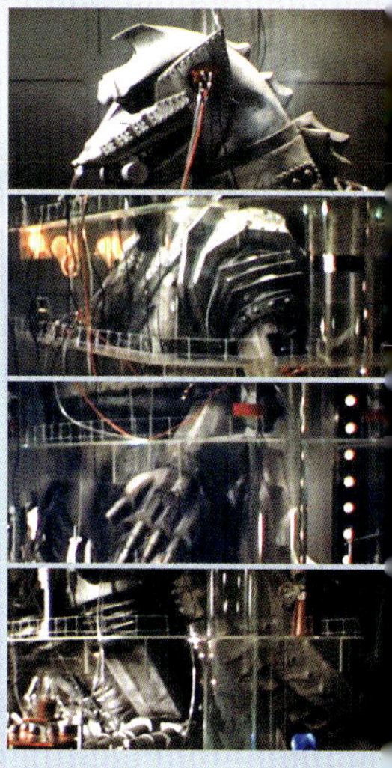

残骸を復元修理し、胸部を中心に改修が施されてパワーアップした。

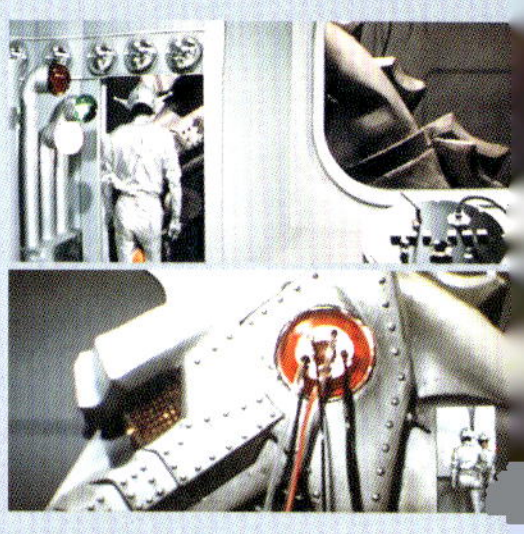

頭部に搭乗可能なスペースも作られたが、あくまでも遠隔操作を基本に製作されている。

全身の外装が黒ずみ、尾の垂直尾翼部側面に円形ディテールが追加された。

横須賀に出撃し、全身に装備した強力な兵器を駆使してビル街を徹底的に破壊した。

メカゴジラ２の猛攻撃によって、横須賀一帯の交通網は完全に麻痺する。

ヘッドコントローラー

頭部の中に搭載された強力な電子頭脳。高い反撃機能がプログラムされている。

回転ミサイル

レーザー

ヘッドコントローラーから撃ち出す破壊光線。一撃でゴジラの表皮をも破壊。

フィンガーミサイルを発射する直前、腕と手首を回転させて貫通力を強化。

恐龍怪獣 チタノザウルス

身長／60m　体重／3万t
水中速度／200km/h　演技者／二家本辰巳

真船信三博士が小笠原近海の海底で発見した、古代恐龍の生き残り。水陸両棲の巨大生物で、海底調査船あかつき1号を破壊し、横須賀に上陸して破壊の限りを尽くした。頭部と脳内に埋め込まれたアンテナ状のコントロール装置によって操られ、メカゴジラ2と共闘してゴジラに襲い掛かった。

表皮は赤と黄色の斑模様で黒いイボがあり、深海の水圧にも耐える強さをもつ。

深海から急速に浮上し、海面を強く発光させながら出現した。

深海を高速で移動。両腕であかつき1号の船体を掴んで握り潰す。

手足に生えた鋭い爪で物体を掴み、ずたずたに引き裂いてしまう。

尻尾の先の膜を扇状に開き、風速320mの強風と電磁波を放つ。

あかつき2号の音波測定器から放たれた超音波の影響で苦しみだす。

攻撃を終えて地上を移動する際は、尻尾の先を閉じて膜を保護。

鋭い牙でゴジラの顔に噛みつき、持ち上げて地上に叩きつける。

怪力を秘めた脚でゴジラを蹴り、そのまま遠方へと吹っ飛ばす。

サイボーグ少女 桂

［真船 桂］ 身長／1.6m　体重／50kg

真船の娘。チタノザウルスへ超音波を送る実験中の事故で命を落とすが、第３惑星人のサイボーグ手術で蘇生し、侵略に利用される。

海洋開発研究所の動向を探り、第３惑星人に知らせる使命も担う。

父親を社会的に抹殺した者たちを恨み、復讐心を燃やしていた。

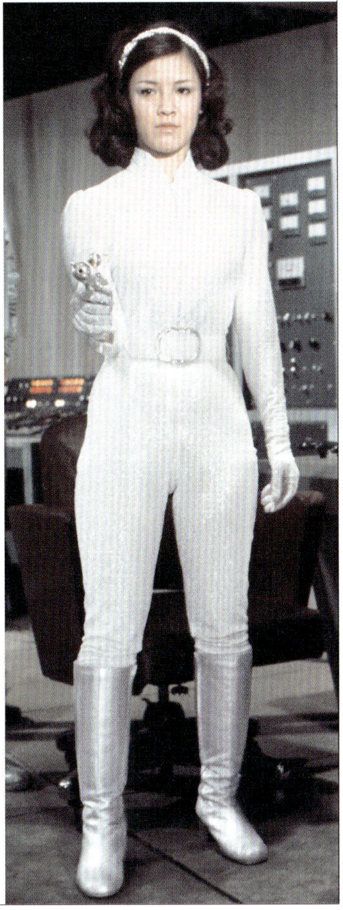

再改造され、メカゴジラ２とのシンクロ機能を有した装置を内蔵。

当初は、チタノザウルスをコントロールする目的で改造された。

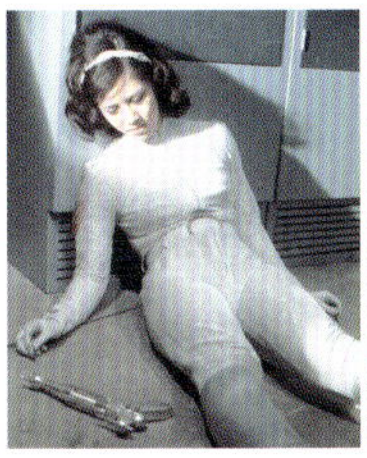

自ら命を絶ち、一之瀬のためにメカゴジラ２の機能を停止させた。

海洋開発研究所の一之瀬 明に好意を抱くが、最後は悲恋に終わった。

大宇宙ブラックホール第3惑星人

身長／1.8m　体重／90kg

メカゴジラ2とチタノザウルスを使って再び地球侵略を企てた宇宙人。以前と違って猿人の正体は見せず、ヘルメットと新しいコスチュームを身につけていた。

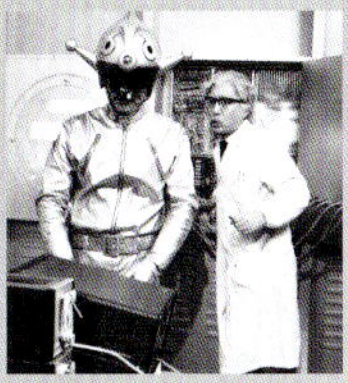

真船信三博士を言葉巧みに操り、地球侵略に利用しようとした。

専用銃から強力な弾丸を放ち、基地からの脱走者を射殺。

ムガール

第三惑星人の新リーダー。地球を作り直す〝救世主〟と豪語した。

第3惑星人の円盤

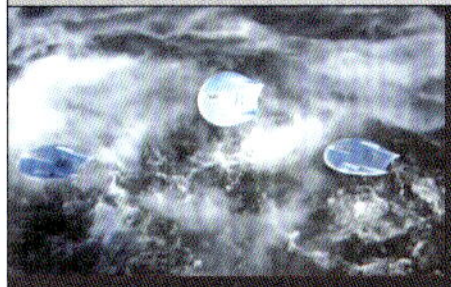

第3惑星人が相模湾の海底に隠していた宇宙船。地球脱出の際に使用する。

作戦に失敗した者は、ムガールによって処罰が下される。

津田

ムガールの片腕で、先発隊のリーダー。桂をサイボーグ化した。

海洋開発研究所、防衛隊装備

メカゴジラの残骸回収やチタノザウルスへの攻撃に使用された、海洋開発研究所と防衛隊所属の装備群。

あかつき２号

半径500ｍの有効距離を有する改良型の音波測定器を搭載し、チタノザウルスを攻撃。

あかつき１号

海底調査船。日本近海でメカゴジラの残骸を捜索中、チタノザウルスに襲われた。

61式戦車

防衛隊が横須賀に展開した、移動攻撃車両。チタノザウルスの進撃をくい止める。

超音波発生装置

超音波に弱いチタノザウルスのコントロールを断ち切るため、海洋開発研究所が開発。

F-4EJ戦闘機

メカゴジラ２とチタノザウルスを、ミサイルで破壊するために出撃した戦闘機。

ベル204 UH-1 中型ヘリコプター

チタノザウルスの頭部に受信機を撃ち込み、搭載した超音波発生装置で攻撃した。

ロボット、恐竜に翻弄される人々

メカゴジラ２やチタノザウルスの侵略攻撃に翻弄されるも、人類を防衛するために活躍した海洋開発研究所や国際警察の関係者たち。

草刈

国際警察の捜査官。あかつき１号で調査中、チタノザウルスに襲われた。

山本ユリ

海洋開発研究所の女性研究員。一之瀬に接近する桂を怪しみ、警戒する。

若山勇一

あかつき号や超音波発生装置を開発した、海洋開発研究所の技術員。

防衛隊司令

恐龍対策本部で防衛隊を指揮する責任者。チタノザウルスを攻撃した。

田川

国際警察東京支局の署長。ブラックホール第３惑星人の地球侵略を阻止するため、海洋開発研究所や防衛隊と協力。

沈着冷静な人物で、部下に的確な指示を与えて敵に対抗。

一之瀬 明

海洋開発研究所に所属する生物学者。海底調査船あかつき１号の沈没原因を調査中、チタノザウルスの存在を知った。

真船 桂に強い愛情を注ぎ、彼女の良心を目覚めさせる。

真船信三

優秀な理学博士。チタノザウルスを発見し、コントロール実験を発表したが、これが命取りとなり学会を追われた。

海洋開発理論を発表し、海底牧場プランを唱えていた。

村越二郎

国際警察東京支局の捜査官で射撃の名手。大学時代の後輩である一之瀬 明に同行し、第３惑星人の野望に挑む。

一之瀬と共に敵の基地から脱出し、桂の最期を見届けた。

①とある岸壁に立ち、無表情に海を見つめる少女。その目的とは。

②少女の瞳に、メカゴジラの残骸を捜索するあかつき１号が映る。

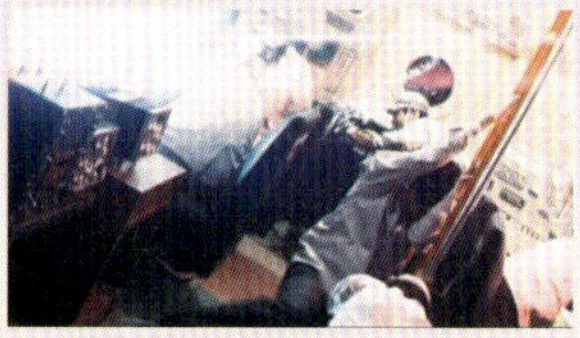

③突然、あかつき１号の船内に衝撃が走り、乗組員が投げ出された。

④あかつき１号は謎の恐龍に捕まり、深海に引き込まれて爆発した。

⑤国際警察と海洋開発研究所は、あかつき１号の沈没原因を調査。

⑥一方、日本に謎の男が到着。新たな侵略計画が開始される。

⑦恐龍の謎を調べる一之瀬と村越が真船を訪ね、娘・桂に会う。

⑧真船と桂はブラックホール第３惑星人の協力者となっていた。

⑨回収された残骸を元にメカゴジラ２の強化改造が始まる。

⑩ノートを調べた一之瀬は、真船の研究が正しかったと確信。

⑪真船の開発したコントロール装置がメカゴジラ2にセットされた。

⑫調査船の出航を聞いた桂は第３惑星人に強要され、教えてしまう。

⑬数年前に真船が行ったコントロール装置の実験で桂は命を失った。

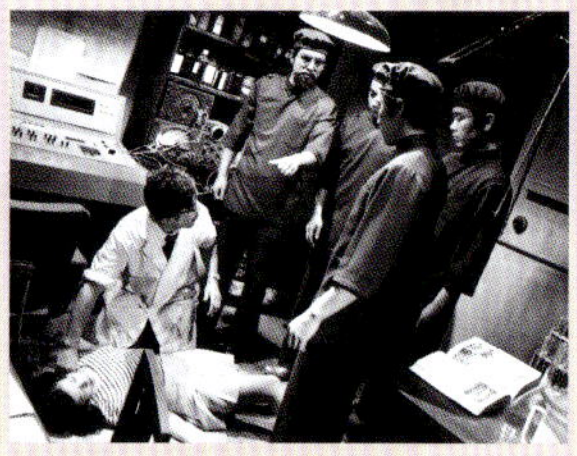

⑭第３惑星人が桂に手術を施し、サイボーグとして蘇らせたのだ。

⑮桂は恐龍・チタノザウルスを操り、調査船あかつき2号を攻撃。

⑯あかつき2号との接触でチタノザウルスの弱点が超音波だと判明。

⑰真船の指示で、桂はチタノザウルスを横須賀に上陸させる。

⑱第３惑星人は、チタノザウルスにゴジラを始末させようと画策。

⑲チタノザウルスの破壊活動を本能で察知したゴジラが、日本に到着。

⑳２大怪獣が激突。その最中、桂が防衛隊の銃撃で重傷を負う。

㉑ユリは桂が敵ではないかと怪しむも、一之瀬はそれを信じない。

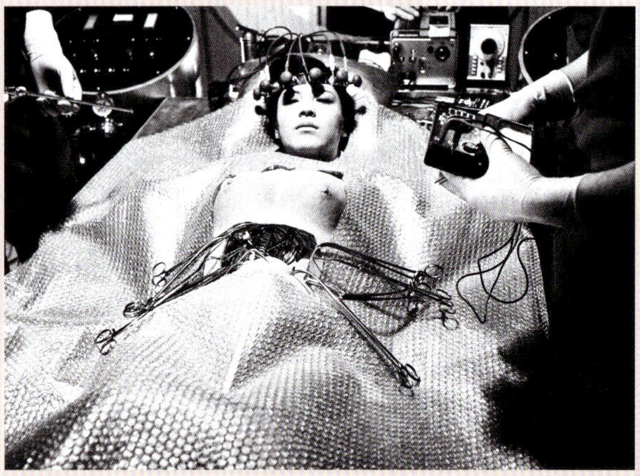

㉒傷ついた桂の体に再改造手術が施され、完全なサイボーグが完成。

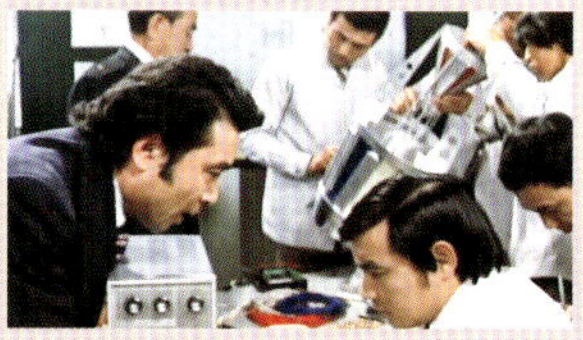

㉓チタノザウルスが苦手とする超音波発生装置の製作が急がれる。

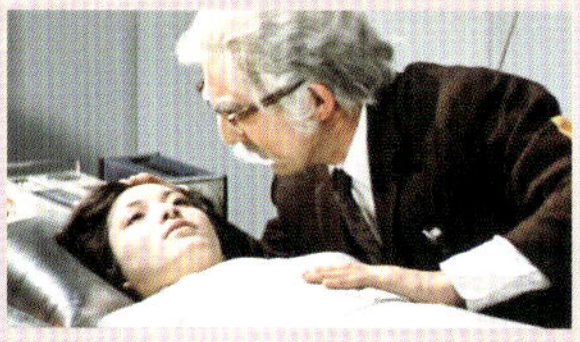

㉔桂は、メカゴジラ２の作動とコントロールを行う装置となった。

㉕第３惑星人に捕らえられた一之瀬は、真船と桂の説得を試みるが。

㉖一之瀬の眼前で桂はメカゴジラ2を起動し、横須賀へ出撃させた。

㉗国際警察が第３惑星人の基地へ潜入、捕らわれていた人々を救出。

㉘メカゴジラ２とチタノザウルスは、横須賀の工場街に到着する。

㉙スペースビームの破壊力で、ビルを焼き尽くすメカゴジラ２。

㉚敵の破壊活動を見ていた少年たちがチタノザウルスに狙われた。

㉛ゴジラが登場。チタノザウルスに立ち向かい、少年の命を救う。

㉜２大怪獣の連携攻撃に、無敵のゴジラさえも不利な状況となった。

㉝防衛隊からの応援攻撃を受け、チタノザウルスを投げ飛ばした。

㉞ヘリコプターからチタノザウルスめがけて受信機が撃ち込まれる。

㉟ゴジラは土に埋められ、チタノザウルスに踏み固められていた。

㊱受信機に超音波が発せられ、チタノザウルスが苦しみだす。

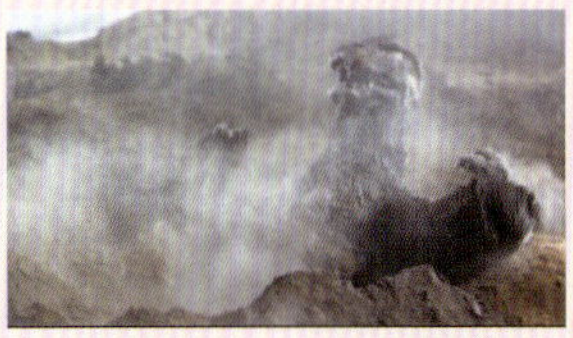

㊲そんな時、ゴジラが土の中から飛び出して敵に反撃を開始する。

㊳メカゴジラ２もビーム、ミサイルの一斉発射でゴジラに対抗した。

㊴敵の攻撃でゴジラは炎に包まれるも、まったく怯まない。

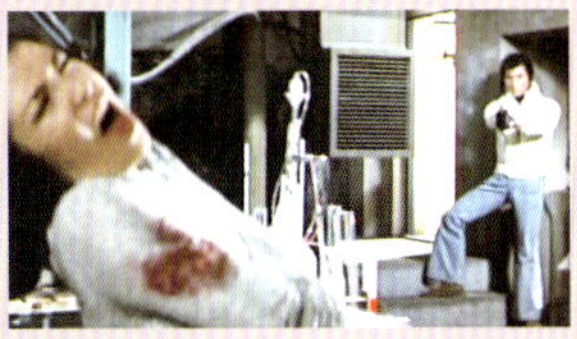

㊵敵の基地へ侵入した村越が、一之瀬を撃とうとする桂の腕に発砲。

㊶ゴジラの怪力がメカゴジラ２の頭部をもぎ取る、しかし……。

㊷内部にあったヘッドコントローラーがレーザーを放ってくる。

㊸第３惑星人のムガールは、真船を盾にして逃走を図った。

㊹桂が自害したことでメカゴジラ２は機能を停止し、破壊された。

㊺ゴジラはチタノザウルスと戦いつつ、第３惑星人の円盤を撃墜。

㊻ゴジラの放射熱線が直撃し、チタノザウルスも最期を迎える。

㊼一之瀬たちは桂の遺体を丘に寝かせ、静かに弔っていた。

㊽侵略者から地球を守ったゴジラは、夕日に輝く海へと去っていく。

メカゴジラの残骸を捜索していた海底調査船あかつき１号が、「恐龍」という言葉を最後に消息を絶つ。海洋開発研究所の一之瀬 明は、15年前に恐龍を発見したと発表した真船信三博士を追い、その娘・桂と接触をもつが、彼女は大宇宙ブラックホール第３惑星人の力で復活したサイボーグだった。やがて、桂がコントロールする恐龍・チタノザウルスと強化改造を施されたロボット兵器・メカゴジラ２が出現し、横須賀で破壊の限りを尽くすが、そこへゴジラが登場。人類からの協力を受けつつ２大怪獣に挑み、激闘の末に侵略者共々粉砕した。

STORY

ゴジラ

『ゴジラ』
1984年12月15日公開 103分

STAFF
製作・原案／田中友幸　協力製作／田中文雄　監督／橋本幸治　脚本／永原秀一　撮影／原一民　美術／櫻木 晶　録音／田中信行　照明／小島真二　編集／黒岩義民　音楽／小六禮次郎　特技監督／中野昭慶　撮影／山本武、大根田俊光　美術／井上泰幸　照明／三上鴻平　特殊効果／渡辺忠昭、久米 攻　視覚効果／宮西武史　作画／塚田猛昭、石井義雄

CAST
三田村清輝／小林桂樹　牧 吾郎／田中 健　奥村尚子／沢口靖子　奥村 宏／宅麻 伸　林田 信／夏木陽介　神崎／小沢栄太郎　武上弘隆／内藤武敏　磯村／金子信雄　笠岡／加藤 武　江守／鈴木瑞穂　毛利／織本順吉　加倉井／御木本伸介　大河内／森 幹太　日高／田島義文　梶田／山本 清　南／小泉 博　辺見／村井国夫　秋山／橋本 功

ゴジラが背負う「核の被害」や「自然の復讐」も加味されていた。

ゴジラを〝生きた核兵器〟という新たな視点で捉えた作品である。

スーツの他、5m大のサイボットが製作され、生物感を強調。

ヒロインは第1回東宝シンデレラの優勝者、沢口靖子が選ばれた。

原子力発電所を襲撃することでゴジラの新たな嗜好設定が登場。

最終的には三原山の火口に身を沈めることで続編への期待を残す。

前作公開後、田中友幸は1976年に藤岡 弘主演の大作映画『ゴジラの復活』を企画するも、東宝はこれを受け入れなかった。そこで田中は「ゴジラシリーズ」の復活を長期スパンで進めていこうと考え、企画を開始する。やがて1983年に開催された一大イベント「ゴジラ復活フェスティバル」の成功が起爆剤となり、東宝映画主導の「ゴジラ誕生30周年記念映画」が正式に決定。９年ぶりに製作されることとなった本作は〝ゴジラの厄災〟とそれを巡る〝人間の群像劇〟を中心に据えたドラマが展開していく内容となった。

新宿副都心の巨大なセットが作られ、大胆な破壊シーンが撮影された。

本作のゴジラは〝恐怖の対象〟だけでなく〝哀愁〟も背負った存在になった。

生物感を意識した薩摩剣八郎の演技が、ゴジラに深みを与える。

下から見上げるカメラワークを多用し、ゴジラの巨大感を表現。

ゴジラに対抗する超兵器・スーパーXの登場は、作品が盛り上がる場面の一つ。

陸上撮影用に製作されたスーツは、エアシリンダーで口を開閉するシステムだった。

セットでは新宿副都心が緻密に再現され、リアルさが演出された。

撮影用スーツは陸上用と海上用の2タイプが新たに作られている。

海面からゴジラが現れるシーンではスモークを多用、奥行きある空気感を表現。

都市部の建造物サイズに合わせ、ゴジラの身長が50mから80mに変更された。

怪獣王 ゴジラ

身長／80m　体重／5万t
演技者／薩摩剣八郎、河野久永

伊豆諸島南端にある大黒島の噴火によって覚醒した、新たなゴジラ。八丈島南方の海域でソ連の原子力潜水艦を襲って核の放射線を吸収後、日本に上陸して井浜原子力発電所を襲撃。さらに東京へ進撃して有楽町や新宿副都心を破壊した。ある一定の音波に反応する習性を有しており、それがウイークポイントともなった。

井浜原子力発電所の核融合炉を取り出し、大量の放射線を体内に吸収した。

スーパーXのカドミウム弾を撃ち込まれたことで力を失い、一旦は倒れ込む。

三原山へ誘導され、最終的には、自衛隊によって人工的に爆発・噴火させられた火口へ落下し、姿を消す。

凶暴な性質で、自身の進撃を阻止する人類に対し、攻撃を仕掛けていく。

大黒島の火口から出現後、島の西端で第五八幡丸と遭遇し、目撃される。

放射熱線

背鰭を強く発光させて口から青白色の放射熱線を吐き、高層ビルをも爆破・粉砕してしまう。

核弾頭爆発の影響でカドミウム弾の効力が消滅。その後、落雷を受けたことで復活を遂げる。

ハイパワーレーザービーム車によってスーパーXの作戦区域へ。

新宿副都心を破壊後、誘導用超音波で磁性体を刺激されて移動。

新宿中央公園付近が主戦場となり、スーパーXのカドミウム弾による攻撃で危機に陥った。

有楽町から永田町を越え、代々木公園を経て新宿副都心に移動。自衛隊のスーパーXと対決。

ゴジラの表皮には、放射線の影響でフナムシが突然変異したショッキラスが寄生している。

1954年に出現したゴジラと同種の怪獣ではあるが、その形状や大きさはかなり異なっていた。

自衛隊による攻撃も空しく、東京都心部はゴジラによって焦土と化す。

ゴジラは、本能的にスーパーXを〝強敵〟と意識して間合いを取る。

ゴジラには人間的な〝感情〟はなく、あくまでも〝野生生物〟であったと思われる。

寄生獣 ショッキラス 全長／1m 体重／45kg

ゴジラに寄生していたフナムシが、放射線の影響で巨大生物と化した姿。大黒島近海を航行中の第五八幡丸を襲撃し、船員たちの体液を吸収した。素早い動きと高い跳躍力が特徴で、攻撃的な性質。

前面の歩脚が牙状に巨大化しており、獲物を襲う際の凶器にもなる。

船床を這うように移動し、獲物となる人間を次次と追い詰めていった。

背面が盛り上がって硬化しており、錐や銛で刺されてもなかなか死なない。

乗組員はショッキラスによって血液と体液を吸いとられ、ミイラ化。

牧の体液を吸い取ろうとした瞬間、奥村 宏が刺した錐の一撃で倒れる。

船内に侵入してきた新聞記者、牧吾郎の顔面めがけて飛び掛かってきた。

30年目の大災害に苛まれる人類

驚異的なパワーを秘めた〝未知なる存在〟を取材する者と生態を調査・分析する者、それに立ち向かう者、一方的な被害を受ける者など、様々な立場でゴジラに関わっていく。

神崎

三田村内閣の大蔵大臣。核兵器の使用に関してガードが弱かった。

奥村宏

明法大学理学部の3年生で、尚子の兄。第五八幡丸の唯一の生存者でもあった。

奥村尚子

明法大学の学生で、ゼミの教授・林田の研究所で資料整理のアルバイトをしている。真面目な性格で心優しい女性。

高層ビルから脱出した際の行動で、牧への信頼感を強めていく。

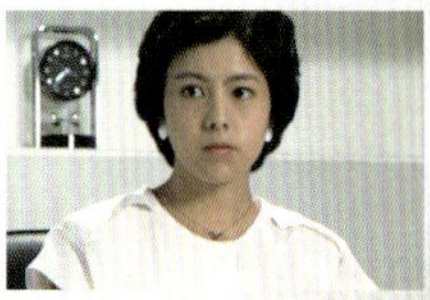
兄との再会を牧の記事に利用されたことで、彼に不信感を抱いた。

牧 吾郎

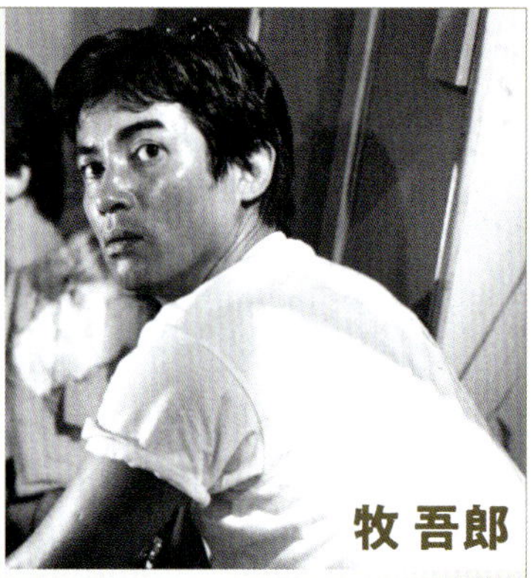
東都日報の大島支局に所属する新聞記者。第五八幡丸で奥村 宏を救助したことでゴジラの存在を知り、取材を開始する。

強引な記者だが、奥村尚子との関わりで優しさを身につけていく。

左遷された身であったが、ゴジラ取材で本社への復帰を果たす。

磯村

三田村内閣の自治大臣。核ミサイルが誤射された際、都民の避難誘導を担当する。

武上弘隆

三田村内閣の官房長官。マスコミへの情報発信を担当していた。

江守

三田村内閣の外務大臣。原潜事故や核ミサイルの誤射の情報をいち早く入手。

笠岡

三田村内閣の通産大臣。戦術核の使用に理解を示す神崎に反対の意思を表明。

加倉井

自衛隊の統幕議長。ゴジラ迎撃を立案し、核兵器を軍事的な見地で解説した。

毛利

三田村内閣の防衛庁長官。スーパーＸの性能や装備などを閣僚らに説明する。

秋山

陸上自衛隊の一員でスーパーＸの指揮官。カドミウム弾でゴジラを攻撃する。

辺見

内閣情報調査室の室長。大黒島での遭難事故とゴジラの関係を調査していた。

林田 信

明法大学の教授。初代ゴジラの襲撃で両親を失い、それをきっかけに研究を開始した。政府を動かす発言力を有する。

ゴジラを誘導する性能を有する、超音波発信器を新開発した。

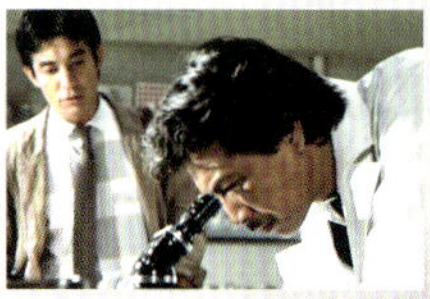
新宿高層ビルに生物物理研究所を構え、ゴジラの生態を調査する。

三田村清輝

内閣総理大臣の任期を終えようとしていた矢先にゴジラが出現し、度重なる決断を迫られる。国民の命を第一に考えた。

三原山に沈むゴジラを目撃し、〝命の重さ〟を実感して涙する。

非核三原則を重視し、アメリカやソ連の核攻撃を断固拒否した。

対ゴジラ戦に転用された国土防衛装備

世界の冷戦体制のなか、運用条件の高度化によってその威力を飛躍的に向上させた兵器群。ゴジラの出現に伴い対抗措置として運用されるも、その効能には疑問が残った。

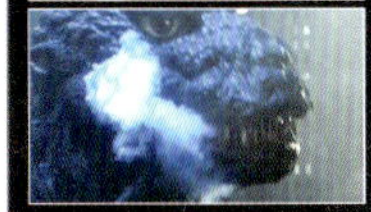

上部の砲台から、ゴジラの口めがけてカドミウム弾を発射する。

機体の左右からはハイパーレーザーCO2タイプを撃ち出す。

機首に開閉式の1800㎜ヨーソサーチライトを装備している。

ジェットファン3基で空中浮遊し、ターボジェット2基で前進。

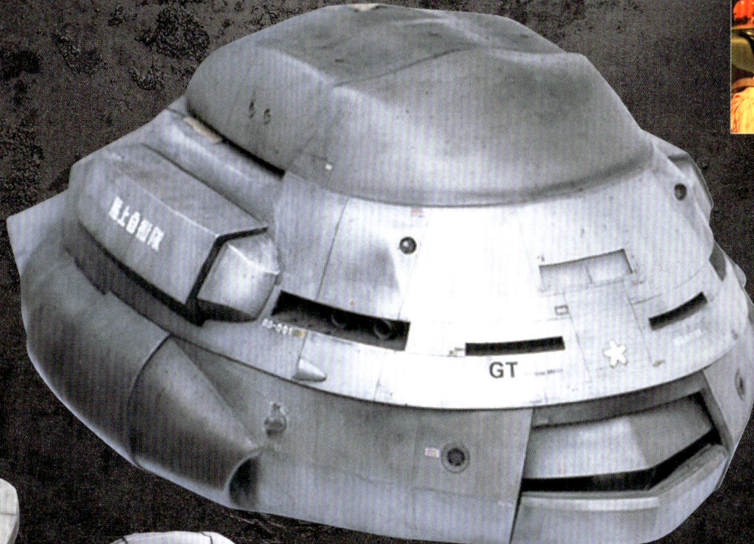

4名の自衛隊員が搭乗し、空中移動や敵に対する攻撃任務を行う。

陸上自衛隊幕僚監部付
実験航空隊
首都防衛移動要塞T-1号

スーパーX

全高／11.2m　全長／27.2m
全幅／20m　総重量／150t
巡航速度／140km/h
最高速度／200km/h
乗員／4名（最大12名）

核汚染や核戦争を想定し、首都防衛を目的に極秘に開発された装備で、陸上自衛隊が運用する移動要塞。外装はチタン合金とセラミック製耐熱タイルで構成されており、集積回路にプラチナを多用することで放射熱線の超高熱にも耐える。

超音波発信機

ゴジラの磁性体に働きかける超短波を発信する装置。三原山の火口近くに置かれて稼動した。

F-1CCV

航空自衛隊所属の支援戦闘機で、ロケット弾と80式空対艦誘導弾を装備。4機が出撃した。

N-100 ハイパワーレーザービーム車

対空ミサイル兵器を迎撃する地上兵器であり、レーザー砲を装備した装置車と三菱K7000クレーン改をベースにした牽引車によって構成されている。

ヘリウムネオンガスにより、88万～120万kWのレーザー光線を放つ。

2台の同型車両が出動し、新宿副都心でゴジラ攻撃に使用された。

83式600㎜地対地ミサイル車

74式特大型トラックを改造してランチャーを設置した車両。2基の地対地ミサイルを発射。

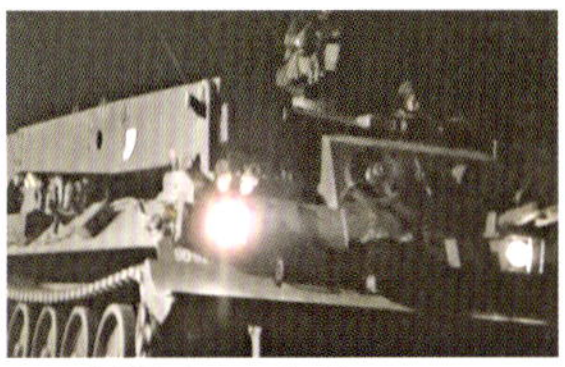

78式戦車回収車

74式戦車の車体を流用した後方支援車両。破損した車両やエンジンを回収するために出動。

61式戦車

上陸したゴジラを攻撃するために出動した車両。61式52口径90㎜戦車砲が主力兵器。

74式戦車

東京湾に集結し、ゴジラの上陸を阻止しようとした主力戦車。105㎜ライフル砲を装備する。

移動指揮車

前線で移動通信基地の役割を担う車両。三菱ふそうトラック、ザ・グレートを改造したもの。

75式130㎜自走多連装ロケット弾発射機

30連装のロケット弾発射機を装備した攻撃兵器。50km/hで自走する機能も有している。

KV-107Ⅱ-4 中型輸送ヘリコプター

三原山へ超音波発信機用の物資を運搬するために使われた、タンデムローター式ヘリコプター。

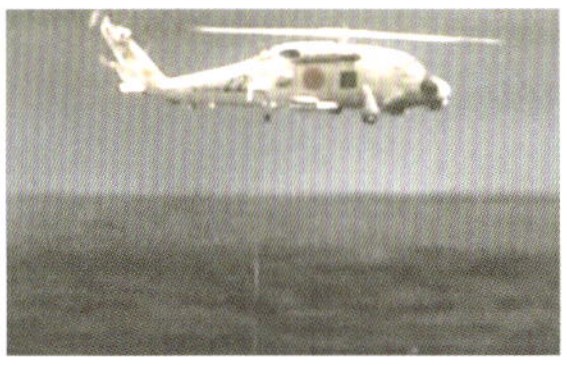

SH-60B哨戒ヘリコプター

高い水上戦闘力を有したヘリコプターで「シーホーク」の異名を持つ。ゴジラの捜索に活用。

HSS-2B哨戒ヘリコプター

哨戒用の航空機。対艦ミサイル防御用レーダーや電波探知装置吊下曳航式MADを搭載。

P-3C対潜哨戒機

海上自衛隊が所有する航空機。太平洋の海中を動くゴジラの捜索などに運用された。

1/4tトラック

車体中央に60式106㎜無反動砲を搭載した四輪駆動車。攻撃の際、高い機動性を発揮する。

STORY

大黒島付近で第五八幡丸が行方不明となり、翌日、東都日報の記者・牧 吾郎が唯一の生存者である奥村 宏を救出する。彼は嵐の中で巨大生物を目撃したと証言し、明法大学教授の林田 信は、それがゴジラであると確信した。その後、日本近海を航行していたソ連の原子力潜水艦をゴジラが襲撃。さらに井浜原子力発電所を破壊して大量の放射線を吸収した後、海へ去る。自衛隊の厳重な警戒下にも拘らず、ついにゴジラが東京港から上陸。新宿副都心で自衛隊の超兵器・スーパーXと対決し、カドミウム弾で一度は倒れるも、成層圏で爆発した核ミサイルの電磁衝撃波により復活を遂げる。最早これまでと思われたその時、林田が開発した装置が起動。そこから発せられる誘導超音波に反応したゴジラは、大島へ誘い出され、最後は三原山の火口にその姿を消した。

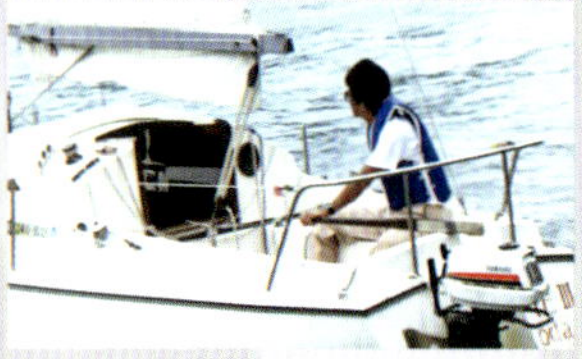

①牧 吾郎はヨットの航行中に、遭難した第五八幡丸を発見する。

②船内に入った牧は、巨大なフナムシ、ショッキラスに襲われた。

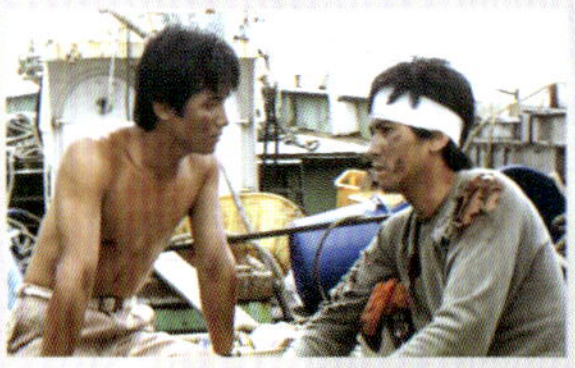

③唯一の生存者である奥村 宏から、嵐の中で見た巨大生物の話を聞く。

④都内の病院に運ばれた宏は、大学の恩師・林田 信に状況を説明。

⑤記事を封印された牧だが、代わりに林田への接触を許可される。

⑥林田取材の折、宏の妹・尚子と知り合い、兄の生存を伝えた。

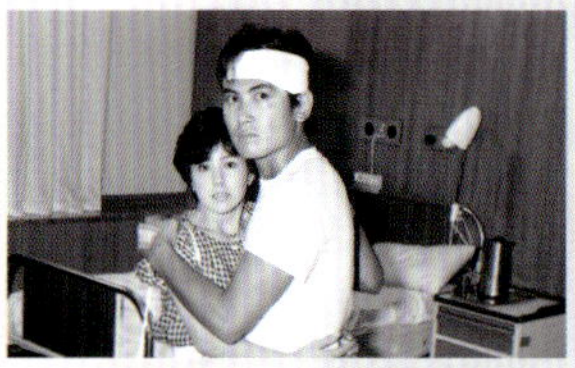

⑦尚子は兄との再会を果たすも、牧がそれを記事にしたことに反発。

⑧八丈島南方の海域で、ソ連の原潜が何ものかに襲われて撃沈する。

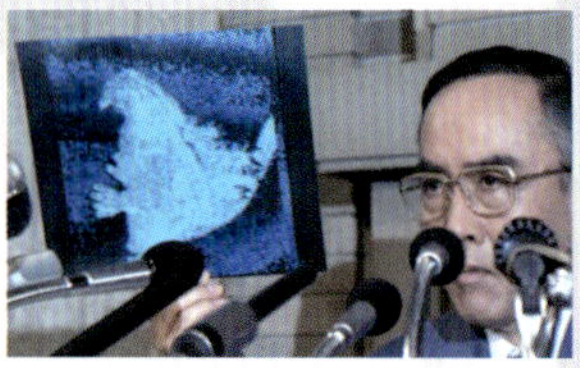

⑨日本政府は、巨大生物／ゴジラ復活の公式発表に踏み切った。

⑩直ちに非常緊急対策本部が設置され、ゴジラの捜索が開始される。

⑪井浜原子力発電所をゴジラが襲撃し、放射線を吸収して去った。

⑫林田と宏は、超音波によってゴジラを三原山へ誘導しようと考案。

⑬米国とソ連は、ゴジラ撃滅に戦術核兵器の使用を提案したが……。

⑭三原山に多くの人員が投入され、超音波発信機の建造が急がれる。

⑮東京湾にゴジラが出現し、自衛隊の総攻撃が開始された。

⑯港に展開していた地上部隊が、放射熱線の一撃によって全滅する。

⑰晴海通りを北上して有楽町に到達し、走行中の新幹線を破壊。

⑱有楽町マリオンのガラス面に、巨大なゴジラの姿が映し出される。

⑲破壊を続けながら永田町を経て新宿へと移動する。

⑳新宿中央公園付近で、ハイパワーレーザービーム車が攻撃を開始。

㉑自衛隊が誇る最強の兵器・スーパーXが出動し、ゴジラと対決。

㉒照明弾に気を取られたゴジラの口にカドミウム弾を撃ち込む。

㉓そんな時、ソ連の衛星がゴジラに向けて核弾頭を発射してしまう。

㉔成層圏で核弾頭が爆発。ゴジラの体内にあるカドミウム弾の効力が消える。

㉕林田は、自衛隊のヘリコプターに救出され、三原山へと急いだ。

㉖背鰭に電磁衝撃波が直撃し、それによってゴジラが復活する。

㉗電磁衝撃波の影響で故障していたスーパーXも、かろうじて浮上。

㉘牧と尚子は、消防ホースで高層ビルからの脱出を試みていた。

㉙ゴジラの放射熱線が直撃したスーパーXは、ビルの下敷きとなる。

㉚男の協力で地上に降りた牧と尚子は、ゴジラの姿に恐怖する。

㉛大きく咆哮したゴジラから全力で逃げる牧と尚子たち。

㉜三原山の超音波発信機が起動し、ゴジラは方向転換をする。

㉝超音波に誘導されたゴジラは海を渡り、大島を目指して進む。

㉞三原山を登り、ゴジラはついに火口へと到達する。

㉟超音波発信機の前に来たゴジラは、なおも前進して火口に落下。

㊱その時、奥村が押したスイッチで、大量の爆弾が破裂する。

㊲林田と宏は、ゴジラと火口の様子を静かに見つめ続けていた。

㊳爆発の影響で発生した炎と溶岩に巻き込まれたゴジラが咆哮。

㊴三田村総理ら政府閣僚は、モニターの前で立ち尽くす。

㊵ゴジラは悲鳴にも似た叫び声を上げつつ、火口の中へ落ちていく。

㊶爆発する三原山。しかし、ゴジラの生死は不明のままである。

㊷ヘリコプターで三原山に到着した牧と尚子の顔に笑みが浮かぶ。

ゴジラVSビオランテ

1984年公開の前作が一定以上のヒットを実現させたことで、「ゴジラシリーズ」は観客から〝一般映画〟として認知されるようになり、東宝では次回作の製作を決定。一般や業界の垣根を越えてオリジナルストーリーの募集が行われ、結果的に木暮 瞬（小林晋一郎）の原案が佳作として選ばれる。それをベースとして大森一樹が脚本を脱稿。同時に監督も担うこととなって5年ぶりの新作が完成し、1989年末に公開された。

『ゴジラVSビオランテ』
1989年12月16日公開 105分

STAFF

製作／田中友幸　プロデューサー／富山省吾　監督･脚本／大森一樹　ゴジラストーリー／小林晋一郎　撮影／加藤雄大　美術／育野重一　録音／宮内一男　照明／粟木原 毅　音楽／すぎやまこういち　特技監督／川北紘一　〈特殊技術〉撮影／江口憲一　美術／大澤哲三、長沼 孝　照明／斉藤 薫　操演／松本光司　特殊効果／渡辺忠昭、久米 攻

CAST

桐島一人／三田村邦彦　大河内明日香／田中好子　三枝未希／小高恵美　大河内誠剛／金田龍之介　白神源壱郎／高橋幸治　白神英理加／沢口靖子　権藤吾郎／峰岸 徹　黒木 翔三等特佐／髙嶋政伸　山地統幕議長／上田耕一　SSS･9／マンジョット･ベディ　スーパーX2オペレーター／豊原功補、鈴木京香　山本精一技術部長／永島敏行　大和田圭子官房長官／久我美子

メカのミニチュアを使ったシーンも緻密な映像によって表現され、作品に花を添える。

川北紘一が特技監督に選ばれ、斬新な映像でゴジラ像を表現した。

人間と植物の遺伝子、それにゴジラの細胞を融合したという新たな巨大生物が創造され、強敵として登場。

ゴジラは、前作に引き続いて薩摩剣八郎が演技を担当した。

ステージ内に芦ノ湖のセットプールが組まれ、水上決戦が撮影された。

操演の高度な技術によって、造形物である触手に生命が与えられる。

三原山火口内にいるゴジラは、三枝未希のイメージカットとして撮影。

花獣型ビオランテとの〝芦ノ湖決戦〟は、中盤の大きな見せ場となっている。

植物怪獣はゴジラの対戦相手として初の試みで、冒険だったと思われる。

本作の決戦場は大阪ビジネスパークで、スーパーX2との激突が描かれた。

撮影所敷地内の大プールで撮影されたゴジラ対艦隊戦も、迫力の仕上がり。

巨大で形状が酷似したビオランテは、ゴジラの新たな表現とも言える。

植獣との対決は、豪雨の夜間が選ばれたため、キャラクターが見えにくい。

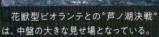

超能力を持つ子供たちの予知夢通り、ゴジラは三原山の火口から出現。浦賀水道でのスーパーX２戦を経て、小田原に上陸。

紀伊水道から大阪湾に出現。その後、大阪ビジネスパークで自衛隊と対決する。

海中を遊泳する姿が初めて確認された。その移動速度もかなりのもの。

ゴジラの進撃で周囲が炎に包まれ、建造物は次々と破壊される。

高層ビルを覗き込み、待機する陸上自衛隊の権藤一佐の姿と対峙。

高層ビルから撃ち込まれた抗核バクテリアの影響で弱体化する。

以前に出現した時よりもさらに凶暴化し、戦闘力も向上した。

巨大な高層ビルさえも、ゴジラの一撃によって崩れ落ちていく。

海面からその巨体を現すが、三枝未希の精神感応で足止めされた。

〝厄災〟としてその脅威を見せ、大阪市街を焦土と化していく。

体内放射

熱線を放射寸前に止め、体内にエネルギーを逆流・炸裂させる能力。絡みついたビオランテ植獣の根を吹き飛ばした。

自身の細胞を持つビオランテを本能で感知し、芦ノ湖へ向かう。

大阪での対決で劣化したファイヤーミラーに放射熱線を命中させ、スーパーX2を撃墜した。

自衛隊やビオランテを前に、強烈な闘争心を剥き出しにして咆哮。

怪獣王 ゴジラ

身長／80m　全長／190m
体重／5万t　演技者／薩摩剣八郎

　大島の三原山火口に落下し、姿を消していたが、その生命活動が確認された怪獣。「G細胞」を狙うバイオメジャーが火口を爆破したことにより復活。浦賀水道から芦ノ湖へ移動してビオランテ花獣と激突し、大阪で抗核エネルギーバクテリアを口内に撃ち込まれて弱体化したが、植獣に進化したビオランテと再対決する。

放射熱線

背鰭を発光させた後、放射能を帯びた熱線を高速で放射。その勢いで物体を粉砕する。

バイオ怪獣 ビオランテ（花獣）

身長／85m　体重／6万~10万t　演技者／竹神昌央

「G細胞」の力で異常な成長を遂げた薔薇が、芦ノ湖で怪獣化した姿。動物と植物の特性を兼ね備えているが、この形状では移動能力はなく、蔦状の触手でゴジラの体を搦め捕って攻撃する。炎に弱く、ゴジラの放射熱線を浴びて全体が燃えるも、その後、植獣に進化して出現した。

白神源壱郎が娘の遺伝子を持つ薔薇の細胞に「G細胞」を融合し、誕生させた。

水中から多数の触手を伸ばしてゴジラに襲い掛かり、首や腕、胸部に絡みついて怪力で締め上げる。

白神の研究室に侵入したバイオメジャーを襲い、命を奪う。

下半身から伸ばした根を体の前方に集めて壁を作り、ゴジラの放射熱線から身を守ろうとした。

触手の先には牙の生えた口があり、敵の体に嚙みつく。

バイオ怪獣 ビオランテ（植獣）

身長／120m　体重／20万t
演技者／柴崎 滋、木村義隆

ゴジラの放射熱線を浴びた花獣の体が異常な細胞分裂を起こし、それによって動物の要素が現れて獣性が強化された状態。爬虫類に酷似した巨大な頭部を持ち、多数の根を使って地上を高速移動してゴジラに攻撃を仕掛けてきた。光線や熱線にも耐える強い生命力を有する。

ゴジラの放射熱線で体を撃ち抜かれても、それほどのダメージは生じない。

花獣が光の胞子となって天空に去り、再び若狭湾に降り注いで地下に集結、増殖して植獣となった。

生存本能のみに支配されており、ゴジラの巨体を飲み込んで同化しようとする。

口には無数の鋭い牙が生えており、いかなる物体も砕いてしまう。

放射樹液

巨大な口から放射する強酸性の液体。ゴジラの表皮をも溶かしてしまう。

触手

先端にある牙の生えた口は鋭く、ゴジラの手を突き破って動きを封じる。

花獣同様に人間の意識は働いておらず、野獣の本能でゴジラを襲った。

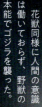

遺伝子工学の厄災に巻き込まれた人間

ゴジラを研究して未来の危機に備えようとする者や、その生命力を兵器に転用しようとする者、存在自体を憎んでいる者など、様々な理由で〝怪獣の王〟に関わっていく。

白神英理加

父の助手としてサラジア生物工学研究所に勤務していたが、爆弾で死亡。

大河内誠剛

大河内財団の会長で明日香の父。「G細胞」を保管していた。

山本精一技術部長

三友重工との協力体制で、スーパーＸ２の開発に貢献した自衛隊員。

山地統幕議長

防衛庁長官直属の立場で、自衛隊では最高位。黒木をバックアップする。

スーパーX2オペレーター

特殊戦略作戦室の一員。黒木特佐の指揮のもと、スーパーX2の遠隔操作を担当した。

SSS《スリーエス》・9《ナイン》

サラジア・シークレット・サービスで、射撃の名手。「G細胞」を狙う。

大和田圭子官房長官

総理大臣を直接補佐する政治家。「G細胞」の争奪に関する案件を担当。

三枝未希

精神科学開発センターが研究対象としている超能力少女。ゴジラの進撃を一時的に止めるほどの力を持つ、強い精神感応を発揮する。

ビオランテから発せられた白神英理加の思念を感じ、出現を予測。

大河内明日香

精神科学開発センターに所属しており、超能力によるゴジラ対策の一翼を担う。三枝未希を後見人的な立場で見守る。

桐島とは恋人関係だが、彼と共に海外に行くことには悩んでいた。

桐島一人

筑波生命工学研究所の一員。大河内からの依頼で「G細胞」から抗核エネルギーバクテリアを作るが、科学の急速な進歩には懐疑的。

自衛隊の権藤と同行し、バイオメジャーのエージェントと対決。

黒木 翔三等特佐

自衛隊内部で「ヤングエリート集団」と称される、G対策部署の責任者。ゴジラ撃滅の的確な作戦を立案、実行する。

防衛大学を首席卒業した。超能力を理解する柔軟さも併せ持つ。

権藤吾郎

自衛隊陸幕調査部から国土庁の特殊災害研究会議に出向した、陸上自衛隊一佐。ゴジラに関わり、抗核バクテリアをサラジアから取り戻す。

特殊部隊を指揮。ゴジラめがけて抗核バクテリアの砲弾を発射。

白神源壱郎

遺伝子工学の世界的権威で、スーパープラントを研究。娘の遺伝子を持つ薔薇に「G細胞」を融合し、ビオランテを生み出した。

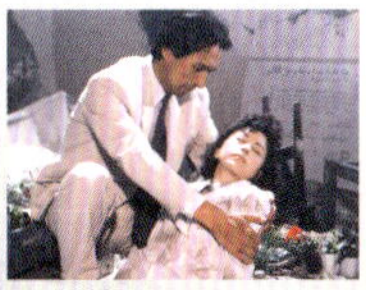

「G細胞」争奪戦に巻き込まれて娘の英理加を亡くし、科学に失望。

M6000TCシステム

ソニックビーム車と電位差発生装置を併用し、ゴジラを加熱するシステム。

24連装ロケット砲車

シングルキャブ型の軍用トラックに、24連装のロケット砲を搭載した攻撃兵器。

92式ペトリオット〈改〉対Gシステム用特車

対ゴジラ用に改良された地対空誘導弾を搭載し、牽引車で現場に移動する。

90式戦車

M6000TCシステムの現場に出動したが、ビオランテの触手攻撃で大破する。

74式戦車

芦ノ湖へ進撃するゴジラへの攻撃と、M6000TCシステムの現場に配備された。

抗核エネルギーバクテリア

「G細胞」の遺伝子から製造。カプセル内には核物質を食べるバクテリアを内包。

F-15J戦闘機

航空自衛隊の主力戦闘機。若狭湾上空に雷雲発生用のヨウ化銀を散布した。

UH-1H 多用途ヘリコプター

抗核バクテリアの砲弾をゴジラに撃ち込む作戦で、特殊部隊を現地に輸送した。

護衛艦

浦賀水道でゴジラを迎え撃つ海上自衛隊の精鋭部隊。放射熱線で撃沈させられる。

〝ゴジラ対策〟自衛隊装備

日本を未曾有の危機に陥れる恐怖の存在・ゴジラと、「G細胞」を有した未知の新怪獣・ビオランテに対抗するため、自衛隊が出撃させた超兵器群である。

前部のファイヤーミラーを展開。ゴジラの熱線を収束させて１万倍に強化して撃ち返す。

スーパーX2

全長／34m　全高／11m　全幅／16m

陸上自衛隊所属の対ゴジラ用戦闘兵器。特殊戦略作戦室から遠隔操作し、スーパーミサイルやスーパー魚雷、40㎜バルカン砲などの装備で攻撃する。

92式メーサー戦車

全長／15.7m　全高／7.4m　全幅／10.8m
重量／120t　乗員／2人

８輪駆動の自走式装輪戦車。空冷・水冷併用２サイクル２気筒ディーゼルエンジンを４基搭載し、地上を47km/hで走行。

パラボラ型の砲身から500万Vのメーサー光線を放ち、敵を倒す。

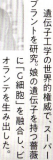

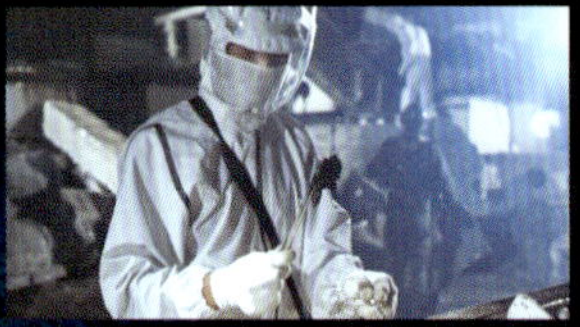
①1985年。自衛隊がゴジラの体組織「G細胞」を採取していた。

②「G細胞」をバイオメジャーが奪い、さらにサラジアが奪取する。

③サラジアの研究所をバイオメジャーが爆破。「G細胞」は灰となった。

④精神科学開発センターの三枝未希は、薔薇の声を聞こうとする……。

⑤一方、生命工学者の桐島一人は、自身の将来について悩んでいた。

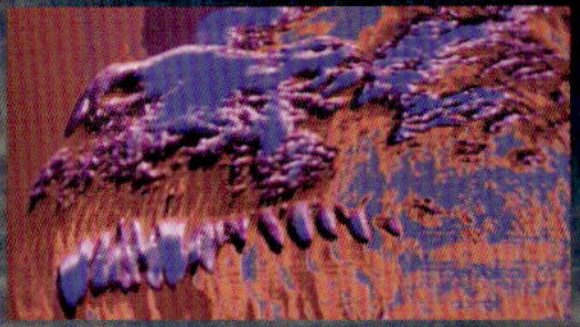
⑥三原山に到着した未希は、火口の中で動くゴジラを感じ取る。

⑦抗核バクテリアを製造するため、ついに「G細胞」が取り出された。

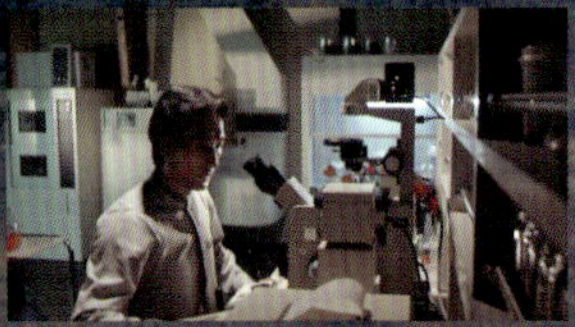
⑧「G細胞」を委ねられた白神は、娘の遺伝子をもつ薔薇に融合。

⑨三友重工では対ゴジラ兵器・スーパーX2の開発が急がれていた。

⑩白神の研究室に忍び込んだバイオメジャーが蔦の怪物に襲われる。

⑪巨大な根の切れ端を見た白神は、自身が創造した生物の存在に驚愕。

⑫「G細胞」を狙うバイオメジャーの策略で、三原山の火口が爆発。

⑬ゴジラが活動を再開して火口から出現、日本に再び危機が訪れた。

⑭芦ノ湖に出現した巨大な植物の怪獣・ビオランテも活動を始める。

⑮浦賀水道を進むゴジラに、スーパーX 2 が攻撃をするも敗退。

⑯ゴジラが芦ノ湖に到着。野生の本能でビオランテに襲い掛かる。

⑰放射熱線が直撃し、ビオランテの全身が炎に包まれた。だが……。

⑱ゴジラの大阪到着を遅らせるため、未希は精神感応の力を発揮。

⑲大阪に現れたゴジラを、スーパーX 2 が巧みな攻撃で誘導する。

⑳権藤一佐らの活躍で、ゴジラに抗核バクテリアが撃ち込まれた。

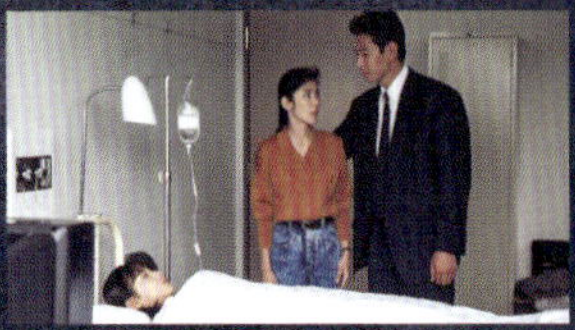
㉑桐島は、抗核バクテリアの効果が出ていないことを病院で聞く。

㉒自衛隊によってM6000TCシステムを使った作戦が実行される。

㉓若狭湾に進撃したゴジラは、自衛隊と対決し、これを蹴散らす。

㉔そこへ、植獣に進化したビオランテが出現し、ゴジラと激突。

㉕ゴジラは、ビオランテの放射樹液に苦しむも、放射熱線で逆転。

㉖ビオランテは白神英理加の心を取り戻し、光の胞子となって昇天。

㉗突然、白神がサラジアの諜報員に射殺され、桐島が敵を追跡する。

㉘敵は、黒木特佐が作動させたM6000TCシステムの力で消滅。

㉙桐島らの前でゴジラが復活するも、暴れることなく海へ姿を消す。

STORY

5年前に東京を襲撃し、三原山の火口に消えたゴジラが再び生命活動を開始。国土庁は、対ゴジラ用の生物兵器・抗核エネルギーバクテリアを開発するため、新宿で採取された「G細胞」を遺伝子工学の権威・白神源壱郎に預ける。その際、白神は娘の遺伝子を持つ薔薇に「G細胞」を融合。それが異常成長を遂げ、芦ノ湖に巨大な植物の怪獣・ビオランテ花獣が出現する。一方、「G細胞」を狙うバイオメジャーが仕掛けた爆発物の影響で、火口からゴジラが復活。浦賀水道にて自衛隊のスーパーX２と交戦した後、芦ノ湖でビオランテ花獣と激突し、放射熱線でこれを倒す。大阪へ移動したゴジラは、口内に抗核バクテリアの砲弾を撃ち込まれるも、その効果は表れず、若狭湾へ移動。自衛隊の展開したM6000TCシステムの攻撃を受けていた時、植獣に進化したビオランテが出現するも、放射熱線で対抗して敵の戦闘力を奪う。そんな時、抗核バクテリアの効果が現れてゴジラは海中に倒れ、一方のビオランテは光の胞子と化して空へと舞い上がる。その後、海水で体温が下がったゴジラは覚醒したが、静かに海へと去っていった。

ゴジラVSキングギドラ

『ゴジラVSキングギドラ』
1991年12月14日公開　103分

STAFF

製作／田中友幸　プロデューサー／富山省吾　監督・脚本／大森一樹　撮影／関口芳則　美術／酒井 賢　録音／宮内一男　照明／粟木原毅　編集／池田美千子　擬斗／宇仁貫三　音楽／伊福部 昭　特技監督／川北紘一　〈特殊技術〉撮影／江口憲一、大根田俊光　美術／大澤哲三　照明／斉藤 薫　操演／松本光司　特殊効果／渡辺忠昭

CAST

エミー・カノー／中川安奈　寺沢健一郎／豊原功補　藤尾猛彦／西岡徳馬　三枝未希／小高恵美　ウィルソン／チャック・ウィルソン　グレンチコ／リチャード・バーガー　アンドロイドM11／ロバート・スコット・フィールド　新堂靖明／土屋嘉男　森村千晶／原田貴和子　真崎洋典／佐々木勝彦　林田首相／山村 聰　防衛庁長官／佐原健二

都市部破壊シーンでゴジラとメーサータンクの対峙も描かれた。

1980年代に製作した前２作の成功に自信をつけた東宝は、ゴジラが過去に対戦した人気怪獣をリメイク及びパワーアップして新作に出演させることを決定。大森一樹に脚本・監督を依頼する。内容に関しての注文は「キングギドラが全国を縦断し、破壊の限りを尽くす」、「30分に１回の大きな見せ場、10分に１回の小さな見せ場を作る」「怪獣の対決が２回で、クライマックスのバトルは長めに」だったようで、大森は、それらの要求を100分強のストーリー内に取り入れ、映画を完成させた。

№9ステージに設営された網走の原野セットを流用し、宣伝スチール用が撮られた。

ゴジラがキングギドラを投げ飛ばす、大胆なアクションが演出された。

キングギドラの3本の首と巨大な翼のため、操演は困難を極めた。

ゴジラ／薩摩剣八郎とキングギドラ／破李拳竜の派手な激闘が光る。

キングギドラの造形はツエニーが担当。全身に4万枚の鱗が貼られた。

最後の決戦場には新宿副都心の都庁前が選ばれ、精密で巨大な高層ビル街セットが№9ステージに組まれる。

キングギドラの着ぐるみを吊り上げ、北海道での飛行シーンが撮影された。

キングギドラに首を絞められたゴジラが〝泡を吹く〟というリアルな戦いも描かれる。

ゴジラ以上に巨大なメカキングギドラには、かなりの迫力がある。

演技者が入っていない2大怪獣のスーツを、ビルに激突させる。

1／3サイズのミニチュアを製作し、2大怪獣の空中移動を撮影。

メカキングギドラのスーツが先に作られ、それをキングギドラに改造。

怪獣王 ゴジラ

身長／100m　全長／220m
体重／6万t　演技者／薩摩剣八郎

悪意ある未来人の策略によって、太平洋戦争中のラゴス島で瀕死状態となっていたゴジラザウルスが現代のベーリング海へタイムワープさせられ、付近に沈没していたソ連の大型原子力潜水艦の核燃料を吸収。以前よりも凶悪な怪獣となった姿。北海道でキングギドラ、新宿でメカキングギドラと激闘を繰り広げた。

体内放射

体内でスパークさせた熱線の力で、首締め攻撃を仕掛けるキングギドラを弾き飛ばす。

放射熱線

以前よりも強力なハイパー放射熱線（上）とスパイラル放射熱線（下）を吐き出す。

尾力

長大な尾の一撃で、灯台や建造物さえも木っ端微塵に打ち砕き、進撃を続ける。

未来人が歴史を分岐させたことで、100m大のゴジラが誕生。

北海道に上陸したゴジラは、網走の原野でキングギドラを迎え撃つ。

キングギドラに闘志を剥き出しにし、襲い掛かっていった。

新たなゴジラの誕生により、旧時間軸のゴジラは消滅という設定。

原始怪獣 ゴジラザウルス

身長／12m　体重／60t　演技者／福田亘

マーシャル諸島のラゴス島にて、1944年２月に確認された雑食性の恐竜。自らの環境を守るために上陸してきた米軍を襲ったが、反撃されて重傷を負う。しかし、そのことで日本軍の守備隊には〝戦友〟に近い独特の感情を残すこととなる。

ラゴス島の森林に生息。野生生物だが、それほど凶暴ではない。

海岸に接近してきた米軍艦船に発見され、集中砲撃を受ける。

日本軍の撤退後、未来人の力で現代のベーリング海にタイムワープさせられる。

ラゴス島に上陸した米兵を尾の攻撃で一掃するも、倒れてしまう。

網走から札幌市街へと移動し、怪力でテレビ塔周辺のビル群を破壊し尽くした。

メカキングギドラと共に太平洋へ沈むが、不死身の生命力で復活。

恐ろしいまでの力で巨大なビルさえも突き崩し、進撃していく。

善意の未来人・エミーが操縦するメカキングギドラの力に怯んだ。

ベーリング海からオホーツク海まで一気に移動し、日本を目指す。

キングギドラを倒して海に沈め、未来人のＭＯＴＨＥＲを破壊した。

新宿副都心の帝洋グループ本社を破壊した後、都庁前に到着。

帝洋グループが所有する原子力潜水艦・ムサシ２号を襲い、核エネルギーを吸収した。

200年後に超大国となる日本の国力を奪うために暴れた。

ゴジラの放射熱線が直撃して中央の首が弾け飛び、戦闘力が大幅に低下する。

空中から地上にいるゴジラめがけて急降下攻撃を仕掛け、一瞬の隙を突いた。

未来人・ウィルソンからの指令により、ゴジラとの激突で優勢な戦いを展開。

太平洋から福岡に飛来。博多区で破壊の限りを尽くし、日本列島を北上した。

未来ペット ドラット

身長／0.3m　体重／800g

23世紀の未来人が、遺伝子操作によって創造した小型の人工ペット。特殊な笛から発せられる音波によって飼い主を認識し、命令に従う。1944年のラゴス島に3体が放たれた。

放射線を吸収した3体が融合・巨大化し、キングギドラへと変貌する。

突然変異するようバイオプログラミングと遺伝子操作が施されていた。

ゴジラの放射熱線で翼を貫かれて飛行能力が低下。オホーツク海に墜落する。

ＭＯＴＨＥＲのコントロールシステムが破壊されたことで、形勢が逆転。

空中を高速飛行してゴジラの死角に入り込み、強烈な飛び蹴りを放った。

引力光線

3つの口から発射する強烈な光線。いかなる物体をも木っ端微塵に粉砕してしまう。

超ドラゴン怪獣 キングギドラ

身長／140m　翼長／140m
体重／7万t　演技者／破李拳 竜

3体のドラットが、1954年に行われたマーシャル諸島・ビキニ環礁水爆実験の放射線を浴びた影響で1体に融合し、巨大な怪獣となった姿。現代の日本政府を支配しようとする未来人の主戦力であり、超音波で操られて各地を攻撃した。未来人が企む計略の障害であったゴジラと激突する。

サイボーグ怪獣 メカキングギドラ

身長／140m　翼長／140m　体重／8万t

2204年の地球連邦機関が、仮死状態でオホーツク海に沈んでいたキングギドラを回収し、23世紀の科学力でサイボーグ化を施して強化再生した姿。胸部にセットされたタイムマシン・ＫＩＤＳのコクピットにアンドロイドM11の頭脳が移植されており、未来人のエミー・カノーが乗り込んで操縦する。

至近距離からゴジラの放射熱線を浴び、小笠原海溝へ沈んだ。

マシンハンドでゴジラの巨体を吊り上げ、遠洋へと運ぶ。

２枚の翼が機械化されたことで、飛行能力も格段に向上した。

空中から急接近し、ゴジラを都庁ビルの下敷きにして追い詰める。

新宿副都心の都庁前で暴れていたゴジラの前に立ち塞がる。

ゴジラ捕獲装置

腹部から４本のワイヤーとマシンハンドを射出。ゴジラを拘束して電撃を流す。

レーザー光線、ハイパー引力光線

中央のメカヘッドはレーザー光線、左右の首からはハイパー引力光線を放つ。

８万ｔという超重量を生かした体当たり攻撃でゴジラに挑む。

エミーの優れた操縦技術により、ゴジラ以上の戦闘力を発揮。

中央の首と胴体、翼と尾の先端、膝から脛が機械化された。

20世紀と23世紀の人類

日本に悪意を抱く23世紀から来た過激派の未来人と、甚大な被害を受けつつも穏健派の未来人と力を合わせる20世紀人類の戦いが繰り広げられる。

藤尾猛彦

国立超科学研究センターの所長を務めている、優秀な物理学者。

防衛庁長官

政府の重鎮。ウィルソンらの発言に対して不信感を抱いていた。

林田首相

内閣総理大臣。ウィルソンらと会談するが、その主張には半信半疑。

アンドロイドM11

タイムマシンの操縦や偵察任務を担う、23世紀のアンドロイド。

グレンチコ

ウィルソンの右腕的な過激派。20世紀の人類を「原始人」と罵る。

ウィルソン

地球連邦機関を名乗る過激派の未来人。キングギドラを操った。

真崎洋典

東都大学の古生物学教授。恐竜生存説を提唱し、ラゴス行きに参加。

森村千晶

超常現象を扱う雑誌「ムー」の編集者であり、寺沢の恋人。

モールズ

23世紀の地球連邦機関代表。キングギドラのサイボーグ化を了承。

寺沢健一郎

超常現象専門のノンフィクションライター。「ゴジラ誕生」という書籍を企画したことでエミーと関わっていく。

１９４４年のラゴス島行きのメンバーに選ばれ、タイムマシンに搭乗。

エミー・カノー

２２０４年から現代にタイムワープしてきた、地球均等環境会議のメンバー。穏健派で現代人に協力する。

アンドロイドM11のプログラムを変更し、自分の味方に置き換えた。

新堂靖明

巨大企業「帝洋グループ」の代表。ゴジラを〝救世主〟と信じ、キングギドラへの対抗手段にしようとする。

太平洋戦争の時、ラゴス島守備隊の隊長を務め、ゴジラザウルスを目撃。

三枝未希

国立超科学研究センター・ゴジラチームの一員。日本海に姿を消したゴジラを2年以上監視し続けていた。

ラゴス島へのタイムワープに同行し、ウィルソンらの陰謀に気づいた。

未来のメカと現有兵器群

23世紀の高度な科学力で開発された未来のメカと、ゴジラやキングギドラに対抗するために出撃した、20世紀の持てる技術を最大限に取り入れた兵器群。

74式戦車

富士山麓に出現したＭＯＴＨＥＲの包囲と、札幌でゴジラを迎え撃つ際に出撃。

92式メーサー戦車(改)

射程距離が12kmにも及ぶ高出力の90式メーサービーム砲を装備した戦闘車両。

ムサシ2号

帝洋グループが核関連事故に備えて保有する、核ミサイルを搭載した原潜。

75式130mm 自走多連装ロケット弾発射機

73式装甲車をベースにした、自走ロケットランチャー。ＭＯＴＨＥＲを包囲。

82式指揮通信車

陸上自衛隊の師団司令部や普通科連隊本部、特科連隊本部に配備された車両。

M110 203mm 自走榴弾砲

陸上自衛隊が所有する大型火砲。ＭＯＴＨＥＲからの攻撃に備えて待機する。

はるな型護衛艦「ひえい」

海上自衛隊のヘリコプター搭載護衛艦。ベーリング海でゴジラを捜索する。

F-15J イーグル戦闘機

航空自衛隊所有の全天候制空戦闘機。キングギドラの迎撃に向かい、全滅。

HSS-2B 哨戒ヘリコプター

海上自衛隊が所有する対潜哨戒ヘリコプター。オホーツク海のゴジラを監視。

MOTHER

ウィルソンらが地球連邦機関から奪取した大型のタイムマシン。緊急時には自動的に2204年へ戻る緊急避難装置を有していた。

双子のアンドロイド・Ｍ１０１とＭ１０２が操縦。

KIDS

３次元プロジェクターを持つ小型のタイムマシン。物体を別の場所へ移送させるテレポーテーション光線を放つ装置を内蔵している。

５人乗り。潜望鏡型のテレビカメラで外を偵察する。

深海調査艇

2204年でエミー、モールズ、M11が搭乗し、海底に沈んだキングギドラを捜索した。

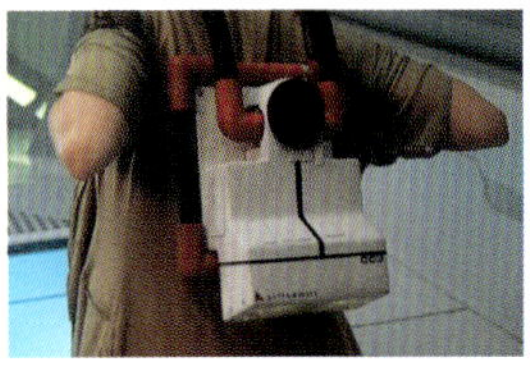

BABY

リモコンで遠隔操作もできる、バックパック式の飛行装置。エミー、M11、寺沢が使用した。

①2204年、オホーツク海沖でキングギドラの巨体が発見される。

②ライターの寺沢はラゴス島で恐竜に遭遇した話を新堂から聞く。

③寺沢は未来人のエミーらと共に1944年のラゴス島へタイムワープ。

④ラゴス島守備隊の前で、米軍から攻撃を受けた恐竜が倒れた。

⑤その後、エミーは重傷を負った恐竜をベーリング海に転送する。

⑥未来人の策略で誕生したキングギドラが現代の日本を襲った。

⑦未来人の過激派、ウィルソンにエミーは反発を覚えて寺沢に協力。

⑧ベーリング海に送られた恐竜が、核燃料の影響でゴジラに変異する。

⑨ゴジラは原潜のムサシ２号を撃沈させ、核エネルギーを吸収した。

⑩以前よりも強大となったゴジラが北海道に上陸し、網走へ向かう。

STORY

富士山麓に着陸した巨大なメカから23世紀の人類・ウィルソン、グレンチコ、エミー・カノーが現れる。彼らはラゴス島の恐竜を核実験前に別の場所へ移動させ、ゴジラの存在自体を抹殺する計画を提案。寺沢健一郎らと共に1944年のラゴス島へタイムワープし、ゴジラザウルスをベーリング海に転送した。これによって怪獣出現の危機は回避されると思われたが、エミーが島に残した３体のドラットが被曝してキングギドラが誕生。ウィルソンに操られて日本を攻撃してきた。一方、ベーリング海に転送された恐竜が、核燃料の影響を受けてゴジラに変異。北海道に上陸してキングギドラと未来人のＵＦＯを撃破し、東京への侵攻を開始する。一連の事態に責任を感じたエミーは、23世紀に戻って海中からキングギドラの巨体を回収し、サイボーグ手術を施したメカキングギドラを操縦して現代の新宿へ飛来。激闘の末に捕獲装置でゴジラを捕らえた後、共に海へと沈む。そして、間一髪脱出したエミーは23世紀へ帰っていくのだった。

⑪ゴジラはキングギドラに苦戦するも、底知れぬ力で反撃に転じた。

⑫寺沢たちが未来人のメカ・ＭＯＴＨＥＲに侵入し、装置を破壊。

⑬23世紀へ戻るはずのＭＯＴＨＥＲが、ゴジラの眼前に転送された。

⑭キングギドラとＭＯＴＨＥＲを破壊したゴジラが南下していく。

⑮23世紀に戻ったエミーは、キングギドラのサイボーグ化を提案。

⑯その頃、ゴジラは新宿に出現。新堂が築いた帝洋本社を破壊した。

⑰ゴジラの前に、エミーが操縦するメカキングギドラが現れる。

⑱捕獲装置が作動し、ゴジラの体はマジックハンドに捕らえられた。

⑲電撃で力が低下したゴジラは、メカキングギドラと共に海へ落下。

⑳戦いを終えたエミーは、寺沢らに別れを告げて23世紀へ去る。

ゴジラVSモスラ

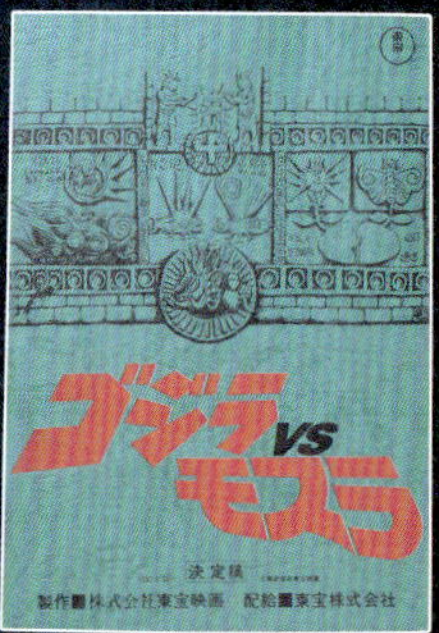

東宝は「ゴジラシリーズ」とは別に、女性の観客に人気がある怪獣・モスラの再生を考案し、『モスラ対バガン』を企画・脚本化する。その内容が検討されるなか、正式に「平成ゴジラ」第４弾の製作が決定。対戦相手として選ばれたことで、モスラの主役映画は先送りとなった。前作に引き続いて脚本を担当した大森一樹は、モスラの〝古代文明の謎を秘めた平和の使者〟という属性を強調するため、対立する存在として〝地球生命の使者〟バトラを登場させるが、この展開が功を奏し、本作は興行成績22億円を超える大ヒット作となった。

敷地内にあった特撮用の大プールを使用し、２大怪獣の海上戦が描かれた。

環境を悪化させた人類に制裁を与えるという内容が盛り込まれた。

バトラは〝地球〟が生み出した「黒いモスラ」として表現される。

最終決戦場は、当時の人気スポットのみなとみらい21が選ばれた。

ドラマ中盤で怪獣が襲撃する舞台として、名古屋市街が選ばれた。

マスコミ各社を招いた、宣伝用スチールの撮影会も開催。

No.９ステージいっぱいに１／50スケールのセットが組まれる。

No.９ステージを国会議事堂に組み替え、モスラの変態を撮影する。

ゴジラと自衛隊の戦闘も、前作以上に精密で派手な映像となった。

No.10ステージに水槽を置き、ゴジラの水中戦を水槽越しに撮影。

最終的にモスラとバトラは共闘し、ゴジラに挑む展開となる。

『ゴジラVSモスラ』
1992年12月12日公開 102分

STAFF

製作／田中友幸　プロデューサー／富山省吾　監督／大河原孝夫　脚本／大森一樹　撮影／岸本正広　美術／酒井 賢　録音／斉藤禎一　照明／望月英樹　編集／米田美保　擬斗／森岡隆見　音楽監督／伊福部昭　特技監督／川北紘一　〈特殊技術〉撮影／江口憲一、大根田俊光　美術／大澤哲三　照明／斉藤 薫　繰演／松本光司　特殊効果／渡辺忠昭

CAST

藤戸拓也／別所哲也　手塚雅子／小林聡美　安東健二／村田雄浩　三枝未希／小高恵美　コスモス／今村恵子、大沢さやか　手塚みどり／米澤史織　南野丈二／宝田 明　土橋竜三／小林昭二　友兼剛志／大竹まこと　大前 実／上田耕一　ありあけ丸船長／大和田伸也　深沢重樹／篠田三郎　深沢真由美／田中好子

巨大なモスラ成虫のミニチュアをピアノ線を使って操演し、ゴジラとの大バトルを演出。

みなとみらい21のセットは、俯瞰撮影にも堪えられるよう、地上も細かく作り込まれていた。

薩摩剣八郎が演じるゴジラの横浜破壊シーンは、観客の度肝を抜くほどの仕上がりとなった。

2大怪獣がゴジラを空輸するシーンでは、演者が入っていないスーツとミニチュアを吊って撮影。

モスラとの比較で、バトラの操演には荒々しさが要求されたようだ。

バトラ幼虫を演じた破李拳 竜はスーツの可動範囲が狭く、苦労した。

名古屋市街の襲撃シーンは『モスラ対ゴジラ』へのオマージュである。

怪獣王 ゴジラ

身長／100m　全長／220m
体重／6万t　演技者／薩摩剣八郎

　小笠原海溝へ落下した隕石の熱エネルギーで復活。フィリピン沖でモスラと戦った後でバトラと激突し、海中戦の最中に発生した海底火山の影響で一旦姿を消す。その後、富士火山帯を通過して日本に現れ、丹沢山中で自衛隊を撃滅した後、みなとみらい21に出現した。

放射熱線

放射線を帯びた熱線で、水中でも破壊力は健在。モスラの卵を輸送する浮きドックを破壊。

体内放射

　放射熱線のエネルギーを全身から放射し、接近戦を試みるモスラ成虫を吹き飛ばした。

　富士山の火口から噴火と共に出現し、驚異的な生命力を見せた。

野生の本能でモスラの卵を発見フィリピン沖で攻撃を仕掛けた。

　重厚な動きで周囲を威嚇しつつ、長大な尾を振り回して物体を破壊。

丹沢での93式メーサー攻撃機との戦いにも怯まず、進撃を続ける。

厚みがある背面のフォルムから、全身に漲る強大なパワーが窺える。

　さらに凶暴性が増し、その表情にも野獣の凄みが見て取れた。

　モスラや自衛隊など、外敵への戦闘意思をあらわにする。

モスラの鱗粉攻撃で体が麻痺状態となって戦闘力が低下した。

周囲の大爆発をものともせず、横浜での破壊活動を続けていく。

小笠原海溝で覚醒後、全身にエネルギーを漲らせて太平洋を移動。

巨大蛾怪獣 モスラ(幼虫) 全長／120m　体重／1万5000t

　インファント島の住人であるコスモスに〝守護神〟としてあがめられている巨大生物。丸友観光によって日本に輸送される卵から誕生し、太平洋上でゴジラと激突。その後、人間に拉致されたコスモスを探して東京へ上陸した。同族だが、使命や目的が異なるバトラとは対立することもある。

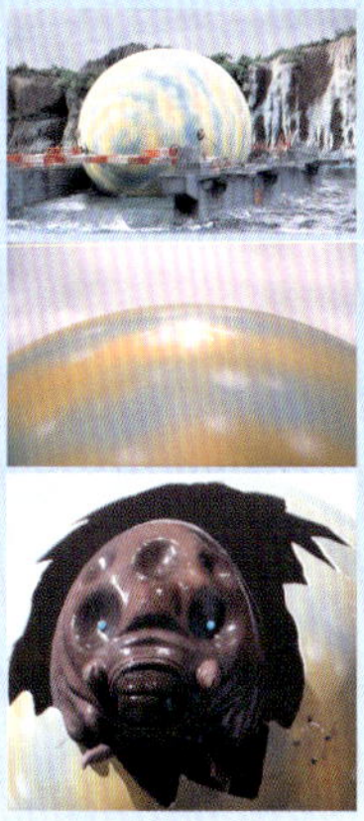

　ゴジラの接近を察知したかのように、突然、巨大な卵を突き破って誕生した。

　口から糸を吐いて国会議事堂に巨大な繭を張り、内部で成虫へと羽化する。

海上自衛隊の艦隊攻撃にも怯まず、太平洋を移動して日本へ上陸。

孵化直後にゴジラに挑み、強い顎の力を駆使して尻尾に噛みつく。

陸上自衛隊の集中攻撃のなか、国会議事堂へと辿り着いた。

コスモスの歌声(テレパシー)を感知し、一直線に突き進む。

巨大蛾怪獣 モスラ(成虫) 体長／65m　翼長／175m　体重／2万t

〝幼虫の時間〟を終え、完全体となった姿。温和な性質である一方、ゴジラでさえも恐れるほどの戦闘能力を有しており、空中をM(マッハ)2で飛行して敵に襲い掛かっていく。最終的にはバトラ成虫と共闘してゴジラを戦闘不能状態に追い込み、海中に沈めて封印した。

超音波ビーム

触角から放つ、超音波による強い振動を帯びた破壊光線。連射も可能。

鱗粉

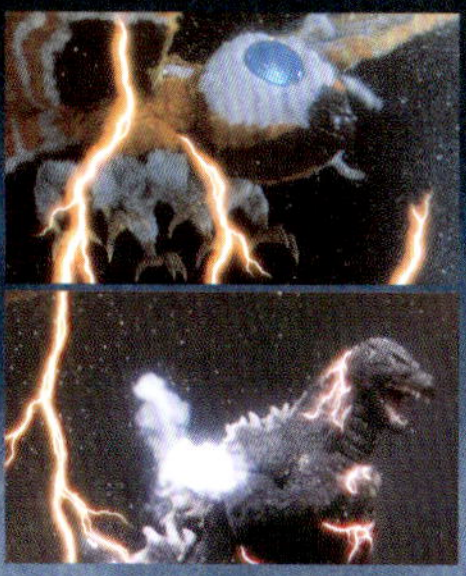

巨大な羽から電撃状の鱗粉を放ち、敵の熱線などを乱反射させてしまう。

人類文明を守るためにバトラ成虫と対決。ゴジラにも挑んだ。

息絶えたバトラに代わり、地球に迫る巨大隕石の軌道を変えるため、宇宙へ旅立った。

インファント島

インドネシア諸島にある孤島。1万2000年前に栄えた一族・コスモスとモスラが生息している。

破壊の魔獣バトラ（幼虫）

体長／90m　体重／2万t　演技者／破李拳 竜

自然環境が限界に達した際、地球生命が〝排除〟を目的に出現させる魔獣で、過去にコスモスの一族を滅ぼし、モスラによって北極海へ封印されていた。輪島海岸から日本の地下に突入して名古屋で暴れた後、フィリピン沖でゴジラと対決した。

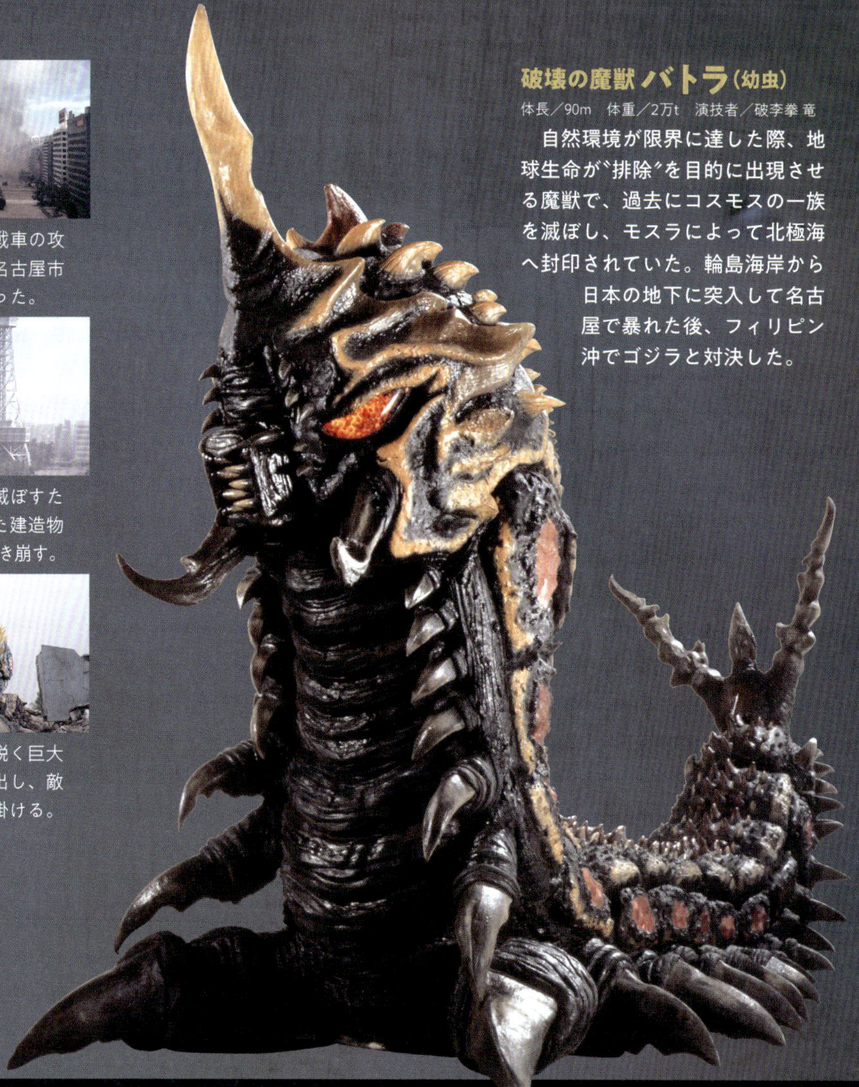

プリズム光線

両目と頭部の角から発射する高熱光線。一撃で物体を完全に粉砕する。

全身から強烈な光を放射し、一瞬で幼虫から成虫へと変態を遂げる。

〝破壊〟を目的とする巨大生物で、その名は「バトルモスラ」の略である。

92式メーサー戦車の攻撃にも怯まず、名古屋市街で猛威を振るった。

ゴジラの尾で弾き飛ばされるも、怯まずに反撃を繰り返してきた。

現在の文明を滅ぼすため、人類が築いた建造物に襲い掛かり、突き崩す。

海上を高速で泳ぎ、目的地まで一気に移動する。その生命力もかなり強い。

頭部に生えた鋭く巨大な1本角を突き出し、敵に突進攻撃を仕掛ける。

水圧が強い深海でも陸上と同様に動き、敵に攻撃を仕掛けていく。

破壊の魔獣バトラ（成虫）

体長／73m　翼長／180m　体重／3万t

マントル対流から脱出後、太平洋上で変態した姿。甲虫の特性を有しており、M2.5の飛行速度でモスラと激しい空中戦を展開するが、その後、和解した。復活した本来の目的は、20世紀末に地球へ飛来する巨大隕石を迎撃し、衝突を回避することだったらしい。

プリズム光線

幼虫時よりも破壊力が向上しており、一撃で高層ビルをも粉砕してしまう。

強い脚力で巨大な観覧車を掴みあげて飛翔し、ゴジラめがけて落とした。

モスラとの空中戦後、富士山から出現したゴジラを横浜で迎え撃った。

巨大な羽を羽ばたかせて強風を巻き起こし、地上の物体を吹き飛ばす。

復活したゴジラに喉笛を噛み切られ、至近距離で放射熱線を浴びて絶命。

ゴジラに苦戦していた際、モスラの応戦によって窮地を脱する。

“地球の危機”を体現する人類

巨大隕石の飛来や環境破壊が引き金となり、眠りから覚醒した怪獣の破壊活動に苦しむも、平和の使者と共闘する者たち。

手塚みどり

拓也と雅子の娘。父が“正義の味方”と聞かされていたが、真実に気づいている。

南野丈二

国家環境計画局の局長。地球環境の保全とゴジラの監視について気を配った。

土橋竜三

内閣安全保障室の室長で温和な人物。国家環境計画局に出向し、南野を補佐。

手塚雅子

拓也の元妻で、東都大学環境情報センターの職員。国家環境計画局に出向し、インファント島の調査に参加した。

藤戸拓也

東都大学考古学教室の助手を辞し、トレジャーハンターに身を投じた男性。インファント島の調査に同行し、活躍。

安東健二

丸友観光の社長秘書。地権者を代表してインファント島の調査に同行し、コスモスを拉致したが、悪人ではない。

三枝未希

国家環境計画局・Gルームに出向していた。コスモスともテレパシー感応が可能で、彼女らの危機を救った。

深沢真由美

重樹の妻であり、雅子の姉。インファント島調査の間、みどりの面倒をみた。

深沢重樹

東都大学地質学教授で、環境情報センターの主任。ゴジラ研究の第一人者。

大前実

丸友観光常務取締役。富士山麓ゴルフ場の開発プロジェクト主任であった。

友兼剛志

丸友観光社長。インファント島で自然破壊を行い、モスラの卵を奪おうとした。

コスモス

気象をコントロールできる高度な科学力を有する、地球先住民族の生き残り。強力なテレパシーで、モスラと心を通じ合わせていた。

「秩序体系《コスモス》」を現代人に訴えかけるため、日本へ行くことを了承。

身長は18㎝と小さいが、その一族は太古の地球を統治していたらしい。

モスラが戦闘力・能力を発揮する際は、共感して体が金色に輝く。

平和的な思想の持ち主であり、全生命体の幸福を願っていた。

巨大怪獣から日本を守る、自衛隊の戦力

ゴジラやバトラなど、巨大怪獣から日本国土を防衛するために開発された自衛隊の主力兵器群。その戦闘性能や装備も年々グレードアップしていった。

75式130㎜自走多連装ロケット弾発射機

自走ロケットランチャー。73式装甲車の車体をベースにしており、モスラを攻撃。

61式戦車

陸上自衛隊が所有する兵器。61式52口径90㎜戦車砲で怪獣を攻撃する。

74式戦車

名古屋のバトラ戦、赤坂のモスラ戦、丹沢でのゴジラ戦に投入された主力戦車。

2基装備した200万V高射メーサー砲から強烈な光線を放つ。

93式自走高射メーサー砲

自衛隊に配備された局地戦防空車両でメーサー小隊を指揮する役割を担う。名古屋でバトラ、丹沢でゴジラを攻撃。

はつゆき型護衛艦「はるゆき」

海上自衛隊が所有する艦船。東京湾に侵入してきたモスラ幼虫を迎撃。

AH-1S

「ヒューイコブラ」の名称を有する戦闘ヘリコプターで、AH-1Gの発展型。

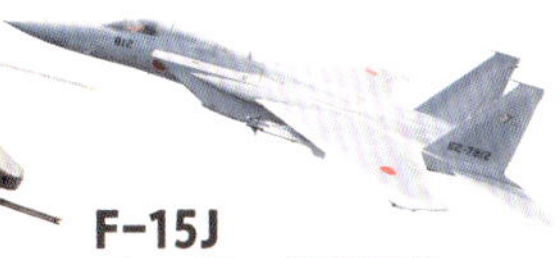

F-15J イーグル戦闘機

小松基地から出撃し、日本海に現れたバトラ幼虫にミサイルを発射した。

93式メーサー攻撃機

AH-1Sの機体をベースにした攻撃機。70㎜ロケット弾などを装備しており、丹沢での戦いに出撃。

80万V93式の省電力メーサー砲2基を装備し、ビーム攻撃を展開する。

92式メーサー戦車

1年前、札幌でのゴジラ戦に出動した車両と同タイプ。本来は大陸間弾道弾を迎撃する兵器であった。

500万Vメーサービーム砲でバトラの進撃をくい止めようとする。

浮きドック

ロシア海軍で用いられているものと同型。巨大なモスラの卵を積み込んだ。

ありあけ丸

丸友観光がチャーターした大型フェリー。浮きドックを曳航し、日本へ向かう。

はつゆき型護衛艦「もりゆき」

「はるゆき」と共に東京湾へ出撃したが、モスラ幼虫に押し潰されて撃沈された。

①太平洋小笠原沖に巨大隕石が落下し、各地に気象異変が発生。

②隕石の影響によって、海底で眠りについていたゴジラが覚醒した。

③トレジャーハンターの藤戸拓也は、アユタヤでの盗掘と遺跡破壊で逮捕されたが……。

④釈放の条件としてインファント島の調査に協力することになる。

⑤拓也の他に、元妻の雅子と丸友観光の安東が参加し、島内を探検。

⑥3人は巨大な卵を発見し、「コスモス」と名乗る小美人と遭遇。

⑦丸友観光の友兼は、モスラの卵を日本へ運び、宣伝利用を企む。

⑧北極海から出現したバトラ幼虫が、名古屋で破壊の限りを尽くした。

⑨ゴジラが卵を狙っていると感じた拓也が、ドックを切り離す。

⑩ゴジラが放射熱線を吐く直前、巨大な卵からモスラ幼虫が誕生。

⑪モスラは果敢にゴジラへ挑み、噛みつき技と糸の放射で対抗する。

⑫そこへバトラが出現。モスラを弾き飛ばし、光線でゴジラを攻撃。

⑬2大怪獣の戦いは海底でも続き、噴き出したマグマの中へ消える。

⑭一方、モスラは丸友観光からコスモス奪還のため、東京へ上陸。

⑮コスモスの安全を確認したモスラは、彼女らの前で動きを止めた。

⑯コスモスとモスラの〝使命〟を理解した安東は、友兼社長と決別。

⑰富士山が大噴火を起こし、その中からゴジラが出現し暴れ始める。

⑱拓也や雅子らが見守るなか、モスラが国会議事堂に巨大な繭を作る。

⑲繭の中で幼虫から成虫へと変態したモスラが、空中へ飛び立った。

⑳丹沢山中に集結した陸上自衛隊が、ゴジラを攻撃するも全滅。

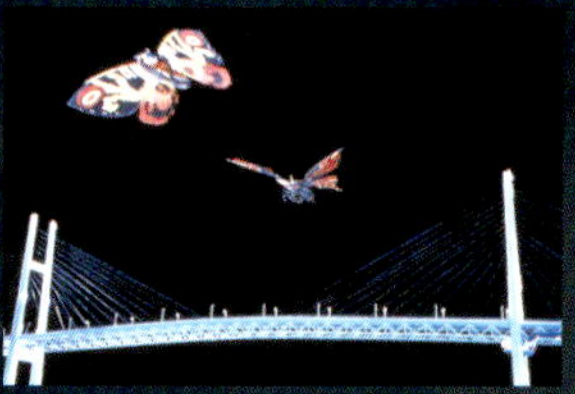

㉑横浜ではモスラ成虫とバトラ成虫が激しい空中戦を展開していた。

㉒その時、自衛隊の迎撃ラインを突破したゴジラが横浜に現れる。

㉓モスラを退けたバトラがゴジラに襲い掛かるもまったく敵わない。

㉔最後かと思われたその時、モスラが助けに駆けつけてバトラを救出。

㉕モスラは羽からの鱗粉で、ゴジラの放射熱線を乱反射させた。

㉖観覧車を掴んで飛翔したバトラが、それをゴジラに投げ落とす。

㉗モスラとバトラが力を合わせ、ゴジラの巨体を持ち上げて運ぶ。

㉘熱線を受けて息絶えたバトラがゴジラと共に海中へ沈み、モスラがその場所を紋章で封印した。

STORY

小笠原海溝に巨大隕石が落下し、ゴジラが覚醒。一方、インファント島の調査を請け負った藤戸拓也らが巨大な卵を見つけ、「コスモス」と名乗る小美人と共に日本へ向かう。そんななか、北極海の氷山からバトラ幼虫が出現。日本へ侵入し、名古屋を破壊して姿を消す。卵を輸送していた船舶がフィリピン沖でゴジラの襲撃を受けるも、卵からはモスラ幼虫が孵化し、口から糸を吐いて応戦。さらにバトラまでもが現れて三つ巴の戦いが始まったが、ゴジラとバトラは海溝から噴き出したマグマの中に消える。その後、東京へ上陸したモスラが成虫へと変態。同じく成虫となったバトラと横浜の上空で激突しているところへ、富士山の火口から現れたゴジラが登場。再び乱戦になるかと思われたが、モスラとバトラは互いの使命を確認して共闘。ゴジラの動きを封じて北の海へと運ぶも、バトラは息絶えてゴジラと共に海中へ沈む。そこを紋章で封印したモスラは、地球へ迫る巨大隕石の軌道を変えるため、宇宙へ向かった。

㉙戦いを終えたモスラは、バトラの使命を受け継ぎ、巨大隕石の軌道を変えるために宇宙へ飛び立つ。拓也たちはそれを静かに見送る……。

ゴジラVSメカゴジラ

『ゴジラVSメカゴジラ』
1993年12月11日公開　108分

STAFF

製作／田中友幸　プロデューサー／富山省吾　監督／大河原孝夫　脚本／三村 渉　撮影／関口芳則　美術／酒井 賢　録音／宮内一男　音響効果／佐々木英世　照明／望月英樹　編集／米田美保　音楽監督／伊福部 昭　特技監督／川北紘一　〈特殊技術〉撮影／江口憲一、大根田俊光　美術／大澤哲三　照明／斉藤 薫　繰演／鈴木 豊　特殊効果／渡辺忠昭

CAST

青木一馬／高嶋政宏　五条 梓／佐野量子　三枝未希／小高恵美　佐々木拓也／原田大二郎　曽根崎 淳／宮川一朗太　キャサリン・バーガー／シェリー・スウェニー　今井博司／武野功雄　片桐ゆり／中山 忍　桂木邦雄／ラサール石井　細野所長／高島忠夫　瀬川隆之／佐原健二　兵藤 巌／上田耕一　大前裕史／川津祐介　麻生孝昭／中尾 彬

No.９ステージに組まれた幕張ベイエリアのセットで、宣伝用スチールが撮影された。

鈴鹿山中のセットでは、ゴジラVSGフォースの激戦が撮影された。

当初は対立していたゴジラとラドンが、力を合わせて戦う展開。

特撮大プールをベーリング海に見立て、２大怪獣の戦いを描く。

今回のメカゴジラは初めて〝人類側の超兵器〟として登場する。

メカゴジラの着ぐるみを吊り上げ、ゴジラが投げるシーンを演出。

球面で構成されたデザインは、バンダイの村上克司が考案した。

超兵器を装備するメカゴジラに対抗するため、ゴジラの筋力を強調。

光学合成の光線と大量の弾着を使い、派手な場面を生み出す。

背面に強化パーツを合体させる設定は、シリーズ初の試みだった。

東宝特殊美術が造形した新スーツは、足と尾の付け根がやや高め。

翌年が第１作の公開から40年目にあたることから、「ゴジラ生誕40周年記念」と銘打たれた本作は、同時に「平成ゴジラ」の最終作品として製作される予定だったが、これはハリウッド版『ＧＯＤＺＩＬＬＡ』の契約・公開が関係しているようである。一旦最終作となるゴジラの対戦相手として〝キングコング〟や〝メカニコング〟の案も上がったが、一番相応しい敵として、昭和期の人気怪獣〝メカゴジラ〟が選ばれ、企画が進められる。内容的には〝多くの新型メカニックが登場し、ミリタリー色が強い〟という男性向けのテイストが強くアピールされており、特撮パートの尺もこれまで以上に長い作品となっていた。

メカゴジラのメイン・ドックのセットは精密に作られ、出撃シーンが盛り上がる。

空中をホバリングするスーパーメカゴジラが、地上にいるゴジラを攻撃するなどの手の込んだシーンが目白押しの内容。

本作の撮影終盤に、翌年の「ゴジラシリーズ」製作が決定した。

幕張ベイエリアセットを使った特撮シーンは、長めとなった。

光線発射のタイミングでスーパーメカゴジラのパーツを光らせる。

絶妙な操演技術を駆使し、ファイヤーラドンの生命感を出した。

怪獣王 ゴジラ

身長／100m　全長／220m
体重／6万t　演技者／薩摩剣八郎

海中に投棄された使用済み核燃料を吸収して復活した怪獣王。ゴジラザウルスの卵を感知してベーリング海のアドノア島に上陸。ラドンと対決して撃破した後、古生物学者が持ち帰った卵を追って四日市に出現した。鈴鹿山中でメカゴジラを制し、ベビーゴジラを探して京都、そして幕張ベイエリアに現れる。

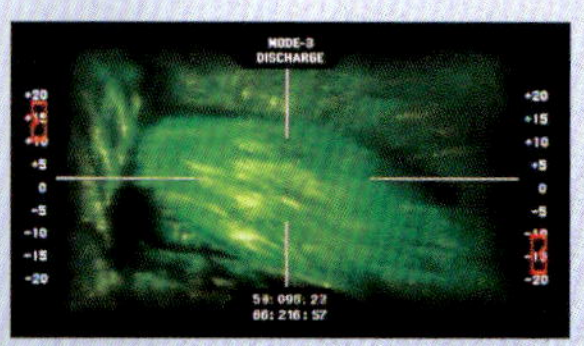

腰部にある第2の脳を破壊されたことで、歩行不能状態に陥る。

ゴジラはベビーゴジラのテレパシーに導かれて京都市内に侵入。

特撮班は京都ロケを敢行、実景をゴジラと合成している。

四日市の工業地帯を壊滅させた後、鈴鹿山中へ向かった。

放射熱線

通常の熱線の他、ファイヤーラドンの放射線エネルギーを吸収した後は、ウラニウム・ハイパー熱線を放った。

体内放射

体内で熱線をスパークさせ、ショック・アンカーを通じてメカゴジラに直接浴びせた。

復活したゴジラは、全身から放射線エネルギーを放出しながらスーパーメカゴジラに向かっていく。

長大な尾を振り回し、周囲の物体を破壊しながら目的地を目指した。

瀕死の状態に陥るも、ファイヤーラドンの放射線エネルギーを吸収して復活。

ベビーゴジラを探すという、明確な行動原理に基づいている。

長時間の海上・海中移動でも、その体力はいささかも衰えない。

幕張ベイエリアでメカゴジラ、スーパーメカゴジラと激戦を繰り広げた。

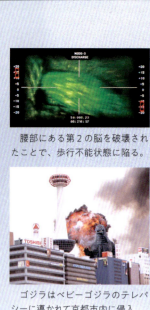

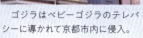

俊敏な動きで敵の周囲を動き回り、一瞬の隙を突いて攻撃を仕掛ける。

M(マッハ)3で飛行して強烈な衝撃波を発生させ、物体を粉砕。

翼竜怪獣ラドン　身長／70m　翼長／150m　体重／1万6000t

アドノア島から出土した巨大な卵から孵化したプテラノドンの残存種。核廃棄物の放射性物質で怪獣に変異しており、翼竜を遥かに超えた戦闘力を有していた。卵が同じ巣にあったことから、ベビーゴジラを〝兄弟〟と認識していた。

外敵からベビーゴジラを保護することがラドンの行動原理である。

ゴジラを相手に善戦したが、最後は放射熱線を浴びて倒れる。

機動力を生かし、一度はゴジラをアドノア島の岩山に埋めた。

ゴジラめがけて急降下し、鋭い嘴で頑強な表皮を貫こうとした。

ラドンの卵は、海底油田の調査隊が翼竜の化石と共に発見した。

アドノア島

ベーリング海に存在する無人島で〝使用済み核燃料の墓場〟とも言われていた。

ファイヤーラドン　身長／70m　翼長／150m　体重／1万6000t

古代のシダ類・シプニオキスが発するメロディ「エスパー・コーラス」の影響で生命エネルギーが活性化し、その影響でラドンが強化・復活を遂げた姿。フレアに包まれることで全身が深紅に変化し、身体能力が大幅にアップ。アドノア島を飛び立って幕張ベイエリアに至った。

衝撃波で周囲の建造物を破壊しながら目的地を目指して飛行する。

ウラニウム熱線

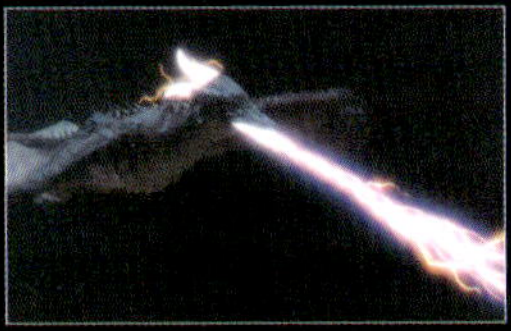

体内に蓄積されていた放射線を破壊光線に変化させ、口から一気に放って物体を粉砕する。

超高速飛行することで発生した衝撃波は、威力が大幅にアップ。

身体能力も強化されており、これまで以上に素早い動きを見せる。

鋭い嘴の一撃でメカゴジラの右目、レーザー・キャノンを破壊した。

ベビーゴジラを巡ってメカゴジラを攻撃したが、その強大な戦闘力に敗退。

ベビーゴジラが格納されている輸送用のコンテナを奪い、地上へ降ろす。

対G《ゴジラ》超兵器 メカゴジラ UX-02-93

身長／120m　体重／15万t
OS／REIKO　演技者／福田 亘

国連G対策センターが、メカキングギドラのテクノロジーを分析・研究し、製作した〝対ゴジラ用防衛システム〟。その燃料は重水素ヘリウム3ペレットで、動力源はレーザー核融合炉。超耐熱合金NT-1の外装はゴジラの放射熱線さえも弾き返す。

レーザーキャノン

両目部分から発射される黄色レーザービーム。敵の頑丈な表皮をも斬り裂く。

メガ・バスター

メカキングギドラのレーザー光線砲を解析し、開発された、強烈な破壊熱線砲。

パラライズ・ミサイル

両肩3連装発射口から撃つ麻痺弾で、60発の連射が可能。敵の動きを鈍らせる。

プラズマ・グレネイド

敵の熱線を吸収し、プラズマエネルギーに変換・増幅して腹部砲門から放つ。

ショック・アンカー

前腕部から発射する電極つき放電アンカー。敵の体に直接撃ち込み、電撃を流す。

地下のメイン・ドックで整備され、出動命令が下ると起動。ドームから大空へ飛翔する。

脚部と背中のターボジェットエンジン4基を使い、M1で飛行。

新宿で回収されたメカキングギドラの頭部が開発のヒントとなる。

頭部を旋回させ、目標をセンサーで捕捉した後に攻撃を仕掛ける。

3名のパイロットによって操縦・攻撃が行われ、緊急メンテナンス要員が1名乗り込む。

鈴鹿山中に到着し、レーザー、ミサイル、アンカーなど各種装備でゴジラを追い詰めた。

1993年に完成し、Gフォースが運用。機体の形式番号はUX-02-93。

初対決でゴジラを窮地に追い込むも反撃され、機関室が火災を起こし、操縦不能に陥ってしまう。

出力・攻撃力が増強されており、そのパワーはゴジラとほぼ互角である。

スーパーメカゴジラ

身長／120m　体重／15万482t
演技者／福田 亘

　高い攻撃力の反面、機動力とジェネレーターに問題があったメカゴジラに、ガルーダとの合体機能を追加した強化形態。頭部のパワー回路が改良されたことで出力が向上し、ビーム兵器の一斉発射が可能となっている。

メカゴジラとガルーダの機体から同時にジェット噴射し、敵にホバーアタックを決める。

高出力メーサービームキャノン

スーパーメカゴジラの両肩近くに装備される、長距離攻撃用の強力メーサー砲。

オール・ウェポン全開

メガ・バスター、プラズマ・グレネイド、レーザーキャノンなどを一斉に放つ。

背中にガルーダを合体させることで、機動力が大幅にアップ。

トランキライザー・ミサイル

両腰の発射口から連続発射する麻酔弾で、パラライズ・ミサイルの強化タイプ。

Gクラッシャー

ゴジラの腰にある第2の脳に直接撃ち込み、行動不能にする目的で開発された。

燃え盛る炎の中から出現し、鬼神の如き力でゴジラに襲い掛かった。

緊急時、メカゴジラのコクピットは脱出艇としても使われる。

対G超兵器試作1号機 ガルーダ UX-01-92

1992年に開発された、対ゴジラ用戦闘マシン試作1号機。機体の改修でメカゴジラへの合体機能が追加され、実戦配備された。

全長／84m　全高／22.8m　全幅／58m
重量／482t　最高速度／M3　乗員／1人

高出力メーサービームキャノン

機体左右に装備された長射程の大型ビーム砲。強烈な破壊力を誇る。

飛行性能は高いが戦闘力に研究の余地があるとされ、開発中止状態となっていた。

追加されたハイパー・オペレーションシステムにより、メンテ要員が不要となった。

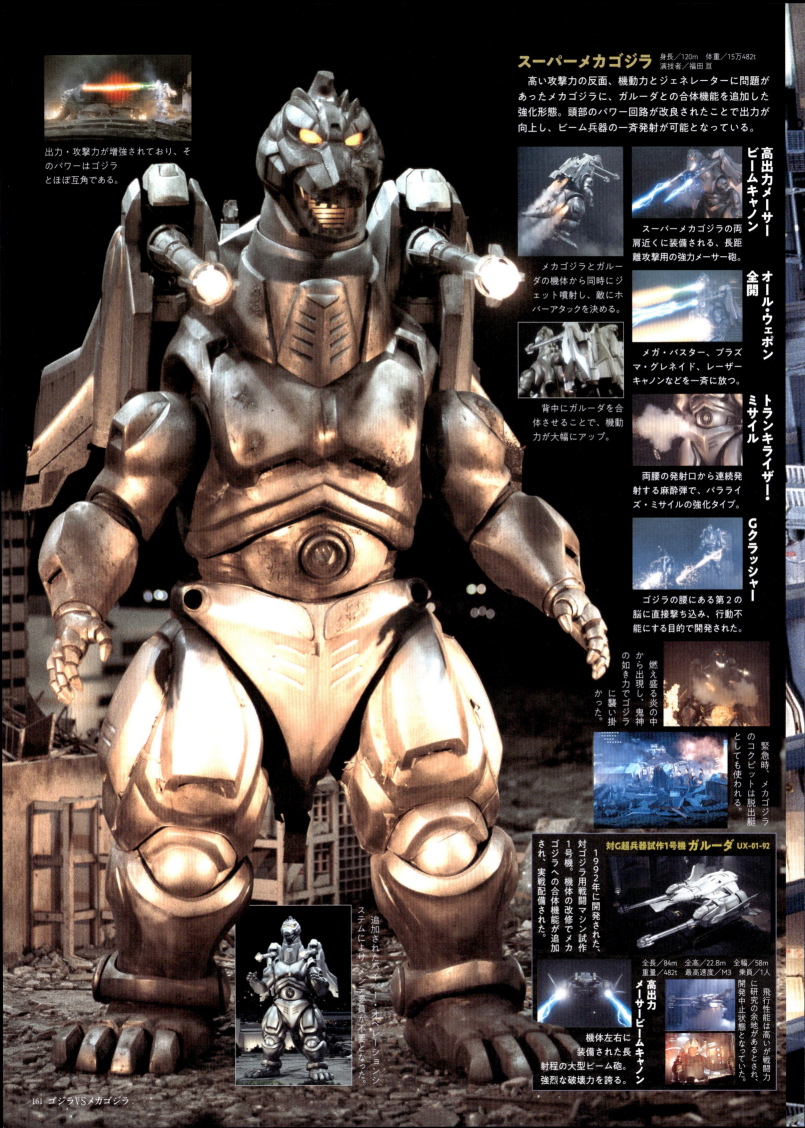

「命」の物語を紡ぐ人々

ゴジラの脅威に立ち向かう国連G対策センター及びGフォースとゴジラの秘密に迫る国立生命科学研究所の関係者たち。

三枝未希

精神開発センターの一員。国連G対策センターに参加し、ゴジラを撃滅する作戦に協力した。

ゴジラの第2の脳の位置をテレパシーで特定する使命を帯びていた。

五条 梓

国立生命科学研究所の研究員。ベビーと共に乗ったコンテナがファイヤーラドンにさらわれる。

ベビーゴジラに母親として慕われており、本人も愛情を注いで育てた。

青木一馬

国連G対策センターの技師。Gフォースへ栄転し、メカゴジラのメンテナンス要員となる。

自身が開発したガルーダに搭乗。ゴジラに苦戦するメカゴジラを救う。

キャサリン・バーガー

米軍海兵隊出身の少尉で、メカゴジラの副操縦士とオペレーターを担当。

曽根崎 淳

Gフォース所属の少尉で、メカゴジラの射撃手。文武両道のエリート隊員。

佐々木拓也

Gフォース所属の大尉で、メカゴジラの指揮官。職務には厳しいが人情家。

大前裕史

国立生命科学研究所に所属する古生物学博士。温厚な性格で頭脳明晰。

アドノア島の調査に参加し、ベビーゴジラの卵を持ち帰る。

桂木邦雄

日露合弁油田会社の調査員。アドノア島で翼竜の化石と謎の卵を発見。

片桐ゆり

一馬に代わってガルーダの技師に配属された女性。改造計画に協力する。

今井博司

メカゴジラ担当の技師だったが、メンテナンス要員に抜擢されてしまう。

兵藤 厳

Gフォース兵器開発部門の主任で、階級は中佐。メカゴジラの完成に尽力。

麻生孝昭

Gフォースの司令官で階級は大佐。ゴジラ打倒に執念を燃やして挑む。

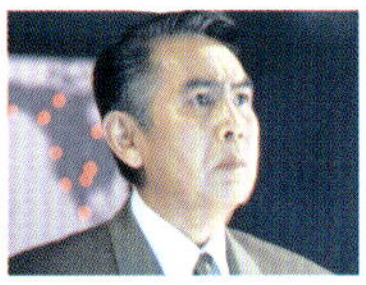

瀬川隆之

国連G対策センターを統括する長官。ベビーを囮にする作戦を決定した。

細野所長

精神開発センターの所長。三枝未希の超能力を見出した後見人的な存在。

ベビーゴジラ

身長／1.64m　全長／3.53m
体重／420kg　演技者／破李拳 竜

アドノア島で発見された、プテラノドンの巣跡にあった卵から孵化した、雑食性の温厚な恐竜。ゴジラザウルスの幼体であり、誕生した国立生命科学研究所の五条 梓に保護されていた。

大人しい性質で、自身を守ってくれる梓や青木一馬にはなついている。

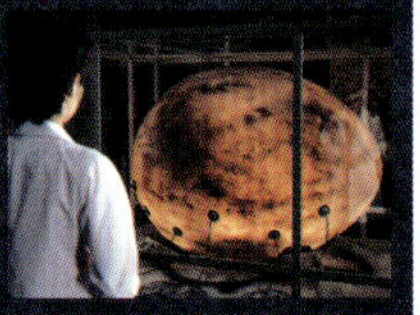

孵化前の卵状態の時も、恐怖を感じると怯え、全体が赤く変色していた。

同族や仲間に助けを求める、テレパシー能力を身につけている。

未希たちに好意を示している。「ベビー」の愛称で呼ばれていた。

花とハンバーガーが好物。恐怖や不安を感じた際、両目が赤く輝く。

最終的には、ゴジラと共に太平洋を渡り、バース島に向かったらしい。

ゴジラ対抗防衛装備

ゴジラへの最高戦力として結成された組織・Gフォースが所有する兵器群と、攻撃のバックアップに使用されるメカニック。

93式自走高射メーサー砲（改）

防空任務のために開発された自走砲。200万Vの高射メーサー砲で攻撃する。

92式メーサー戦車

500万Vのメーサービーム砲を装備する車両。1部隊に2両が配備された。

連絡シャトル

G対策本部の施設内を繋ぐ車両。メカゴジラの搭乗員をドックに輸送する。

75式130mm自走多連装ロケット弾発射機

有翼安定式の130mmロケット榴弾を30連装することが可能な攻撃兵器。

74式戦車

メーサー車両の前後で行動し、補助戦力として活躍する無人仕様の戦車。

F-16

自衛隊よりも先に配備された、高性能ジェット戦闘機。高い機動性を誇る。

CH-47

ベビーゴジラのコンテナ輸送に使われた、多目的ヘリコプター。

コンテナ

生命科学研究所からG対策本部までベビーゴジラと梓を輸送してきた。

AS350

京都でゴジラを追跡したヘリコプターで「エキュレイユ」とも呼ばれる。

青木一馬開発メカニック

翼竜ロボット

プテラノドンを好む一馬が個人的に製作した飛行メカ。2人乗りでロケットブースターを推進力として低空飛行をする。

主翼は折り畳み式。梓を乗せて試験飛行を行うも墜落してしまう。

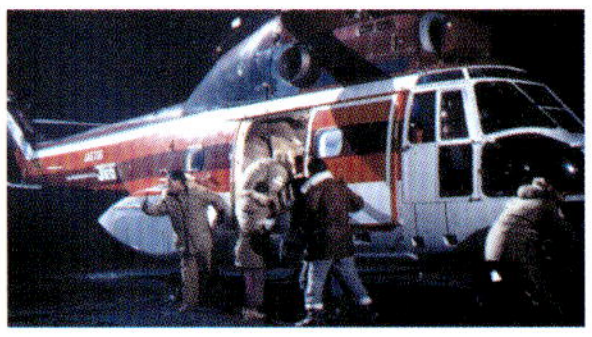

AS332L1

国立生命科学研究所一行がアドノア島調査に使用した、大型ヘリコプター。

①ゴジラの脅威に対抗する組織・国連G対策センターが設立される。

②強大な力を秘めたメカゴジラが完成し、Gフォースが操縦を担当。

③ロボット技師の青木一馬が、メカゴジラのメンテナンス要員に選出。

④大前博士一行がアドノア島を訪れ、発見された謎の卵を調べる。

⑤そこへラドン、続いてゴジラが出現。２体は激戦を繰り広げる。

⑥大前博士と助手の五条 梓たちは、謎の卵を確保して島から脱出する。

⑦卵に興味を持つ一馬が国立生命科学研究所を訪ね、梓と出会う。

⑧一馬が持ち出した古代植物から超能力者の子供たちが音を感知。

⑨音が流された時、突然、卵が孵化してベビーゴジラが誕生。

⑩同族であるベビーゴジラを追って、ゴジラが日本へ上陸した。

⑪ゴジラ迎撃にメカゴジラが出動。戦いを有利に運んだが、故障で操縦不能に陥る。

⑫ベビーゴジラを探すゴジラが、京都の国立生命科学研究所を襲撃。

⑬職務を放棄した一馬は、Gフォースの一員から外されてしまう。

⑭ベビーを囮にした「ゴジラ誘き寄せ作戦」が実行され、梓が同行。

⑮ベビーを探すファイヤーラドンが飛来するも、メカゴジラに敗退。

⑯続いてゴジラが出現。強化したスーパーメカゴジラと激戦を展開。

⑰ファイヤーラドンの力でゴジラが復活し、三枝未希にも危機が。

⑱ゴジラのウラニウム・ハイパー熱線がスーパーメカゴジラを倒す。

⑲未希からのテレパシーを理解し、ベビーは同族への恐怖心を捨てた。

⑳一馬や梓が見守るなか、ゴジラとベビーゴジラが海を進んでいく。

STORY

国連G対策センターは精鋭部隊・Gフォースを筑波に設置。同時に対ゴジラ用防衛システム・メカゴジラの開発に成功する。そんな頃、アドノア島で謎の卵が発見され、その調査に来た国立生命科学研究所の一行がゴジラとラドンに遭遇した。日本に持ち帰られた卵からはベビーゴジラが誕生し、それを追ってゴジラも日本へ上陸。メカゴジラが出撃してゴジラを追い詰めるも、内部機能が故障してしまう。その後、ゴジラはベビーを追って京都、そして幕張へと移動。ガルーダと合体したスーパーメカゴジラの攻撃で第２の脳を破壊されて力尽きるが、ファイヤーラドンの放射線エネルギーを吸収して復活。スーパーメカゴジラを破壊し、ベビーゴジラと共に海へと去った。

ゴジラ VS スペースゴジラ

『ゴジラVSスペースゴジラ』
1994年12月10日公開　108分

STAFF

製作／田中友幸　協同製作／富山省吾　監督／山下賢章　脚本／柏原寛司　撮影／岸本正広　美術／酒井 賢　録音／宮内一男　音響効果／佐々木英世　照明／望月英樹　編集／米田美保　音楽／服部隆之　特技監督／川北紘一　〈特殊技術〉撮影／江口憲一、大川藤雄　美術／大澤哲三　照明／斉藤 薫　繰演／三橋和夫　特殊効果／渡辺忠昭

CAST

新城功二／橋爪 淳　佐藤清志／米山善吉　三枝未希／小高恵美　結城晃／柄本 明　権藤千夏／吉川十和子　大久保 晋／斎藤洋介　コスモス／今村恵子、大沢さやか　瀬川隆之／佐原健二　麻生孝昭／中尾 彬　兵藤 巌／上田耕一　鈴木勇造／宮坂ひろし　大野秀樹／木下ほうか　上原誠／草薙 仁　アレキサンダー・マミーロフ／ロナルド・ヘアー　エリック・グールド／エド・サーディー　フランク・レイノルズ／エディ・クインラン

ハリウッドの大手プロダクション「トライスターピクチャーズ」から、正式に米国版「ゴジラ」製作の打診があったこともあり、東宝は前作をもって一旦「ゴジラシリーズ」に休止期間を設けるつもりであった。しかしながら、トライスターでは〝監督の交代〟による内容変更などで撮影に大幅な遅延が発生。契約した時期での公開が不可能になったこともあり、1994年末映画として「ゴジラ」新作の公開が決定する。その後、企画部主導で関係者から『ゴジラVSクトゥルフ』、『ゴジラVSカイザーギドラ』、『ゴジラVSゴジラ』など、多くのアイデアが寄せられたが、最終的には協同製作の富山省吾が考えた「宇宙のゴジラ」案が採用され、『ゴジラVSスペースゴジラ』の脚本が完成。本多猪四郎の助監督などを務めた山下賢章が監督に選ばれた。

巨大なスペースゴジラと小型のリトルゴジラの格闘が描かれた。

スペースゴジラが〝結晶生命体〟という設定は、企画を提出した小林晋一郎の案である。

G細胞が宇宙で異常進化、誕生したスペースゴジラが本作の強敵として本作に登場した。

バース島での戦闘では、火薬を多用した演出で迫力が強調された。

M.O.G.E.R.A.とスペースゴジラの宇宙戦闘も見どころ。

スペースゴジラや結晶体が空中へ飛翔するシーンは、緻密な操演技術によって表現されている。

№9ステージに、大規模な福岡タワーのバトルエリアが組まれた。

メカニカルなM.O.G.E.R.A.が、福岡の最終決戦を盛り上げた。

発光する結晶体が置かれたことで、幻想的な夜の空間が生まれる。

敵の超重力波を表現するため、ゴジラのスーツが吊り上げられた。

M.O.G.E.R.A.は、従来の東宝キャラクターとは一線を画す存在。

ゴジラ、スペースゴジラ、M.O.G.E.R.A.の三つ巴の激突を表現するため、記者会見を兼ねた宣伝用スチール撮影会が開催された。

2大怪獣が激突した瞬間、火薬が爆発、その威力を表した。

M.O.G.E.R.A.のスーツを吊り上げ、空中突進が描かれる。

映画の最大の見せ場である福岡タワー周辺のバトルエリアでの特撮に力が注がれた。

怪獣王 ゴジラ

身長／100m　全長／220m
体重／6万t　演技者／薩摩剣八郎

バース島とその近海でリトルゴジラと共に生息していたが、国連G対策センターによる「Tプロジェクト」のさなか、スペースゴジラの襲撃を受けた。その際、空中攻撃に抗しきれず一敗地に塗《まみ》れて太平洋に姿を消す。その後、結晶体に取り込まれたリトルゴジラを救出するため、スペースゴジラと激戦を展開した。

放射熱線

通常熱線の他、スペースゴジラのエネルギーを融合反応させたバーンスパイラル熱線を放つ。

同族のリトルゴジラに対して、強い保護意識を有しているらしい。

バース島近海を安住の地と考え、安らかに生存していたようだ。

バトルエリアでのスペースゴジラ戦は、かなり苦戦を強いられる。

Gフォースの新城功二から攻撃されても、凶暴性を示さなかった。

自身のG細胞を有するスペースゴジラに対し、激しい怒りを表す。

スペースゴジラが放ったコロナ・ビームにも怯まず、反撃を展開。

Gフォースからの集中攻撃でも、その行く手を遮ることは不可能。

スペースゴジラのホーミング・ゴーストで集中攻撃を受けた。

鹿児島湾から上陸し、福岡タワー周辺でスペースゴジラと激突する。

筋肉が強化されて全身が大きくなり、その分、頭部が小さい印象。

スペースゴジラめがけて猛突進し、強烈な頭突きを放って倒す。

スペースゴジラのエネルギーを吸収し、熱線の破壊力を強化した。

M.O.G.E.R.A.とスペースゴジラを撃破し、バース島へと帰還。

スペースゴジラのグラビ・トルネードで、体の自由を奪われる。

自動追尾式レーザー砲

両腕部のドリル先端から撃ち出す追尾レーザー。強い貫通力を有していた。

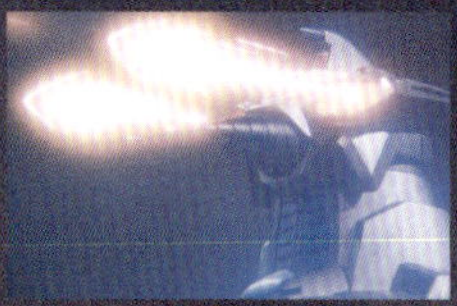

プラズマレーザーキャノン

両目に装備された3連装レーザー砲。一撃でゴジラの表皮を破壊できる。

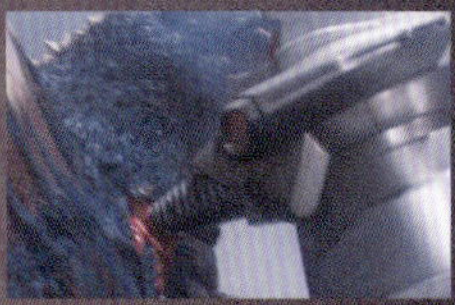

クラッシャードリル

頭部に装備された回転ドリル。突進攻撃の際に敵の体へ突き立てる。

プラズマメーサーキャノン

機体胸部に装備されたメーサー砲。連射機能で敵を追い詰めていく。

スパイラル グレネードミサイル

両腕部ドリルを展開させ、内部から回転ミサイルを発射。敵の体を貫く。

スペースゴジラのコロナ・ビームでも、装甲は破壊されなかった。

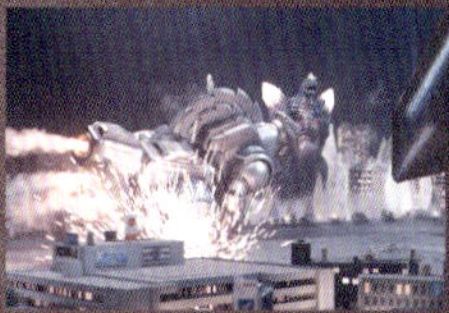

スペースゴジラの尾で弾き飛ばされ、ビルに叩きつけられた。

ローラーシステムで急接近し、プラズマメーサーキャノンを連射。

緊急時は腹部の脱出ポッドにパイロットが搭乗。射出される。

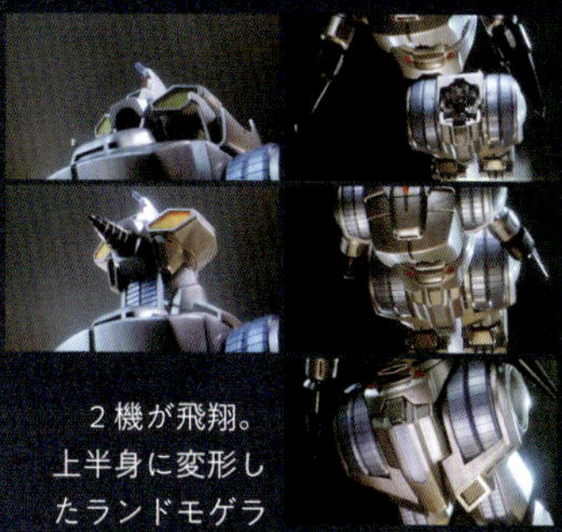

2機が飛翔。上半身に変形したランドモゲラーへ、下半身に変形したスターファルコンが合体して完成する。

筑波にあるG対策センターのドームが、専用の格納庫になっている。

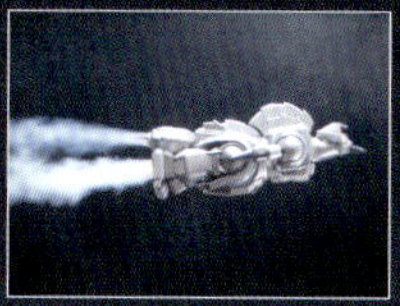

推進システムが急遽換装され大気圏内や宇宙空間を高速で飛行。

格納庫内で、2機の合体・分離と変形機能が研究・開発された。

ランドモゲラー

全長／85m　全幅／40m　重量／9万t

車体に装備した超硬質ダイヤモンド製のバスタードリルと2つのドリルを使い、地中を60km/hで移動。攻撃を仕掛ける特殊戦車。

2名で操縦。M.O.G.E.R.A.のメインコクピットでもある。

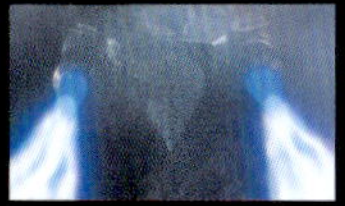

自動追尾式レーザー砲と地対空レーザーキャノンを装備。

スターファルコン

全長／80m　全幅／67m　重量／7万t

宇宙空間を12km/s、大気圏内を850m/sで飛行する高高度重爆撃機。地球へ接近するスペースゴジラを迎え撃つため、宇宙へと出撃。

最大乗員は3名だが、1名での操縦・攻撃も可能である。

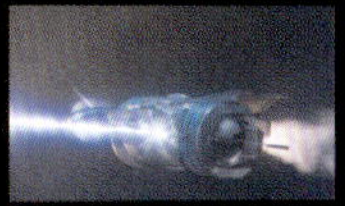

省電力メーサーバルカン砲で、スペースゴジラを攻撃した。

対G超兵器 M.O.G.E.R.A.

身長／120m　体重／16万t　演技者／福田亘

ゴジラを殲滅するための計画「Mプロジェクト」の主役で、国連G対策センターが開発し、Gフォースが運用する〝対G超兵器〟。レーザー核融合によって高機動性が実現。2機のマシンに分離するセパレーションモード機能を有する反面、バランス維持のため、両脚のサブエンジンで自重を相殺してキャタピラー移動するローラーシステムが採用された。なお、M.O.G.E.R.A.は略称で、正式名称はMobile Operation Godzilla Expert Robot Aero-type（対ゴジラ作戦用飛行型機動ロボット）である。

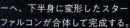

戦闘生物 スペースゴジラ

身長／120m　体重／8万t
（可変結晶体が展開した飛行形態）全長／250m　体重／72万t　演技者／播谷 亮

宇宙に飛散したG細胞がブラックホール内で結晶生命体を取り込み、恒星の爆発による超エネルギーを浴び、さらにホワイトホール内から放出される過程によって異常進化を遂げたと考えられる怪獣。宇宙空間でM.O.G.E.R.A.と激突。バース島でリトルゴジラを結晶体に閉じこめた後、福岡でバトルエリアを形成してゴジラと対決した。

コロナ・ビーム

口から放つ超高熱のビーム。軌道を捻じ曲げ、様々な角度から敵を攻撃。

電磁波

宇宙空間で放出し、M.O.G.E.R.A.の活動や攻撃などの機能を狂わせた。

スペース・クロー

両手足の爪先から放つ攻撃エネルギー。触れた物体を瞬時に粉砕可能。

グラビ・トルネード

両肩の結晶体から放射する超重力波。ゴジラの巨体も空中へ浮遊させる。

テール・スマッシャー

尾にある結晶体へエネルギーを集中。敵に突き刺して筋肉を硬直させる。

フォトン・リアクティブ・シールド

両肩から放射するエネルギーで電磁バリアーを展開。攻撃を弾き返す。

ホーミング・ゴースト

周囲に生成させた結晶体を、ミサイルのように敵めがけて発射する。

放射熱線の直撃で発生した大爆発にも怯まず、敵を容赦なく襲う。

背面の可変結晶体を展開し、大気圏内や宇宙空間を飛行する。

ゴジラと同じ生態を有し、長大な尾を振り回して物体を粉砕する。

バトルエリア内では、宇宙エネルギーを恒常的に吸収できるらしい。

生命の危機を迎えた際は、全身が鈍い赤に発光して点滅を開始。

耐久力に優れており、頭部のスペースホーンで敵の位置を確認する。

肩の結晶体を破壊されない限り、ほぼ無敵の戦闘力を発揮できる。

ゴジラの子供 リトルゴジラ

身長／30m　体重／8000t　演技者／リトル フランキー

アドノア島で浴びた核とゴジラの影響により、ベビーゴジラが恐竜から怪獣へと急成長を遂げた姿。その身長はゴジラザウルスの２倍以上だが、穏やかで闘争本能はない。人懐っこく悪戯好きな性質が特徴。

自身に接近してきた人間や怪獣に興味を抱き、関わろうとする。

バース島に仕掛けられた催涙ガス弾を踏んだことで、大騒ぎを起こす。

バース島

南太平洋にある孤島で地下にウラン鉱脈がある。Gフォースの監視下に置かれていた。

警戒心が極端に薄く、スペースゴジラに接近して襲われて危機に陥る。

ゴジラと直接の血縁関係はないが、同族への強い信頼感を抱いていた。

シャボン玉状の放射熱線を放つが、その威力はそれほど強くない。

スペースゴジラが生成した結晶体に封印され、動けなくなる。

最終的には、スペースゴジラがゴジラに倒され、結晶体から解放された。

スペースゴジラが着地した際の粉塵に巻き込まれるも、驚かなかった。

コスモス

地球の先住民族の生き残り。モスラの巫女的な存在であり、地球へ迫る巨大隕石の軌道を変えるべく、モスラと宇宙を旅している。

フェアリーモスラを通じ、スペースゴジラの襲来を未希に伝える。

地球上にその実体は存在せず、未希が見た姿は思念だと思われる。

モスラの分身 フェアリーモスラ

翼長／0.3m　体重／0

以前、ゴジラと戦った後に宇宙へと旅立ったモスラが、スペースゴジラの脅威を知らせるために地球へと送った一種の思念、またはエネルギー体と思われる。実体は存在しない。

その姿を視認できるのは、強い超能力を有している三枝未希だけらしい。

小型でやや可愛いモスラ成虫の形状で登場。三枝未希と心を通わせ、地球の危機などを知らせた。

天空高く飛び去り、最終的には強い光を放って消え去った。

地球を救おうと活躍した未希を称えるために、再度登場した。

光のオーラのようなものをまき散らしながら、未希のもとに登場。

未希の心情に寄り添い、地球の心と価値を一つにすることを説く。

2体の〝G〟に挑む人々

地球最大の脅威・ゴジラと、宇宙の彼方から飛来した厄災・スペースゴジラ。この恐るべき2種の〝G〟に立ち向かう宿命を帯びた人々。その立場は戦士や科学者、政治家など様々だが、使命感に燃えていた。

麻生孝昭

Gフォースの司令官で階級は大佐。Mプロジェクトを望んでいる。

瀬川隆之

国連G対策センターの長官。Tプロジェクトを優先していた。

大久保晋

Tプロジェクトの一員だが、裏では企業マフィアと結託していた。

佐藤清志

Gフォース少尉で新城功二の良き相棒。一見、三枚目に見えるが、細かい気配りや機転が利く好漢である。

オートバイの運転が得意。M.O.G.E.R.A.の副操縦士を担っていた。

新城功二

Gフォース少尉。MプロジェクトからTプロジェクトへ異動させられたが、ゴジラとの対決で逆転を狙った。

世渡り下手な熱血漢。M.O.G.E.R.A.を操縦して2大ゴジラに挑む。

大野秀樹

鈴木を補佐する副操縦士。敵の電磁波攻撃に苦戦を強いられた。

鈴木勇造

M.O.G. E.R.A.操縦のセカンドチームリーダー。宇宙戦を指揮。

兵藤巌

Gフォースの副司令官で階級は中佐。ゴジラ打倒には積極的。

アレキサンダー・マミーロフ

ロシア人のロボット工学博士で、M.O.G. E.R.A.の開発責任者。

上原誠

セカンドチームの機関士兼各種計器の担当。敵の位置を計測した。

三枝未希

国連G対策センター内に新設された、サイキックセンターの主任。不本意ながら、Tプロジェクトに参加。

増幅装置を使ってテレパシーを強化し、ゴジラとの意思疎通を試みる。

権藤千夏

G研究所に所属する生物工学教授で、権藤吾郎の妹。結城の頑なさを案じつつも、島へ薬品を送っていた。

未希らとバース島へ渡り、生物工学の観点からTプロジェクトに協力。

結城晃

Gフォース少佐。ゴジラとの戦いで殉職した親友・権藤吾郎の敵討ちに執念を燃やし、立ち向かう。

権藤の妹・千夏に慕われていた。血液凝固剤入り弾丸でゴジラと戦う。

フランク・レイノルズ

G対策協議会のアメリカ代表。NASAの惑星探査船事件を報告。

エリック・グールド

G対策協議会の国連代表。筑波に常駐して議会を取りまとめる。

G-FORCE 対G装備・兵器群

強大な敵・ゴジラに対抗するGフォースが使う強力な装備群、信頼性が高い汎用兵器から先進技術によって生み出された最新武器まで、世界中から様々な軍事装備が多岐に亘って支給されていた。

「なみのうえ」

新城や佐藤がバース島へ向かう際に乗船した大型フェリー。最大速力は23.8Kn。

地雷式催涙ガス弾

ゴジラに効果がある催涙ガスが混入された地雷。バース島の海岸に複数が埋められた。

結城スペシャル

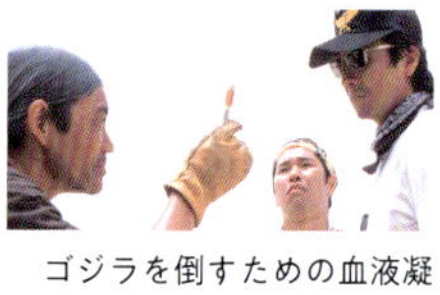

ゴジラを倒すための血液凝固剤が詰め込まれた特殊弾丸。キャリコをベースに改造されたカスタム小銃で発射。

M72LAW

M16に装填する40㎜擲弾発射器。ゴジラめがけてテレパシー増幅装置を撃ち込む。

M16自動小銃

アメリカ製のアサルトライフル。高性能小銃で高い汎用性を誇っていた。

UH-1H

「イロコイ」と呼ばれる中型の汎用ヘリコプター。ロケット弾を装備して出撃する。

AH-1S

「コブラ」とも呼ばれる戦闘ヘリコプター。鹿児島湾でゴジラにロケット弾を放った。

モーターボート

福岡で千夏と未希が乗船し、スペースゴジラのバトルエリアへと向かった。

ヤマハDT200WR

バース島内での移動手段。佐藤が運転し、後部には新城が乗って砂浜を疾走した。

ゴムボート

バース島沖に停泊した「なみのうえ」から海岸へ上陸する際に使用した、簡易ボート。

サイコトロニックジェネレーター

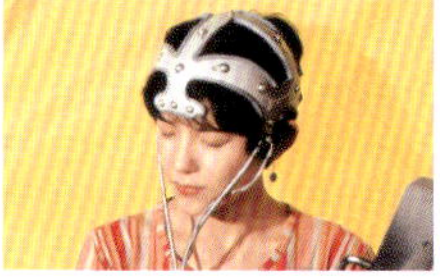

Tプロジェクト用のテレパシー増幅・送信装置。ゴジラのコントロールに使われた。

AS355F2エキュレイユ2

アエロスパシアルが開発した軽量多目的ヘリコプターで、長い航続距離を誇っている。

はるな型護衛艦

73式54口径5インチ単装速射砲と74式アスロック発射機を搭載した護衛艦。

ゆうしお型潜水艦

ディーゼル動力型潜水艦で基準排水量は2200t。鹿児島湾でのゴジラ戦に投入される。

はつゆき型護衛艦「しらゆき」

高性能20㎜機関砲を装備した、2900tクラスの護衛艦。鹿児島湾でゴジラと対決。

①テレパシー能力を見込まれた三枝未希が、Tプロジェクトに参加。

②新城功二と佐藤清志は、バース島で結城 晃を手伝うはめとなる。

③バース島に上陸したゴジラを未希のテレパシーで操ろうとする。

④一方、結城は血液凝固剤を使ってゴジラ打倒を試みるが、失敗。

⑤宇宙ではM.O.G.E.R.A.がスペースゴジラの迎撃に失敗。

⑥バース島へ飛来したスペースゴジラがリトルゴジラを攻撃する。

⑦ゴジラに増幅装置が撃ち込まれたが、操ることは不可能だった。

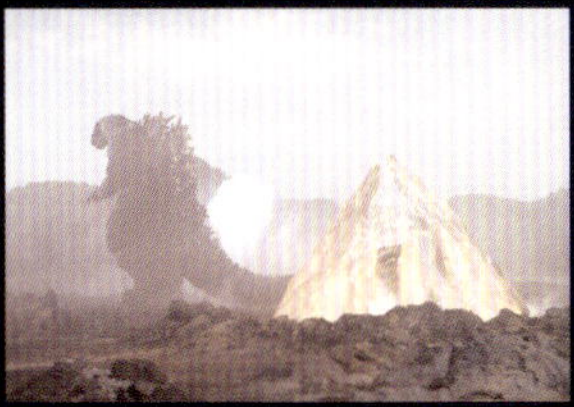

⑧ゴジラの眼前でリトルゴジラが結晶体に閉じ込められてしまう。

⑨本部に戻った結城は麻生からM.O.G.E.R.A.の運用を託された。

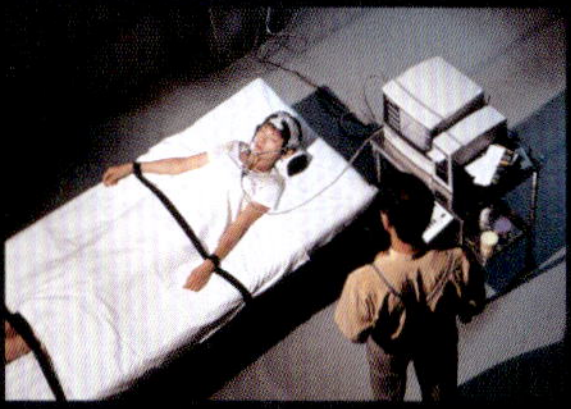

⑩企業マフィアと繋がる大久保が未希を誘拐。悪用しようと画策。

⑪未希を救うため、新城たちが企業マフィアへ奇襲を仕掛ける。

⑫ゴジラが日本へ上陸。スペースゴジラと戦うために福岡へ向かう。

⑬新城らが搭乗したM.O.G.E.R.A.が出撃。スペースゴジラに挑む。

⑭ゴジラが到着。G細胞を持つ宇宙怪獣へ敵意を剝き出しにする。

⑮バトルエリア内での戦いは、さすがのゴジラも苦戦を強いられる。

⑯結城は機体を分離させ、敵のエネルギー供給を断つ計画を実行する。

⑰M.O.G.E.R.A.の攻撃でスペースゴジラの両肩の結晶体が砕けた。

⑱結城が再起動させたM.O.G.E.R.A.がスペースゴジラを直撃。

⑲結城を新城が救出。スペースゴジラは、ゴジラによって倒された。

STORY

国連G対策センターでは、Mプロジェクトによって対G超兵器・M.O.G.E.R.A.を開発。同時にゴジラをテレパシーで操るTプロジェクトがバース島で始まっていた。そんな折、宇宙の彼方からスペースゴジラが地球へ飛来。バース島でリトルゴジラを結晶体の中へ閉じ込め、その後、福岡の市街地に巨大なバトルエリアを発生させる。同族を救おうとするゴジラが鹿児島湾から上陸。一方、GフォースはM.O.G.E.R.A.を出撃させ、福岡で三つ巴の戦いが繰り広げられた。バトルエリア内で優勢に立つスペースゴジラではあったが、M.O.G.E.R.A.がその両肩にある結晶体を爆破、さらに福岡タワーを破壊することでエネルギー供給を断ち、形勢が逆転。ゴジラが放つバーンスパイラル熱線で、スペースゴジラに止めが刺される。

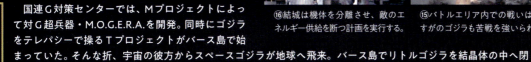

同時にデストロイア完全体の公開
、あえて先送りにされていた。

全身が赤く発光するゴジラ(バーニングゴジラ)は伏せられていた。

宣伝用スチールの撮影会は、アトラクション用のゴジラ、集合体と飛翔体のデストロイアだけで行われた。

ゴジラVSデストロイア

『ゴジラVSデストロイア』
1995年12月9日公開 103分

STAFF
製作/田中友幸、富山省吾　監督/大河原孝夫　脚本/大森一樹　撮影/関口芳則　美術/鈴木儀雄　録音/宮内一男　音響効果/佐々木英世　照明/望月英樹　編集/長田千鶴子　音楽監督/伊福部 昭　特技監督/川北紘一　〈特殊技術〉撮影/江口憲一、大根田俊光　美術/大澤哲三　照明/斉藤 薫　操演/三橋和夫　特殊効果/渡辺忠昭

CAST
伊集院研作/辰巳琢郎　山根ゆかり/石野陽子　山根健吉/林 泰文　山根恵美子/河内桃子　三枝未希/小高恵美　小沢芽留/大沢さやか　国友 満/篠田三郎　麻生孝昭/中尾 彬　上田内閣調査室長/平泉 成　後藤陸将/神山 繁　黒木 翔特佐/髙嶋政宏　速水惣一郎/村田雄浩　田山孝夫/上田耕一　岡崎陸佐/藤巻 潤　村田陸佐/小野武彦

東宝は1995年の年末映画を「平成ゴジラシリーズ」の完結編と決定。〝ゴジラ死す〟というショッキングなテーマを掲げることで「ゴジラ」というブランドの継続性を担保することとした。ゴジラという存在に対し「大スターに相応しい死」や「次回作にも繋げていける死」など、様々な案が出された後、〝初代の亡霊(残存生体エネルギー)と対決する〟という案から『ゴジラVSゴーストゴジラ』という企画書が作成される。しかし、最終的には〝初代ゴジラを倒したオキシジェン・デストロイヤーによって異常進化を遂げた怪獣〟が対戦相手に選ばれ、映画の製作が本格化していった。

デストロイア飛行用ミニチュアと、1994年に東京マルイが発売したRC「ビオランテゴジラ」の表皮を改造したミニチュアで、羽田空港での飛翔対決シーンが表現される。

羽田空港のリアルなセットが組まれ、そこで、２大怪獣のスーツを使用したダイナミックな夜間戦闘シーンが撮影された。

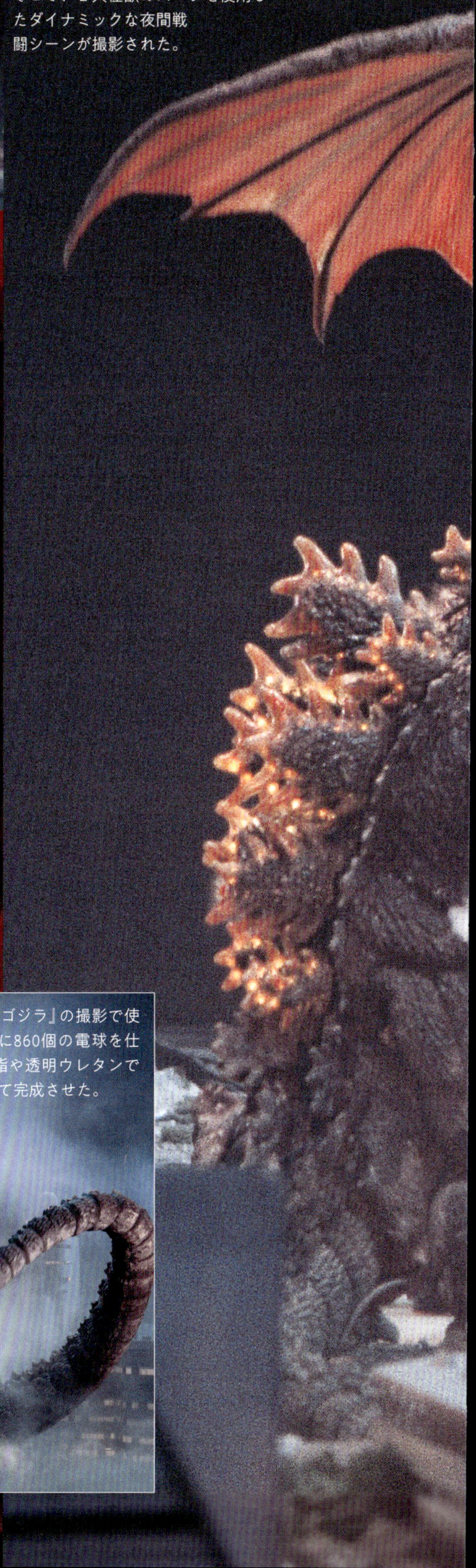

ゴジラジュニアとメルトダウン寸前のゴジラの、新旧対峙が描かれる。

宣伝用スチール撮影ではゴジラジュニアの姿も公開され、話題を呼んだ。

２大怪獣の手前に旅客機のミニチュアを置くことで巨大感を演出。

デストロイア完全体のスーツは、ゴジラよりも大きく作られた。

デストロイア集合体のスーツで、本編のパトカー破壊シーンを撮影。

ゴジラの終末＝人類最大の危機という展開が、ドラマの根底にあった。

いつも以上に多くの火薬が使用され、派手なバトル画面が撮られる。

ゴジラより小さく見せるため、ゴジラジュニアのスーツは細めに製作。

ゴジラの発光と爆発炎により、夜間シーンにも拘らず画面が明るい。

背鰭の重心を一段上に移動、ゴジラのスーツ重量は100kgを超えた。

薩摩剣八郎は、演技のなかでメルトダウンに苦しむゴジラの姿を表現。

『VSスペースゴジラ』の撮影で使用したスーツに860個の電球を仕込み、FRP樹脂や透明ウレタンで表皮を仕上げて完成させた。

怪獣王 ゴジラ

身長／100m　全長／220m
体重／6万t　演技者／薩摩剣八郎

体内炉心の核エネルギーが暴走し始めた影響で体内核分裂反応が活性化し、強大な核爆発エネルギーを有した状態となった姿。スーパーXⅢから発射されたカドミウム弾の効能で一旦核爆発は回避されたが、デストロイアとの激闘後に全身がメルトダウンを起こして消滅した。

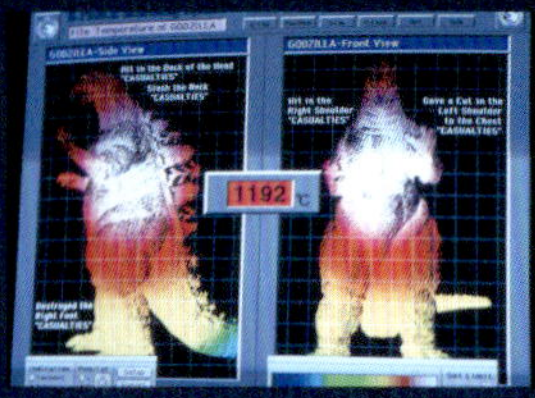

伊方原発での冷凍作戦後は、体内炉心温度の異常上昇が確認される。

放射熱線

異常な体内温度を反映したかのように、赤い超高熱線を放つようになった。

全身に漲る超高熱の影響で海から水蒸気を発生させながら前進する。

体内温度が1200度を超えると、メルトダウンを起こすと予想された。

背鰭や表皮が超高熱で赤熱化し、体内の水分が常に蒸発している。

デストロイアとの戦いで瀕死状態となったゴジラジュニアに、エネルギーを与える。

メルトダウンによってゴジラの全身が光の粒子状態となり、消滅する。

バース島が消滅したことで帰巣本能にも異常をきたし、香港に出現して暴れ回った。

放射熱線

ゴジラ並みの破壊力を有した熱線を撃ち出し、デストロイア飛翔体を撃墜する。

変異恐竜 ゴジラジュニア

身長／40m　体重／1万5000t　演技者／破李拳竜

バース島の爆発による核分裂で、急激にゴジラ要素が強くなり始めたリトルゴジラ。御前崎でその生存が確認されると、三枝未希らのテレパシーで東京へ誘導され、天王洲でデストロイアと激突した。そのフォルムはゴジラザウルスに近い。

羽田空港でデストロイアのオキシジェン・デストロイヤー・レイを浴び、致命的なダメージを負ってしまう。

ゴジラから放出された放射線を吸収、完全なゴジラに成長したのか……？

デストロイア飛翔体の空中突進を受け止め、怪力で押し返そうとした。

まだ成長過程であり、全身の表皮が緑色で未発達の背鰭も小さいまま。

台湾沖から豊後水道へと移動。核物質を求めて伊方原子力発電所に迫った。

口の中も赤熱化しており、背中からは常に蒸気を噴き出していた。

放射熱線を放つ直前、ゴジラの口内に赤く強い光が発生する。

羽田に上陸。ゴジラジュニアと邂逅するが、これが最後となった。

異常に強化された体内放射により、周囲を一瞬で焼き尽くした。

当初は、核分裂によるゴジラの核爆発が憂慮されていた。

ゴジラの戦闘力は強化されたが、その分、持久力は著しく低下していた。

デストロイアに激しい敵意を向け、暴走状態のまま襲い掛かる。

陸上自衛隊の作戦でゴジラの全身が凍結されるも、メルトダウンは止められなかった。

ゴジラの体内に蓄積された超高熱の影響で、海面も赤く輝く。

死角である背後からデストロイアに飛び掛かられ、苦境に陥る。

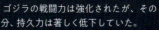

完全生命体 デストロイア

オキシジェン・デストロイヤーの影響で東京湾が無酸素状態になったため、海底の地層内で甦った、先カンブリア紀微小生命体の一種。海底トンネル工事で地層が掘り起こされたことで現在の大気組成に急速適応。異常進化によって全身の体質を強化し続け、最終的には巨大な怪獣となった。

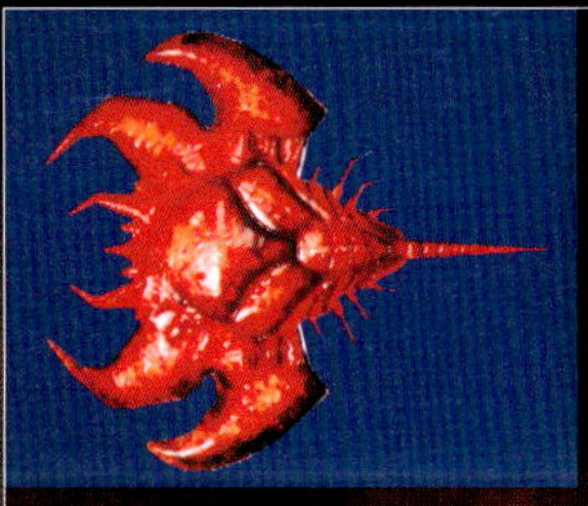

全長／2~30cm　体重／2g~1.5kg

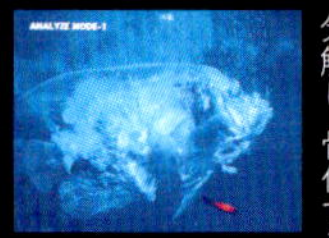

ミクロオキシゲンで熱帯魚の体を分解し、骨化する。

クロール体

微小体が増殖・合体し、人間が目視できるサイズに成長した姿。水道を経てしながわ水族館に侵入する。

微小体 全長／3~5㎜　体重／0.5g

有酸素に適応して活動を開始。体内のミクロオキシゲンで、海底トンネル工事用シャフトを溶かす。

幼体 全長／2~18m　体重／350kg~260t

甲殻類と脊椎動物の特徴を備えた形態。群体で東京湾から上陸し、青海のプレミアムビルを占拠した。怪力と鋭い爪が武器。

口内に第2の顎が備わっており、一撃で物体を噛み砕いてしまう。

警視庁の特殊部隊S.U.M.P.(サンプ)と交戦。隊員を溶かした。

ミクロオキシゲン

酸素を極限まで微小化させた、粒子状の高濃度物質。一瞬で物体を分解・消滅させる。

飛翔体 全長／65m　翼長／80m　体重／1万5000t

集合体が必要に応じて変身した形態で、後部からミクロオキシゲンを噴射して空中を高速で飛行する。ゴジラジュニアの放射熱線を浴びて絶命。

オキシジェン・デストロイヤー・レイ

空中から勢いよく放射し、地上にある様々な物体を木っ端微塵に砕いた。

ゴジラジュニアの放射熱線が直撃し、品川火力発電所に墜落した。

クリーンセンターから天王洲へ移動して、ゴジラジュニアに遭遇。

集合体 身長／40m　全長／60m　体重／1万5000t　演技者／柳田英一

巨大化した複数の幼体が自衛隊の攻撃を受けた際、一体となって怪獣化した姿。冷凍メーサー部隊を蹴散らして進撃を開始し、天王洲でゴジラジュニアと激戦を繰り広げた。高い跳躍力を誇る。

オキシジェン・デストロイヤー・レイ

口から放つ光線状のミクロオキシゲン。いかなる物体も粉々に分解してしまう。

全身から蒸気のようなガスを噴射し、無数の脚で地上を高速移動。

両肩から生えた長く鋭い触手を振り下ろし、鋼鉄製の物体をも貫く。

完全体

身長／120m　全長／230m　翼長／210m
体重／8万t　演技者／播谷 亮

火力発電所の爆発に巻き込まれたデストロイア飛翔体が、ゴジラジュニアのＤＮＡと放射熱線、大量の電気エネルギーを吸収し、最終形態となった姿。

凶悪かつ冷酷無比な性質であり、両手に備えた鋭く尖った爪で敵の表皮を引き裂いてしまう。

頭部に生えた巨大な1本角で、敵の体を串刺しにして止めを刺す。

背中には大小4枚の翼を有し、巨体ながらも空中へと舞い上がる。

極めて獰猛でゴジラを敵視。羽田空港でゴジラジュニアに襲い掛かる。

ヴァリアブル・スライサー

1本角からミクロオキシゲンエネルギーの刃を形成し、物体を切断する。

オキシジェン・デストロイヤー・レイ

口と腹部から放射する、粒子状の高濃度物質。一撃で高層ビルをも完全に分解・風化させてしまう。

接近戦では両手の爪を勢いよく突き出し、ゴジラの体を貫いた。

分裂体

デストロイア完全体から複数の集合体に分裂した状態。ゴジラにフェイント攻撃を仕掛けた。

巻きつけた尾の力でゴジラの巨体を持ち上げて地上に叩きつけ、空中へ飛翔。

長大な尻尾をゴジラの首に巻きつけ、怪力で締め上げて戦闘力と体力を奪う。

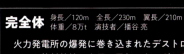

40年前の脅威に立ち向かう人類

1954年、ゴジラを撃滅したオキシジェン・デストロイヤーの影響で、40年後に新たな脅威が出現。それによって発生した事件に立ち向かっていく人々。

国友満

国連G対策センター長官とGサミットを兼任という重責を担う。

小沢芽留

Gサミットの米国情報官で、超能力者。ゴジラジュニアを誘導。

山根恵美子

ゆかりと健吉の伯母。ミクロオキシゲンに危険性を感じていた。

後藤

陸上自衛隊陸将。冷凍レーザータンク部隊でデストロイアを攻撃。

上田

内閣調査室の室長でGサミットの一員。ゴジラ対策をサポート。

麻生孝昭

Gフォース司令官。Gサミットの一員でもあり、ゴジラに挑む。

田山孝夫

しながわ水族館の警備員。深夜の見回り中、水槽の異変に気づく。

速水惣一郎

JBSの『ニュース・ジャーナル』ディレクターで、ゆかりの同僚。

黒木翔

防衛庁特殊戦略作戦室の室長で階級は特佐。スーパーXⅢを操縦。

伊集院研作

国立物理化学研究所に所属する物理化学者で、ミクロオキシゲンの開発者。デストロイアの存在を確認。

ゆかりに研究を批判されるも、自身は芹沢博士の遺志を尊重している。

山根ゆかり

JBSのニュースキャスターで、山根恭平の養子となった大戸島の少年・新吉の娘。ゴジラの最期を目撃。

山根恵美子からの依頼で、伊集院研作と個人的なコンタクトを取る。

山根健吉

ゆかりの弟で、応用物理学を専攻する東都大学の学生。論文「ゴジラの体内構造に関する私的考察」を作成した。

論文をアメリカのGサミットに送り、オブザーバーを依頼された。

三枝未希

サイキックセンターの主任を務める超能力者で、Gサミットの主要メンバー。ゴジラの運命に心を痛める。

小沢芽留と協力し、テレパシーでゴジラジュニアを東京へ誘導した。

74式戦車

1974年に運用が決まった車両。90式戦車と共に出動し、デストロイア幼体と対決する。

90式戦車

1990年に自衛隊が採用した攻撃車両。臨海副都心に現れたデストロイア幼体を攻撃。

高機動車

陸上自衛隊が装備している人員輸送用車両。125km/hで険しい場所をも走破できる。

AH-64A戦闘ヘリ

マクドネル・ダグラス社が開発した攻撃ヘリ。M230 30mmチェーンガンを装備。

M16A3自動小銃

フルオート射撃機能を有する、小口径の自動小銃。デストロイアには効果がなかった。

火炎放射器

S.U.M.P.がデストロイア幼体を牽制、または焼却する際に使用。高熱火炎を放つ。

マツダ・プロシードマービー

警視庁の特殊部隊S.U.M.P.が使用するピックアップトラック。青いパトランプを装備。

ベレッタ92F自動拳銃

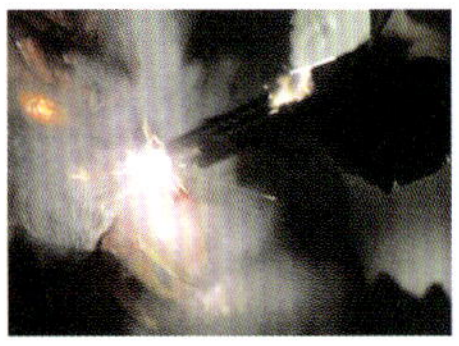

イタリアのベレッタ社が設計した自動拳銃。以前よりもマガジン挿入口が広がった。

ゴジラと破壊生物に対抗する防衛装備

自衛隊が所有する、原発事故や核攻撃への対応を前提とした装備群。ゴジラのメルトダウンやデストロイアを防ごうとする。

スーパーXⅢ
DAG-MBS-SX3

陸上自衛隊が新たに開発した多目的大型戦闘機で、特殊戦略作戦室が機体の運用を担当していた。形式番号は「DAG-MBS-SX3」である。

3名が搭乗し、操縦と攻撃を担当。最高速度M1.7で飛行する。

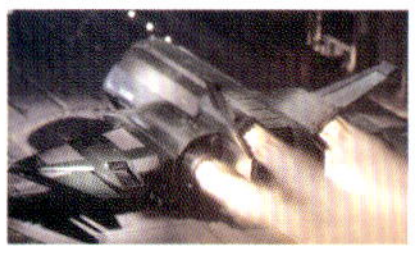

翼をたたんだ状態で発進ゲートへ送られ、ジェット推進で出撃。

カドミウム弾を発射し、ゴジラの核分裂反応を抑制しようとする。

機首に装備された95式超低温レーザー砲でゴジラを集中攻撃した。

機体上部からポッドがせり出し、冷凍ミサイルを連続発射する。

機体は超耐熱合金NT-1S製で、ゴジラの熱線をも弾き返す。

93式自走高射メーサー砲(改)
MBAW-93(改)

高射超低温レーザー砲2門と8連装ミサイルランチャーを2基装備した、攻撃用車両。

92式メーサー戦車(改)
DAG-MBT-MB92(改)

超低温レーザー砲と8連装ミサイルポッドを駆使し、デストロイアに攻撃を仕掛けた。

95式冷凍レーザータンク
CLT-95

「冷凍メーサー車」とも呼ばれており、特92式30t6輪牽引車とセットで運用される。

STORY

バース島が消失し、その1ヵ月後、香港に全身を赤く発光させたゴジラが出現。体内炉心が発熱し、核エネルギーが暴走し始めていたのだ。同じ頃、かつてゴジラを滅ぼしたオキシジェン・デストロイヤーの影響で、異常進化を遂げたデストロイアが暴れ始める。やがて2大怪獣は東京で激突。戦いの末にデストロイアは自衛隊の手で倒されたがゴジラの体はメルトダウンを開始。放射線が拡散しそうになるも、現れたゴジラジュニアが吸収し、最大の危機は回避された。

①Gサミットの三枝未希が、SC-9からバース島の消滅を確認する。

②その夜、香港に赤く発光し、高熱を発するゴジラが出現、街を破壊した。

③事態を憂慮したGサミットはゴジラとリトルゴジラの調査を開始。

④山根恵美子は、伊集院研作のミクロオキシゲンに不安を覚える。

⑤オキシジェン・デストロイヤーを使った海域に興味を持つ伊集院。

⑥しながわ水族館で、魚が突然白骨化する怪事件が発生した。

⑦伊集院は、犯人が異常進化を遂げた古生代の生命体であると推測。

⑧沖縄の海に高熱を発するゴジラが出現。日本本土を目指す。

⑨湾岸エリアにデストロイアの群れが出現し、特殊部隊が出動する。

⑩取材中のJBSキャスターの山根ゆかりも怪物に襲われる。

⑪伊集院が駆けつけてゆかりを救出、怪物は火炎放射に倒れた。

⑫ゴジラが豊後水道に出現。目的は伊方原発の核燃料だった。

⑬防衛庁はスーパーXⅢを出撃させ、ゴジラをくい止めようとする。

⑭複数の幼体が合体、デストロイア集合体が誕生し、進撃を開始。

⑮そこへゴジラジュニアが登場。デストロイアと激戦を繰り広げた。

⑯羽田空港にゴジラとゴジラジュニアが到達。同族が再会を果たす。

⑰完全体となったデストロイアが飛来し、ゴジラジュニアを襲う。

⑱対峙する2大怪獣。これがゴジラ最後の戦いとなるのだろうか？

⑲デストロイアめがけてゴジラが猛突進。鋭い牙で攻撃を仕掛けた。

⑳戦場は臨海副都心へ移り、ゴジラとデストロイアの死闘が展開。

㉑体内炉心が限界となったゴジラは史上最強の力で敵に襲い掛かる。

㉒ゴジラから逃亡を図ったデストロイアは、自衛隊に撃墜された。

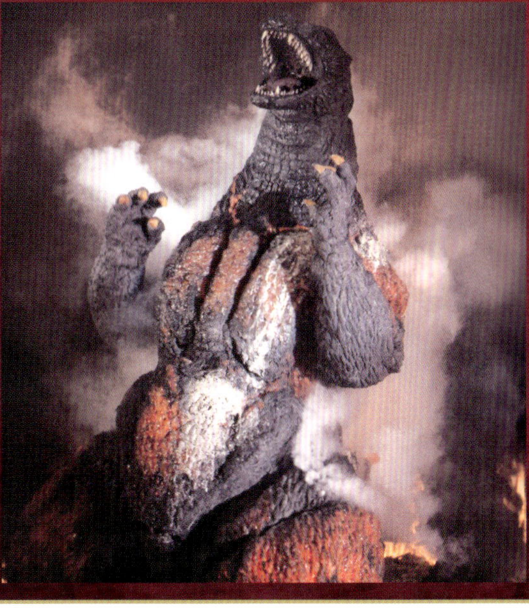
㉓ゴジラのメルトダウンが始まり、大量の放射線が拡散していく。

㉔東京中に放射線が流れていったが、突然、そのレベルが下がる。

㉕濃い霧の中に、正体不明のゴジラの姿が確認された。

ゴジラ2000 ミレニアム

『ゴジラ2000 ミレニアム』
1999年12月11日公開 107分

STAFF
製作／富山省吾　監督／大河原孝夫　脚本／柏原寛司、三村 渉　撮影／加藤雄大　美術／清水 剛　録音／斉藤禎一　照明／粟木原 毅　編集／奥原好幸　音楽／服部隆之　特殊技術／鈴木健二　撮影／江口憲一、村川 聡　特美／高橋 勲　照明／斉藤 薫　特効／渡辺忠昭、久米 攻　操演／鳴海 聡

CAST
篠田雄二／村田雄浩　片桐光男／阿部 寛　一ノ瀬由紀／西田尚美　宮坂四郎／佐野史郎　高田／中原丈雄　篠田イオ／鈴木麻由　権野／大林丈史　大川／木村 栄　園田／ベンガル　篠田酒造の番頭／なぎら健壱　石井／石井愃一　稲垣／中村方隆　皆川／篠塚 勝　アナウンサー／吉田照美

トライスター版『GODZILLA』の展開が終了したことで、東宝は前作から4年ぶりに「ゴジラシリーズ」の製作を決定。そのタイトルは新時代を意識して「ミレニアム」と名づけられた。平成VSシリーズでは技術部門や東宝映像美術の意見が反映される体制であったが、本作以降は東宝映画が単独で企画・製作を行うようになり、〝新たなゴジラ像の構築〟が求められた。結果、ゴジラは凶暴な生物として描かれ、対する敵にはクリーチャー的な要素が与えられるも、観客に愛される〝怪獣映画〟のジャンルでは捉えきれない作品へと変貌していく。

自然災害的な怪獣に、人類がどう対抗するかを描いた内容となる。

強敵・オルガとの対決では爆発や大火災時の〝赤〟を強調。

『キングコング対ゴジラ』時のスーツの雰囲気が踏襲された造形。

奥行きが感じられる構図で、2大怪獣の激突シーンは撮影された。

巨大ＵＦＯは、ゴジラとの対比を考慮した造形物として製作。

本作のゴジラは〝若さ〟が意識されており、獰猛なイメージ。

オルガは、ゴジラ以上に巨大な〝知的生命体〟として表現された。

最終決戦の序盤では、ゴジラの悪戦苦闘ぶりが印象的に描かれた。

ナイフのように鋭い背鰭や小さな頭部、先端が尖った尾が特徴的。

川北組でチーフ助監督を務めた鈴木健二が、特殊技術を担当した。

本作は、〝ＳＦ映画〟のラインを重視して製作された。

オルガの巨大なスーツをピアノ線で吊り上げ、跳躍を表現する。

ゴジラのオルガナイザーＧ１を吸収し、巨大な敵が誕生する展開。

優れた合成技術によって、特撮シーンと人間ドラマの融合に成功。

本作は〝ゴジラという存在〟を描くことが主軸となっている。

ゴジラと睨み合う片桐光男は、怪獣と人間の相容れなさを表す。

ゴジラとオルガが対峙する西新宿のセット。手前に大スケールの建造物のミニチュアを置いたことで、奥行きと都市の広大さが演出されている。

怪獣王 ゴジラ

全高／55 m　全長／122.5 m　直立時／105 m　顔幅／7.8 m
横幅／10 m　口幅／6.5 m　横幅／7.8 m　肩幅／20 m
腹幅／14 m　腰幅／22 m　脚の長さ／19 m　腕の長さ／14 m
手の長さ／3.8 m　腕の幅／3 m　尻尾の長さ／78 m
体重／2万5000t　歩行速度／40 km/h　演技者／喜多川 務

1954年に出現したゴジラとは別個体で、度々日本を襲撃してきた大怪獣。細胞内に強大な再生能力を秘めた物質・オルガナイザーＧ１を有しており、敵からの攻撃で体が損傷しても、約５時間で完全に再生できる。北海道に上陸後、核物質を求めて東海村原子力発電所を襲撃した。

光に敏感らしく、自動車から照射されたスポットライトの刺激で凶暴性を発揮。

放射熱線

放射線で背鰭を強く発光させた後、口から熱線を放射して様々な物体を爆破・粉砕する。

濃霧に覆われた納沙布岬に出現し、ゴジラ予知ネットワークの篠田らに目撃される。

太平洋を南下して東海村に上陸しようとするも自衛隊に阻止され、さらに海中から出現した岩塊の攻撃を受けた。

巨大なゴジラが移動するだけで、西新宿全体が炎の海に包まれる。

夜行性というわけではなく、日中でも強烈な破壊衝動を見せた。

岩塊から放たれたエネルギー波に吹き飛ばされ、倉庫に激突する。

巨大ＵＦＯの触手で、体内のオルガナイザーG1を吸い取られた。

自衛隊の総攻撃にも怯まず、本能のままに各地で暴れ回った。

人間が作り出すエネルギーを憎むかのように、送電線を破壊した。

目標物を完全に粉砕するまで、ゴジラの活動は止まらなかった。

長大な尾から繰り出される一撃で、地上の物体を蹴散らして破壊。

爆炎の中を悠然と進み、次なる攻撃対象へと襲い掛かっていく。

オルガを〝敵〟と認識し、大きな咆哮を上げつつ睨みつける。

怒りに満ちた目、非常に大きな口とそこに生えた鋭い牙が印象的。

根室市の発電所やオフィス街を壊滅させた後、太平洋に消えた。

岩塊が放った２発目のエネルギー波が熱線を吐くゴジラの巨体に直撃し、相討ちとなる。

西新宿の高層ビルへ着陸した巨大ＵＦＯを目視し、闘争心を強める。

夜の発電所で破壊の限りを尽くし、天に向かって雄叫びを上げた。

放射熱線を吐く直前に口が発光することは、他のゴジラと同様。

巨大宇宙人 ミレニアン

身長／40m　体重／1万t

6000万年前、巨大UFOで地球に侵入した宇宙生命体。肉体を量子流体化し、不定形生命体として長期生存していた。

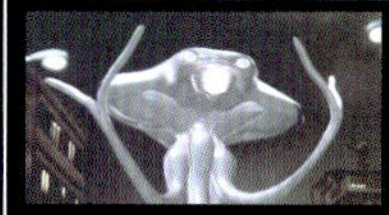

ゴジラのオルガナイザーG1を吸収し、肉体を取り戻そうとした。

ミレニアンのUFO

全長／200m　全幅／130m　飛行速度／亜光速

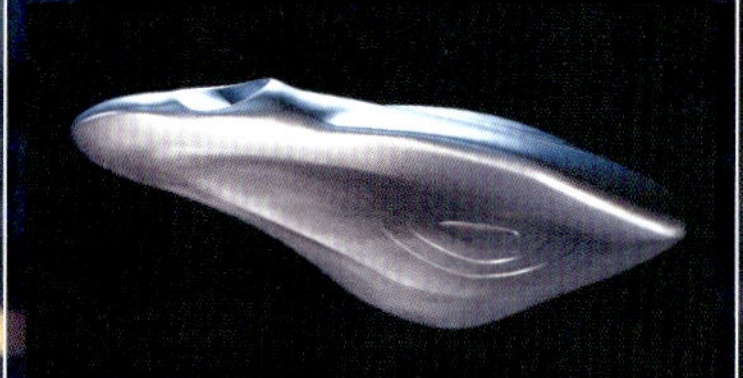

鹿島灘沖で発見された岩塊の中から出現した、ミレニアンの母船。太陽光をエネルギー源とし、宇宙空間を航行する。

機体左側面にある発射口から、強烈な光線や波動を撃ち出す。

オルガナイザーG1の影響でミレニアンの体が徐々に変化していく。

巨大UFOを操り、ゴジラに突進させるも熱線の一撃で砕かれた。

宇宙怪獣 オルガ（フェイズⅠ）

身長／60m　全長／75m　体重／4万t
ジャンプ力／100m（高さ）、300m（距離）
歩行速度／30km/h

ミレニアンが、体内のゴジラのオルガナイザーG1を制御しきれず、異形の怪獣へと変貌した姿。巨体だが、四肢の強靭な筋肉から発揮されるパワーを生かして驚異的な跳躍を見せる。また、接近戦では巨大な腕から繰り出される鉄拳技や鋭い牙での噛みつき技でゴジラを徹底的に追い詰めた。

巨大な左腕でゴジラを掴もうとするも、逆に鋭い牙で噛みつかれて怯む。

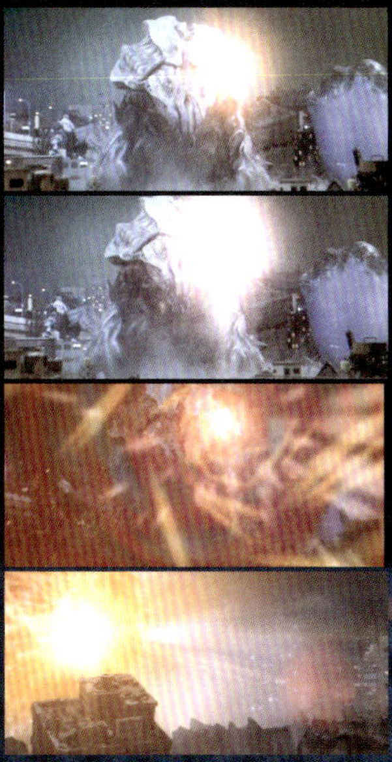

左肩に備えた発射口から、凄まじい波動を帯びた光線を撃ち出す。

一跳びで約300mも跳躍し、ゴジラとの間合いを素早く詰めた。

放射熱線の爆発で発生した高熱火炎の中を怯まずに進んでくる。

オルガナイザーＧ１の効力により、破損した個所を短時間で再生。

物体を浮遊させる超念動の力で、巨大ＵＦＯを遠隔操作していた。

無限に生存しようと考え、ゴジラに近い存在に進化しようとする。

放射熱線を浴びて一旦は滅びたかと思われたが、すぐに甦った。

宇宙怪獣 オルガ（フェイズII）

身長／60m　全長／75m　体重／4万5000t

肉弾戦の最中、ゴジラの頭部を咥え込んだオルガが相手の体内からオルガナイザーＧ１を吸収、ゴジラに近い姿へと変貌したもの。さらにゴジラ化を進めようとするも、口の中で放たれた体内放射によって全身を粉砕され、最終的には炭化してしまった。

表皮に鱗が生え、長い背鰭が伸び始める。さらに体色も緑がかった状態となっていった。

ゴジラのオルガナイザーＧ１を吸い取ろうとするあまり、一瞬の油断が生じる。

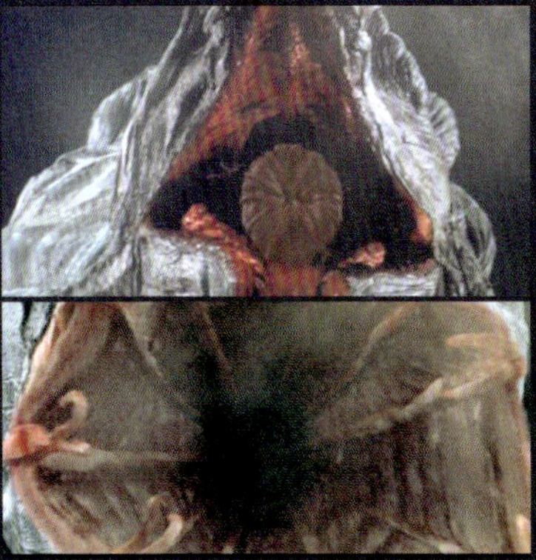

触手を備えた膜がある口を大きく開き、最終的にはゴジラの巨体を飲み込んでしまおうとする。

腕を大きく振り回し、ゴジラの頭部に強いダメージを与える。

※ＣＣＩは、危機管理情報局（Crisis Control Intelligence）の略称である。

ゴジラ対策に尽力する人々

ゴジラを〝災害〟として捉え、その活動を予知する民間情報機関・ゴジラ予知ネットワーク、日本で発生する危機に対処する情報局・ＣＣＩ、災害から国家を守る自衛隊など、様々な立場で怪獣に挑む人々。

篠田イオ

雄二の一人娘。助手としてゴジラ予知ネットワークを運営する。

高田

東海村でのゴジラ迎撃作戦を考案して指揮する、自衛隊の師団長。

片桐光男

内閣官房副長官とCCIの長官を兼任するエリート官僚。ゴジラを憎み、「倒すべき存在」と考え、雄二とは相容れない関係。

自身の右腕である宮坂を従え、対ゴジラ作戦を立案・実行していく。

雄二とは大学の同級生だがライバル関係にあり、傲慢な態度を取り続けた。

篠田雄二

大学で〝ゴジラ研究〟に当たっていたが、科学の暴走や人類の自惚れに恐怖を感じ、ゴジラ予知ネットワークを主宰した。

ゴジラの体を形成するオルガナイザーＧ１の発見者で、研究を進める。

ＣＣＩの宮坂四郎とは大学時代からの友人で、協力関係にあった。

アナウンサー

巨大ＵＦＯがＣＣＩのヘリを撃墜した臨時情報をラジオで伝えた。

権野

ゴジラの抹殺に力を傾ける防衛官僚。ＣＣＩの片桐と行動する。

園田

福島県在住のゴジラ予知ネットワーク会員。熱帯魚店を経営する。

大川

陸上自衛隊の警備隊隊長。雄二とイオのビル侵入を許可する。

宮坂四郎

CCIに所属する優秀な科学者。日本海溝で岩塊を発見し、その解析に当たっていた。その後、ゴジラの細胞分析に協力する。

海底資源の発掘調査を担当。その際にミレニアンを復活させてしまった。

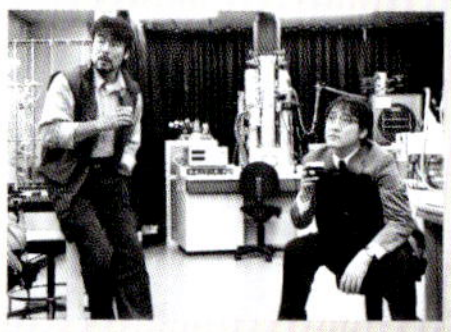

研究することに楽しみを見出す。時に冷徹な一面を見せることもあった。

一ノ瀬由紀

月刊誌『オーパーツ』の女性記者。ゴジラ関連記事の担当を命じられて雄二に同行するが、本人としては不本意らしい。

ゴジラには興味がなく、コンピューター雑誌への異動を望んでいた。

メカに強く常にモバイルやカメラを持ち歩く。篠田親子には理解を示す。

石井

不思議現象の記事を専門とする月刊誌「オーパーツ」の編集長。

篠田酒造の番頭

雄二の実家「篠田酒造」を切り盛りする人物。かなりの酒好き。

CCI&自衛隊装備

ＣＣＩが自衛隊と共同で開発し完成させた高性能の新型装備や、自衛隊が元々所有している強力な火力を有した現有兵器などが、ゴジラや巨大ＵＦＯへの攻撃に使用され、一定の成果を上げた。

CCI専用ヘリコプター

ＣＣＩの移動手段。千葉県幕張で巨大UFOと遭遇し、3機が撃墜された。

74式戦車

東海村に配備され、原子力発電所を狙うゴジラに攻撃を仕掛けた。

CCIセンサーバード

巨大ＵＦＯの内部を透視するために使用された、ＣＣＩの特殊装備。

ブラスト・ボム

全高／1.8m　直径／2.7m（脚部展開時）　砲口直径／0.7m

ＣＣＩによって開発された単一指向性爆弾。シティタワーの屋上に着陸した巨大ＵＦＯの爆破に使われるも失敗した。

AH-1S対戦車ヘリコプター

対戦車ミサイルを搭載する戦闘ヘリコプター。久慈川誘導作戦に参加した。

90式戦車

74式戦車と共に出動し、東海村でゴジラを迎え撃った攻撃車両。

しんかい6500

6500mの深海へ潜水可能な調査艇。鹿島灘沖にＧセンサーを設置した。

フルメタルミサイルランチャー

73式装甲車の上部に２連装のミサイルランチャーを装備した車両。フルメタルミサイルの輸送と発射に使用された。

F-15J戦闘機

百里基地から出撃。久慈川上空からゴジラにミサイルを撃ち込んだ。

小型トラック

片桐が東海村での作戦時に乗車し、上陸したゴジラの動向を確認する。

Gセンサー

ＣＣＩが開発した新型装置。ゴジラの接近を察知する機能を有している。

①ゴジラが北海道上陸。根室市街や発電所などを破壊し、姿を消した。

②ＣＣＩはしんかい6500を使った海底での作業中に謎の岩塊を発見。

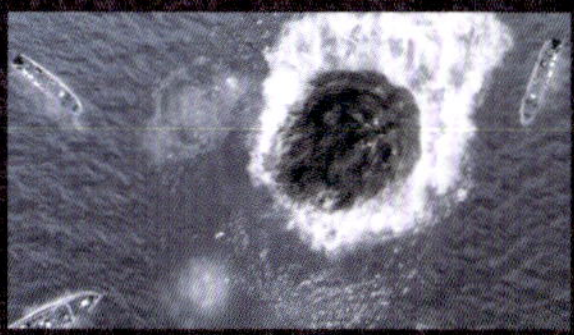

③早速、引き上げ作業が行われたが、岩塊は自力で浮上してしまった。

④ゴジラ上陸を観測していた雄二は、CCI長官の片桐光男と遭遇。

⑤東海村に現れたゴジラに、自衛隊が現有兵器や新型装備で挑む。

⑥そこへ岩塊が飛来。激戦の末にゴジラは海底に沈んで行方不明に。

⑦岩塊も北浦まで吹き飛ばされて活動停止し、内部から金属が露出。

⑧ゴジラの細胞が持つ治癒力から、オルガナイザーG1が確認された。

⑨岩塊が大きく振動し始めて巨大UFOの正体を現し、飛び去った。

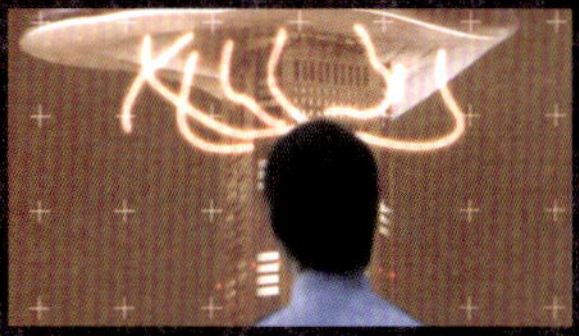

⑩西新宿のシティタワーに着陸した巨大UFOから触手が伸び出す。

STORY

北海道・納沙布岬を調査していたゴジラ予知ネットワークの篠田雄二とイオ、月刊誌「オーパーツ」記者の一ノ瀬由紀は、濃霧の中でゴジラと遭遇し、恐るべき破壊力を目撃する。数日後、鹿島灘沖で謎の岩塊が発見されるも引き上げ中に自力で浮上。内部に地球外生命体が存在するのではと推測された。そんな時、東海村原発付近の海にゴジラが出現。自衛隊と戦闘を繰り広げているところへ岩塊が飛来し、ゴジラは岩塊と相討ちとなって姿を消す。翌日、西新宿に岩塊から出現した巨大ＵＦＯ、そしてゴジラが出現。さらに巨大ＵＦＯの中にいた宇宙生物がゴジラのオルガナイザーＧ１を吸収し、宇宙怪獣・オルガへと変貌する。オルガに飲み込まれそうになったゴジラは、体内放射で敵の巨体を爆破。人類文明へ怒りをぶつけるかのように都市を破壊し続けるのだった……。

⑪雄二は巨大ＵＦＯが地球の大気を変えようとしていることを察知。

⑫片桐の命令により、自衛隊がブラスト・ボムでシティタワーを爆破するも、巨大ＵＦＯは無傷のままだった。

⑬一方、ゴジラも新橋から上陸し、巨大UFOがいる西新宿へ向かう。

⑭巨大ＵＦＯから伸びた触手に捕まり、ゴジラの動きが封じられる。

⑮ゴジラは放射熱線で反撃後、巨大UFOに尾の一撃を炸裂させた。

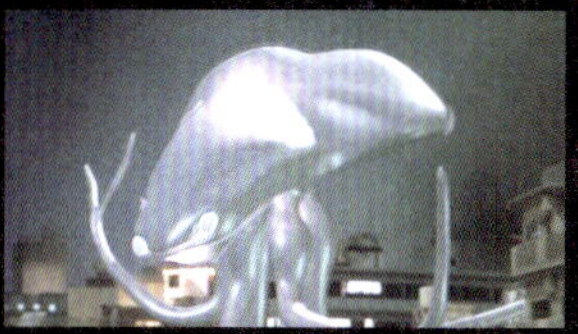

⑯巨大ＵＦＯから巨大宇宙人ミレニアンが出現。その姿に変化が。

⑰ゴジラの体内にあるオルガナイザーＧ１を吸収したミレニアンは、宇宙怪獣オルガへと姿を変え、猛攻撃を仕掛けてくる。

⑱オルガがフェイズⅡに進化。巨大な口でゴジラを飲み込む!?

⑲ゴジラが体内放射を発動し、オルガの体は木っ端微塵に吹き飛ぶ。

⑳戦いに勝利したゴジラが、雄二や片桐らのいるビルへと迫り来る。

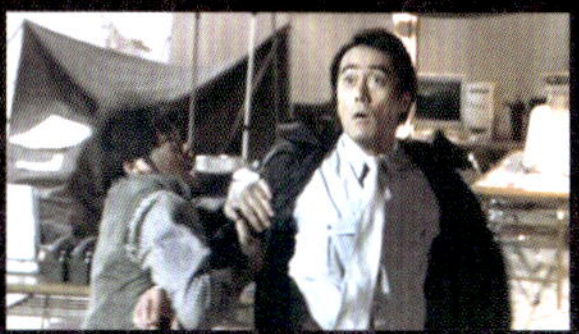

㉑対峙することを望んだ片桐は、ゴジラの攻撃を受けて命を落とす。

㉒東京を破壊し続けるゴジラ。その怒りを止められる者はいない。

ゴジラ×メガギラス G消滅作戦

『ゴジラ×メガギラス G消滅作戦』
2000年12月16日公開　109分

STAFF
製作／富山省吾　監督／手塚昌明　脚本／柏原寛司、三村 渉　撮影／岸本正広　美術／瀬下幸治　録音／斉藤禎一　照明／斉藤 薫　編集／普嶋信一　音楽／大島ミチル　特殊技術／鈴木健二　撮影／江口憲一　特美／高橋 勲　照明／川辺隆之　特効／渡辺忠昭、久米 攻　操演／鳴海 聡

CAST
辻森桐子／田中美里　工藤 元／谷原章介　新倉 誠／勝村政信　美馬和男／池内万作　杉浦基彦／伊武雅刀　吉沢佳乃／星 由里子　早坂 淳／鈴木博之　細野精一／山口馬木也　奥村知治／山下徹大　宮川卓也／永島敏行　山口 剛／中村嘉葎雄　早坂 薫／かとうかずこ　自衛隊隊員／坂田雅彦

前作より東宝特撮映画の製作を担うこととなった富山省吾は、いわゆる〝ミレニアムシリーズ〟を「1作限りの世界観で構築していく」と決定。本作は〝空想科学〟がテーマに選ばれる。監督に抜擢された手塚昌明は〝東宝チャンピオンまつり〟のような娯楽映画作りを求め、ゴジラの格闘をデイシーンにすることで、明るい映像作りを心掛けた。また、アニメーションを意識した大胆なアクションを演出の中に取り入れている。

ミリタリー色が強い内容となり、対ゴジラ戦闘部隊を登場させた。

ゴジラの敵として、メガヌロンが成長したメガギラスが選ばれる。

優れた操演技術で、メガギラスの昆虫的な動きを表現した。

メガギラスの上半身だけの演技は、ＪＡＥの渡辺 実が担当。

東宝の名俳優、星 由里子の出演も、本編ドラマに花を添えた。

『モスラ対ゴジラ』の格闘を意識した映像も随所に盛り込まれる。

前作よりＪＡＥの喜多川 務がゴジラ役となり、大胆なアクションを演じた。

ゴジラのスーツが跳躍し、メガギラスに激突という、派手な演出も多い。

格闘シーンでは、喜多川の演技によって操演のメガギラスにも命が吹き込まれる。

ゴジラとメガギラスの最終決戦場として、お台場のテレビ局付近が選ばれる。

メガギラスの造形物は、ゴジラのスーツと同サイズのものが用意された。

高い位置からの俯瞰撮影で、巨大怪獣の激しい激突シーンを表現。

ゴジラが覆い被さるシーンは、メガギラスのスーツに演技者が入って行われた。

メガギラス出現シーンに使われた渋谷の夜間セットを流用し、宣伝用スチールを撮影。

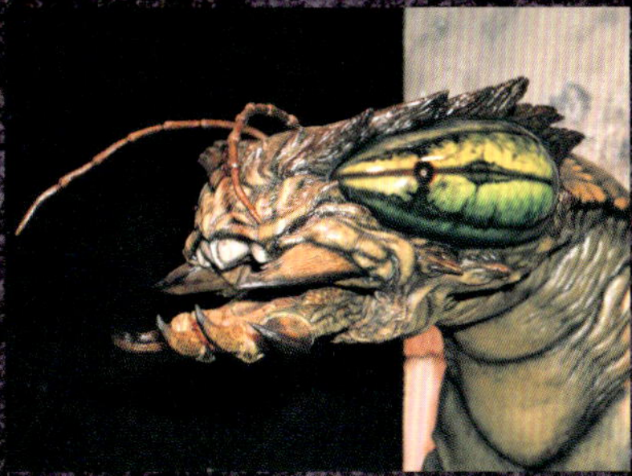

メガヌロンのデザインもリファインされ、クリーチャー的な怪物となる。

主人公の辻森桐子には東宝シンデレラ審査員特別賞の田中美里が選ばれた。

メガギラスの造形物をピアノ線で吊り上げ、ゴジラが投げるシーンを演出。

メガニューラの群体がゴジラに襲い掛かる場面では、多くのミニチュアを使用。

1954年出現時

大戸島で人類の前にその姿を初めて現し、その後、東京に上陸して猛威を振るった。

1966年出現時

完成直後の東海村原子力発電所を襲撃し、その施設を徹底的に破壊して去った。

1996年出現時

大阪に出現。クリーンエネルギーファクトリーの発電所に攻撃を仕掛けた。

放射熱線

周囲の建造物を破壊しながら進撃、バズーカ砲の直撃にも怯まない強敵である。

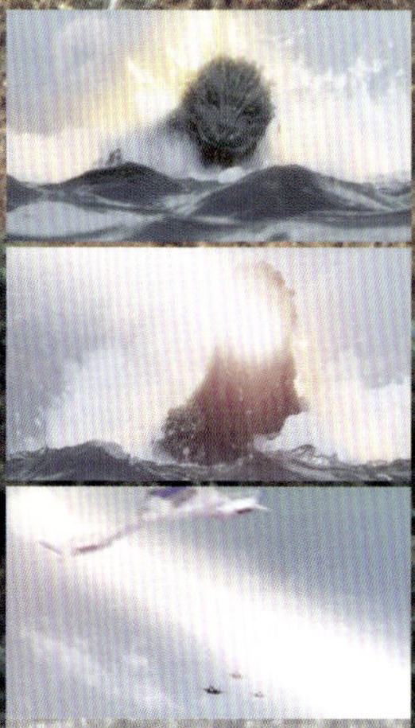

背鰭を発光させて放射線を漲らせた後、口から勢いよく放って敵を攻撃する。

怪獣王 ゴジラ

全高／55m　全長／122.5m　直立時／105m　顔幅／7.8m　横幅／10ｍ
口幅／6.5m　横幅／7.8ｍ　肩幅／20ｍ　腹幅／14ｍ　腰幅／22ｍ
脚の長さ／19ｍ　腕の長さ／14m　手の長さ／3.8ｍ　手の幅／3ｍ
尻尾の長さ／78ｍ　体重／2万5000t　歩行速度／40km/h　演技者／喜多川 務

1954年に出現後、現在(2001年)まで倒されることもないまま日本付近で暴れ続けている、怪獣の王。人類が強大なエネルギーを操ることを許さず、外部からのあらゆる攻撃に耐えながら太古の昆虫が変異した大怪獣・メガギラスと激突した。一撃で巨大な建造物を突き破る怪力と、空中を高速飛行するメガギラスに対抗できるほどの瞬発力と跳躍力を身につけている。

〝大自然が遣わした使者〟の如き存在であり、人間が作り出したエネルギーを憎悪する様を見せる。

ただ凶暴なだけの怪獣ではなく、ある種の目的意識を持って行動しているように感じられる。

グリフォンの直撃によって体が火炎で包まれても、怯む様子は見せなかった。

ゴジラとメガギラスの激突でお台場周辺は大被害を受け、瓦礫の山となる。

小笠原海溝で活動を再開。太平洋でGグラスパーの攻撃を受ける。

Gグラスパーの作戦によって、奇岩島に誘導され、上陸する。

東京の破壊を目論んでいるらしく、Gグラスパーの追撃をものともせずに突き進む。

奇岩島でメガニューラの大群と対決し、放射熱線で多数を撃滅。

ディメンション・タイドに狙われるが、命中を逃れて海に消えた。

グリフォンが激突した後、ディメンション・タイドの直撃で生死不明に。

東京湾に出現後、お台場でメガギラスを倒して広尾付近へ移動。

核エネルギーの塊であるため、メガニューラの大群に狙われる。

Gグラスパーの辻森桐子によって、体に発信機を撃ち込まれる。

海上・海中では、地上よりも素早くパワフルな動きを見せていた。

攻撃でよろけるも、すぐに体勢を立て直して敵に立ち向かう。

数十年に亘る戦闘により、凄まじい攻撃力を身につけた。

敵意を剥き出しにした表情で、人類やメガギラスに襲い掛かった。

Gグラスパーの戦闘機・グリフォンに誘導され、メガギラスと遭遇。

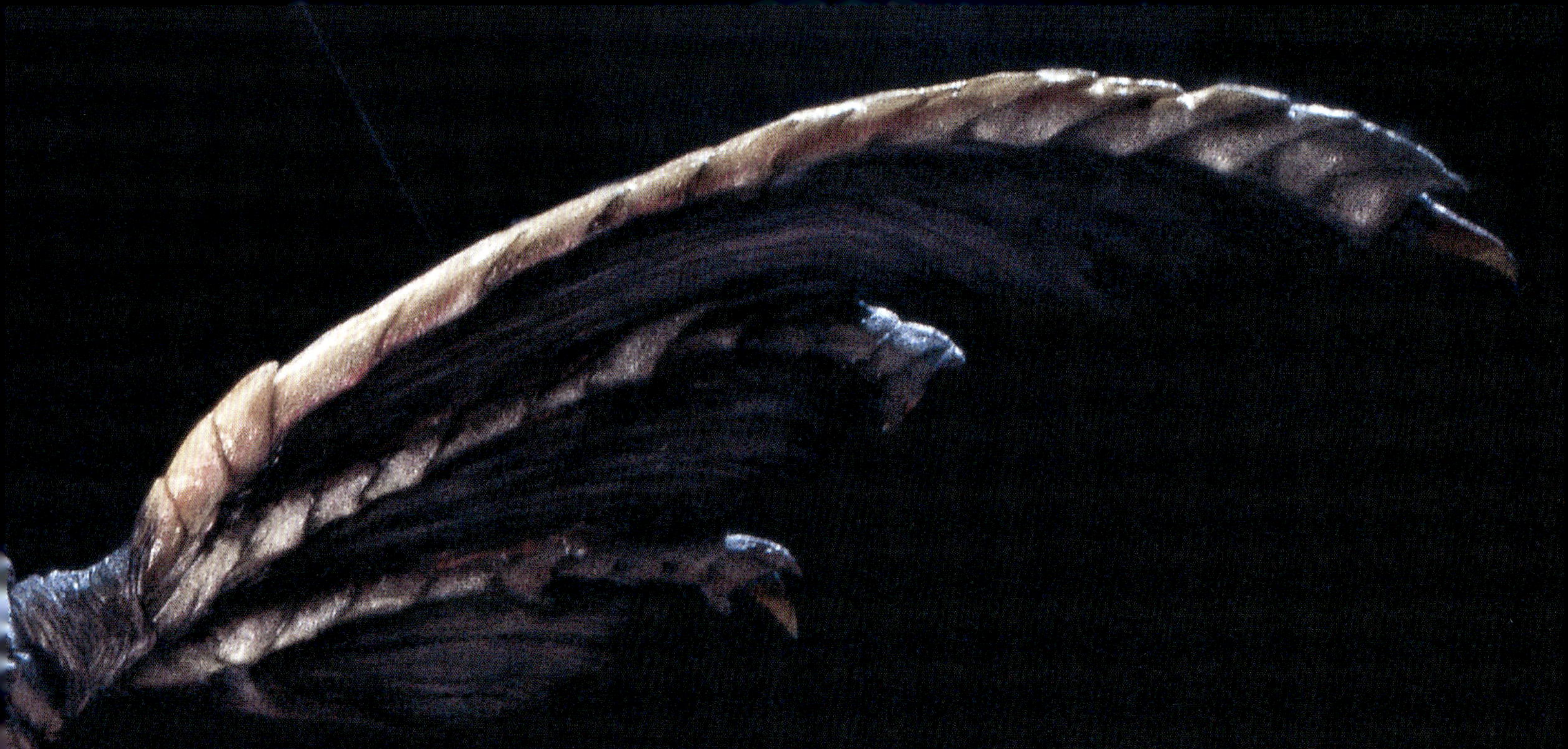

巨大メガヌロン

体長／50ｍ
体重／不明

多数のメガヌロンから有力な１個体が、成虫になる前に巨大化したもの。ゴジラのエネルギーを与えられ、メガギラスに変態した。

古代昆虫 メガヌロン

体長／２ｍ　体重／500 kg

対ゴジラ用兵器、ディメンション・タイド実験で時空の歪みが発生。その際、現代に迷い込んだメガニューラが産んだ卵が約１万個に自己分裂し、孵化して誕生した。

メガヌロンの卵は、少年・早坂 淳の手で山梨から渋谷へ運ばれた。

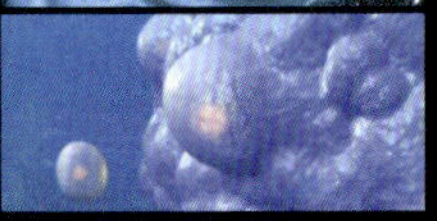

渋谷の下水管に捨てられた卵が、地下水脈内で分裂を開始する。

両手の鋏と鋭い牙で人間を捕らえ、捕食して成長していった。

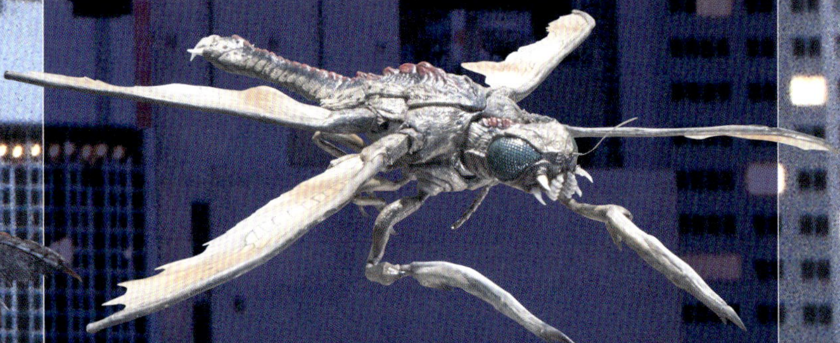

古代昆虫 メガニューラ

体長／２ｍ　翼長／５ｍ　体重／1t　飛行速度／M(マッハ)２

現代に出現した太古の巨大な蜻蛉《とんぼ》。群れを成して飛行し、動物を捕食しつつ成長。核エネルギーの塊であるゴジラに狙いを定めて襲い掛かった。空中をＭ２で飛行。

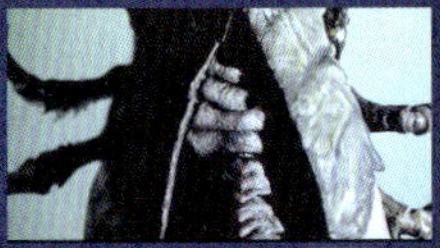

メガヌロンが脱皮して成虫となった姿。

渋谷に多数が出現。その後、海上でゴジラに倒された死骸が見つかる。

同族にエネルギーを与える個体、産卵する個体の２種類が存在する。

超翔竜 メガギラス

全長／50m　翼長／80m　体重／1万2000t
最高飛行速度／M4　演技者／渡辺 実

巨大メガヌロンが、ゴジラのエネルギーによって究極の戦闘形態に変異。強い闘争本能を有しており、力で全世界を制圧して同族に適した環境へ作り替えようとした。さらなる高エネルギーを得るためにゴジラを襲うも、最終的には放射熱線が直撃して倒れた。

テリトリーを広げる習性から、お台場でゴジラと激突した。

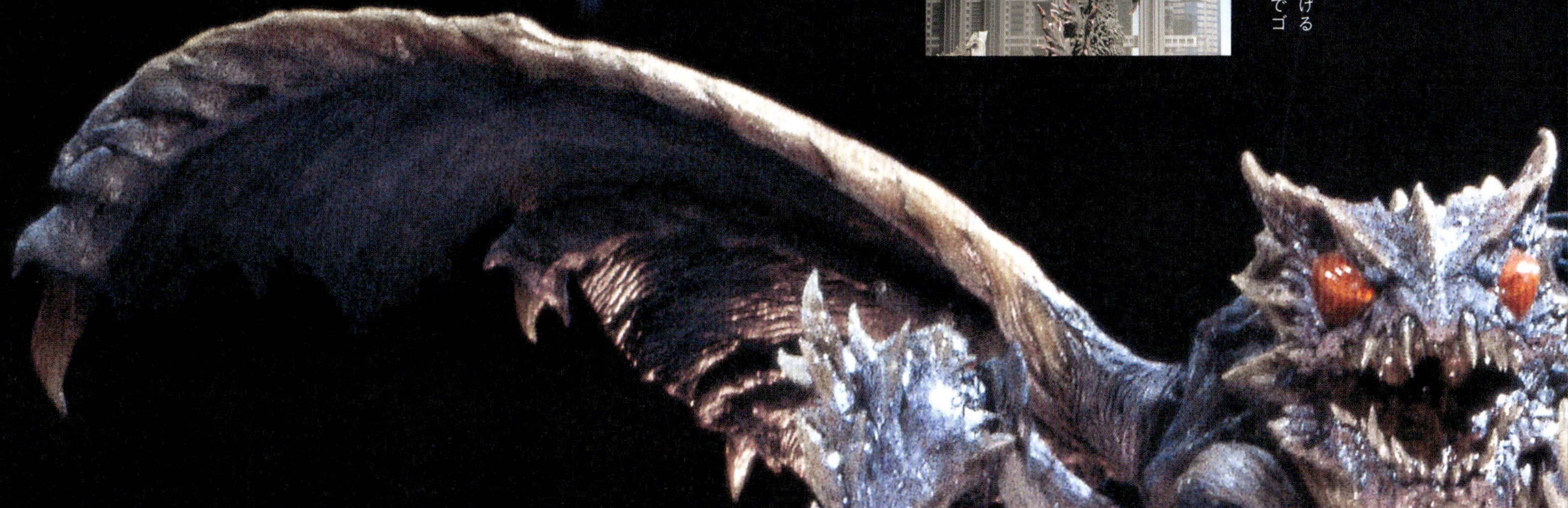

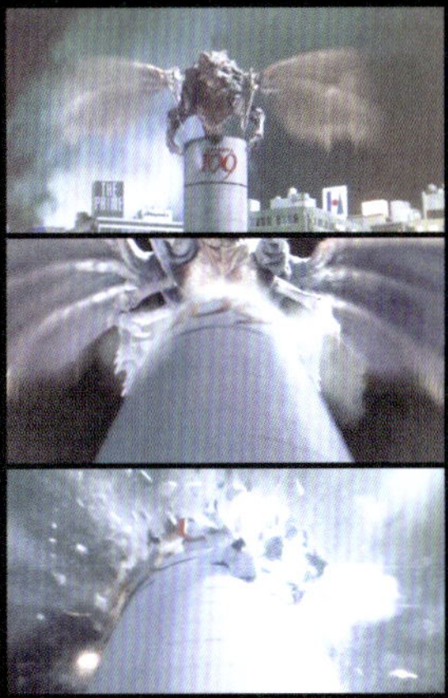

羽を超振動させることで超高周波を生み出し、周囲の物体を木っ端微塵に粉砕。

高層ビルの谷間を通過した際、鋭い羽で建造物の壁面を切り崩していく。

尾の先に備えている尖った爪を敵に突き刺し、体を引き裂く。

M４の飛行速度を生かし、地上の敵に急降下攻撃を仕掛ける。

両手に備えた鋭い鋏で、建造物の屋上を砕きながら飛行する。

水没した渋谷の地下水脈の中で巨大メガヌロンが変態し、メガギラスが誕生。地上に現れた。

両手の鋏でゴジラを掴み、動きを封じた後に、尾の爪で攻撃。

全身が硬い表皮で覆われており、外部からの攻撃をすべて弾き返す。

蛹状態となった巨大メガヌロンから、超強力なメガギラスが誕生。

2枚の羽を勢いよく振り下ろすことで、赤い光球状の強烈な超高周波を敵めがけて撃ち出す。

特別G対策本部&Gグラスパーの関係者

ゴジラ災害に対処する組織・特別G対策本部と、その下部組織である戦闘部隊・Gグラスパーの関係者たちと、メガギラスの出現に関わってしまった民間の人々。

吉沢佳乃

特別G対策本部内にある科学班第一研究室の責任者で、物理学者。

杉浦基彦

プラズマエネルギーの推進リーダー。G消滅作戦の指揮を執る。

山口剛

特別G対策本部のS2に所属する生物学者。ゴジラ研究の専門家。

宮川卓也

対G特殊部隊の隊長。5年前の戦闘で瓦礫から桐子を守って殉職。

工藤元

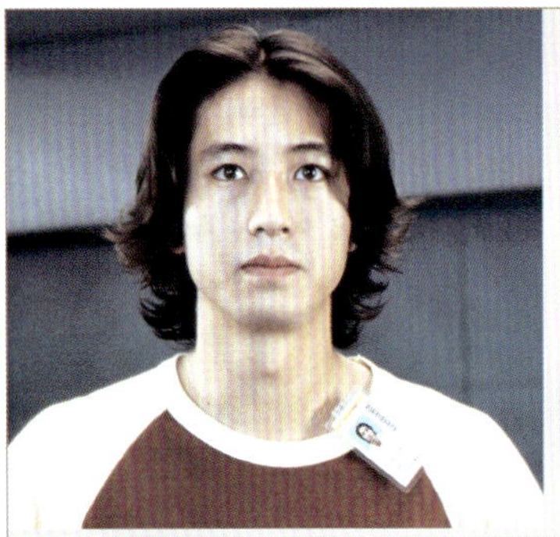

秋葉原のジャンクショップに勤務する青年で、マイクロマシンの開発にかけては天才な閃きを有した発明家。

やや軟派な性格だが、機械に関する思いは誰よりも強い。

吉沢物理学研究室での活躍を評価され、特別G対策本部に招かれた。

辻森桐子

Gグラスパーを指揮する隊長で、階級は3佐。ゴジラ打倒に闘志を燃やし、G消滅作戦を果敢に実行していった。

5年前は、陸上自衛隊の対G特殊部隊に所属していた。

トレーニングを欠かさない猛者で、多くの格闘技を会得。

奥村知治

Gグラスパーの一員で、階級は3尉。陸上自衛隊特殊部隊の出身。

細野精一

Gグラスパー所属のパイロットで階級は1尉。グリフォンを操縦。

早坂淳

白州の廃校付近でメガヌロンの卵を発見し、自宅へ持ち帰った少年。

早坂薫

早坂淳の母親。仕事の関係で山梨の白州から渋谷に転居してきた。

美馬和男

Gグラスパーのオペレーターで、階級は1曹。ディメンション・タイドの発射管制を担当し、ゴジラを攻撃。

以前は海上自衛隊に所属し、潜水艦ソナーを担当していた。

通信機器のプロフェッショナル。ゴジラの動きをモニターで監視する。

新倉誠

Gグラスパーの広報担当官で、階級は准尉。ゴジラに関するあらゆる情報を収集する任務も担っていた。

人当たりが良く、仲間から好かれる好漢。性格も温厚。

対G特殊部隊の窓口として、取材対応や外部へのアナウンスを行う。

特別G対策本部、Gグラスパー、自衛隊装備

ゴジラやメガギラスの脅威に対抗するため、特別G対策本部やGグラスパーが使用する最新装備。そして、自衛隊が出撃させる強力兵器群である。

緊急用ゴムボート

グリフォンに搭載されており、桐子がメガニューラの死骸周辺の調査時に乗船。

零式無反動砲ロケットヒートMT124B

陸上自衛隊・特殊部隊の隊員が装備しているロケット砲、ゴジラ攻撃に使用。

ディメンション・タイド(実験用)

プラズマ・エネルギー原理を応用した、マイクロブラックホール発生機の試作機。

三菱・ジープ

Gグラスパーが所有する車両。ディメンション・タイドの実験場で活躍する。

特殊多目的ボート

自衛隊が水没した渋谷での捜索や救助などに使用した、小型の高速ボート。

ディメンション・タイド

マイクロブラックホール発生機の完成機。静止軌道上からゴジラを攻撃する。

業務トラック

ディメンション・タイドの実験用機器を、山梨の白州へ運搬した大型車両。

AS350Bエキュレイユ

特別G対策本部所有のヘリコプター。関係者の移動手段として使われる。

Gグラスパー専用車

Gグラスパーが情報収集の際に使用する特別車両。険しい場所をも完全走破。

グリフォン (GX-813)

防衛庁が試作開発した小型高速飛行戦闘機で、形式番号はGX-813。Gグラスパーの専用機に採用されるも、コスト高で増産は難しい。

機首の両サイドに装備された光子砲から、強力な光弾を連射する。

全長／18m　重量／15t
飛行速度／M3　乗員／3名

小型SGS

工藤元がSGSを元に開発した小型メカで2機製作された。内部に3CCDと赤外線カメラを積んでいる。

SGS

全長／2m(オリジナル)　速度／40kn

特別G対策本部が開発したゴジラ自動追尾ロボット。グリフォンから海中に投棄され、ゴジラの後を追う。

①1954年、ゴジラの襲撃で東京は壊滅し、首都が大阪に移される。

②科学技術庁の采配で、大阪にクリーンエネルギーの研究所が完成。

③特別G対策本部は工藤 元を招聘し、対ゴジラ兵器の開発を急ぐ。

④対ゴジラ兵器のディメンション・タイドが完成。実験も成功した。

⑤その夜、実験場の近くに住む少年、早坂 淳が謎の卵を拾う。

⑥卵は渋谷で孵化し、メガヌロンが誕生。次々と人間を襲った。

⑦メガヌロンから変態したメガニューラの死骸を辻森桐子らが調査。

⑧そこへゴジラが出現。桐子が巨体に飛び乗り、発信機を撃ち込む。

⑨元の恩師・吉沢佳乃と、ディメンション・タイドを完成させた。

⑩生物学者の山口 剛は、メガニューラの特性を桐子たちに説明する。

⑪Gグラスパーの誘導でゴジラは奇岩島へ。G消滅作戦が始まった。

⑫ディメンション・タイドが発射され、メガニューラは半減する。

⑬だが、照準が定まらず、ゴジラは海へ逃れて東京を目指した。

⑭一方、巨大メガヌロンは変態を遂げ、メガギラスが渋谷に出現。

⑮メガギラスは凄まじい衝撃波を放ち、ビル街を破壊していく。

⑯ついに、お台場でゴジラとメガギラスが激突。周囲に被害が発生。

⑰ゴジラの放射熱線が直撃し、メガギラスは墜落後に大爆発した。

⑱再起動したディメンション・タイドの一撃がゴジラの巨体に命中。

⑲ゴジラは消滅したかに見えたが、桐子はその死を疑っていた……。

STORY

1954年に初出現して東京を蹂躙したゴジラは、その後も原子力発電所やクリーンエネルギーファクトリーなど、人類が開発した施設を次々と破壊していた。2001年、究極の対ゴジラ兵器・ディメンション・タイドが完成間近となるが、実験の影響で太古の昆虫・メガニューラが現代に出現。それが産んだ卵から巨大メガヌロンが誕生し、メガギラスへと変態を遂げる。2大怪獣は東京で激突。メガギラスを撃破したゴジラは、科学技術研究所へ向かうも、そこへディメンション・タイドが放たれて姿を消す。だが、都心の地下では謎の震動が続いていた……。

ゴジラ モスラ キングギドラ 大怪獣総攻撃

小柄な女性スーツアクターの太田理愛がバラゴンを熱演した。

ゴジラの巨大さを強調するため、バラゴンはあえて小さく造られた。

企画段階のバランとアンギラスが、モスラとキングギドラに。

ミニチュア撮影と合成を取り混ぜ、大規模な都市破壊を表現した。

一方のゴジラも〝戦争犠牲者の怨念の集合体〟として描かれる。

モスラは、インファント島ではなくヤマトを守る聖獣として設定。

大涌谷の特撮シーンでは、高低差を意識したセットが組まれる。

未成長状態のギドラを表現するため、翼は開いていない状態。

空の聖獣・ギドラも、ヤマトの国土を防衛する存在とされていた。

モスラの飛翔シーンも操演だけでなく、ＣＧモデリングを多用。

ゴジラ役には吉田瑞穂が選ばれ、荒々しいアクションが演じられた。

背中の翼を大きく展開させ、キングギドラへの完全成長を表す。

〝ミレニアムシリーズ〟の次回作に関し、富山省吾は「平成ガメラ3部作」で高い評価を受け、さらに「次のゴジラをやりたい！」と自ら告げてきた金子修介に監督を依頼、企画が動きだす。そして〝カマキラスが対戦相手〟や〝宇宙飛行士が怪獣Ｍに変貌〟などのプロットを経て『バラン×バラゴン×アンギラス 大怪獣総攻撃 ゴジラ２００２』の脚本が完成。東宝上層部の意向が反映されることで対戦怪獣が変更され、本作の内容となった。

放射熱線の直撃による爆発は、火薬を使用した効果を採用した。

ピアノ線を使った操演により、バラゴンのダイナミックな跳躍突進が表現される。

ギドラのスーツをピアノ線で吊り上げ、両脚の飛び蹴りを撮影。

『ゴジラ モスラ キングギドラ 大怪獣総攻撃』
2001年12月15日公開 105分

STAFF
製作／富山省吾　プロデューサー／本間英行　監督·脚本／金子修介　脚本／長谷川圭一、横谷昌宏　撮影／岸本正広　美術／清水 剛　録音／斉藤禎一　照明／粟木原 毅　編集／冨田 功　音楽／大谷 幸　特殊技術／神谷 誠　撮影／村川 聡　美術／三池敏夫　照明／斉藤 薫　操演／根岸 泉　特殊効果／久米 攻　ビジュアルエフェクト／松本 肇

CAST
立花由里／新山千春　立花泰三／宇崎竜童　伊佐山嘉利／天本英世　武田光秋／小林正寛　三雲勝将／大和田伸也　江森久美／南 果歩　小早川時彦／葛山信吾　広瀬 裕／渡辺裕之　宮下／布川敏和　門倉春樹／佐野史郎　ディレクター／モロ師岡　丸尾 淳／仁科 貴　日野垣真人／村井国夫　官房長官／津川雅彦　自殺志願の男／螢 雪次朗

モスラの体毛は少なく、蛾というよりも蜂に近いフォルムだった。

狛犬風にデザインされたバラゴンは、可愛らしい印象となった。

山岳地帯でのゴジラ攻撃シーンが、特撮班のクランクインらしい。

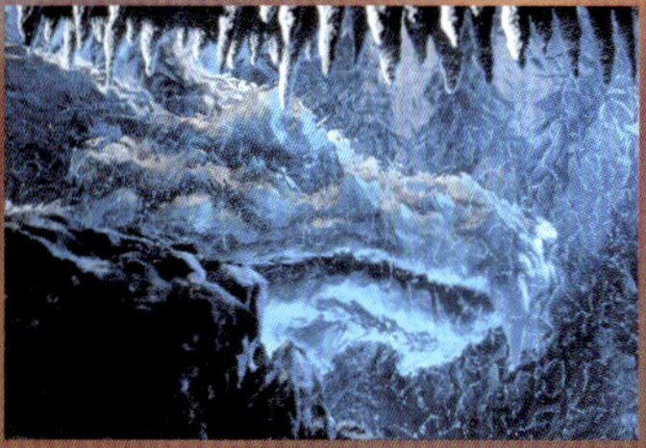

ギドラが眠る富士樹海の地下氷穴では、凝った照明が行われる。

破壊神 ゴジラ

身長／60m　全長／85m　全幅／38m
体重／3万t　演技者／吉田瑞穂

1954年に東京へ上陸して破壊の限りを尽くし、「未知の毒化合物」に倒れた怪獣が、50年振りに出現したもの。グアム島沖で米国の原子力潜水艦を襲撃し、小笠原諸島・孫の手島を壊滅させた後、本土へ上陸。ヤマトの聖獣と激突した。その正体は〝太平洋戦争による犠牲者の怨念の集合体〟らしく、〝それらの無念を現代人が忘れたため、日本に襲い掛かる〟と考えられていた。

人間に対して容赦ない攻撃を仕掛け、その命を確実に奪っていく。

聖獣たちに対しても強烈な悪意を向け、残虐さを発揮して攻撃した。

見開いた両目には瞳がなく無表情で、さながら〝亡霊〟のような印象。

横浜市街で暴れ回り、巨大な建造物群を木っ端微塵に粉砕する。

〝破壊の象徴〟や〝人類最大の厄災〟とも考えられる凶悪な怪獣。

自身よりも小型で戦闘力も低いバラゴンを徹底的に痛めつける。

放射熱線

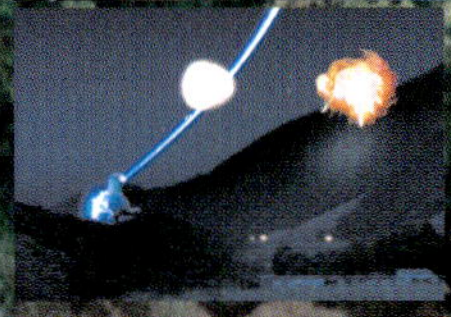

口から放射線を帯びた熱線を放つ。キングギドラ戦ではさらに強化した熱線も撃ち出した。

焼津港から箱根の大涌谷へと移動し、地の聖獣・バラゴンと対決。

地の聖獣 バラゴン [地の神 婆羅護吽]

身長／30m（直立時）　全幅／24.5m
体重／1万t　演技者／太田理愛

およそ2000年前、日本の古代王朝が封印したと伝えられる護国聖獣で「婆羅護吽」とも呼ばれている。その魂が封じられた石像が壊されたことで新潟の妙高山地底から出現し、箱根の大涌谷へ移動してゴジラと対決。全力を駆使して攻撃を仕掛けるも、体格差もあってか、まったく敵わずに敗北を喫した。

手足に備えた鋭い爪を駆使し、大涌谷の切り立った山肌を素早くよじ登っていった。

鋭い牙で物体を噛み砕き、後ろ脚の筋力を生かして跳躍し、敵に飛び掛かっていく。

太田切トンネルを崩落させ、無軌道な迷惑行動を繰り返す暴走族を生き埋めにした。

炎に包まれてダメージを負い、ゴジラの放射熱線で止めを刺された。

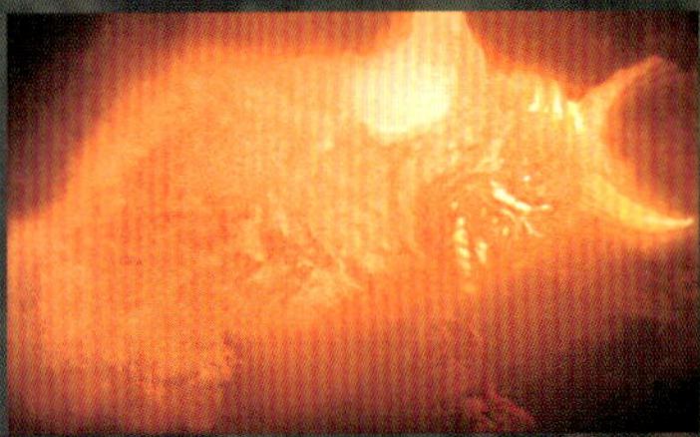

絶命後に〝ゆらぎ〟となって横浜港に登場。ゴジラ撃滅に力を尽くす。

ゴジラの攻撃を躱すために地中へ隠れるも、地上に出た途端、襲われた。

敵に遭遇すると耳を震わせて咆哮し、威嚇した後に攻撃を開始する。

出現当初は「ゴジラ」と思われるも、体色と四足歩行で誤解が解けた。

地中を掘って長距離を移動していたが、富士山麓の森林で全貌を現す。

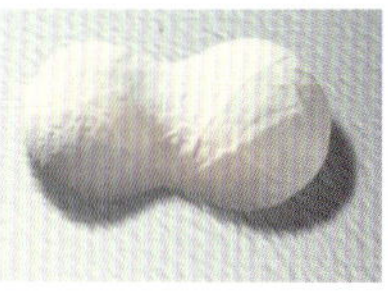

全長／33m

繭の左右にある高い部分は18mと16m。中央のくびれ部分は12m。

繭

モスラ幼虫が口から糸を放出して全身を巨大な繭で覆った状態。水中から出現した翌朝、池田湖に浮かんでいた。

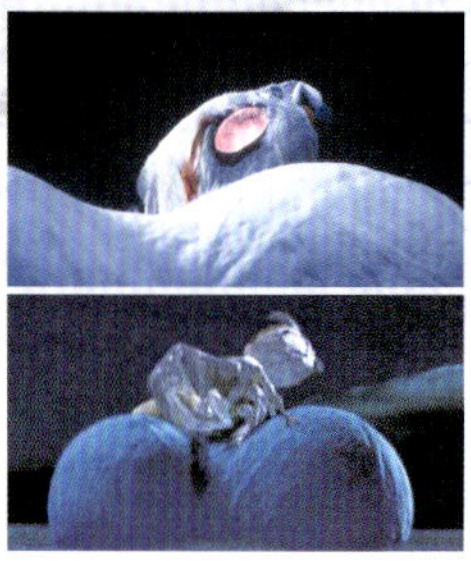

繭の中で幼虫から成虫へと変態を遂げ、空中に飛翔していった。

傍若無人な大学生の行動に怒り、湖底からその巨大な姿を現した。

盗品でパーティーを開いていた大学生たちを、容赦なく湖に引き込む。

海の聖獣 モスラ（幼虫）［海の神 最珠羅］

全長／30m　全高／6m　全幅／5m　体重／1万t

鹿児島にある池田湖の湖底に封印されていた護国聖獣の幼虫形態で、「最珠羅」とも呼ばれている。大学生が石像を破壊したために出現し、彼ら11人を繭糸に絡めてその命を奪った。水中を自在に移動する。

ゴジラとの海中戦を終えた後に浮上し、反撃をするも、ゴジラの放射熱線を浴びて爆発四散した。

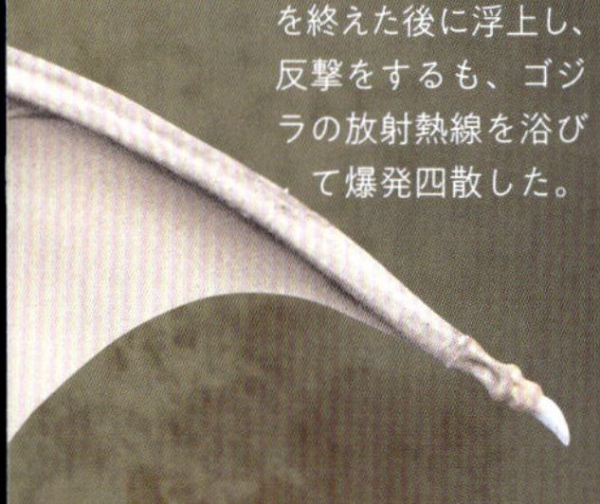

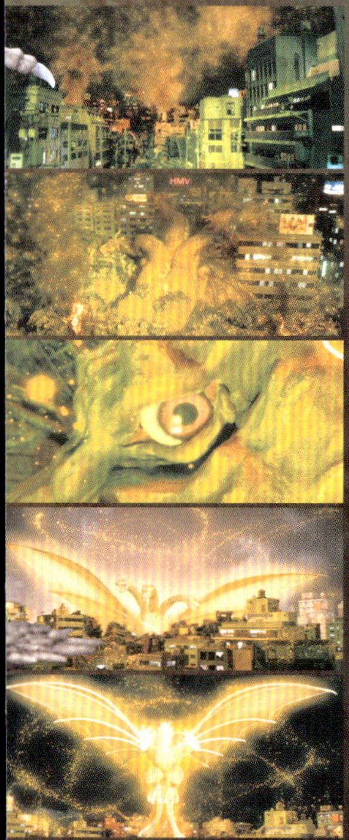

ゴジラの放射熱線で粒子状となったモスラが、ギドラの全身に降り注がれる。

海の聖獣 モスラ（成虫）［海の神 最珠羅］

翼長／75m　体長／24m　全幅／5m　体重／1万5000t

モスラが成虫となった姿で〝鳳凰〟の元として伝えられている。ゴジラが蹂躙する横浜港へ飛来。M（マッハ）1の飛行速度を生かして放射熱線を躱しつつ、死角からのフェイント攻撃を繰り出した。動きもかなり俊敏。

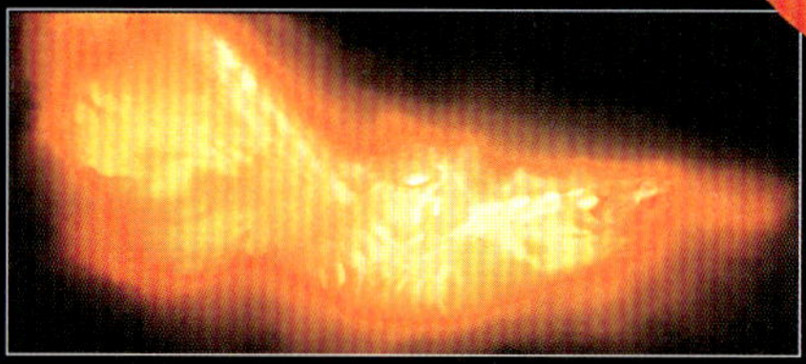

〝ゆらぎ〟の状態で姿を現し、海上にいるゴジラの体内に入って海底へ沈めた。

鹿児島から一直線に北上。横浜のビル街を縫うように飛び回って、ゴジラを攻撃した。

ギドラや巡洋艦「あいづ」に向けて放たれた放射熱線を浴び、全身が焼き尽くされる。

戦闘によるダメージを負ったギドラを庇い、ゴジラに立ち向かっていく。

途中から参戦したギドラと共闘して立ち向かうも、ゴジラのパワーには敵わなかった。

腹部から無数の毒針を発射し、ゴジラの戦闘力を大幅に低下させた後に襲い掛かる。

噛みつき攻撃を仕掛けるも、ゴジラに投げ飛ばされて意識を失った。

自殺志願の男性が石像を倒したことで覚醒。「クニ」を守る活動を開始。

サンダースパーク

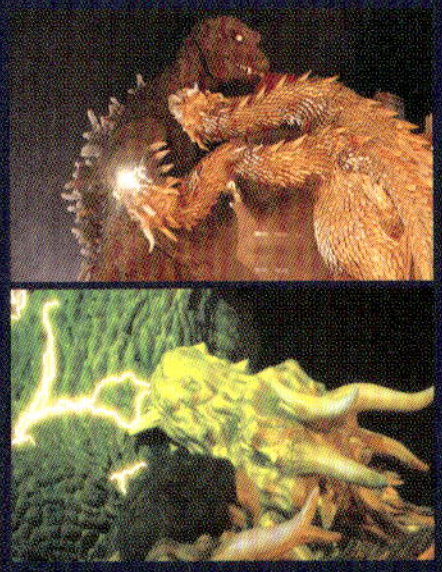

口から放射する強烈な電撃。敵に噛みついた際に流し込むこともあった。

空の聖獣 ギドラ
[天の神 魏怒羅]

身長／50m　体重／2万5000t
演技者／大橋 明

富士樹海にある神社の地下氷穴に封印されていた聖獣で、「魏怒羅」とも呼ばれている。八岐大蛇伝説の源だがその成長は遅く、完全体となるためには1万年を要するため、現時点では幼体であった。

引力光線、ビッグスパークボール

３つの頭部から凄まじい破壊光線を放射。また、全身に纏う金色の粒子で放射熱線を受け止め、巨大な電撃球に変えて撃ち返す。

空の聖獣 キングギドラ [天の神 千年竜王]

身長／50ｍ　翼長／93ｍ　体重／2万5000t　演技者／大橋 明

空の聖獣・ギドラが、真の姿であるキングギドラへと進化を遂げた姿で、「千年竜王」とも呼ばれている。人類ではなく「クニ」防衛のために、ゴジラと激戦を繰り広げた。優れた飛翔能力を生かし、空中から地上にいる敵めがけて集中攻撃を仕掛ける。また、海中でもゴジラを凌駕するほどの超戦闘力を見せた。

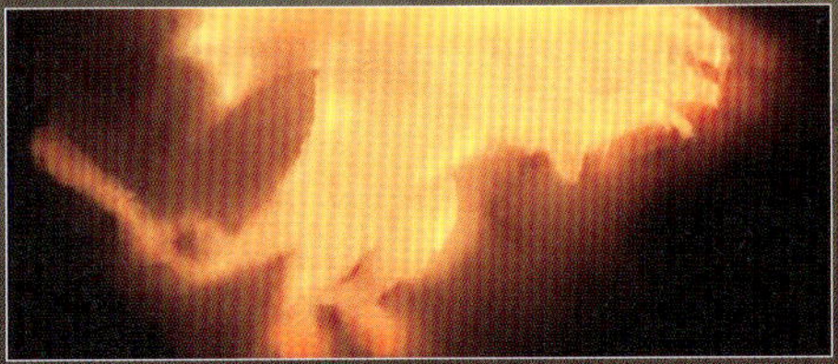

最終決戦時にバラゴン、モスラに続いて「ゆらぎ」となり、ゴジラに挑む。

様々な立場で〝災い〟に挑む者

50年間の沈黙を破り、出現したゴジラが巻き起こす〝厄災〟に、それぞれの〝職務〟や〝使命〟を全うしようとする人々。強い信念で「クニ」を救った。

小早川時彦

情報管理部少佐。マニアックな性格で聖獣に「怪獣名」を付けた。

江森久美

防衛軍の情報管理部大佐。沈着冷静な人物で、泰三に好意を抱く。

三雲勝将

防衛軍の空軍中将。対ゴジラ要撃司令官に任命され、部隊を指揮。

門倉春樹

「ＢＳデジタルＱ」の企画部長。ゴジラを追う由里にエールを送る。

宮下

巡洋艦あいづの副官で、防衛軍の海軍中佐。横浜でゴジラを攻撃。

広瀬裕

防衛軍の海軍中佐で、潜水艦の漕艇者。泰三に信頼を寄せていた。

日野垣真人

防衛軍の軍令部に所属する書記官。軍の動きと政府の意向を調整。

丸尾淳

由里の取材や、ゴジラ対護國聖獣のレポートをバックアップした。

ディレクター

現実的な姿勢で「ＢＳデジタルＱ」の番組を製作していた。

立花泰三

防衛軍の海軍准将で、由里の父親。任務に忠実な軍人ではあるが、柔軟な思考の持ち主で常に娘を気にかけている。

最前線で指揮を執り、最後は自らさつまに搭乗してゴジラに挑んだ。

立花由里

超常現象の番組製作を得意とするテレビ局「ＢＳデジタルＱ」の社員。レポーターやＡＰなど、様々な職務をこなす。

ジャーナリストとしての誇りを胸に秘め、ゴジラや護國聖獣を取材。

武田光秋

科学や様々な雑学に詳しいサイエンスライター。友人である由里に「護國聖獸傳記」を紹介し、行動を共にする。

由里に恋愛感情を抱いているらしく、彼女を危険から守り抜いた。

伊佐山嘉利

護國聖獣たちが眠る地に姿を見せる謎の老人で、聖獣復活を見守る。ゴジラが〝残留思念の塊〟だと看破した。

「護國聖獸傳記」を著した民俗学者。50年前の時点で75歳だった。

聖獣関連資料

「クニ」を守る護国聖獣に関連する資料や、その力を抑え、封印するために古代人類が作ったと思われる道具である。

護國聖獸傳記

古代の王朝が封印した３体の護國聖獣についての研究を重ねていた伊佐山嘉利が、その考察をまとめて書き上げたもの。

石像

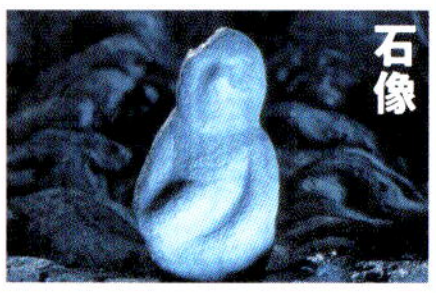

石で作られた素朴な像だが、電気的な性質を帯びた護國聖獣の魂を封じている。

石のディスク

由里が樹海の神社で発見。ギドラに力を与え、「ゆらぎ」のきっかけとなった。

F-7J

防衛空軍の主力戦闘機。レーザー誘導弾ペイブウェイでゴジラを攻撃した。

巡洋艦あいづ DDH-147

防衛海軍が所有する最新鋭汎用巡洋艦。横浜沖では艦隊の旗艦として指揮。

推進式削岩弾 D-03

ミサイルの先端に装着し、専用車両から発射。ドリルで目標物の内部を破壊する。

D-03 大鵬

装輪自走式ミサイルランチャーで、推進式削岩ミサイルを発射するシステム。

軍用四輪駆動車

横浜港に展開する防衛軍が、兵員の輸送や連絡などに使用していた車両。

SH-60B 哨戒ヘリコプター

防衛軍所有の対潜哨戒ヘリコプター。箱根の大涌谷でゴジラの動向を探る。

オハイオ級原子力潜水艦

米国海軍が運用している弾道ミサイル原潜。グアム島沖で消息を絶ってしまう。

82式指揮通信車

主に通信・偵察に使われる、防衛軍の装輪装甲車。品川付近に配備されていた。

防衛軍が誇る強力兵器群

外敵の脅威から日本国土と人民を守る目的で製作された装備群。高い攻撃力を有しており、ゴジラの進撃を止め、活動を一旦停止させることに成功した。

1号機

特殊潜行艇さつま

原潜沈没事故での作業を想定して開発された潜行艇で、高い放射線遮蔽機能を有する。推進式削岩弾Ｄ-03を搭載し、ゴジラに攻撃を仕掛けた。

2号機

広瀬が乗船。対ゴジラ戦に出撃し、泰三の作戦を補佐した。Ｍｋ17魚雷を装備している。

ゴジラの攻撃に成功し、体内から脱出して浮上する。

１号機には泰三が乗船。ゴジラの口内に突入し、Ｄ-03を発射。

①原潜が消えたグアム島沖を巨大な背鰭が移動。正体はゴジラか？

②ＢＳデジタルＱの立花由里は、樹海での撮影中、謎の老人と遭遇。

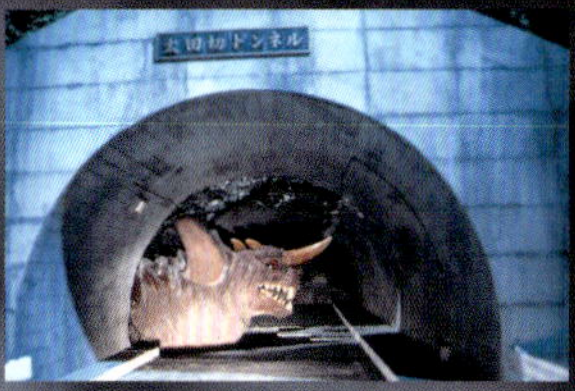

③妙高山・太田切トンネルと池田湖で聖獣が覚醒し、犠牲者が出る。

④老人は民俗学者・伊佐山嘉利であり、ゴジラの出現を示唆した。

⑤小笠原諸島・孫の手島にゴジラが出現。島民や観光客を襲った。

⑥富士樹海では、氷穴に落ちた男が、冬眠状態のギドラを目撃する。

⑦謎の地下震動が新潟から南下、山梨の本栖にバラゴンが現れた。

⑧同じ頃、焼津港にゴジラが上陸。港湾設備を破壊して進撃を始める。

⑨ゴジラは清水周辺を蹂躙して北上。箱根方面へと向かった。

⑩防衛軍がゴジラとバラゴンを追跡。２体は大涌谷で遭遇する。

⑪護国聖獣のバラゴンは懸命に戦うも、ゴジラの圧倒的な力に敗れる。

⑫由里は自転車を購入してゴジラの後を追い、レポートを開始した。

⑬防衛軍が戦闘機によるゴジラ掃討作戦を実行したが、効果はない。

⑭由里の父、立花泰三海軍准将が艦隊指揮を任され、横浜へ向かう。

⑮防衛軍の態勢が整った時、ついにゴジラが横浜へ到着した。

⑯同時刻、池田湖を飛翔したモスラが横浜へ飛来し、ゴジラを攻撃。

⑰富士樹海で覚醒したギドラも現れ、激戦が繰り広げられる。

⑱防衛軍の地上部隊も強力兵器でゴジラに挑むが、まるで敵わない。

STORY

グアム島沖で防衛軍が巨大な背鰭を目撃。同じ頃、新潟の太田切トンネルが巨大生物の影響で崩落し、鹿児島の池田湖では大学生が繭に包まれて絶命する。数日後、孫の手島を壊滅させたゴジラが本土へ上陸し、呼応するようにバラゴンも出現。２大怪獣は大涌谷で激突するも、ゴジラは圧倒的な攻撃力でバラゴンを倒し、東京へ向かった。そんな中、池田湖ではモスラが巨大な繭から飛び立ち、富士樹海の氷穴ではギドラが覚醒。２体の護国聖獣は横浜港でゴジラに挑んで粉砕されたが、ギドラが千年竜王キングギドラへと成長。防衛軍も交えた戦闘を展開し、戦いの末ゴジラは海中に消えた。

⑲キングギドラの攻撃で吹き飛ばされるゴジラ。2大怪獣の戦いは海中へ移動した。

⑳泰三は特殊潜行艇さつまにD-03を搭載。ゴジラの口内へ突入する。

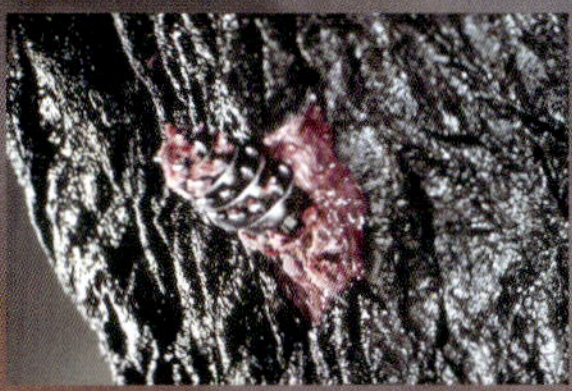

㉑さつまから発射されたD-03が、ゴジラの頑丈な表皮を突き破る。

㉒ゴジラが熱線を吐こうとしたが、肩からエネルギーが漏れて爆発。

㉓由里たちの眼前でゴジラは海に沈む。しかし、心臓は動いていた。

ゴジラ×メカゴジラ

『ゴジラ×メカゴジラ』
2002年12月14日公開 90分

STAFF

製作／富山省吾　エグゼクティブ・プロデューサー／森地貴秀　監督／手塚昌明　脚本／三村 渉　撮影／岸本正広　美術／瀬下幸治　録音／斉藤禎一　照明／望月英樹　編集／普嶋信一　音楽／大島ミチル　特殊技術／菊地雄一　撮影／江口憲一　特美／三池敏夫　照明／斉藤 薫　操演／鳴海 聡

CAST

家城 茜／釈 由美子　湯原徳光／宅麻 伸　富樫／高杉 亘　葉山／友井雄亮　一柳／中原丈雄　菱沼／加納幸和　湯原沙羅／小野寺華那　土橋／上田耕一　赤松伸治／白井 晃　菅野吾郎／六平直政　葉山（兄）／森末慎二　山田 薫／萩尾みどり　関根／水野純一　五十嵐隼人／中尾 彬　柘植真智子／水野久美　コメンテーター／中村嘉葎雄

３式機龍は〝初代ゴジラの骨格が中核となっている〟という設定。

操演を多用することで３式機龍の怪力や素早さが表現されている。

前々作の主人公・辻森桐子が３式機龍の搭乗員という案もあった。

３式機龍の操縦・運搬航空機、ＡＣ−３しらさぎも登場した。

ＪＡＥの喜多川務と石垣広文がアクロバティックな戦いを演じる。

No.９ステージいっぱいに、八景島付近の工場地帯が組まれた。

本作は、東宝映画のプロデューサーで企画部所属の山中和成が〝その後のゴジラ企画〟として考案していたものの１本で、前々作時に次回作として想定されていた。この時点で〝メカゴジラが対戦相手〟と〝女性が主人公〟という内容が決定しており、それに〝体長４〜５ｍの半機械獣的な大量のクリーチャーが出現しそれが巨大化する〟内容が加味され、最終的には〝三つ巴〟となる展開だったが、それが〝特生自衛隊という架空の組織〟が〝３式機龍と呼ばれるロボットを操り、ゴジラと対決する〟という内容に変更され、公開作品が完成した。

生物とメカの戦いに人間を加えることで、ドラマに重みが増す。

スタートレインが3式機龍の精密なディテールを造形。

３式機龍の脚をなめてゴジラを映し、巨大感と遠近感を表現。

ゴジラの体色がグレーに変更され、頭部が小さく背鰭もやや控えめ。

意外にも肉弾戦が多く、接近戦で組み合う攻撃が目立っていた。

吊り上げたスーツだけでもかなり重く、取り回しは難しい。

火薬を使った特殊効果で、メカニックのクラッシュが強調される。

バックユニットは〝強化装備ではない〟という解釈となった。

バックユニットを取り外すと、本来の機動力が発揮できる設定。

バックユニットを装備した重武装タイプでは遠方からの射撃戦を中心に描き、高機動タイプとは違う特徴が描かれた。

怪獣王 ゴジラ 身長／55m　肩幅／15.7m　体重／2万5000t　演技者／喜多川 務

初代から45年ぶりに出現した２頭目のゴジラ。1999年に台風13号に見舞われた館山に上陸後、特生自衛隊からのメーサー攻撃を退けて太平洋に消えたが、2003年、３式機龍が完成と同時に現れる。その行動は、日本政府が引き上げた初代ゴジラの骨格を追っているかのようであった。

特生自衛隊の総攻撃にも怯まずに突き進み、工場地帯を破壊し続けた。

今回出現したゴジラは初代同様、極めて高い生命力を有していた。

放射熱線

無敵の破壊力を有する大量の放射線を帯びた熱線。遠方にも届く。

自身の発する強烈な咆哮が3式機龍のDNAコンピューターを暴走させる。

３式機龍の完成披露式典の最中、東京湾から八景島へ上陸した。

品川埠頭に再上陸。特生自衛隊の防衛網を突破して都心部へ移動。

３式機龍との戦闘で胸を負傷して戦意を喪失し、太平洋へ去った。

３式機龍のドックがある八王子を目指して進撃。航空自衛隊の戦闘機を放射熱線で撃墜する。

海上に巨大な背鰭を突き出した状態のまま高速航行し、目的地へ急行。

八景島シーパラダイスのアクアミュージアムを、木っ端微塵に粉砕。

深夜の品川埠頭で３式機龍と再対決し、肉弾戦を繰り広げる。

３式機龍が強制排除したバックユニットを受け止め、投げ飛ばす。

放射熱線の合成タイミング用に口内に電球が仕込まれている。

戦闘中、特生自衛隊の73式小型車を一撃のもとに踏み潰す。

1999年の出現時は、嵐の中で90式メーサー殺獣光線車と対決した。

落雷の電撃を背鰭で吸収し、自身の攻撃力や活動力をより高める。

３式機龍の装備兵器で攻撃されるも、明確な反撃にはでなかった。

同族の骨格が使われた３式機龍は、ゴジラにとって特別な存在か。

恐るべき生命力を秘め、３式機龍の攻撃でも止めは刺せない。

MFS-3 3式機龍（3式多目的戦闘システム）

身長／60m　体重／4万t　（高機動タイプ／3万6000t）
主動力／電力　活動時間／およそ2時間　演技者／石垣広文

初代ゴジラの骨格をメインフレームにし、高い格闘能力を確保。骨髄間質細胞によるＤＮＡコンピューターで全身を高速制御している生体ロボット。「対G特殊兵器開発特別法案」を根拠に2003年、特生自衛隊の決戦兵器として開発・制式化された。

「メカゴジラ」の名称は、開発者の湯原徳光と娘の沙羅だけが使用。

初代ゴジラ骨格

1954年、東京湾の千葉県館山沖海底へ沈み、1999年に引き上げられて技術研究所の地下プールに安置されていた。

重武装タイプ

3式機龍の出撃時形態。背面に装備するバックユニットには重火器の他、高出力ブースターによる射出機能や自爆機能を有している。

しらさぎからのオペレートで遠隔操作され、ゴジラと戦闘を展開。

最大稼働時間は約２時間で、それを超えた際は、近くの基地からマイクロウェーブを使ってエネルギーを供給する。

防衛庁技術研究所の地下ドックから地上にリフトアップ。２機のしらさぎで現地に空輸される。

ゴジラの咆哮によって内部のＤＮＡコンピューターが暴走した際は、両目が赤く発光し、操縦不能となる。

全身を覆う装甲は、ゴジラの放射熱線の直撃にも耐える特殊合金で製造されているらしい。

高機動タイプ

バックユニットを強制排除した状態。３式機龍が本来有する格闘戦力を縦横に発揮し、素早い攻撃と内蔵兵器でゴジラを追い詰めた。

背面からジェット噴射をして地上すれすれをホバリング。敵めがけて突進攻撃を仕掛ける。

フランケンシュタインの怪獣 ガイラ

日本へ上陸した人型巨大生物。これとの戦いを機会にメーサー砲を主力兵器とする特生自衛隊が結成された。

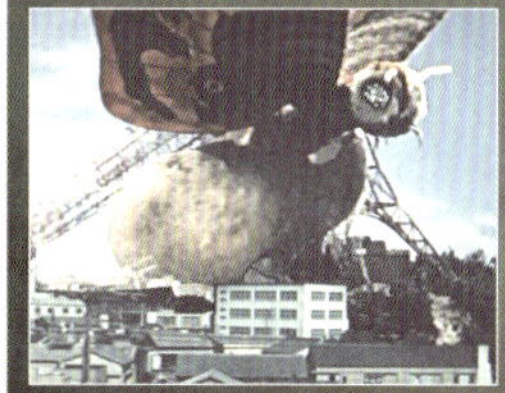

巨大蛾怪獣 モスラ（成虫）

幼虫が東京タワーに作り出した繭の中で変態し、巨大蛾となった姿。熱線砲を研究するきっかけとなる。

巨大蛾怪獣 モスラ（幼虫）

初代ゴジラの出現後、生態系が崩れて頻繁に出現するようになった巨大生物の1体。南洋の孤島から襲来。

メンテナンスブース内からの操縦も可能だが、パイロットの体に凄まじい重力がかかる。

ゴジラの猛攻で一度は倒れるも、内部に乗り込んだ家城 茜によって再起動され、立ち上がる。

0式レールガン

両腕下部にある２連装電磁砲。低出力ながら速射機能に優れ、敵の弱点を集中攻撃。

99式2連装メーサー砲

口内に装備された小型メーサー砲。メーサービームの共振作用によって破壊力を強化。

95式470mm多目的誘導弾

バックユニットから発射する、小型誘導弾。弾道が曲射し、隠れた的にも命中する。

多連装ロケット弾

バックユニットに内蔵された大型噴進弾で、ＭＲＬ・２ＭｋⅣとも呼ばれる兵器。

メーサー・ブレード

０式レールガンユニット内に格納された、近接戦闘用ナイフ。大電流を放射可能。

アブソリュート・ゼロ

胸部内に装備されている３式絶対零度砲。あらゆる物体を一瞬で冷却・凍結させる。

機龍隊とその関係者たち

巨大生物に対抗する組織・特生自衛隊とその内部に設立された3式機龍の運用を担うエリート部隊・機龍隊、対ゴジラ兵器の開発に関わる科学者などである。

湯原徳光

人工生物学の研究者で、3式機龍のDNAコンピューターの伝達システムを開発した人物。

娘と共に防衛庁技術研究所に居住していた。茜に好意を抱く。

家城茜

1999年のゴジラ戦で仲間を失ったメーサー隊出身の3尉。第1機龍隊の正オペレーター。

最終的には3式機龍に自ら搭乗。ゴジラと死闘を繰り広げた。

葉山

第1機龍隊のしらさぎパイロット。3式機龍の暴走時に茜に救われ、仲間意識が芽生えた。

兄の死に関わる茜に辛く当たっていたが、活動のなかで誤解を解いた。

富樫

第1機龍隊を指揮する隊長で、特生自衛隊の2佐。茜の理解者であり、彼女をスカウトした。

使命には厳格でチームワークを重んじるタイプだが、情に厚い。

湯原沙羅

湯原徳光の一人娘。幼い頃に母を失い、命の重さに敏感になった。

菱沼

文部科学省の事務次官。科学技術庁の研究開発局長も務める。

一柳

特生自衛隊の幕僚長。有事の際、3式機龍指令室から指示を出す。

菅野吾郎

アブソリュート・ゼロを設計・開発した、低温物理学の権威。

赤松伸治

ゴジラの骨格をベースに3式機龍を設計した、ロボット工学者。

土橋

五十嵐内閣の防衛庁長官。機龍プロジェクトを支える参謀役。

関根

特生自衛隊2尉。しらさぎのマイクロウェーブオペレーター。

山田薫

機龍のエネルギー供給システムを開発。マイクロウェーブの権威。

葉山(兄)

特生自衛隊2尉。ゴジラとの戦闘に駆けつけるも事故で殉職した。

国民の意識下において、ゴジラの脅威が深刻化していると語る。

コメンテーター

1999年時の内閣総理大臣。対ゴジラ兵器の開発を推し進めた。

柘植真智子

内閣総理大臣であると同時に、機龍プロジェクトの総責任者。

五十嵐隼人

特生自衛隊及び機龍隊、自衛隊メカニック群

初代ゴジラ出現以降、巨大生物との戦闘を考慮して開発された最新の科学兵器と、日本の国土と人民を外敵から守る目的で自衛隊が所有している装備群。

87式偵察警戒車

偵察警戒任務用の装輪装甲車。八景島へ出動し、上陸するゴジラを迎え撃った。

89式装甲戦闘車

ゴジラの接近に伴い、前線に向かった戦車部隊の支援装甲車。機関砲を装備。

88式地対艦誘導弾(SSM-1)

国産の防衛システム。ミサイル自らがホーミング誘導を行い、敵に命中する。

73式小型車

特生自衛隊の偵察警戒車。1999年の戦闘中、ゴジラに踏み潰されてしまった。

軽装甲機動車

防御性能と歩兵の移動力に重点が置かれた、小型装甲車両。火器の搭載も可能。

82式指揮通信車

主に通信や偵察などに使用される、陸上自衛隊の装甲車。愛称は「コマンダー」。

除染車、化学防護車

館山におけるサルベージ作業で、初代ゴジラ骨格の残留放射線の対策に使用。

1/4tトラック

初代ゴジラの骨格をサルベージした際、富樫らが搭乗していた。悪路をも走破。

73式小型トラック

三菱自動車製の四輪駆動車。兵器や兵員の輸送などに使用されることが多い。

SH-60J 哨戒ヘリコプター

海上自衛隊のシステム機。特生自衛隊が発見した画像がゴジラであることを確認。

機龍ベース用キャリー

防衛庁技術研究所に多数装備された。しらさぎのメンテナンスや出動時に活躍。

90式戦車

120mm滑腔砲を装備している主力戦車。富山町や品川埠頭での攻撃に出動した。

90式メーサー殺獣光線車(改)

2004年に実戦投入された改良機。メーサー出力の向上で光線が青から黄にに変わり、放射レンズも高性能化した。

90式メーサー殺獣光線車

全長/19m(牽引車/8.4m、光線車砲/10m) 重量/132t

66式メーサー車の後継機であり、特生自衛隊が運用する主力兵器。出力15万Vのメーサーを発射し、敵を粉砕する。

1号機は作戦指令機で2号機は機龍の遠隔操縦機、3号機は機龍のエネルギー供給機。4～6号機は予備機であった。

1号機

2号機

6号機

3号機

AC-3 しらさぎ

全長/30m　全幅/25m　全高/6m　重量/35t　乗員/2名
巡航速度/750km/h　最高飛行速度/930km/h　輸送時/400km/h

3式機龍運用のために開発された、高出力の支援用航空機。垂直離着陸機能を備えたVTOL機で、最大乗員は2名。強力なバルカン砲を装備している。

STORY

1954年のゴジラ出現以降、日本に多くの巨大生物が出現した。政府は初代ゴジラの骨格を基に対ゴジラ兵器・３式機龍（メカゴジラ）の開発に成功。特生自衛隊内に機龍隊を設置し、正オペレーターとして家城 茜が任命された。翌月、機龍完成披露式典が行われるも、呼応するかのようにゴジラが日本へ来襲。３式機龍が出撃したが、敵の咆哮を聞いて突如、暴走を始めた。その後、人工生物学の湯原徳光がＤＮＡコンピューターを改良したことで３式機龍は再起動。品川で破壊の限りを尽くすゴジラに飛び掛かり、至近距離で３式絶対零度砲を撃ち込んで外海へと追い払う。

①初代ゴジラの骨格が引き上げられた数日後、第２のゴジラが上陸。

②特生自衛隊が出動。メーサー兵器を駆使してゴジラを迎え撃つ。

③突然、不慮の事故が発生。73式小型車がゴジラに踏み潰される。

④新たな脅威に晒された政府は、対ゴジラ兵器の開発を決断した。

⑤日本の最高頭脳を防衛庁技術研究所に集め、実験が繰り返される。

⑥人類が製作したゴジラによってゴジラを制するという考えで一致。

⑦初代ゴジラの骨格をベースにしたロボット・3式機龍が完成する。

⑧特生自衛隊内に機龍隊が設けられ、家城 茜が一員に選ばれた。

⑨茜は葉山の私怨で孤立したが、3式機龍の正オペレーターとなる。

⑩３式機龍の披露式典中、八景島にゴジラが上陸し、周囲を破壊。

⑪茜は支援機のしらさぎに搭乗。3式機龍と共に現場へと出撃する。

⑫3式機龍の強力な火器でゴジラの進撃は止められたかに見えたが。

⑬ゴジラの咆哮を聞いた3式機龍が暴走し、しらさぎを撃墜する。

⑭３式機龍は建造物を突き破って進撃し、エネルギーが尽きて停止。

⑮３式機龍の暴走問題は解決。茜は沙羅から命の尊さを教えられる。

⑯ゴジラが品川に出現。駆けつけた3式機龍は火器を動員して挑む。

⑰近接戦闘を挑むもゴジラの放射熱線を浴び、勢いで地面に倒れる。

⑱３式機龍がバックユニットを強制排除。絶対零度砲を発射準備。

⑲狡猾なゴジラに対抗するため、茜が３式機龍に乗り込んで操縦。

⑳ゴジラを掴んで飛行し、海へ落下した瞬間、絶対零度砲を放った。

㉑ゴジラは胸に重傷を負って沖へ逃走。３式機龍も37％を破損していた。

ゴジラ×モスラ×メカゴジラ 東京SOS

『ゴジラ×モスラ×メカゴジラ 東京SOS』
2003年12月13日公開 91分
STAFF
製作総指揮／富山省吾　プロデューサー／山中和成　監督･脚本／手塚昌明　脚本／横谷昌宏　撮影／関口芳則　美術／瀬下幸治　録音／斉藤禎一　照明／望月英樹　編集／普嶋信一　音楽／大島ミチル　特殊技術／浅田英一　撮影／江口憲一　特美／三池敏夫　照明／斉藤 薫　操演／鳴海 聡
CAST
中條義人／金子 昇　如月 梓／吉岡美穂　秋葉恭介／虎牙光揮　富樫／高杉 亘　神崎／益岡 徹　一柳／中原丈雄　土橋／上田耕一　秋葉 功／清水綋治　二階堂／升 毅　菅野吾郎／六平直政　田所／本郷慎一郎　望月／佐藤亮太　中條 瞬／大森 樹　家城 茜／釈 由美子　中條信一／小泉 博　五十嵐隼人／中尾 彬

前作に登場した３式機龍（メカゴジラ）のキャラクター性と、作品自体の内容に大きな可能性を確信していた富山省吾は、さらなる「ゴジラ映画」の製作を東宝に要請し、ゴーサインが出る。複数の脚本家に参考プロットが求められ、「ゴジラとモスラの戦いに、水中仕様の機龍が関わる」や「巨大な繭からゴジラが出現する」などの案が出されたが、それらを読んだ監督の手塚昌明が提出した〝1961年の『モスラ』と世界観が繋がっており、かつてモスラに関わった中條博士の甥が主人公〟というプロットで東宝からの許可が下りる。そして、脚本作りから撮影のクランクインへと順調に進み、本作は完成した。

ゴジラを攻撃するメーサー車の活躍も、ふんだんに盛り込まれている。

限られた予算と時間の中で、スピーディーでリアルな格闘シーンを撮影。

本作の特殊技術は浅田英一が担当。撮影の効率化を課せられたらしい。

『モスラ対ゴジラ』から定番となった、幼虫がゴジラの尾を噛む場面も撮影。

緻密な特撮セットを組むことで、怪獣同士の格闘に緊張感が加味される。

『ゴジラ』に対するオマージュとして国会議事堂付近での格闘が撮られた。

№９ステージに複数のセットが組まれ、手際よく撮影が進められていく。

スパイラル・クロウのような新装備も設定され、大迫力のバトルが続出。

夜間の都市部セットで三つ巴（キャラクターは４体）の戦いが描かれた。

ゴジラと３式機龍との巨獣の死闘が描かれ、緊迫感溢れるシーンとなった。

宣伝用スチール撮影にはゴジラと３式機龍（メカゴジラ）の他、モスラの幼虫と成虫も登場した。

爆発する建造物を挟んで3大怪獣がにらみ合う場面は、正に圧巻の一言。

冒頭に登場する怪獣の死骸には、首長竜やアンギラス等が想定されていた。

本作の特撮はかなりのカット数だったが、関係者の努力でスケジュール内に撮影完了している。

地を這うモスラ幼虫と後方の3式機龍の配置で、立体感が表現された。

スーツの口をラジコンで動かし、モスラの脚に噛みつく演出がなされる。

火薬爆破による炎と煙を多用し、2大キャラクターの激闘を表現する。

モスラ幼虫が吐く糸は、シンナーで溶かした発泡スチロールで表現された。

巧みな照明技術を駆使し、ビル街の美しい夕景シーンが描かれる。

怪獣王 ゴジラ

身長／55m　肩幅／15.7m
体重／2万5000t　演技者／喜多川 務

前年に３式機龍（メカゴジラ）と激戦を繰り広げた個体。１年間、中央太平洋に身を潜めて胸部に負った傷を癒やし、その後、米軍の原潜を襲った後に再び品川から上陸。３式機龍のメインフレームに収められた初代ゴジラの骨格を求めて、特生自衛隊の八王子駐屯地を目指す。

初代ゴジラ同様に国会議事堂を襲撃し、３式機龍と対決する。

上陸時、自衛隊の戦車部隊から集中攻撃を受けるも怯まなかった。

胸部の傷は完治しておらず、３式機龍からの集中攻撃に苦戦した。

口に生えた鋭い牙でモスラ成虫の脚を噛みちぎり、戦闘力を大幅に低下させた。

放射熱線

チェレンコフ光に酷似した青白色の熱線を放ち、放射能をまき散らす。

同族である初代ゴジラの骨格との邂逅だけが、ゴジラ上陸の目的だった。

進撃するだけで首都高速の施設を破壊してしまうパワーを発揮。

モスラ成虫の鱗粉攻撃には苦戦するも、止めは刺されなかった。

爆発するビル街に立つ姿は、正に〝悪鬼〟であり〝最大の厄災〟。

飛来したモスラと激しい戦いを展開し、最後は放射熱線で粉砕。

再起動した３式機龍と肉弾戦を展開。スパイラル・クロウに苦戦した。

海面から背鰭を出して航行していた際、艦隊のミサイル攻撃を浴びる。

攻撃や爆発で発生した高熱火炎を浴びても、その表皮に影響はなかった。

３式機龍のテイルアタックが直撃し、ビル街に倒れ込んだ。

本来の凶暴性や体内に漲る放射線のパワーは、以前と変わっていない。

最終的には３式機龍に抱えられ、日本海溝に沈んで行方不明となる。

アブソリュート・ゼロの傷跡は、みみず腫れのように盛り上がっている。

海中を高速で航行し、中央太平洋から日本へと一気に移動してきた。

巨大蛾怪獣
モスラ（成虫）
体長／36m　翼長／108m
体重／1万2000t
飛行速度／M（マッハ）3

インファント島から日本へと飛来。小笠原諸島・曾孫島で卵を産んだ個体。３式機龍に使用された初代ゴジラの骨格を海へ放棄することを条件にゴジラと対決した。1961年に日本に現れた初代モスラの直系子孫にあたる。

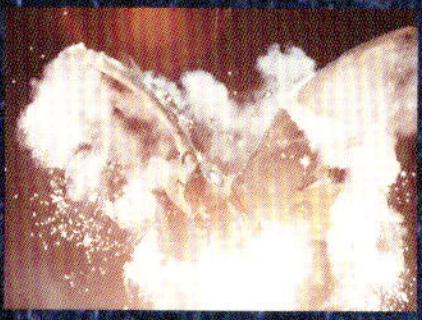

羽から放出する鱗粉は可燃性で、熱線で粉塵爆発を引き起こした。

羽を大きく振って強風を巻き起こし、ゴジラの進撃をくい止めた。

小美人
モスラと意思疎通ができる巫女的な存在で、向かって左がヒオ、右がマナ。念動力を使う。

モスラの鱗粉には、レーダー妨害や熱線を反射する機能がある。

田町小学校校庭にインファントの紋章が作られ、モスラが召喚される。

インファント島
モスラや小美人たちが暮らす南洋の孤島。中條博士が43年前の写真を残していた。

頑丈な卵の殻を突き破り、2体同時に誕生。すぐに大海を渡った。

雄

雌

雄は頭部にも黒い斑点があり、触角が長いことが特徴。それ以外２体の違いはない。

口から糸を放出し、成虫に変態するための巨大な繭を生成する。

口の鋭い棘でゴジラの尾の先に噛みついて離さず、その戦闘力を奪う。

曾孫島
小笠原諸島に位置し、モスラ成虫が日本本土へ来る前に立ち寄って産卵した小島。

巨大蛾怪獣
モスラ（幼虫）
全長／43m　体重／9000t

曾孫島にあった卵から誕生した幼虫で、雄と雌の双子。互いの意思を通じ合わせ、２体で巧みな連携攻撃を仕掛ける。誕生後、直ちに東京へ上陸して3式機龍と共闘。強大なるゴジラに立ち向かった。

口から大量の糸を吐き出し、ゴジラの体に絡めて動きを封じる。

通常の両目の色は青だが、興奮したり感情が高ぶると赤に変化した。

3連ハイパーメーサー

アブソリュート・ゼロの代用として胸部に装備された兵器。強烈なメーサー光線を発射。

テイルアタック

特殊合金製の長大な尾を振り回し、敵の体を強く叩きのめして戦闘力を低下させた。

スパイラル・クロウ

右腕に装備した4式対獣掘削装置。手首を高速回転させ、ゴジラの硬い表皮をえぐる。

バックユニット強制排除

ロケットランチャーを分離・射出。敵に命中した瞬間に爆発する。

4式レールガン

0式レールガンの改良型。ゴジラの体に命中させ、コードを通じて大電流を流し込む。

ミサイル

正式名は95式470㎜多目的誘導弾・改。ビルの陰に隠れた敵にも正確に命中させられる。

ロケットランチャー

バックユニットに内蔵された、改良型の大型噴進弾。遠方に存在する敵を爆破。

ツインメーサー砲

口内に設置された砲から放つメーサー光線。90式メーサー車の240%の破壊力を有する。

高機動タイプ

バックユニットを排除した形態。軽快な動きと素早い肉弾戦を展開。ゴジラに対して強烈な投げ技を繰り出した。

自己意思で、内部のメンテナンスを行う中條義人の命を救った。

改良されたバックユニット自体が兵器と意識され、高火力を誇る。

重武装タイプ

背面に新型のバックユニットを装備した、改修型の基本形態。遠近両方の戦闘に対応でき、ゴジラを確実に追い詰めていく。

機体内部にメンテナンスブースを有しており、数ヵ所のハッチから出入りする。

MFS-3

3式機龍 改修型

（3式多目的戦闘システム）

身長／60m
体重／4万t（高機動タイプ／3万6000t）
主動力／電力
活動時間／およそ2時間
演技者／中川素州

1年をかけて徹底的に修復された3式機龍だが、予算の関係からアブソリュート・ゼロの装備は断念されている。第1機龍隊の新オペレーターによって遠隔操作され、ゴジラをも凌駕するスピードとパワーを発揮した。戦闘中、内部のDNAコンピューターに自我が芽生える。

大亀怪獣 カメーバ

全長／20m　体重／2万8000t

1970年にセルジオ島で宮博士が確認した、マタマタガメの巨大変異種。九十九里浜に死骸が漂着する。

ゴジラとの決戦に挑む者

巨大生物との対決に奮闘する特生自衛隊関係者と、3式機龍を操り、最前線で活躍する機龍隊。その他、政府関係者や科学者などがゴジラの脅威に挑む。

土橋

防衛庁長官として、3式機龍の修復などを指揮していた。

一柳

特生自衛隊の幕僚長。指令室から3式機龍やしらさぎに指令を出す。

神崎

機龍整備班の班長。分別がある人物で、義人にとって良き上司。

菅野吾郎

低温物理学の権威。アブソリュート・ゼロは修復不可能と断言。

二階堂

特生自衛隊の特殊作業隊の責任者。巨大生物の生態に詳しい。

秋葉功

防衛庁長官の政務官で恭介の父。モスラに戦いを任せようとする。

中條瞬

中條信一の孫。田町小学校の校庭に、机でモスラの紋章を作った。

望月

機龍整備班の整備士で義人らの仲間。3式機龍の応急修理に協力。

田所

機龍整備班の整備士。義人の友人兼同僚で、彼の心に寄り添った。

五十嵐隼人

内閣総理大臣として、国民の生命と財産を全力で守ろうとする。

中條信一

1961年に小美人と出会い、モスラを鎮めた言語学者。義人の叔父。

家城茜

3式機龍の正オペレーターだったが、米国に派遣されることとなる。

如月梓

機龍隊に所属する3尉で、しらさぎ2号機のパイロット。3式機龍を操縦する秋葉をサポート。

義人に好意を抱くが、鈍感なことに不満をもつ。怪獣知識も深い。

中條義人

特生自衛隊内にある3式機龍整備班のメンバーで、階級は1曹。メカへの思い入れがかなり強い。

3式機龍の内部に進入し、駆動系統の故障の修理に力を尽くした。

富樫

第1機龍隊の隊長で、指揮官としての能力は高い。米国に派遣された茜たちにエールを送る。

部下からの信頼も厚く、的確な作戦を立ててゴジラに挑んでいく。

秋葉恭介

元航空自衛隊のトップガンで、3式機龍の正オペレーターに抜擢された。やや自信過剰ぎみ。

メカを乱暴に扱うタイプで、義人とは対立したが、後に改心する。

特生自衛隊、陸上自衛隊、航空自衛隊メカニック

特生自衛隊と機龍隊が使用する対ゴジラ用のメカと、陸上・航空・海上の各自衛隊が所有している、強力な火力を有した兵器群。米軍の装備もある。

高機動車

日比谷公園の指揮所に配備されていた車両で、連絡任務に多数が使われる。

軽装甲機動車

ゴジラの上陸が予想された品川埠頭に急行し、待機した陸上自衛隊の装甲車両。

F-15J

航空自衛隊の高性能戦闘機。硫黄島の西南海域に侵入したモスラ成虫を攻撃。

AC-3 しらさぎ 4号機

全長／30m　全幅／25m　全高／6m　重量／35t　乗員／2名
巡航速度／750km/h　最高飛行速度／930km/h　輸送時／400km/h

3式機龍用の高出力支援航空機で、VTOL仕様。最大乗員は2名。バルカン砲を装備しており、4号機は墜落した6号機に代わってエネルギー供給用機となった。

73式大型トラック

多くの人員や大量の物資を最前線に運ぶため、出動。複数台が活躍している。

偵察用オートバイ

ゴジラが浦賀水道を通過した時点で出動。各種車両と共に品川へ急行した。

P-3C対潜哨戒機

東京湾を目指して進撃するゴジラを発見し、海上自衛隊の護衛艦隊に知らせた。

02搭載ゴムボート

しらさぎ2号機内に収納された装備。海上に不時着した際、脱出に使われた。

1/4tトラック

3式機龍の応急修理に急行する義人が、護衛隊員と共に搭乗した車両。

73式中型トラック

高い走行性能を誇る機動車。ゴジラを迎撃する部隊に投入され、品川に展開。

AH-1S 対戦車ヘリコプター

ゴジラが品川埠頭に接近するなか、東京上空に展開したが、攻撃には不参加。

89式装甲戦闘車

陸上自衛隊の歩兵用兵器。品川埠頭に出動し、兵員輸送と攻撃の両面で使われた。

96式装輪装甲車

人員の輸送が主任務の装輪装甲車。品川開発区の防衛ラインに展開される。

90式戦車

ゴジラが上陸した品川埠頭に出動。一斉砲撃を敢行するも、全滅させられた。

米軍原子力潜水艦

太平洋の深海でゴジラと偶然に遭遇し、一撃のもとに撃沈されてしまう。

はたかぜ型護衛艦「はたかぜ」

あいづと共に八丈島近海で攻撃を仕掛けるも、防衛ラインを突破された。

88式地対艦誘導弾（SSM-1）

東京湾に侵入してきたゴジラに、地対艦ミサイルで先制攻撃を仕掛けた。

82式指揮通信車

品川埠頭に集結していた大型車両の1種で、偵察部隊に所属していた。

イージス護衛艦「あいづ」

八丈島近海を進むゴジラに対し、換装速射砲やアスロック砲で攻撃を仕掛けた。

87式偵察警戒車

品川埠頭に多数が集結し、他の戦闘車両と共にゴジラの出現を警戒していた。

④飛翔体の正体・モスラ成虫は、人類の味方にも敵にもなる存在だった。

STORY

モスラと共に飛来した小美人は、３式機龍に使われた初代ゴジラの骨格を海に投棄することを条件に、ゴジラをくい止めると告げた。しかし、ゴジラ対策の要を解体することに難色を示した政府は、先の対決で破損した３式機龍の整備を急がせる。やがて、ゴジラが品川に上陸。少年が作ったインファントの紋章に呼ばれたモスラ成虫が攻撃を開始し、そこに３式機龍も参戦。死闘の中で成虫は焼死したが、呼応するかのようにモスラ幼虫が登場し、ゴジラに挑む。突然、３式機龍が初代ゴジラの意思で暴走。ゴジラを抱えたまま飛行し、日本海溝へと沈んでいった。

①米軍からの連絡で、日本への高速飛翔体の侵入が確認される。

②警戒出動機のパイロットは、Ｍ３で飛行する巨大生物を確認。

③かつてインファント島を調査した中條信一の元に、小美人が出現。

⑤ゴジラが予感されるなか、信一は孫に過去のモスラ事件を説明。

⑥信一の甥で機龍整備班の中條義人は、３式機龍の存在に悩む。

⑦格納庫で家城 茜と出会った義人は、３式機龍の修復を決意する。

⑧信一が五十嵐に機龍解体を進言した頃、海岸に怪獣の死骸が漂着。

⑨３式機龍を巡り、義人と正オペレーターの秋葉恭介は衝突する。

⑩信一の孫、瞬が作ったインファントの紋章の力で、モスラが飛来。

⑪東京タワーへ向かうゴジラにモスラ成虫が挑み、その戦いは続く。

⑫ついに３式機龍の出撃が決定され、機龍隊は現場へと急行する。

⑬ゴジラと3式機龍の戦闘が開始。ビルを挟んで互いに攻撃を放つ。

⑭そこへモスラ成虫が加わり、三つ巴の激闘が繰り広げられた。

⑮ゴジラが強烈な放射熱線を放つも、３式機龍はまったく怯まない。

⑯瀕死のモスラ成虫の下に双子の幼虫が到着。意思を通じ合わせる。

⑰親に代わってモスラ幼虫が挑み、ゴジラの尾に勢いよく噛みつく。

⑱一方、応急修理をするため、義人が３式機龍の内部に侵入する。

⑲義人の活躍で再起動した３式機龍が、ゴジラと肉弾戦を展開。

⑳３式機龍が暴走を始め、幼虫の糸で動けないゴジラを抱えて飛翔。

㉑ゴジラは３式機龍と共に日本海溝の深海へと沈んでいった。

㉒３式機龍内に取り残されていた義人は、機龍隊の協力で脱出した。

GODZILLA FINAL WARS
ゴジラ ファイナル ウォーズ

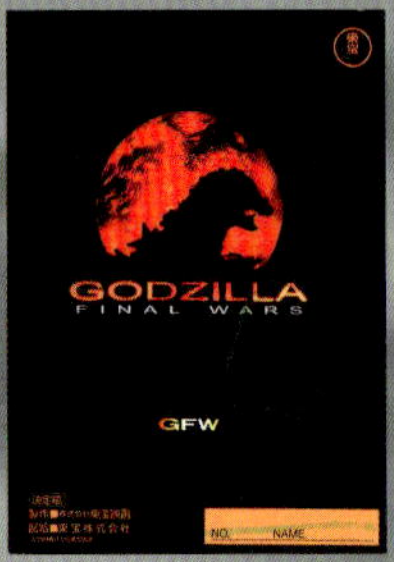

『ゴジラ FINAL WARS』
2004年12月4日公開　125分

STAFF
製作／富山省吾　プロデューサー／山中和成　監督／北村龍平　脚本／三村 渉、桐山 勲　撮影／古谷 巧　美術／瀬下幸治　録音／斉藤禎一　照明／高坂俊秀　編集／掛須秀一　音楽／Keith Emerson　特殊技術／浅田英一　撮影／大川藤雄　特美／三池敏夫　照明／川辺隆之　操演／鳴海 聡　視覚効果スーパーバイザー／泉谷 修

CAST
尾崎真一／松岡昌宏　音無美雪／菊川 怜　ダグラス・ゴードン／ドン・フライ（声／玄田哲章）　音無杏奈／水野真紀　小室少佐／國村 隼　風間勝範／ケイン・コスギ　波川玲子司令官／水野久美　国木田少将／四方堂 亘　神宮寺八郎／佐原健二　醍醐直太郎／宝田 明　X星人参謀/統制官／北村一輝　X星人司令官／伊武雅刀　小美人／長澤まさみ、大塚ちひろ　熊坂／船木誠勝　国連事務総長秘書官／橋爪 淳　田口左門／泉谷しげる　田口健太／須賀健太　初代轟天号艦長／中尾 彬　初代轟天号副艦長／上田耕一

怪獣のアクロバットアクションを描くため、軽めで動きやすいスーツが製作された。

スピード感溢れる映像に定評がある北村龍平が、監督に選ばれた。

新怪獣・モンスターXは、作品の終盤で驚きの変身を遂げる。

クモンガやカマキラスに代表される"操演怪獣"も、多数登場。

ゴジラの熱線で飛ばされたエビラの鋏がヘドラに突き刺さるシーンもある。

モスラは、X星人の支配下にない平和の象徴として登場し、ガイガンとの激突が演出された。

マンダが新・轟天号に絡みつくシーンは『海底軍艦』へのオマージュ。

ゴジラとミニラが共に海上を行く場面は、意外にも初の試みだった。

2004年の「ゴジラ誕生50周年」記念作品として、東宝映画の富山省吾は「ゴジラX」というプロットを作成。それを元として脚本家の三村 渉が「怪獣王ゴジラ～X星人の逆襲～八大怪獣総決戦!!」という、より詳細なプロットを脱稿する。一方、企画部も〝ゴジラの出現と人類の攻防戦〟を現実感覚で描く「50周年ゴジラ・プロット」、さらに〝ファンタジー傾向のプロット〟を提出し、合計3パターンの案が検討されたが、最終的に三村のアイデアが採用され、本作が「ミレニアムシリーズ」の最終映画として製作されることとなった。

モンスターXがゴジラを押さえ、ガイガンが攻撃するという演出は、これまでの「ゴジラ映画」には見られない、等身大キャラクターの格闘のようであった。

操演怪獣とスーツ怪獣の格闘は、撮影にかなりの手間が掛かる。

ヘドラ戦の一部は、東映東京撮影所を借りて撮られたと言われる。

素早く動くキングシーサーは、もはや怪獣ではなく怪人のよう。

モンスターXの動きは、他の怪獣に比べてかなり人間的であった。

ラドンは、操演用のミニチュアとスーツが併用されていた。

クモンガが吐いた糸を掴んで投げ飛ばすシーンを操演で表現。

巨大なカイザーギドラとの戦いを描くため、ゴジラは細かく動く。

廃墟セットの両端に立つ、ゴジラとカイザーギドラの対峙スチールで、No.9ステージの大きさが確認できる。

怪獣王 ゴジラ

身長／100m　体重／5万5000t　演技者／喜多川 務

核実験の影響で1954年に出現して以来、〝地球防衛軍最大の敵〟として恐れられ、幾多の戦いを潜り抜けてきた怪獣。轟天号との決戦時に発生した地割れに落下し、20年に亘って「エリアG」に閉じ込められていたが、20XX年、新・轟天号の攻撃によって覚醒。東京へ誘導されてX星人が操る怪獣と激突した。

底知れぬエネルギーと闘志を秘めた怪獣。その動きはパワフルであると同時に素早い。

X星人の地球侵略を阻止するため、自らの意思でファイナルウォーズに身を投じる。

人類に対して好意的ではなく、轟天号にも敵意を剥き出しにした。

熱線の他、格闘も多用する怪獣で、「地球最強の兵器」と称された。

外敵からのあらゆる攻撃を弾き返し、標的となった敵へ突き進む。

〝向かうところ敵なし〟の戦闘力で、X星人が操る怪獣を全滅させた。

巨大な炎で世界を焼き尽くした人類に対する怒りを忘れていない。

脚の強烈な筋力を生かし、高い跳躍と素早い動き、走行を見せる。

凄まじいまでの戦闘力を有し、いかなる強敵をも恐れずに攻撃。

長い尻尾を自在に振り回し、敵怪獣の体を打ちのめして倒す。

放射熱線

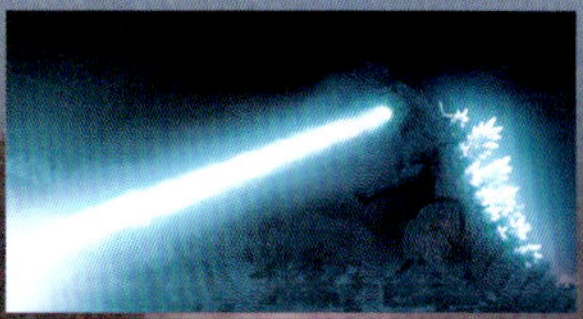

放射線を帯びた青白い熱線を放つ。さらに強烈なハイパースパイラル熱線も発射可能。

バーニングGスパーク熱線

超高熱と圧倒的な破壊力を有した、ゴジラ最大の必殺光線。カイザーギドラを撃破。

巨大蛾怪獣 モスラ（成虫）

体長／72m　翼長／216m　体重／2万5000ｔ

ゴジラやミニラと同様に、X星人が保有している「M塩基」を持たない怪獣で、1万2000年前、ガイガンとの戦いに敗れた、インファント島の守護神の子孫。

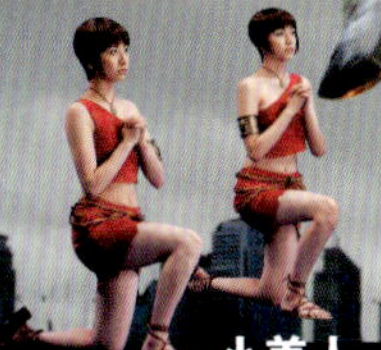

小美人

モスラとの意思疎通が可能な巫女的存在。X星人の暗躍を察知した。

ファイヤー・ヒート・アタック

攻撃の影響で発生した爆炎を全身に纏い、敵めがけて突進する。

地球と人類をX星人の魔手から防衛することを、使命としている。

インファント島

モスラや小美人が暮らす南海の孤島。科学文明に毒されていない。

東京上空に飛来し、ガイガンやモンスターXを攻撃してゴジラを救う。

ちびっ子怪獣 ミニラ

身長／1.6~20m　体重／200kg~5000t　演技者／神尾直子

ゴジラの同族ではあるが温和な性質。怪獣同士の激突を目撃したことで闘争本能が刺激されて巨大化するも、廃墟となった東京で、ゴジラに〝人間を許す心〟を教える。

富士山中で猟師の田口左門と孫の健太に目撃され、心を通わせる。

放射熱線

当初は微弱なリング状熱線だったが、最終的にはゴジラと同等の破壊力となる。

空中を音速飛行し、敵に強烈な突進攻撃を仕掛けて止めを刺す。

ゴジラの命を狙う〝刺客〟としての使命も担っていた。性質は凶暴。

空の大怪獣 ラドン

身長／100m　翼長／200m　体重／3万t　演技者／神尾直子

太古の翼竜の末裔でX星人の支配下にある。国連機を襲撃した後、ニューヨークに出現。超音速衝撃粉砕波でビル街を破壊した。富士山麓でゴジラと激突。

守護竜 マンダ

全長／300m　体重／6万t

ノルマンディ沖深度6700m付近の深海に出現した、X星人支配下の怪獣。全身に鰭状の器官を有し、四肢の付け根から細長い触角状の物体が生えていた。新・轟天号の冷凍メーサー砲で凍結され、ドリルによって粉砕される。

海底火山の噴火によるマグマと超高熱に耐え切れず、引き離された。

新・轟天号の船体に体を巻きつけ、一気に捻り潰そうとした。

沖縄の臨海部を襲撃した後、X星人の手によって一度は消滅した。

感情が高ぶると両耳が立ち、敵に容赦ない攻撃を仕掛けていく。

空中回転でゴジラを翻弄。強烈な飛び蹴りや膝蹴りを打ち込む。

伝説怪獣 キングシーサー

身長／100m　体重／5万t　演技者／中川素州

X星人の支配下にあり、沖縄に出現して工業地帯を破壊した怪獣。富士山麓でゴジラに迫り、身軽さを生かしたスピード攻撃や跳躍突進を繰り出す。

ゴジラに攻撃を仕掛けるも、大きなダメージは与えられなかった。

頭部の鋭い角や背中に生えた無数の棘で、敵の体を貫こうとする。

全身を丸めて敵に突撃する技・アンギラスボールを繰り出してくる。

暴竜 アンギラス

全長／160m　体重／6万t
演技者／小倉敏博

X星人によって遺伝子へM塩基を入れられ、作り出された怪獣。四足歩行タイプだが、動きは極めて俊敏で、上海に登場して地球防衛軍の空中戦艦・火龍を粉砕する。

強足怪獣 ジラ
身長／90m　体重／不明

シドニーに出現した、やや ゴジラに似ている怪獣。X星人に操られて破壊の限りを尽くすが、放射熱線で止めを刺された。鮪が常食。

ガイガンを倒したゴジラの戦闘力を調べるために出現した、囮の怪獣。

素早い身動きと長大な尻尾を生かした攻撃が特徴。その性質は凶暴。

巨大グモ クモンガ
全長／60m　全高／35m　体重／3万t

X星人の支配下にある怪獣。米国のアリゾナでトレーラーハウスを破壊し、その後、ニューギニアのジャングル地帯でゴジラに襲い掛かった。

伸ばしたデスクロス・ネットをゴジラに捕まれ、投げ飛ばされる。

口から吐く黄色い糸・強縛デスクロス・ネットでゴジラの自由を奪う。

巨大蝦怪獣 エビラ
全長／100m　体重／5万t
演技者／小倉敏博

X星人に操られて東海コンビナート地帯に出現。人類が結成したM機関のミュータント部隊と戦い、その後、東京湾でゴジラとも対決した。

右腕の巨大な鋏を使った攻撃、クライシス・シザースで敵を斬り裂く。

陸上でも海中同様の活動が可能。顔面の長い突起と頭部の棘が武器。

かまきり怪獣 カマキラス
全長／90m　体重／2万t

X星人の支配下にある大蟷螂が変異した昆虫怪獣。真鶴でゴジラと対決し、両腕に備えた鎌でハーケン・クラッシュを繰り出す。

巨大な羽で高速飛行し、保護色で周囲の風景に溶け込み、姿を隠す。

パリに出現し、地球防衛軍の空中戦艦・エクレールを撃破・粉砕した。

X星人

人類のミトコンドリアを摂取する必要がある宇宙人。「M塩基」を持つ怪獣やミュータントを操り、地球人の家畜化を目論んだ。

司令官

友好的な宇宙人を演じて人類を欺き、地球の軍事力を消滅させようと画策した。

参謀／統制官

X星人と地球人が交わることにより、数万分の1の確率で誕生する高い能力者。

正体

X星人の真の姿であり、地球人に比べて体は一回り小さいが、戦闘能力は高い。

X星人の銃

強烈なパワーを秘めた熱線を発射し、地球上の様々な物体を一撃で粉砕する。

親衛隊

地球文明を壊滅させようとする統制官の思想に従っている、急進派の側近たち。

公害怪獣 ヘドラ
身長／120m　体重／7万t
演技者／吉田和宏

X星人の支配下にある怪獣。エビラと共に東京湾の海中でゴジラを襲っていたが、放射熱線を浴びた衝撃で地上に吹き飛ばされ、ビルに激突した。

ゴジラに弾き飛ばされたエビラの鋏が顔に突き刺さり、弱体化。

最終的にはゴジラの放射熱線でビルごと破壊された。

宇宙隕石怪獣 モンスターX

身長／120m　体重／6万t　演技者／中川素州

X星人の切り札とも言える宇宙怪獣。廃墟と化した東京でゴジラと激突、全身に漲るスタミナを生かした戦闘力と高い跳躍力で凄まじい格闘戦を繰り広げ、徹底的に追い詰めた。

怪力であると同時に動きも素早く、ゴジラへ肉弾攻撃を仕掛けた。

統制官が母星から地球へ飛来させた隕石から出現し、攻撃を開始。

デストロイド・サンダー

3つの頭部にある目から発射する、強大な破壊力を秘めた引力光線。

北海道の海底からミイラ状態で発見され、防衛博物館に収容されていた。

鎖を射出する爪、ブラッディ・トリガーと腹部のブラデッド・カッターが武器。

サイボーグ怪獣 ガイガン

身長／120m　体重／6万t
演技者／吉田和宏

X星人が操る巨大生物が機械改造され、サイボーグ怪獣となった姿。統制官の指令で1万2000年ぶりに再起動し、地球防衛軍本部を徹底的に破壊した。

当初の目的は新・轟天号の出撃妨害だった。その後、南極でゴジラと対決し、放射熱線に敗れる。

G粒子によって力を取り戻したゴジラの猛反撃を受けて倒れた。

巨体を生かした突進攻撃で、ゴジラや周囲の物体をすべて弾き飛ばす。

宇宙最強超怪獣 カイザーギドラ

全長／150m（尾を除く）　体重／10万t
演技者／中川素州、小倉敏博

X星人の全滅後、モンスターXが強化変身を遂げた最強の宇宙怪獣。巨体を駆使した怪力攻撃で無双ぶりを発揮。また、ゴジラに噛みつき、体内のエネルギーを吸収する能力も見せた。

デストロイド・カイザー

デストロイド・サンダーより強大な破壊力を持つ反重力光線。3つの口から放つ。

改造ガイガン

身長／120m　体重／6万t　演技者／吉田和宏

X星人の科学力によって破壊された頭部を修復、さらに全身が強化した形態。両腕のブラッディ・チェーンソーと胸部のブラデッド・スライサーで敵を攻撃。

ギガリューム・クラスター

単眼から発射する赤色の拡散光線。改造されたことで破壊力も強化。

モンスターXと共闘し、ゴジラを追い詰めて止めを刺そうとした。

2連装のブラッディ・チェーンソーを突き立てて、地面を疾走する。

波川玲子司令

地球防衛軍の中心人物。怪獣が大挙出現した際も的確に対応する。

小室少佐

新・轟天号の副艦長。沈着冷静な人物で、無鉄砲な艦長をサポート。

音無杏奈

日東テレビのキャスターで、美雪の姉。X星人の企みを暴いた。

醍醐直太郎

日本人初の国連事務総長。「百発百中」を自認する射撃の名手。

神宮寺八郎

古代生物学を専攻する防衛博物館の主任。怪獣のミイラを分析。

国木田少将

地球防衛軍の参謀で波川の副官的存在。ゴードンらに力を貸した。

田口左門

富士山麓に暮らす猟師。孫の健太と共に山中でミニラと遭遇した。

国連事務総長秘書官

国連事務総長専用機で醍醐に会議書類を渡した後、機と共に爆発。

熊坂

地球防衛軍M機関で尾崎らの戦闘訓練を指導をする、厳しい教官。

初代轟天号副艦長

艦長と共にゴジラと対決。地震を利用して氷塊に閉じ込めた。

初代轟天号艦長

20年前、南極大陸でゴジラと対決した、地球防衛軍の優秀な軍人。

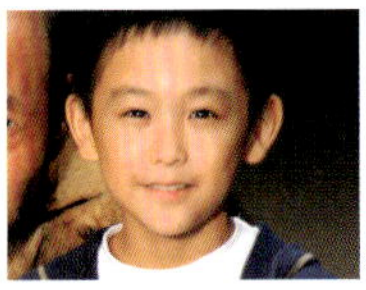

田口健太

怪獣に「ミニラ」と命名し、祖父と共に東京へ連れて行った少年。

FINAL WARSに挑む者

国際連合が設立した汎地球的な軍事組織・地球防衛軍のメンバー、M機関に所属するミュータント、国連事務総長、政治家が地球の存続を懸けて戦いに挑む。

尾崎真一

特殊能力を持つ地球防衛軍・M機関第5部隊の優秀なミュータントで、組織での階級は少尉。

新・轟天号兵器管制を担当。高い戦闘能力を持つが、心優しい性格。

音無美雪

国連から派遣された分子生物学者。怪獣のミイラを研究していた時、「M塩基」を発見した。

尾崎らと共に小美人の啓示を受け、人類の復権を懸けて活躍する。

ダグラス・ゴードン

20年前、轟天号の乗組員だった人物。新・轟天号の艦長としてX星人と戦った。階級は大佐。

豪快で破天荒な性格。愛用の日本刀を武器にX星人と対決し撃破。

風間勝範

尾崎の同僚でM機関所属の少尉。X星人の統制官に操られたが、尾崎の活躍で解放される。

尾崎との対決もあったが、最期は人類のために特攻し、命を落とした。

地球防衛軍（EARTH DEFENSE FORCE）のメカ群

世界各地に出現する怪獣から人類の生命及び財産を守るため、地球防衛軍が開発・運用している軍事兵器群。一撃で強敵をも撃破できる超装備を有した戦艦もあった。

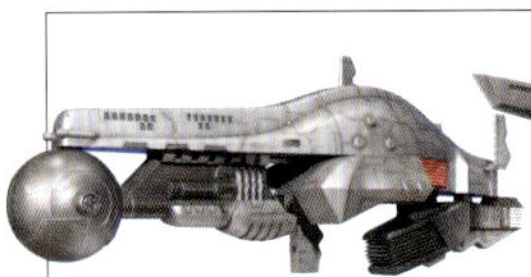

エクレール

全長／100m　全高／30m　重量／9000t

フランスに配備されている地球防衛軍の空中戦艦。メーサー大鉄球が武器。

火龍

全長／120m　全高／30m　重量／7500t

中国に配備されている地球防衛軍の空中戦艦。龍剣高電子砲で敵を粉砕する。

ドッグファイター

全長／15m　重量／30t

地球防衛軍が多数装備している小型戦闘機。新・轟天号にも搭載されていた。

EDF戦車

90式戦車を改造した、地球防衛軍の主力兵器。東海コンビナート戦で活躍した。

メーサー殺獣光線車

南極大陸でのゴジラ攻撃に出動したが、大破した状態のみが確認された。

ランブリング

全長／100m　全高／30m　重量／7500t

米国に配備された地球防衛軍の空中戦艦。マグナムメーサーキャノンを発射。

ロケットランチャー

M機関のミュータントが携行していた武器。強烈なロケット弾を発射する。

未来型オートバイ

近未来の世界で使用されているマシン。尾崎が風間を追跡、攻撃をする際に運転した。

EDF車両

地球防衛軍がパトロールや偵察、連絡など、様々な用途に使う4WD車両。

轟天号

全長／150m　全高／38m　重量／1万t

初代万能戦艦で海上や海中はもちろん、空中や地中でも活動可能。南極での決戦でダメージを負いつつも、ゴジラの封じ込めに成功。

主砲と副砲、エネルギー弾、上部甲板ミサイルや三連機銃などを装備。

ドリル先に搭載された絶対零度冷線砲で、ゴジラに立ち向かった。

新・轟天号

全長／150m　全高／45m　全幅／25m　重量／1万t

轟天号の後継艦でノルマンディ沖でマンダを撃破。その後、エリアGに封印されたゴジラを覚醒させ、東京へ誘導した。艦首に鋼鉄ドリルを装備。

冷凍メーサー砲やプロトンミサイルなど、多くの武器を装備している。

鋼鉄ドリルでX星人母艦の外壁を突き破り、内部を徹底的に破壊した。

①南極で咆哮をあげるゴジラの前に轟天号が登場し、戦闘が始まる。

②戦いが続くなか、突然地震が発生。ゴジラは氷塊の中へ姿を消す。

③地球防衛軍はミュータントの部隊・M機関を設立、有事に備えた。

④M機関の尾崎真一は、科学者の音無美雪に同行。怪獣のミイラ調査に向かう。

⑤同じ頃、世界各地で怪獣たちが一斉に暴れ始め、大被害が発生。

⑥M機関も地上部隊として出動。最新兵器を駆使してエビラに挑む。

⑦そんな時、地球にX星人が飛来。謎の力で怪獣たちを消滅させた。

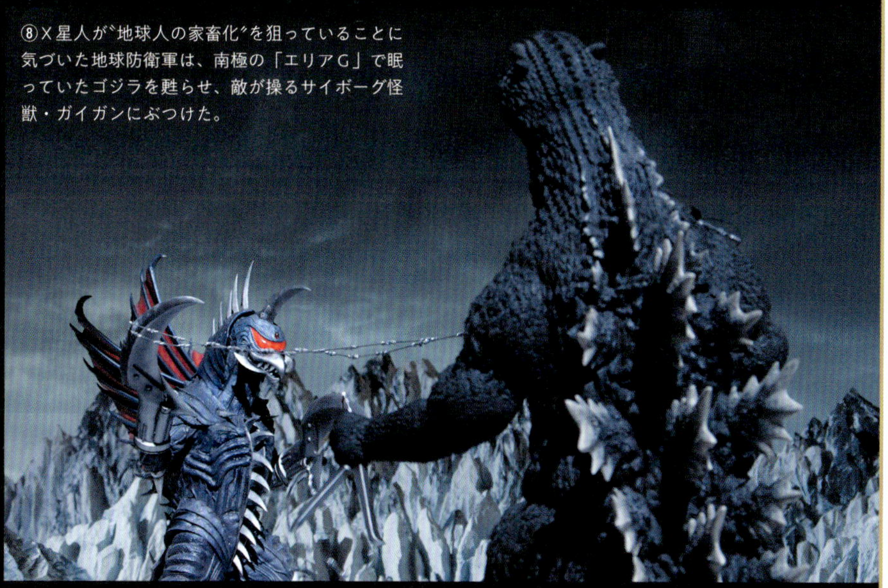

⑧X星人が〝地球人の家畜化〟を狙っていることに気づいた地球防衛軍は、南極の「エリアG」で眠っていたゴジラを甦らせ、敵が操るサイボーグ怪獣・ガイガンにぶつけた。

⑨ガイガンを破壊したゴジラがシドニーへ上陸。ジラを一撃で倒す。

⑩ゴジラが富士山麓に到達、キングシーサーと格闘戦を繰り広げた。

⑪新・轟天号がX星人の母艦に突入し、尾崎は敵の統制官に挑む。

⑫東京に隕石が落下。中から出現したモンスターXがゴジラを襲う。

⑬小美人が送ったモスラ成虫が東京に現れ、改造ガイガンを攻撃。

⑭モスラは羽に傷を負うも、最後の力で改造ガイガンを粉砕した。

⑮ゴジラはモンスターXを圧倒していたが、突然の反撃に苦しむ。

⑯尾崎が統制官を圧倒。同時にゴジラもモンスターXを追い詰める。

⑰統制官を倒した尾崎は仲間と合流。新・轟天号で母艦を後にした。

⑱モンスターXがカイザーギドラに変貌。ゴジラの力を吸い取る。

⑲尾崎は、G粒子を新・轟天号のメーサー砲に集中させ、発射。

⑳G粒子によって力を取り戻したゴジラがカイザーギドラを倒す。

㉑続いて新・轟天号に怒りの矛先を向け、猛攻撃を仕掛けてきたが。

㉒そこへミニラが登場。荒ぶるゴジラを鎮め、共に海を目指した。

㉓ゴジラとミニラを見送る尾崎は、新たな歴史の始まりを感じる。

STORY

地球防衛軍は、轟天号の活躍によってゴジラを南極の氷塊へ封じ込めることに成功する。それから20年後の20XX年、北海道付近の海底で怪獣のミイラが発見され、さらに世界各地では怪獣たちが暴れ始めたが、地球に飛来したX星人の力で消滅。それを〝友情の証〟と語るも、すべてはX星人の策略であり、真の目的は〝地球人の家畜化〟であった。地球防衛軍は新・轟天号を使った、最強兵器「ゴジラ」の覚醒を計画。甦ったゴジラは、X星人が操る怪獣たちを次々と倒し、敵の切り札であるモンスターXが変異したカイザーギドラを粉砕。ミニラの登場で怒りを収め、海へと去って行った。

シン・ゴジラ

『シン・ゴジラ』
2016年7月29日公開 119分

STAFF

脚本・編集・総監督／庵野秀明　監督・特技監督／樋口真嗣　准監督・特技統括／尾上克郎　製作／市川 南　エグゼクティブ・プロデューサー／山内章弘　撮影／山田康介　編集・VFXスーパーバイザー／佐藤敦紀　音楽／鷺巣詩郎、伊福部 昭　照明／川邉隆之　美術／林田裕至、佐久嶋依里　録音／中村 淳　音響効果／野口 透　CGプロデューサー／井上浩正

CAST

矢口蘭堂／長谷川博己　赤坂秀樹／竹野内 豊　カヨコ・アン・パタースン／石原さとみ　大河内清次／大杉 漣　東 竜太／柄本 明　里見祐介／平泉 成　泉 修一／松尾 諭　志村祐介／高良健吾　安田龍彦／高橋一生　尾頭ヒロミ／市川実日子　間 邦夫／塚本晋也　財前正夫／國村 隼　小塚／光石 研　沢口龍彦／古田新太　牧 悟郎／岡本喜八（写真の出演）

前作公開から12年、約2年間の製作期間の末に完成した本作は、版権元である東宝が〝新たなゴジラ像〟の構築を目指した意欲作であった。ゴジラの設定や世界観などは総監督・脚本を担当する庵野秀明に委ねられ、それを具現化する作業は監督・特技監督の樋口真嗣が担当。作品の直接製作費もシリーズ最高額となり、撮影規模もこれまでの「ゴジラシリーズ」としては異例の大スケール。現代の日本が抱える閉塞状況を体現した「現実（ニッポン）対虚構（ゴジラ）」のキャッチフレーズに相応しい大作映画が完成し、観客から高い評価を獲得した。

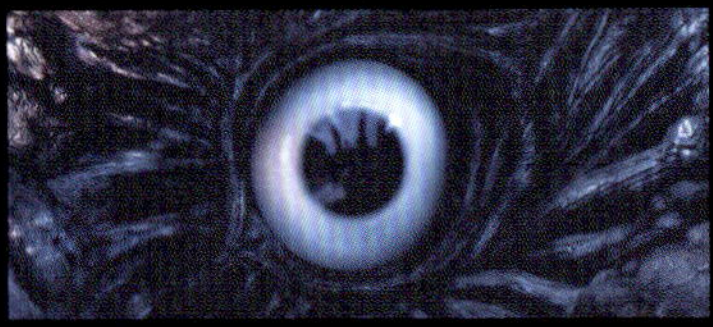

ゴジラの目は感情が感じられない、空虚なイメージで表現された。

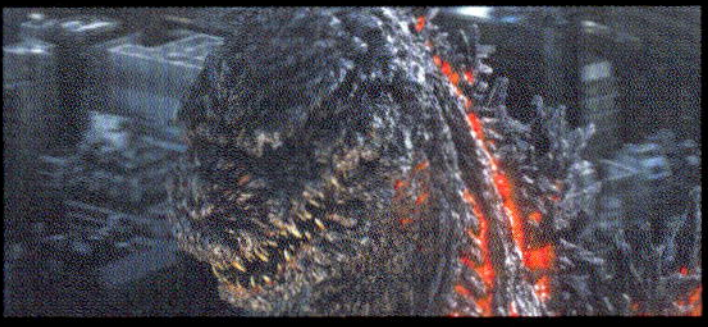

本作のゴジラは初のフルＣＧ表現となり、独特な生物感が構築される。

前田真宏のコンセプトスケッチを元に、竹谷隆之が雛型を完成。

本作ゴジラのコンセプトは「完全生物」と定められる。

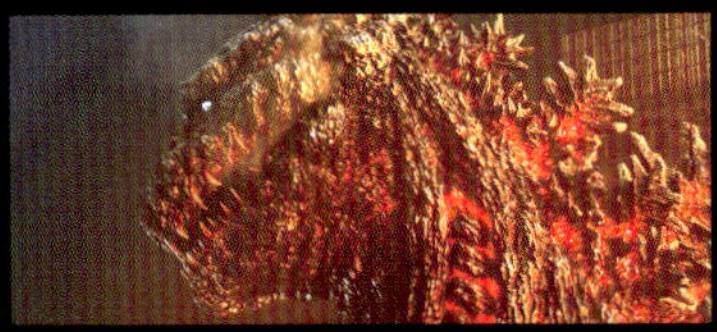

暗闇にいるゴジラが、炎の照り返しで映し出されるという演出も秀逸。

スーツでは描けないゴジラの巨大感は、観客に強い印象を残す。

こだわり抜いた構図により、人間目線からのゴジラが描かれる。

ゴジラの背後にある尻尾の動きによって、進撃の様を表現している。

ゴジラの放射熱線には、〝炎からレーザー光線状に変化する〟という新たな表現が採用される。

燃え盛る東京のビル街を進撃する姿はさながら〝魔王〟のようで、これまでの〝ゴジラ像〟とは一風変わった印象となった。

激走する2編成の無人新幹線爆弾の間から遠方のゴジラを映すという、大胆な構図も魅力的。

今までのゴジラには見られない独特な動きが表現された。

本作のゴジラは、作品内で〝怪獣〟ではなく〝巨大不明生物〟と呼称された。

爆発なども、スーツを使用する特撮で描けない規模の派手な演出となった。

相模湾沖に出現したゴジラを鎌倉側から映すという、ダイナミックなカットを実現。

怪獣王 ゴジラ

太古の深海海洋生物が約60年前に放射性廃棄物を大量摂取し、突然変異と異常成長を繰り返したと考えられる巨大不明生物。分子細胞生物学者の牧 悟郎により、大戸島の伝説の怪獣「呉爾羅」と名づけられ、「GODZILLA」という英語名が与えられた。人間の８倍の遺伝子情報を有する完全生命体で、いくつかの生物の形質を併せ持つ。

第2形態が北品川付近で突然直立し、恐竜的な形状に進化した姿。脚部が進化したことで二足歩行となり、背鰭や牙も巨大化。内皮が核エネルギーで赤く発光し始めた。

第3形態
身長／57m
全長／168.25m

陸上自衛隊のヘリコプターが接近するも、特に反応は見せなかった。

前肢が割れて急速に発達し、小型の手や腕などが形成された。

前傾姿勢で突進し、巨大なビルをも突き崩してしまう。

左右に赤黒い膜がついた口を大きく開いて咆哮。目には表情がない。

余熱の冷却処理が追いつかず、突然、京浜運河から東京湾へと戻る。

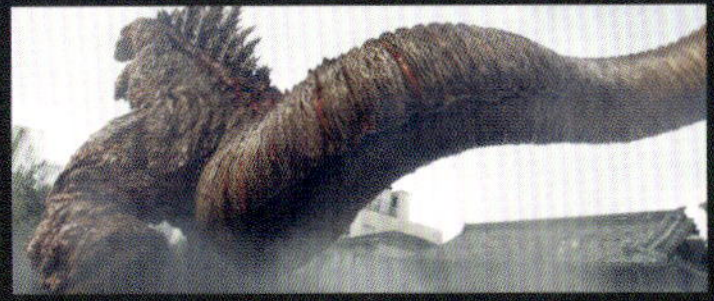

脚だけでは巨体を支えきれず、長大な尾でサポートしていたらしい。

第2形態

東京湾アクアライントンネル事故現場で目撃されるも、背中と尾が海上に出現したのみ。

第2形態
身長／28m　全長／122m

突然、羽田空港付近の多摩川河口から遡上して大田区方面に移動。呑川から蒲田に上陸した際の形態。強靭な後脚で陸上を這いずりながら進み、周囲の物体を破壊する。

巨大なビルによじ登って破壊しつつ、なおも進撃を続けていった。

ヤモリや蜥蜴など、爬虫類と両生類の中間体のような姿が特徴的。

腕はなく、肘を折り畳んで癒着したような状態となっていた。

進撃する際、両脇にある鰓から、赤い体液を大量に滴らせていた。

第4形態

身長／118.5 m　全長／333 m　体重／9万2000t

第３形態が相模湾の海中で全身を冷却。約４日間をかけて進化を遂げ、陸生型となって鎌倉に上陸した姿。第３形態の約２倍に巨大化し、心臓の〝生体原子炉〟で生成する強大なエネルギーで活動する。全身を覆う表皮は高い柔軟性と耐久性を有しており、ミサイルをも弾き返す。

自衛隊の攻撃で背後から高層ビルが倒れ込み、動きの一部が封じられるも怯まなかった。

ヤシオリ作戦で口から血液凝固促進剤を注入され、直立姿勢のまま動きを止めた。

巨大な口には無数の鋭い牙が生え、放射熱線を吐く際は、眼球を閃光防御膜で覆ってガードする。

自衛隊や米軍の集中攻撃を浴びても、その体力や戦闘力はさほど低下しないようである。

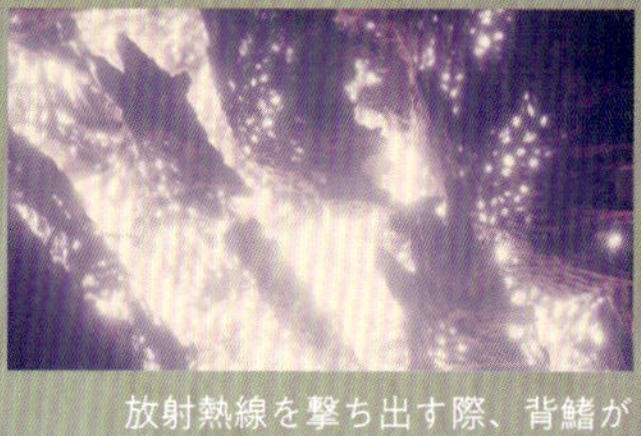

放射熱線を撃ち出す際、背鰭が核エネルギーの影響で紫に発光。

背鰭の各部からも放射熱線を発射し、戦闘機などを撃墜する。

さらに尾の先からも炎状の放射熱線を撃ち、外敵を粉砕していく。

放射熱線

ゴジラの口から放たれた熱焔が収放射熱線に変化し、周囲や遠方の物体を次々と破壊。最終的には放射線流となって終息する。

巨大不明生物に挑む者

突然、東京湾に出現し、進化を繰り返して巨大不明生物となったゴジラの破壊行動に苦悩しつつ、国民を守るために心血を注いで事態に対応する政治家や関係者などである。

赤坂秀樹

大河内内閣の総理大臣補佐官で、国家安全保障を担当。沈着冷静な現実主義者であり、旧知の関係にある矢口にも本心を見せない。里見臨時内閣では、内閣官房長官臨時代理に就任した。

政治に対する信念や価値観の違いから、矢口と小さな対立が起こることも度々。

矢口蘭堂

保守第一党所属の衆議院議員で、大河内内閣の内閣官房副長官。ゴジラ出現後は「巨大不明生物特設災害対策本部」の事務局長、さらに巨大不明生物統合対策本部の副本部長となり、「ヤシオリ作戦」を指揮して事態に対処。

カヨコと共同戦線を張ってゴジラに対応。政治家としての資質を高く評価した。

カヨコ・アン・パタースン

アメリカ合衆国大統領の特使として日本に派遣された女性。名門政治家一家の出だが日系三世でもあり、祖母の故郷をゴジラや核攻撃の脅威から守ろうと奮闘。

大河内内閣

ゴジラ出現時の内閣。災害緊急事態と防衛出動を布告し、「タバ作戦」を実行するも失敗。ゴジラの放射熱線が搭乗したヘリに直撃し、大半の閣僚が死亡した。

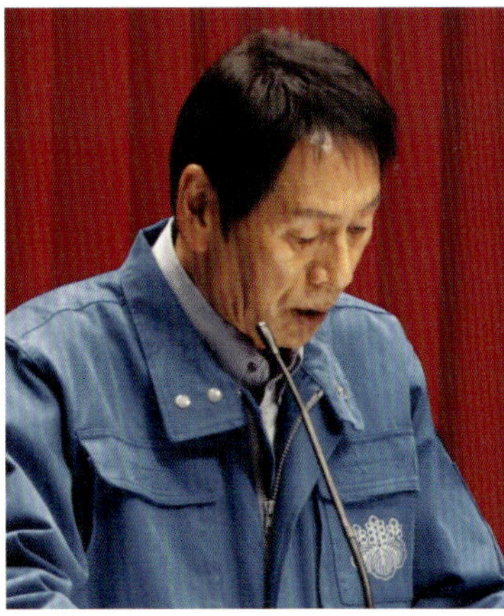

大河内清次

ゴジラの出現に際し、戦後初となる武力行使命令を下した内閣総理大臣。巨大不明生物の出現に戸惑いを見せるも、国民の生命を第一に考えていた。

ヤシオリ作戦関係者

巨大不明生物／ゴジラの活動停止を目的とした血液凝固促進剤経口投与作戦を実行するため、自衛隊や民間人などから招集された、各分野のエキスパート集団。

東京都議会

ゴジラの襲撃した地域の行政機関として、都民の避難を指示。また、有害鳥獣駆除の目的で、公安委員会に自衛隊の治安出動を要請する。責任者は小塚都知事。

巨大不明生物特設災害対策本部

泉 修一政調副会長の力を借りて矢口が設立した、巨大不明生物を研究・撃滅するための組織。民間や各省庁からエキスパートが集められ、ゴジラに対応した。

第４形態に進化し、鎌倉を移動するゴジラの巨大な尾に驚きを隠せない人々。

大打撃を受けた都内各地を視察し、対策を講じようとする政府関係者。

ゴジラ第２形態の上陸により、東京都内はパニック状態の避難民で溢れかえる。

航空自衛隊に緊急出動が要請され、Ｆ－２Ａがゴジラへの攻撃態勢を取った。

現場を訪れた矢口は、ゴジラによって命を失った被害者たちに手を合わせた。

ゴジラの進撃で発生した惨状を、民間人は見つめ続けるしかなかった。

その他主要関係者

ゴジラ誕生の謎を握ったまま行方不明となった分子細胞生物学の権威・牧 悟郎、臨時内閣の総理大臣代理としてゴジラ対策に貢献した里見祐介、巨大不明生物統合対策本部の安田龍彦、尾頭ヒロミなどがいた。

対ゴジラ兵器、メカニック

日本に上陸した巨大不明生物／ゴジラの進撃をくい止め、駆除する目的で出撃した自衛隊や海上保安庁、米軍のヤシオリ作戦に投入された兵器、メカニック群。

自衛隊

大河内内閣や小塚都知事から出動要請を受け、ゴジラへの攻撃を展開した。陸上、航空、海上の自衛隊が作戦に参加するも、ゴジラの強大な力には対抗できなかった。

AH-64D 戦闘ヘリコプター

攻撃を目的として設計・開発された戦闘ヘリコプター。重機関銃や機関砲、ロケット弾、空対地ミサイル、空対空ミサイルなどで目標物を攻撃。

数機で編隊を組み、ゴジラに集中攻撃を浴びせるも、効果は低かった。

M230 30mm機関砲やAGM-114 ヘルファイアをゴジラに撃ち込む。

「タバ作戦」フェイズ1の前衛戦力として立川駐屯地から出撃した。

10式戦車

最新の国産4代目の主力戦車で、速度は70km/h。10式戦車砲や12.7mm重機関銃M2、74式車載7.62mm機関銃などの兵器を搭載している。

凄まじい破壊力を誇る10式戦車砲の一斉砲撃でもゴジラは倒れない。

大量の同型車両が多摩川に集結。東京へ侵入するゴジラを待ち受けた。

「タバ作戦」フェイズ2に投入され、多摩川でゴジラに攻撃を仕掛けた。

海上保安庁

東京湾海上で発生したプレジャーボートの救難活動や、羽田沖の水蒸気煙現象の撮影などに出動し、一定の成果を上げる。

ユーロコプター EC225「いぬわし」

ユーロコプターが開発・製造した大型輸送ヘリコプター。27名を乗せることが可能。

F-2A

第8飛行隊所属で三沢基地から出動。「タバ作戦」のフェイズ3で、ゴジラに爆弾を投下した。

99式自走155mm榴弾砲

52口径155mm榴弾砲と12.7mm重機関銃M2を装備する、自走兵器。

多連装ロケットシステム

227mmロケット弾を12連装発射機から撃ち出す攻撃兵器。

民間徴用装備

ゴジラを活動停止させる「ヤシオリ作戦」を成功させるため、民間から様々な車両が駆り出され、攻撃兵器や作業車として使われることとなった。

N700系 無人新幹線爆弾

大量の爆薬を搭載。東京駅にいるゴジラを陽動するため、突撃して爆発を遂げた。16両編成を2本使用。

E231系、E233系 無人在来線爆弾

東京近郊を走る在来線を爆弾として使用したもの。「ヤシオリ作戦」最終段階で全車両が投入された。

凄まじいまでの爆発を起こし、ゴジラを負傷させて戦闘力を奪った。

タンクローリー

固体・液体・気体などを運搬するための大型貨物自動車。ゴジラに投与する血液凝固促進剤を運んだ。

コンクリートポンプ車

「ヤシオリ作戦」最終段階で使用。アームの先をゴジラの口内に入れ、血液凝固促進剤を流し込んだ。

多くのコンクリートポンプ車によって、数百kℓの血液凝固促進剤が投与される。

アメリカ軍

東京へ進撃してきた際や「ヤシオリ作戦」第4段階でのゴジラへの攻撃に参加した。一方で日本本土にいるゴジラへの核攻撃も準備していた。

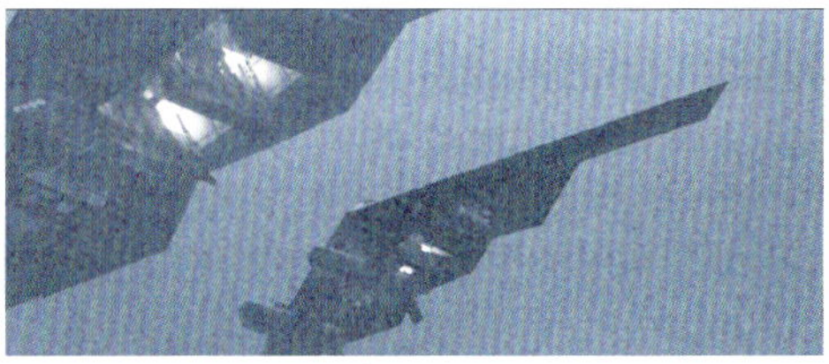

B-2 ステルス 戦略爆撃機

第509爆撃航空団所属の3機がグアムから出撃。ゴジラめがけて地中貫通型爆弾MOP-Ⅱを投下した。

MQ-9 リーパー無人攻撃機

「ヤシオリ作戦」第2段階で出撃。ゴジラにわざと放射熱線を撃たせ、核エネルギーを大幅に消費させた。

ペイブウェイⅡレーザー誘導爆弾なども発射。ゴジラに波状攻撃を仕掛けた。

ゴジラに空対地ミサイル・ヘルファイアを投下し、注意を向けさせる。

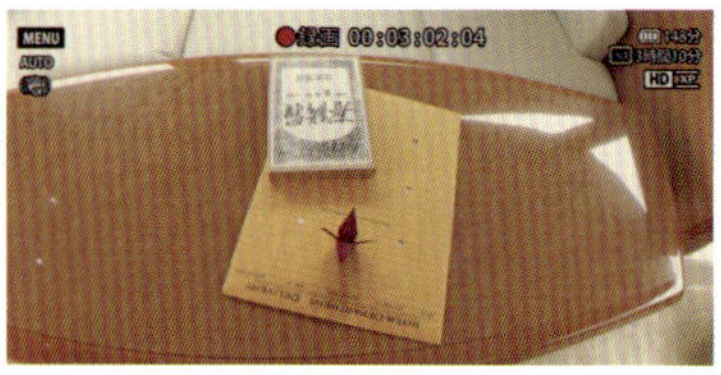

①東京湾羽田沖で無人のプレジャーボートが発見され、折り鶴が置かれていた。

STORY

東京湾アクアトンネルでの浸水事故を政府が調査する最中、海面から尾のような物体が出現。その後、謎の巨大生物が蒲田に上陸し、北品川付近で進化を遂げて海へと戻っていった。その４日後、約２倍に成長した巨大生物／ゴジラが鎌倉に再上陸。自衛隊が多摩川に引いた絶対防衛線を突破して東京へ侵入し、米軍のＢ－２爆撃機の絨毯爆撃に怒って強烈な放射熱線を放ち、東京を廃墟にした後に活動を停止する。内閣官房副長官・矢口蘭堂を副本部長とする「巨大不明生物統合対策本部」はゴジラの生態を調査し、血液凝固促進剤を投与するための攻撃「ヤシオリ作戦」を展開。それによってゴジラは活動停止状態となるが、その尾の先には人型形状の物体が生じていた……。

②海面から巨大生物の尾のような物体が出現した後、多摩川河口に移動する。

③巨大生物は這いずるように川を遡上。停泊する船舶を次々と蹴散らしていく。

④その後、蒲田に上陸し、建造物や自動車を破壊しながら北へ向かって進撃した。

⑤突然、北品川付近で巨大生物が急速な進化を遂げ、二足歩行形態となった。

⑥自衛隊の対戦車ヘリコプター隊と交戦状態になる寸前、巨大生物は海に戻る。

⑦巨大生物は「ゴジラ」と命名。４日後、さらに進化を遂げて相模湾に現れた。

⑧川崎の工業地帯を縦断して武蔵小杉に到達。付近住民の避難が開始される。

⑨多摩川に絶対防衛線を引いた自衛隊がゴジラを倒す「タバ作戦」を展開。

⑩空からの攻撃「フェイズ１」、陸からの攻撃「フェイズ2」でもゴジラは怯まない。

⑪自衛隊の大部隊を蹴散らし、ついにゴジラは多摩川を渡って東京都内へと進入。

⑫凄まじいまでの攻撃を受けても、ゴジラの巨体には一つの傷もつかない。

⑬10式戦車が破壊された際の噴煙をつき破り、ついに都内に侵入した。

⑭日が暮れて体の各部が赤く輝く。そして、ゴジラは港区方面へと移動する。

⑮政府は在日米軍へ駆除協力を要請。Ｂ－２爆撃機がゴジラへの攻撃を開始した。

⑯地中貫通爆弾ＭＯＰⅡの直撃を受けたゴジラは、突然、口内を強く輝かせる。

⑰口から強烈な放射熱線を放ち、閣僚が搭乗したヘリや都内全域を破壊していく。

⑱さらに背鰭からも複数の放射熱線を発射し、B－2爆撃機をすべて撃墜した。

⑲燃え盛る廃墟の東京で、核エネルギーを消費し尽くしたゴジラは活動を停止する。

⑳その後、「巨災対」の研究でゴジラに有効な血液凝固促進剤が開発される。

㉑矢口案による、ゴジラの活動を停止させる攻撃「ヤシオリ作戦」が始まった。

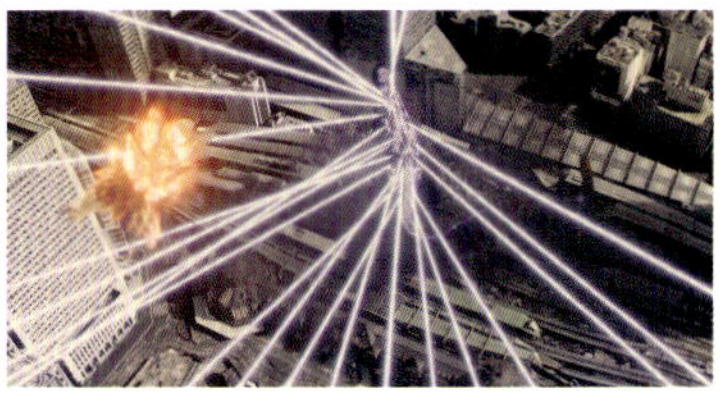

㉒ゴジラは背鰭からの放射熱線で接近してくる攻撃兵器を次々と破壊していく。

㉓米軍の無人攻撃機から発射されるヘルファイアや誘導爆弾がゴジラに命中して爆発。

㉔口と尾の先から撃ち出した放射熱線で、空中を飛ぶ多数の攻撃機を撃墜していく。

㉕核エネルギーを大量に消費したゴジラの放射熱線は、次第に威力が低下していった。

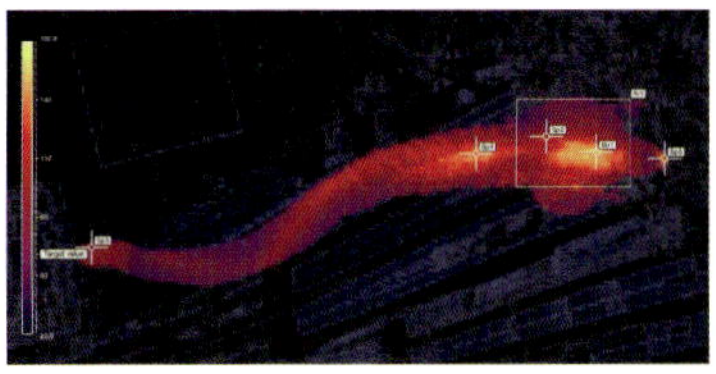

㉖ゴジラの放射線量を調査。「ヤシオリ作戦」は第３段階に進む。

㉗ゴジラの周囲にあった高層ビルがイージス艦からの攻撃で爆破され、落下していく。

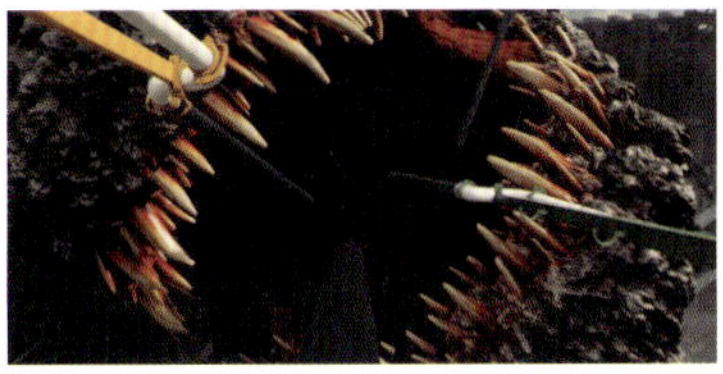

㉘倒れたゴジラの周囲にコンクリートポンプ車が集合。注入ポンプを口内に入れる。

㉙コンクリートポンプ車のアームが、次々とゴジラの口に入れられていく。

㉚アームの先から、大量の血液凝固促進剤がゴジラの口内へ投与される。

㉛ゴジラが意識を取り戻し、放射熱線でコンクリートポンプ車を爆破した。

㉜立ち上がるゴジラだったが、すでに血液凝固促進剤の影響で動きが鈍い。

㉝ふらふらになったゴジラめがけて、すべての無人在来線爆弾が突進していく。

㉞無人在来線爆弾が激突。体の各部で大爆発が発生してゴジラは倒れ込む。

㉟血液凝固促進剤を経口投与されたゴジラは、再び立ち上がろうとするも……。

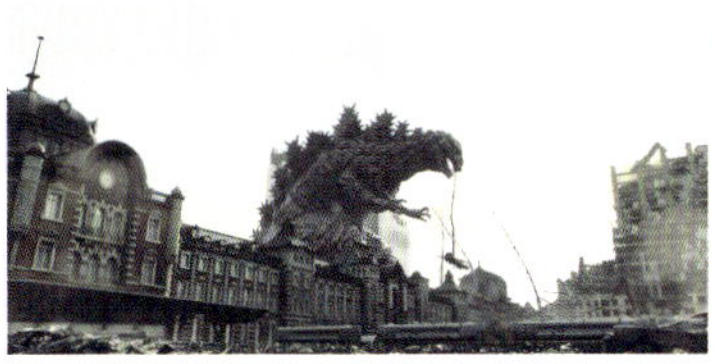

㊱ようやくゴジラは活動を停止。東京駅の脇で立ち尽くしたままの状態となった。

㊲しかし、ゴジラの尾の先端部には、背鰭を有する人型形状の何かが……。

ゴジラ-1.0

『ゴジラ-1.0』
2023年11月3日（日本）、2023年12月1日（米）公開　125分

STAFF
監督・脚本・VFX／山崎 貴　製作／市川 南　エグゼクティブ・プロデューサー／臼井 央、阿部秀司　企画・プロデュース／山田兼司、岸田一晃　プロデューサー／阿部 豪、守屋圭一郎　チーフゴジラオフィサー／大田圭二　VFXディレクター／渋谷紀世子　撮影／柴崎幸三　照明／上田なりゆき　美術／上條安里　装飾／龍田哲児　録音／竹内久史　編集／宮島竜治　音楽／佐藤直紀、伊福部 昭　VFXプロダクション／白組

CAST
敷島浩一／神木隆之介　大石典子／浜辺美波　明子／永谷咲笑　秋津清治／佐々木蔵之介　水島四郎／山田裕貴　野田健治／吉岡秀隆　橘 宗作／青木崇高　太田澄子／安藤サクラ　堀田辰雄／田中美央　板垣昭夫／飯田基祐

前作で興行的にも大ヒットとなった「ゴジラシリーズ」ではあったが、米国の映画会社「レジェンダリー・ピクチャーズ」との契約もあり、2020年までは東宝での新作が製作できない状況にあった。その問題が解決の方向へと向かって、東宝内で〝新たなゴジラ〟の企画が検討されるなか、製作総指揮の市川 南が、監督の山崎 貴に「次、（ゴジラ映画の監督は）どうですか？」とオファー。それがきっかけとなり、新作の製作が開始される。山崎は、「ゴジラ対人間」というコンセプトを元にストーリーを構築。また、高いクオリティのＣＧ画像でゴジラを表現することを目標に定めて本作を作り上げ、結果的に前作とは異なるコンセプトの作品を完成させた。

第1作の〝戦争に対する恐怖〟という重いテーマが、本作でも色濃く描かれていた。

スーツでは表現不可能な〝寄り〟の映像に拘り、情報量が多いＣＧが製作される。

戦後を生きる日本人の「勇気」と「愛」を紡ぐ物語が選ばれる。

戦争で生息地を荒らされたゴジラの〝怒り〟も強く表現された。

山崎は、ゴジラを〝タタリ〟であると考え、描いたようである。

ゴジラが負傷し、痛みに苦しむ様もＣＧで完璧に表されていた。

〝海で祟り神を鎮める儀式〟を意識し、ゴジラ対日本人の戦いが演出される。

ゴジラには〝怒り〟や〝憎しみ〟といった感情表現が多く用いられた。

尾の先から青い光と共に背鰭が順々に飛び出すという、新設定も招かれた。

ゴジラが放射熱線を放つシーンは、核兵器の爆発がイメージにあった。

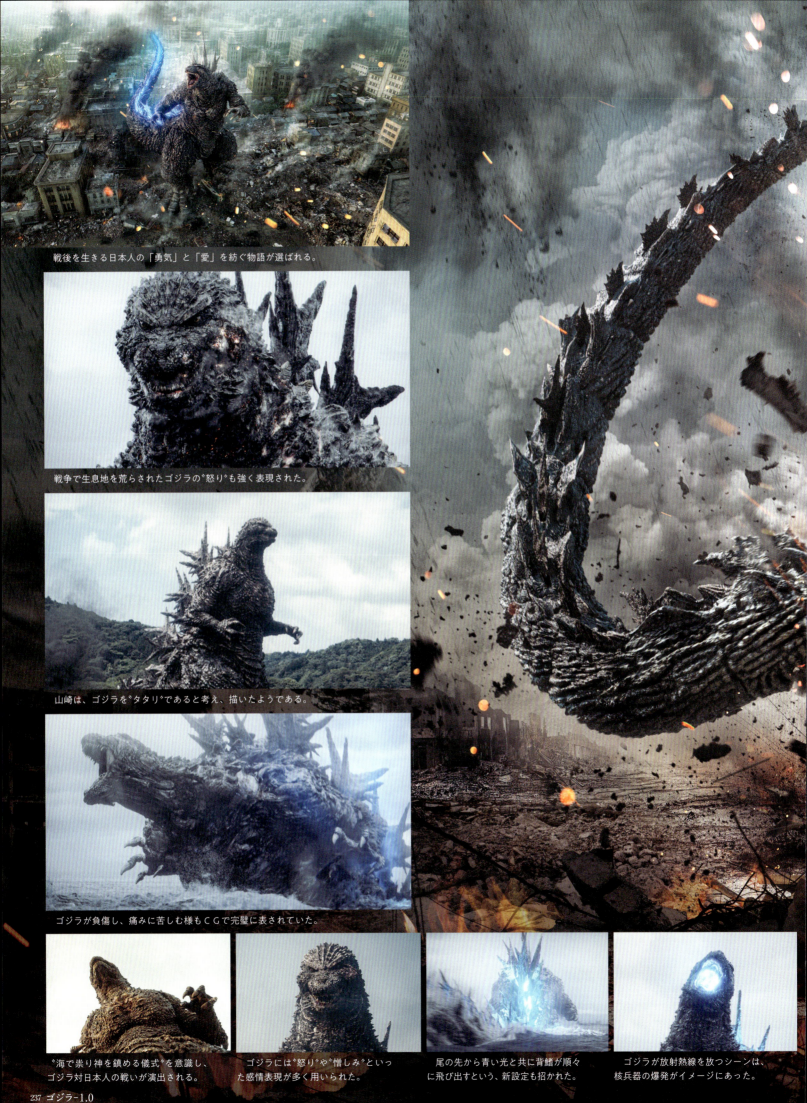

ゴジラ 体高／50.1ｍ　体重／2万t

　小笠原諸島・大戸島周辺の近海を回遊していた大型海洋生物で、島の伝説にもある「呉爾羅」が、ビキニ環礁で行われた核実験の放射線の影響で突然変異、巨大怪獣化した姿。その全身には大量の核エネルギーが漲っており、体に損傷を負っても短時間で完全再生できる。“強大な炎”を弄ぶ人類に強い憎しみを抱いているらしく、容赦のない攻撃を仕掛けてきた。

元々は15ｍ大の生物だったが、原子爆弾の爆発で体内に侵入した放射性物質の影響で細胞の再生能力が暴走し、約50ｍ大に急成長した。

海面から顔と巨大な背鰭を出して、大海を素早く航行。接近する船舶を次々と餌食にしていた。

帰巣本能で東京湾の防衛ラインを越えて上陸。品川から銀座周辺を破壊し尽くした。

地上を逃げ惑う人間を気にもとめず、進撃していく。

凄まじいまでの咆哮で威圧し、近づくものに襲い掛かる。

放射熱線

体内の核エネルギーを圧縮することで臨界点に達した状態にし、口から発射。

銀座のビル街や国会議事堂周辺を、放射熱線で一瞬のうちに破壊し、大損害を与える。同時に多くの人命を奪った。

鋭い牙が生えた口で相手の動きを抑え、そのまま空中高く投げ飛ばしてしまう。

放射熱線を放つ際、尾の先から背鰭が順に突き出て、最後に首近くの背鰭が伸び終わると発射準備が完了。

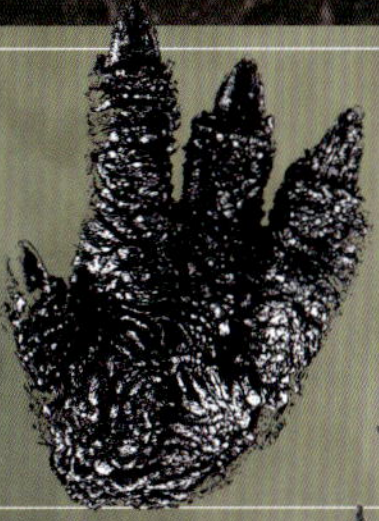

ゴジラの足裏も鳥類のそれと近い形状であり、地面と完璧に接地して巨体を支えている。

巨体にしては小さめの頭部や尖った背鰭、鳥類に近い獣脚が特徴的。また、爪と牙がかなり硬い。

ゴジラの脅威に晒される者

太平洋戦争の混乱期を生き抜いたにも拘わらず、人類に対する〝祟り神〟でもある大怪獣・ゴジラの破壊行動に巻き込まれてしまった人々。

大石典子

空襲で両親を失い、逃げていた際に遭遇した女性から赤子の明子を託され、育てていた人物。闇市で出会った敷島や明子と共に暮らしていたが、銀座でゴジラの放射熱線による爆風で吹き飛ばされ、行方不明となる。その後、病院で生存が確認された。

敷島浩一

元、海軍航空隊の操縦士で階級は少尉。大戸島の守備隊基地で「呉爾羅」に遭遇。多くの整備兵を死なせてしまったことがトラウマとなり、終戦後も苦悩していたが、巨大怪獣化したゴジラとの対決で生きる意味と勇気を取り戻し、懸命に挑んだ。

水島四郎

「新生丸」の見習い乗組員で、秋津から「小僧」と扱いを受けている青年。出征経験がなく、太平洋戦争に憧れを抱く素振りを見せて敷島の怒りを買うこともあった。「海神作戦」からは外されるも仲間の危機を知り、漁船団を率いて現場に駆けつけた。

野田健治

戦時中、海軍工廠で兵器の開発に携わっていた技術士官だったが「新生丸」の乗組員として機雷撤去に従事していた。「学者」というあだ名からもわかるように科学知識に長けた人物で、強大なゴジラを葬るための「海神作戦」を立案した。性格は温厚だが、冷静なタイプ。

秋津清治

政府から戦後処理の特殊任務を請け負い、機雷の撤去作業を行っていた特設掃海艇「新生丸」の艇長。ややお節介と感じられるほどの好漢で、乗組員の面倒をとことん見ようとする。竹を割ったような性格でもあり、ゴジラに挑もうとする敷島をサポートした。

敷島と典子は互いに好意を抱いていたが、恋人や真の家族関係を築くことができない状況にあった。

橘 宗作

元、海軍航空隊整備部の一員で優れた技術の持ち主。大戸島の守備隊基地で同僚らと共に呉爾羅に襲われ、その時、恐怖で攻撃ができなかった敷島に一方的な憎しみを抱く。その後、ゴジラに立ち向かおうとする敷島と和解し、彼が搭乗する「震電」を整備した。

太田澄子

敷島の実家があった近くに住んでいる女性。息子を空襲で失い、戦争から生還した敷島に不条理な怒りをぶつけたこともあったが、次第に心を開いていく。敷島と暮らすようになった典子たちの世話を焼き、特に明子に対しては母親のように優しく接した。

①政府から依頼を受け、敷島らが乗る新生丸がゴジラの出現現場に急行。

②機雷や船の機銃で攻撃するも、ゴジラの体はすぐに再生してしまう。

STORY

大戸島で遭遇した「呉爾羅」のトラウマに苦しむ敷島浩一は、終戦後、機雷撤去の仕事についていた。数年後、放射線の影響で巨大怪獣化したゴジラが日本近海へと接近。敷島たちが乗船する「新生丸」が足止め任務に駆り出され、機銃や機雷で応戦するも歯が立たなかった。ゴジラは東京へ上陸し、敷島と同居する大石典子も被害を受けて行方不明に。その後、ゴジラを倒す「海神作戦」が立案され、敷島は解体処分だった戦闘機「震電」で出撃。特攻戦法でゴジラの爆破に成功する。だが、海底ではゴジラの肉片が再生を始めていた……。

③ゴジラは海を素早く航行し、新生丸に迫る。そこへ重巡洋艦・高雄が駆けつけたが、放射熱線によって破壊されてしまった。

④ゴジラは東京湾の防衛第４区での爆破攻撃にも耐え、品川へ上陸。

⑤周囲の家屋を破壊しつつ進撃し、品川から銀座方面へと向かった。

⑥路面電車などを蹴散らして、ゴジラが銀座４丁目の時計塔前を通過する。

⑦ゴジラが有楽町駅近辺に到達。今まさに国鉄電車に襲い掛かろうとしている！

⑧巨大な口で持ち上げた電車には典子も乗っており、振り落とされそうになるも、お堀に落下して難を逃れる。

⑨銀座では多くの人が逃げ惑い、ゴジラの巨大な足で踏み潰されていった。

⑩ゴジラが吐いた放射熱線で巨大な爆発が発生。その爆風で典子が行方不明になる。

⑪放射熱線を吐き終えたゴジラの前に巨大なきのこ雲が。

⑫咆哮して移動を開始するゴジラ。空に夥しい煙が広がり、黒い雨が降り注ぐ。

⑬東京はゴジラの破壊活動によって空襲後のような廃墟となった。

⑭「海神作戦」の準備が進められるなか、予定より早くゴジラが相模湾から上陸。

⑮敷島が搭乗した震電に誘導され、ゴジラは再び東京湾沖へと移動した。

⑯沖合では、駆逐艦群がゴジラを取り囲むように周回し、ワイヤーを括り付ける。

⑰放射熱線を放った後、フロンガスのボンベとバルーンの力でゴジラは深海へ沈降。

⑱海上へ引き上げられたゴジラの体は、水圧で激しく損傷し、戦闘力も低下していた。

⑲放射熱線を吐こうとした時、震電が特攻を仕掛け、ゴジラの頭部が吹き飛んだ。

『GODZILLA』
1998年5月20日（米）、1998年7月11日（日本）公開 139分

STAFF
監督／ローランド・エメリッヒ　製作／ディーン・デヴリン　エグゼクティブ・プロデューサー／ローランド・エメリッヒ、ウテ・エメリッヒ、ウィリアム・フェイ　脚本／ディーン・デヴリン、ローランド・エメリッヒ　撮影監督／ウエリ・スタイガー　編集／ピーター・アマンドソン、デビッド・J・シーゲル、A.C.E.　音楽／デヴィッド・アーノルド

CAST
ニック・タトプロス博士／マシュー・ブロデリック　オードリー・ティモンズ／マリア・ピティロ　ビクター・パロッティ／ハンク・アザリア　フィリップ・ローシェ／ジャン・レノ　アレキサンダー・ヒックス大佐／ケヴィン・ダン　オリバー・オニール軍曹／ダグ・サヴァント　エルシー・チャップマン博士／ヴィッキー・ルイス

マディソン・スクエア・ガーデンにあった卵から、多数の幼獣が誕生し、人間を捕食。

ニューヨークに上陸したゴジラが人々を襲い始め、米軍が銃器を駆使して立ち向かう。

パナマでの調査チームに編入されたニックは、巨大な生物の足跡を目の当たりにする。

STORY

世界各地の海で貨物船や漁船が謎の巨大生物に襲われる事件が発生。生物学者のニック・タトプロスは、様々な調査を行い、一連の犯人が「ゴジラ」だと確信する。その後、ニューヨークにゴジラが上陸し、市民を守る米軍と戦闘状態に陥るも歯が立たない。しかも単為生殖が可能なゴジラは無数の卵を産み、それが孵化して人間に襲い掛かってきた。米軍はゴジラの幼獣をF-18で攻撃して壊滅的打撃を与え、さらにブルックリン橋でゴジラを撃破。事件は解決したかに思えたが、爆炎を逃れた卵から新たな幼獣が生まれようとしていた。

1992年、ハリウッドの大手映画プロダクション「トライスター・ピクチャーズ」から、東宝に〝シリーズ化を前提とした「ゴジラ」製作〟の打診が入る。当初、契約条件として「ハリウッド版の永久製作権」が要求されたが、東宝はこれを受け入れず、「使用権100万$＋興行収益のパーセンテージ」でキャラクターを貸し出すことを決定。日本国内だけで約51億円の興行成績を上げるヒット作となった。

GODZILLA 怪獣王 ゴジラ

身長／54m　体重／500t

南太平洋のポリネシアに生息するイグアナが核実験による放射線の洗礼を受け、突然変異によって怪獣化した姿。知能が高いらしく、人間が張り巡らせた罠を巧みに躱し、反撃を仕掛けてくる。

凶暴かつ執念深い性質で、狙ったターゲットをどこまでも追いかけて始末する。

水中を高速潜行し、目的地へと長距離移動する。また、走行速度もかなり速い。

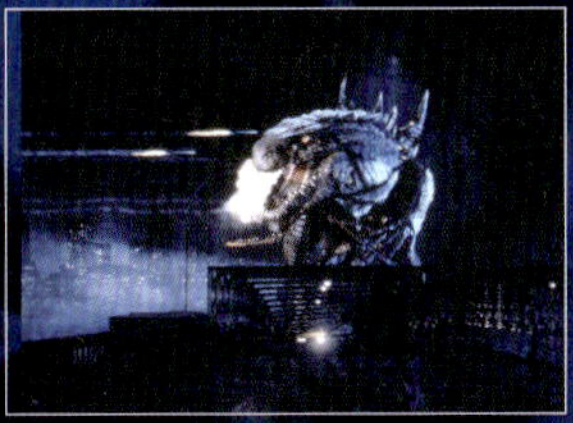

巨体を振るって周囲の物体を破壊し、手足の鋭い鉤爪で敵の体を引き裂いてしまう。

鋭い牙が生えた巨大な口で物体に噛みつき、顎の力で持ち上げて粉々に砕いてしまう。

BABY GODZILLA ベビーゴジラ

身長／3m　体重／不明

ゴジラが巣に産んだ卵が孵化し、誕生した幼獣。集団で行動し、次々と人間を捕食して成長。個体のすべてを処分しなければ、数年で人類を滅ぼす恐れがあると予測されていた。

巣に侵入してきたフランス対外治安総局の兵士たちを餌食にする。

200個近い卵がマディソン・スクエア・ガーデン内にあった。

ゴジラのデザインは、鰐をイメージしたものとなり、これをエメリッヒが気に入る。

監督はＳＦ映画が得意な「ハリウッドの破壊王」、ローランド・エメリッヒが担当。

ゴジラはＣＧとアニマトロニクスが各シーンで使い分けられた。

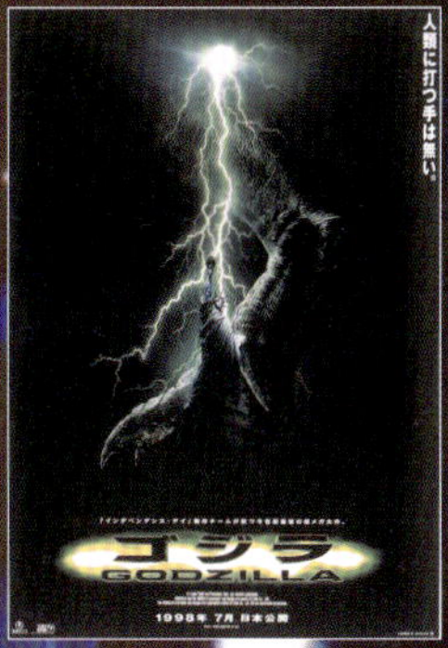

誘き出されたゴジラは、F-18戦闘機からのミサイルの集中攻撃によって絶命したが……。

GODZILLA

『GODZILLA ゴジラ』
2014年5月16日（米）、2014年7月25日（日本）公開　124分

STAFF
監督／ギャレス・エドワーズ　製作／メアリー・ペアレント、ジョン・ジャシュニ、トーマス・タル、ブライアン・ロジャース　エグゼクティブ・プロデューサー／坂野義光、奥平謙二　脚本／マックス・ボレンスタイン　撮影監督／シーマス・マッガーヴェイ　編集・プロデューサー補／ボブ・ダクセイ　音楽／アレクサンドル・デスプラ

CAST
フォード・ブロディ大尉／アーロン・テイラー＝ジョンソン　芹沢猪四郎／渡辺 謙　ジョー・ブロディ／ブライアン・クランストン　エル・ブロディ／エリザベス・オルセン　サム・ブロディ／カーソン・ボルド　ヴィヴィアン・グレアム博士／サリー・ホーキンス　ウィリアム・ステンツ提督／デヴィッド・ストラザーン　ラッセル・ハンプトン大佐／リチャード・T・ジョーンズ　サンドラ・ブロディ／ジュリエット・ビノシュ

東宝からＩＭＡＸ ３Ｄによる短編映画「ゴジラ」の製作権を獲得した坂野義光が、米国のプロデューサー、ブライアン・ロジャースとの話し合いの末に企画をレジェンダリー・ピクチャーズへ持ち込み、長編映画のプロジェクトが開始されることとなった。レジェンダリー側は前作に登場した「イグアナに近い巨大生物」ではなくオリジナルのゴジラを描くことを決め、数作の準備稿を経てマックス・ボレンスタインによる脚本が完成。ギャレス・エドワーズが監督に抜擢されたことで本作は順調に進んでいく。

アカデミー視覚効果賞の受賞者であるジム・ライジールが、モーションキャプチャーを用いたＣＧで本作のゴジラを作り出した。

鳴き声も、日本のゴジラをイメージしつつ、新たに作成されている。

人間に興味を示さず、攻撃もしないが、助けるような行動は見せなかった。

日本では本シリーズを「レジェンダリーゴジラ」の通称で呼ぶこともある。

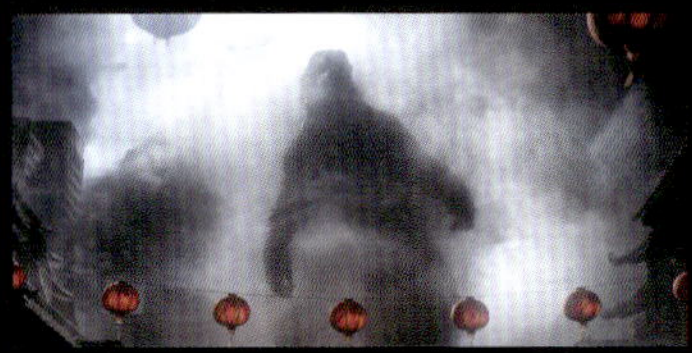

周囲の建造物などの関係なのか、身長は355ft（108m）と設定。

基本的にはオリジナルゴジラの特徴や容姿に近いが、筋肉質なイメージ。

ゴジラは人類に対する〝厄災〟ではなく〝人智を超えた神〟的に描かれた。

STORY

フィリピンでの炭鉱崩落事故を調査していた芹沢猪四郎博士は、ウラン採掘現場で巨大な生物の化石を発見する。15年後、日本の原発跡地の研究施設内に置かれた巨大な繭から巨大生物・ムートーが誕生し、飛び去った。芹沢は「ムートーを排除するために、天敵のゴジラも現れるだろう」と予測。それは的中し、２体はオアフ島で対峙する。さらに米国で新たなムートーが羽化を遂げて、３体の怪獣はサンフランシスコ市街で激突。ゴジラは敵の連携攻撃に苦戦を強いられるも、放射熱線と怪力を駆使した反撃で２体のムートーを粉砕。その後、海中へと姿を消す。

巨大な背鰭を海上に突き出しながら、大海を凄まじい速度で移動。

ゴジラの放射熱線は、どんな状況でも有効な攻撃である。

GODZILLA 怪獣王 ゴジラ

ゴジラは古代の強大な生物だが、サンフランシスコに出現した「Gデー」までは、神話的な存在だと思われていた。

ミサイルも跳ね返す硬い表皮と、首にある水中呼吸用の鰓が特徴。

攻撃を仕掛けてくることがなければ、人間に危害は加えない。

M.U.T.O. 古代生物ムートー

体長／85m　体重／不明（雄）
体長／91m　体重／不明（雌）

1999年に日本で発生した原発事故の原因となった、古代ペルム紀の巨大生物の雄で、15年を経て繭から羽化した。エネルギー源である放射線を求めてロシアの原潜を襲撃してオアフ島へ上陸。サンフランシスコにて雌と合流してゴジラを襲った。

雄はやや小柄ではあるが、高い飛行能力を有しており、戦闘能力が高い。

雄の飛行能力と雌の肉弾戦による連携で、ゴジラを劣勢に追い詰めていく。

大型の雌は、雄以上に凶暴で人間にも攻撃を加える。産卵が目的であった。

フォード・ブロディ

米国海軍の爆弾処理を専門とする部隊の兵士で、妻子持ち。ゴジラとムートーの戦いに関わっていく。

芹沢猪四郎

特別研究機関・モナークに所属する生物科学者。放射線が生物に与える影響について調査していた。

ジョー・ブロディ

フォードの父で、核物理学者。ムートーが放射線汚染地域の施設を破壊した際、重傷を負って死亡。

エル・ブロディ

フォードの妻で、サンフランシスコ総合病院救急救命室の医師。怪獣の戦いに巻き込まれてしまう。

サンドラ・ブロディ

夫のジョーと共に日本の原子力発電所に勤めていた技師。15年前の原発事故により命を落とす。

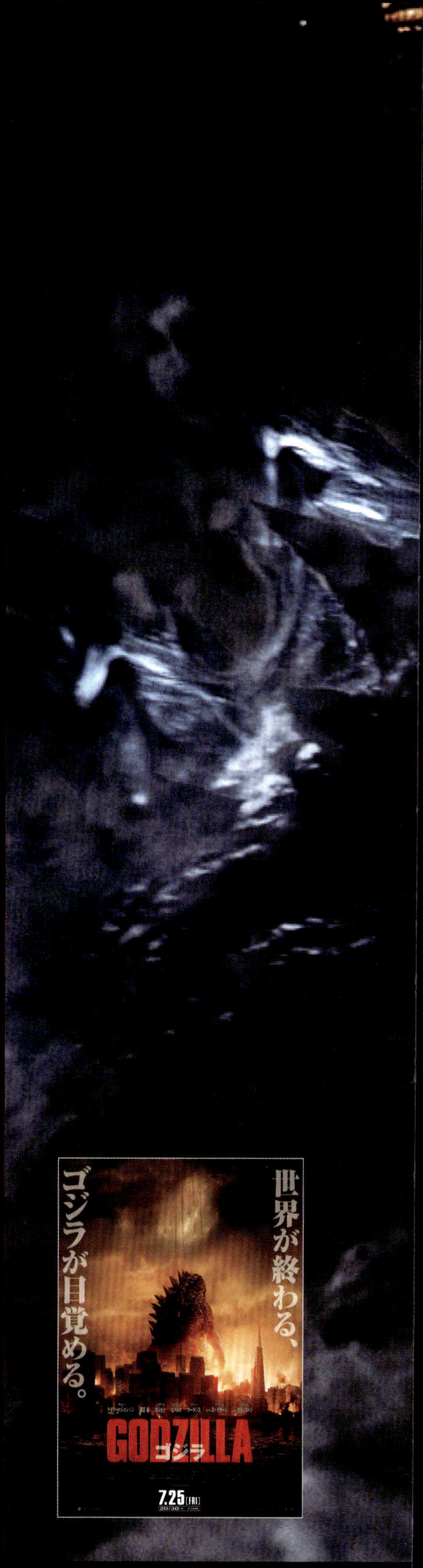

主人公と視線を合わせて意思疎通を図るような場面も演出されていた。

GODZILLA
KING OF THE MONSTERS

『ゴジラ キング オブ モンスターズ』
2019年5月31日公開 132分

STAFF
監督／マイケル・ドハティ　製作／トーマス・タル、ジョン・ジャシュニ、メアリー・ペアレント、ブライアン・ロジャーズ、アレックス・ガルシア　脚本／マックス・ボレンスタイン、マイケル・ドハティ、ザック・シールズ　撮影監督／ローレンス・シャー　編集／ロジャー・バートン、リチャード・ピアソン、ボブ・ダクセイ　音楽／ベアー・マクレアリー

CAST
マーク・ラッセル博士／カイル・チャンドラー　エマ・ラッセル博士／ヴェラ・ファーミガ　芹沢猪四郎博士／渡辺 謙　アイリーン・チェン博士、リン・チェン博士／チャン・ツィイー　リック・スタントン博士／ブラッドリー・ウィットフォード　サム・コールマン／トーマス・ミドルディッチ　ダイアン・フォスター大佐／アイシャ・ハインズ　ヒューストン・ブルックス博士／ジョー・モートン

ゴジラの背びれは以前より鋭く、より密集するようになった。

放射熱線の発射シーンも前作に比べて多くなり、その破壊力も強めに表現した。

キングギドラ、モスラ、ラドンの歴代人気怪獣が登場し、ゴジラと激突する。

ゴジラとキングギドラは太古からのライバルとして描かれ、作品を盛り上げた。

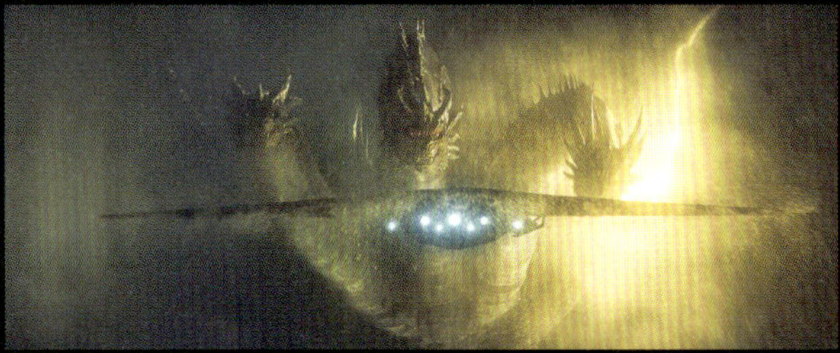

キングギドラは〝東洋の伝説獣＝龍〟のイメージでCGが製作されたらしい。

GODZILLA 怪獣王ゴジラ

身長／119.8m　体重／9万9634t

芹沢猪四郎の研究により、四大文明以前に栄えていた古代文明で〝神話世界の神や王〟として崇められていたと解明された巨大生物。強靱な姿となり、キングギドラと対決する。

南極の氷塊で眠っていた宇宙怪獣でモナークからは「モンスター・ゼロ」のコードネームで呼ばれていた。テロ組織の爆破工作によって覚醒後、各地で暴れ回った。

KING GHIDORAH キングギドラ

体長／158.8m　体重／14万1056t

MOTHRA モスラ

体長／15.8m　翼長／244.8m　体重／不明

中国・雲南省の密林にある古代遺跡にあった卵が孵化し、誕生した巨大な蛾の怪獣。タイタンのなかでは温和でゴジラとは共生関係だったらしい。

●この他、ニュージャージー州ホーボーケンからムートー、ブラジルからベヒモス、アリゾナ州セドナからスキュラ、ドイツ・ミュンヘンからメトシェラなどのタイタンが出現した。

RODAN ラドン

体長／46.9m　翼長／265.5m　体重／不明

メキシコの火山島イスラ・デ・マーラの活火山から出現した翼竜型の怪獣で「炎の悪魔」と呼ばれる。超高速で飛行し、口から火炎弾を撃ち出す。

前作が1億ドル以上の興行収入を記録したことを受け、レジェンダリー・ピクチャーズは、ハリウッド版「ゴジラシリーズ」の続編製作を決定。この時点では〝全3部作によって完結する〟という方針を定めた。監督は引き続きギャレス・エドワーズで予定されていたが「小規模映画への参加」という事情で本人が降板したことにより、新たにマイケル・ドハティが就任。マックス・ボレンスタイン、ドハティ、ザック・シールズの3名によって書き上げられた脚本で、本作が撮られることとなった。

STORY

モナークの科学者、エマ・ラッセルは怪獣制御装置「オルカ」を用いてモスラとの接触に成功するが、彼女はテロ組織の協力者で南極の氷塊から発見された怪獣、モンスター・ゼロを爆破工作で甦らせてしまう。そこへゴジラが到着して攻撃を仕掛けるも、なんとゼロの正体は宇宙怪獣キングギドラだった。その後、世界各地から次々とタイタンが出現したが、「オルカ」の力でボストンに集められ、ゴジラ対キングギドラの激闘が展開。長い戦いの末にゴジラが勝利を収めたことで、他の怪獣たちから「怪獣の王」として認められることとなり、世界は一応の平和を取り戻す。

GODZILLA《ゴジラ》 VS. KONG《コング》

『ゴジラvsコング』
2021年3月31日（米）、2021年7月2日（日本）公開　113分

STAFF
監督／アダム・ウィンガード　製作／トーマス・タル、ジョン・ジャシュニ、メアリー・ペアレント、ブライアン・ロジャーズ、アレックス・ガルシア、エリック・マクレオド　脚本／エリック・ピアソン、マックス・ボレンスタイン　撮影／ベン・セレシン　編集／ジョシュ・シェーファー　音楽／ジャンキーXL

CAST
ネイサン・リンド／アレクサンダー・スカルスガルド　マディソン・ラッセル／ミリー・ボビー・ブラウン　アイリーン・アンドリューズ／レベッカ・ホール　バーニー・ヘイズ／ブライアン・タイリー・ヘンリー　ウォルター・シモンズ／デミアン・ビチル　芹沢 蓮／小栗 旬　マイア・シモンズ／エイザ・ゴンザレス　ジョシュ・ヴァレンタイン／ジュリアン・デニソン

ネイサン・リンド

元、モナークの地質学者でデナム論理科学大学勤務。ホロウ・アース探索とコング移送を担う。

ジア

髑髏島の先住民イーウィス族の少女。コングに命を救われ、特別な絆で結ばれた。

STORY

巨大企業、エイペックス・サイバネティクスは、ホロウ・アース探索を決定。コングを案内人にして内部へ侵入し、怪獣たちの命の源である巨大エネルギー源を発見する。それを使って、キングギドラの頭部を素体にして完成させた対ゴジラ兵器・メカゴジラを起動させようとしていたのだ。香港でコングと対決するゴジラの前にメカゴジラが出現。その圧倒的な戦闘力にはさすがのゴジラも苦戦を強いられたが、髑髏島の少女・ジアの説得によってコングが参戦。ゴジラと共闘して挑み掛かり、メカゴジラを破壊する。

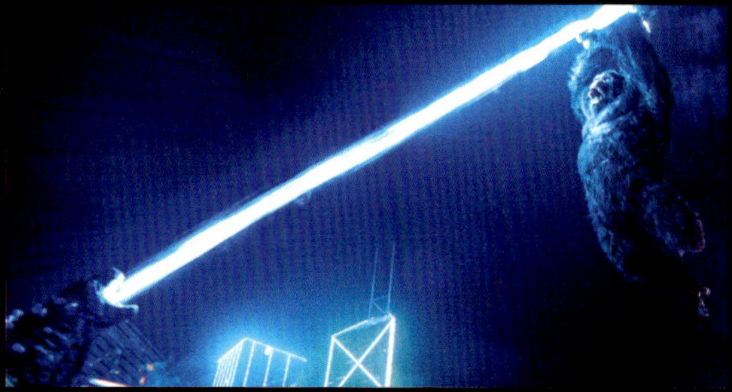

ゴジラ対コングのスピード感溢れる戦闘がCGによって作られるも、最終決戦は別に用意されていた。

以前と異なり、本作のゴジラは人類や科学文明に牙を剥く存在として描かれた。

コングは孤児の少女・ジアと心を通わせ、真の敵に挑む〝勇者〟的な立ち位置。

レジェンダリー・ピクチャーズは、ワーナー・ブラザースと手を組んで「モンスター・ヴァースシリーズ」の続編を製作することを決定。それによって59年振りに日米2大怪獣の競演が実現する。ただし、プロデューサーのアレックス・ガルシアから「この映画は『キングコング対ゴジラ』のリメイクにはならない」との声明が出され、エリック・ピアソンとマックス・ボレンスタインが新しいドラマ展開を執筆。監督を務めるアダム・ウィンガードがそれを斬新な演出によって映像化することで、本作が完成した。

GODZILLA 怪獣王 ゴジラ

身長／119.8 m　体重／9万9634 t

キングギドラに勝利したことでタイタン＝地球怪獣たちの頂点に立ち、生態系のバランスを保っていた怪獣の王。メカゴジラの危険性を本能で察知し、製造していた巨大企業、エイペックス・サイバネティクスの本社を全壊させた。

当初はコングにも襲い掛かったが、共闘してメカゴジラに挑んだ。

髑髏島からコングを移送する艦隊を襲撃し、その命を危機に晒す。

全身に漲る力がさらに強化され、コングと互角の戦闘を展開する。

放射熱線の威力が大幅に向上し、一撃で原子力空母も撃沈させてしまう。

KONG コング

身長／102m　体重／9万630t

髑髏島の頂点に君臨していたタイタン。1973年に目撃された時よりも巨大化し、格闘能力が大幅に向上。また、知能も高く、ゴジラとの連携でメカゴジラに挑み、斧を用いた攻撃で敵の両腕と片脚を切断。機能停止状態にした。

ゴジラとの戦いで心肺停止寸前となるが、電気ショックを受けて復活。

ホロウ・アースの巨大な山で、専用武器の斧と玉座形の巨岩を発見。

ジアの説得によって南極のホロウ・アースへ。ウォーバットと対決した。

島の生態系が崩壊したため、モナークが基地に収容、観察していた。

SKULLCRAWLER スカル・クローラー

髑髏島に生息する凶暴な巨大爬虫類。エイペックスで養殖され、メカゴジラの性能テストに利用される。

HELLHAWK ヘルホーク

猛禽類の頭部と脚、蝙蝠の体をもった怪獣。ホロウ・アースに生息し、侵入者を集団で襲い、捕食する。

WARBAT ウォーバット

ホロウ・アースに生息する、コブラのような姿の怪獣。鰭に似たフードを使い、獲物を窒息させる。

PSYCHOVULTURE サイコ・バルチャー

翼竜に似た生物で髑髏島に多く生息している。集団で獲物を捕らえ、空中で体を引き裂いて餌食にした。

MECHAGODZILLA メカゴジラ

エイペックス・サイバネティクスが秘密裏に開発した、対ゴジラ用超大型ロボット。口部にビーム砲、腕と脚にミサイルランチャーを装備。

マディソン・ラッセル

5年前、自身の命を救ってくれたゴジラが、人類を襲うようになった真の理由を調査する。

芹沢 蓮

芹沢猪四郎博士の息子でエイペックス・サイバネティクスの主任研究員。メカゴジラを操縦。

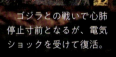

GODZILLA《ゴジラ》×KONG《コング》 新たなる帝国

『ゴジラxコング 新たなる帝国』
2024年3月29日（米）、2024年4月26日（日本）公開　115分

STAFF

監督／アダム・ウィンガード　製作／メアリー・ペアレント、アレックス・ガルシア、エリック・マクレオド、ブライアン・ロジャーズ、トーマス・タル、ジョン・ジャシュニ　脚本／テリー・ロッシオ、サイモン・バレット、ジェレミー・スレイター　撮影／ベン・セレシン　編集／ジョシュ・シェーファー　音楽／トム・ホーケンバーグ、アントニオ・ディ・イオーリオ

CAST

アイリーン・アンドリューズ／レベッカ・ホール　バーニー・ヘイズ／ブライアン・タイリー・ヘンリー　トラッパー／ダン・スティーヴンス　ジア／ケイリー・ホトル　ミケル／アレックス・ファーンズ　女王／ファラ・チェン　ハンプトン／レイチェル・ハウス　ハリス／ロン・スミック　ジェイン／シャンテル・ジェイミーソン　ルイス／グレッグ・ハットン　潜水艦艦長／ケヴィン・コープランド

レジェンダリー・ピクチャーズとワーナー・ブラザースが再びタッグを組み、主要スタッフである監督のアダム・ウィンガードや脚本のテリー・ロッシオが続投することで、前作の続編が製作される。コングと、その同族であるスカーキングの激突に主軸が置かれた内容となり、ゴジラは共闘関係にあるコングの危機に駆けつける。

ワートドッグ、スキュラ、ドラウンヴァイパーといった、様々な巨大生物が登場した。

大量のエネルギーを吸収。背鰭がピンク色に発光して、引き締まった体形へと変化する。

STORY

２大怪獣の活躍から４年後、ゴジラはタイタンの怪獣王として地上に生息する怪獣たちを抑え込んでおり、一方のコングは故郷のホロウ・アースで暮らしていた。そんななか、コングは、無数の同族たちを奴隷のように支配するスカーキング、配下の怪獣・シーモと対決。善戦も空しく撤退した。その後、敵の目的である地表侵略を阻止するため、ゴジラに応援を要請。ブラジル・リオデジャネイロで空中戦を含めた激戦が繰り広げられる。最大級のエネルギーを溜め込んだゴジラとパワーアップしたコングは、すべての物を凍らせるシーモと冷酷なスカーキングに勝利できるだろうか？

通常は、新たな休息地に選んだローマのコロッセオに生息している。

ホロウ・アースからの救援信号を察知。様々な敵に立ち向かっていった。

GODZILLA ゴジラ 身長／約120m

タイタン＝地球怪獣たちの頂点に立つ怪獣王であり、あらゆる脅威から世界と人類を防衛する存在。体内に蓄積したエネルギーの影響で戦闘力が大幅に強化されている。

右腕に解剖メカ型激震性サンダー・グローブを装着し、強敵に挑む。

高い知能を有し、独自の斧や高度な仕掛け罠を使って敵を仕留める。

KONG コング 身長／103m

南太平洋に位置する髑髏島で誕生したが、現在はホロウ・アースに生息するタイタン。同族のスカーキングが企てる地表侵略を阻止しようと激闘を繰り広げる。

SUKO スーコ

ホロウ・アースでコングが偶然に出会った猿のようなタイタン。当初はコングを警戒していたが協力関係となる。

SHIMO シーモ

伝説と言われていた氷のタイタンで、ゴジラやコングよりも巨大。口から冷凍エネルギー波を放つ。

SKAR KING スカーキング

ホロウ・アースに王国を築き、同族のグレイト・エイプたちを支配していた。シーモを青い結晶体の力で操り、攻撃する。

グレイト・エイプたちの頂点に立ち、次は地表侵略を狙っていた。

残忍かつ冷酷な性格であり、タイタンの背骨から作った鞭を振るう。

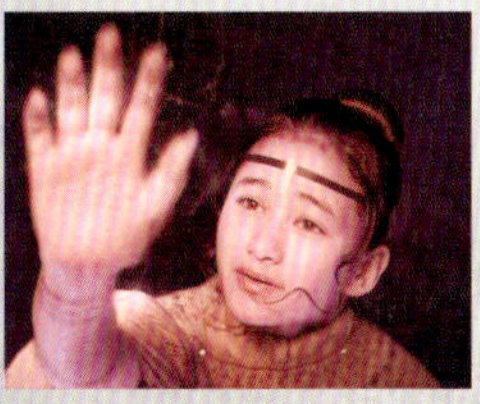

ジア

髑髏島の先住民イーウィス族の少女で、アイリーンの養女。手話でコングと会話し、心を通わせる。

トラッパー

モナークに所属する未知動物学の権威。負傷したコングの右腕にサンダー・グローブの装着手術を施す。

バーニー・ヘイズ

ポッドキャスト「大怪獣の真実」を主宰する陰謀論者。アイリーンと共にホロウ・アースの探査に向かう。

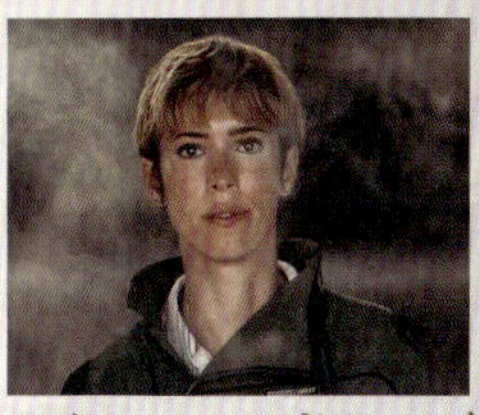

アイリーン・アンドリューズ

モナークの人類言語学者でコング研究主任を務める。波形信号を解明するため、ホロウ・アースへ向かう。

ゴジラとコングは前作以上に協力して行動することが多くなったと思われる。

『ゴジラTV』

1999年10月～2000年3月放送
テレビ東京系 毎週月曜日～金曜日 6時40分～6時45分放送

週５回の帯番組。ライブフィルムを編集した映像は少なく、子供たちを集めて様々なゴジラネタをスタジオで収録するバラエティ。

『ゴジラ王国』

1996年10月1日～1997年8月15日放送
テレビ東京系 毎週月曜日～金曜日 7時30分～7時35分放送 全224話

週５回の帯番組であり、放送時間は５分。映画のライブフィルムを使い、東宝怪獣たちの特徴や戦闘力などを教える内容。

『冒険！ ゴジランド』

1992年10月1日～12月24日、1993年10月7日～12月30日
テレビ東京系 毎週木曜日7時15分～7時30分放送 全26話

『ゴジラvsモスラ』のＰＲ用番組として開始されたミニ番組。児童層を中心に〝動く怪獣図鑑〞的な内容で東宝怪獣映画を紹介した。

『ちびゴジラの逆襲』

シーズン1 2023年4月1日～6月24日 全13話
シーズン2 2024年4月3日～放送中

STAFF

キャラクターデザイン／坂崎千春 監督・脚本／新海岳人
脚本／廣川祐樹

CAST（声）

ちびゴジラ／福山 潤 ちびギドラ／江口拓也 ちびラドン／下野紘 ちびモスラ／高橋李依

テレビ東京系の『イニミニマニモ』及び『おはスタ』内で放送された、1話３分のショートアニメ。デフォルメ東宝怪獣たちが登場。

『ただいま！ ちびゴジラ』

シーズン1 2020年7月15日～9月30日 全12話
シーズン2 2020年12月2日～2021年2月24日 全13話

STAFF

キャラクターデザイン／坂崎千春 監督／日野トミー
脚本／森 もり子

CAST（声）

ちびゴジラ／弘松芹香 ちびギドラ／高宮彩織 ちびラドン／松田颯水 ちびモスラ／立花日菜

YouTubeの「ゴジラ（東宝特撮）チャンネル」で期間限定配信されたショートアニメ。ちびゴジラとさとみの生活をコミカルに描く。

『すすめ！ ゴジランド』

1994年、1996年 オリジナル・ビデオ・アニメ。全4話。

CAST（声）

ゴジラ／三田ゆう子 ゴジリン／岡村明美 モスラ／伊倉一恵 アンギラス／岩男潤子、愛河里花子 キングギドラ／岡村明美、稀代桜子、愛河里花子 バラゴン／長沢美樹 メカゴジラ／稀代桜子

東宝と学研（学習研究社）が共同で制作した幼児向け知育アニメ。ゴジランドに住む怪獣たちと基礎的な勉強をする趣向であった。

『ゴジラアイランド』

1997年10月6日～1998年9月30日放送
テレビ東京系 毎週月曜日～金曜日 7時25分～7時30分放送 全256回

STAFF

監督／水谷しゅん プロデューサー／今井朝幸
脚本／増田貴彦、南木顕生

CAST

神宮寺餅介／団 時朗 トレマ／大桑真弓 神宮寺ミサト／麻生かおり 香田ナオ／沢村 渚 ザグレス／あいざわかおり ランデス／鵜川 薫

STORY

怪獣との共存を考えた人類は、太平洋上にゴジラアイランドを建設し、ゴジラたちを住まわせた。そこへ宇宙からの侵略者が出現し、戦いが開始される。

神宮寺ミサト

神宮寺司令官の娘であり、地球政府の依頼を受けた怪獣ドクター。

トレマ

ザグレスを追ってトレンディル星からきた、正義の宇宙海賊。

神宮寺餅介

ゴジラアイランドの保安部隊・Ｇガードの司令官で、熱血中年男性。

ランデス

２代目地球攻撃隊隊長に任命されたX星人。円盤内から指令を出す。

ザグレス

暗黒大皇帝軍団に所属するＸ星人で、地球攻撃隊隊長を務める。

香田ナオ

Ｇガード基地内の売店・Ｇガードストアに勤務する能天気な店員。

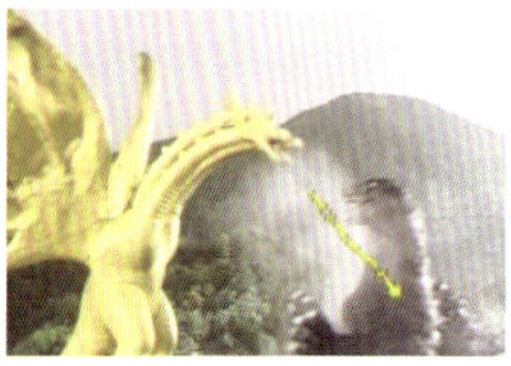

児童層での根強いゴジラ人気を維持するため、東宝が円谷映像に製作協力を依頼。玩具を使用した特撮と俳優が演じる本編映像のハイブリッド作品。

GODZILLA

STORY

20世紀末、地球上の環境変化が原因で、ゴジラを始めとする多くの怪獣が出現するようになった。そこで人類は、種全体の存続を図るため、他の惑星への移住計画を立案。恒星間移民船アラトラム号に一部の人間と異星人種を乗せ、くじら座タウ星eへ旅立つも失敗。地球へ戻り、ゴジラとの対決を決意する。

『GODZILLA』
第1章／怪獣惑星 2017年11月17日 89分

STAFF

ストーリー原案・脚本／虚淵 玄（ニトロプラス） シリーズ構成／村井さだゆき 脚本協力／山田哲弥 監督／静野孔文、瀬下寛之 副監督／森田宏幸 演出／吉平"Tady"直弘

第2章/決戦機動増殖都市 2018年5月18日 101分

STAFF

ストーリー原案・脚本／虚淵 玄（ニトロプラス） シリーズ構成／村井さだゆき 脚本協力／山田哲弥 監督／静野孔文、瀬下寛之 副監督／森田宏幸 演出／吉平"Tady"直弘

最終章/星を喰う者 2018年11月9日 91分

STAFF

ストーリー原案・脚本／虚淵 玄（ニトロプラス） シリーズ構成／村井さだゆき 監督／静野孔文、瀬下寛之 副監督／安藤裕章、吉平"Tady"直弘 演出／米林 拓

CAST（声）

ハルオ・サカキ／宮野真守 メトフィエス／櫻井孝宏 ユウコ・タニ／花澤香菜 マーティン・ラッザリ／杉田智和 アダム・ビンデバルト／梶 裕貴 エリオット・リーランド／小野大輔

ポリゴン・ピクチュアズが製作した「ゴジラシリーズ」初の３Ｄアニメーション。ストーリー原案と主な脚本を虚淵 玄が担当した。

ゴジラ ザ・シリーズ

GODZILLA THE SERIES

『ゴジラ ザ・シリーズ』
1999年12月1日～2000年1月31日 全40話

STAFF

原作／東宝 製作総指揮／ローランド・エメリッヒ、ディーン・デヴリン、リチャード・レイニス 共同製作総指揮／ジェフ・クライン 制作プロデューサー・監督／アウデュ・ペイデン シリーズ構成／ロバート・N・スキル、マーティ・アイゼンバーグ 他

CAST（声）

ニック・タトプロス／堀内賢雄（日本）、イアン・ジーリング（米） モニク・デュプレ／山田美穂（日本）、ブリジット・バーコ（米） エルシー・チャップマン／小林優子（日本）、チャリティ・ジェームズ（米） メンデル・クレイブン／福田信昭（日本）、マルコム・ダネア（米）

1998年の映画『ＧＯＤＺＩＬＬＡ』の続編として制作された、米国テレビアニメ。東宝怪獣をアレンジしたミュータント怪獣が登場。

STORY

マディソン・スクエア・ガーデンに残された卵から誕生したベビーゴジラが、海底でゴジラ二世へと急成長。そして、生物学者・ニック・タトプロスのチームと共に、ミュータント怪獣との戦いに突入することとなった。

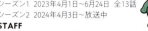

怪獣人形劇 ゴジばん

『怪獣人形劇 ゴジばん』
Webドラマ
ファーストシーズン　2019年8月9日～2020年2月14日
セカンドシーズン　2020年5月1日～8月13日
サードシーズン　2021年3月26日～10月2日
フォースシーズン　2022年8月26日～2023年3月24日
フィフスシーズン　2024年4月1日～配信中

STAFF
脚本・監督・造形・編集・音楽／小林英幸　美術・人形劇製作／アトリエこがねむし　人形操作／劇団こがねむし

CAST（声）
ゴジラくん／高橋由美子　もしモス／るな、大谷美紀（第2期）　怪獣／大谷美起、勝浦まりえ、金子はりい（第1期）、川野芽久美、久保田純子、小林英幸、米野賢道（第2期）

人形劇団「アトリエこがねむし」が製作する東宝公式の人形劇で、ネット配信番組。デフォルメしたゴジラたち東宝怪獣が登場し、「かまってゴジラ」や「もしモス」などのコーナーが展開する。

STORY

ゴジゴジ島で暮らすゴジラくん、ミニラ、リトルたち「ゴジラ三兄弟」は、立派な怪獣になるため、今日も特訓を続ける。同時に、他の怪獣を巻き込んでのビーチバレーや仲間との友情を育むなど、様々な活躍も続けられていた。

ゴジラS.P（シンギュラポイント）

Godzilla Singular point

『ゴジラS.P』
2021年4月1日～6月24日　全13話

STAFF
監督／高橋敦史　シリーズ構成・SF考証・脚本／円城 塔　キャラクターデザイン原案／加藤和恵　キャラクターデザイン、総作画監督／石野 聡　怪獣デザイン／山森英司

CAST（声）
神野 銘／宮本侑芽　ペロ2／久野美咲　有川ユン／石毛翔弥　ユング、ジェットジャガー／釘宮理恵　加藤 侍／木内太郎　大滝吾郎／高木 渉　金原さとみ／竹内絢子　佐藤隼也／阿座上洋平　山本常友／浦山 迅

アニメーション会社のボンズとＣＧアニメを手掛けるオレンジが共同製作した、テレビアニメーション作品。シリーズ構成・脚本の円城 塔のアイデアを元にし、2030年の日本に暮らす2人の天才が、ゴジラに挑むSFとなった。

STORY

千葉県逃尾市の町工場「オオタキファクトリー」の有川ユンと、大学院生の神野 銘は、幽霊屋敷と噂されるとある無人の洋館を調査した際に怪獣の存在を知る。そして、次々と進化を遂げるゴジラ、翼竜ケツァルコアトルスに酷似したラドン、海棲怪獣マンダなどとの戦いに関わっていく。

ペロ2
コミュニケーション支援ＡＩから誕生した犬型人工知能。

神野 銘
「ビオロギア・ファンタスティカ」を専攻する、天才的な大学院生。

加藤 侍
オオタキファクトリーの一員であり、ユンの相棒。筋トレが趣味。

有川ユン
オオタキファクトリーのエンジニア。ジェットジャガーを開発。

金原さとみ
オオタキファクトリーの事務担当。温厚な女性だが、私生活は謎。

大滝吾郎
オオタキファクトリーの所長で、多くの特許をもつ世界的科学者。

山本常友
佐藤の上司で、地下巨大生物の骨の研究施設・ミサキオクの局長。

佐藤隼也
外務省から出向してきた官僚。怪獣出現の原因を独自で探る。

空の大怪獣 ラドン

『空の大怪獣 ラドン』
1956年12月26日公開 82分

STAFF
製作／田中友幸　原作／黒沼 健　監督／本多猪四郎　脚本／村田武雄、木村 武　撮影／芦田 勇　美術／北 辰雄　録音／宮崎正信　照明／森 茂　音楽／伊福部 昭　特技監督／円谷英二　美術／渡辺 明　照明／城田正雄　合成／向山 宏　撮影／有川貞昌　合成撮影／土井三郎　光学撮影／荒木秀三郎　編集／岩下広一　音響効果／三縄一郎

CAST
河村 繁／佐原健二　キヨ／白川由美　柏木久一郎／平田昭彦　南教授／村上冬樹　砂川技師／今泉 廉　大崎所長／山田巳之助　須田技師長／草間璋夫　五郎／緒方燐作　由造／鈴川二郎　捨やん／如月寛多　水上医師／高木 清　井関記者／田島義文　西村警部／小堀明男　サチ子／伊東ひでみ　サチ子の母／毛利幸子

博多に出現。駅舎とその付近を強風で破壊し、多大な被害を与えた。

飛行時に発生するソニックブーム（衝撃波）で、周囲の物体を破壊。

『ゴジラ』の大ヒットにより、東宝映画に「特撮路線」が組み込まれることとなった。田中友幸は〝超音速で飛行する怪獣〟を考案し、原作を作家の黒沼 健に依頼する。その後、完成したストーリーをベースに村田武雄と木村 武（馬淵薫）が脚本を執筆。連続殺人事件や新婚夫婦の行方不明など、サスペンスフルな内容とラドンの出現や破壊活動を交えた展開が多くの観客に受け入れられ、ヒットに繋がった。

柏木久一郎

優秀な古生物学者で、メガヌロンの調査を行う。また、ラドン対策では理論的な意見で貢献する。

キヨ

炭坑の事務員で河村とは相思相愛の関係。行方不明の兄が連続殺人犯だと疑われ、苦悩する。

河村 繁

北松炭坑の若手技師。警察や自衛隊と協力してメガヌロンを倒し、その後、ラドンの誕生を目撃。

大崎所長

北松炭坑の業務を取りまとめている責任者。メガヌロンが巻き起こした事件に心を痛めていた。

砂川技師長

阿蘇火山地震研究所の技師長。地表の陥没を発見し、ラドン対策に力を貸した。阿蘇山の噴火を心配する。

南教授

柏木の友人。電子計算機を使用し、ラドンの卵の欠片のカーブから卵の大きさを割り出した。

空の大怪獣 ラドン

身長／50m　翼長／120m　体重／1万5000t　演技者／中島春雄

地熱上昇の影響で阿蘇山付近の地下洞窟にあった卵が孵化して誕生。中生代の翼竜の一種だが、ここまで大型化した理由は不明。

巨大な洞窟の中にはラドンの巣があり、卵が産まれていた。

卵が孵化し、ラドンの雛が誕生。周囲のメガヌロンを餌にする。

2体目のラドン

福岡襲撃の際、飛来した別個体。各地を飛行し、獲物である人間や家畜を次々と襲う。

空中をM(マッハ)1.5という驚異的な速度で飛行し、追跡する戦闘機を撃墜。

怪虫 メガヌロン

全長／8m　体重／1t
演技者／手塚勝巳、中島春雄、広瀬正一、大川時生

2億年の眠りから目覚めた、古代蜻蛉《とんぼ》の水蠆《やご》。ラドンの巣がある洞窟に群生し、雛の餌となっていた。両腕に備えた鋭利な鋏で、炭鉱作業員を次々と殺害する。

炭坑の中を動き回り、獲物を狙う。動きは鈍いが、凄まじい怪力を発揮。

全身を覆う表皮は硬く、河村が動かした炭車が激突し、やっと倒れた。

STORY

阿蘇の炭坑で殺人事件が発生。作業員が疑われたが、犯人は古代蜻蛉の幼虫・メガヌロンだった。炭鉱技師の河村 繁は、炭車を落として怪物を粉砕するも、落盤に巻き込まれ行方不明に。その後、阿蘇の陥没口で河村は発見されたが記憶を失っていた。一方、音速で飛ぶ物体と戦闘機の遭遇、新婚夫婦の行方不明などの事件が続発。それらは長い眠りから目覚めた古代翼竜・ラドンの仕業だった。自衛隊が出動し、福岡一帯でラドンへの攻撃を展開。追い詰められたラドンは阿蘇山の噴火に巻き込まれ、燃え尽きていく……。

①被害者を救出するため、河村は作業員らと増水した坑内へ入る。

②メガヌロンが出現。炭坑付近に悲鳴が響き、警官隊が出動。

③飛行物体を追跡していた戦闘機がラドンの急速反転で破壊された。

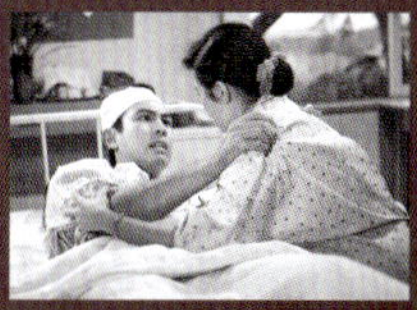

④記憶を取り戻した河村が、洞窟内で見た怪物の雛について証言。

⑤ついにラドンが姿を現し、衝撃波や強風で破壊の限りを尽くす。

⑥佐世保の西海橋付近に墜落するも、体勢を立て直して飛び立ち、攻撃を続ける。

自衛隊の戦車による集中砲撃にもまったく怯まず、進撃を続ける。

光や音にも敏感に反応し、敵と認識すると素早く襲い掛かっていく。

ミサイル砲撃で洞窟を破壊され、同時に発生した阿蘇山の噴火に巻き込まれて最期を迎えた。

大怪獣バラン

『大怪獣バラン』
1958年10月14日公開 70分

STAFF
製作／田中友幸　原作／黒沼 健　監督／本多猪四郎　脚本／関沢新一　撮影／小泉 一　美術／清水喜代志　録音／小沼 渡、宮崎正信　照明／金子光男　音楽／伊福部 昭　特技監督／円谷英二　美術／渡辺 明　照明／岸田九一郎　合成／向山 宏　撮影／有川貞昌　合成／土井三郎　合成作画／石井義雄　光学作画／飯塚定雄、茂田江津子

CAST
魚崎健二／野村浩三　新庄由利子／園田あゆみ　堀口元彦／松尾文人　杉本博士／千田是也　馬島博士／村上冬樹　藤村博士／平田昭彦　防衛庁長官／山田巳之助　草間一佐／草間璋夫　勝本三佐／土屋嘉男　新庄一郎／伊藤久哉　艦長／田島義文　河田 豊／桐野洋雄　神主／瀬良 明

本作は元々、米国の映像プロダクション〝ＡＢ-ＰＴピクチャーズ〟からの注文で、東宝が製作した〝30分の放送枠を想定した４話構成のモノクロテレビドラマ〟であった。だが、日本の映画会社間で結ばれた六社協定に抵触したため、米国のテレビ放送が不可能となり、日本では「東宝ＰＡＮスコープ」という体裁で劇場公開されることとなった。

山間部の人々に伝承される〝土着信仰〟を作品に取り入れることで、東洋の怪しげな雰囲気が醸し出された。

『空の大怪獣ラドン』に引き続き、黒沼 健が「大怪獣バラン」の原作を執筆した。

バランと人間の対峙を表現するため、No.10ステージのスクリーンプロセスが使用された。

新庄由利子

東日新報の新聞記者。「二十世紀の謎を探る」という企画で岩屋集落を訪れ、バランに遭遇した。

魚崎健二

杉本生物研究所に所属する、優秀な生物学者。同僚の死の真相を調査中、深山でバランを目撃する。

杉本博士

杉本生物研究所の責任者。学者の立場からバラン対策を主導し、魚崎と由利子を危機から救った。

堀口元彦

東日新報のカメラマン。由利子の取材に同行し、岩屋集落へ向かう。好人物だが、やや気弱。

藤村博士

バラン捜索の時点で対策会議にも参加していた火薬学者。研究中の特殊火薬を自衛隊に提供した。

馬島博士

杉本の盟友らしく、彼の推測を科学的に補強し、バラン対策に協力した生物学者。慎重派タイプ。

水中での生存や活動が可能であり、太平洋を進んで東京に到達。

岩屋集落で「婆羅陀巍山神」として長く崇められていたらしい。

両脇にある皮膜を開き、火災の上昇気流に乗って空中を滑空する。

むささび怪獣バラン

身長／50m　体重／1万5000t
演技者／手塚勝巳、中島春雄

1億8500万年前から6000万年前までの中生代に生息した爬虫類・バラノポーダが、北上川上流の岩屋集落付近の湖で、現代まで生き残っていたと推測される個体。全身を覆う頑丈な表皮は、艦船の集中砲火にも耐えられる。

STORY

北上川上流で杉本生物研究所の所員が行方不明となり、同僚の魚崎健二、東日新報の新庄由利子、堀口元彦が調査に向かう。岩屋集落に辿り着いた3名は住民が恐れる「婆羅陀巍山神」こと古代爬虫類・バラノポーダを目撃。自衛隊による攻撃が行われるも、バランは滑空して姿を消した。その後、バランは羽田空港へ上陸して暴れたが、強い光源を飲み込むという習性を突かれ、藤村博士が開発した特殊火薬によって爆破された。

①日本には生息していない蝶を探し、岩屋集落に向かった所員が怪死を遂げる。

②事件の真相を探る魚崎たちは、住民から「婆羅陀巍山神」について聞かされた。

③山の奥にある湖から怪獣バランが出現。自衛隊がただちに現地へ向かう。

④バランは自衛隊の攻撃をものともせず、両脇の皮膜を開いて飛び去っていく。

⑤その後、九十九里浜沖でバランが目撃され、戦闘機がロケット弾を発射。

⑥バランはまったく怯まず反撃を開始。哨戒機が敵の奇襲攻撃で海の藻屑となる。

⑦ついにバランが羽田空港へ上陸。戦車隊の砲撃を受けながらも、進撃を続ける。

⑧時限装置と特殊火薬を仕込んだ照明弾が投下され、バランが習性でそれを飲み込んでしまう。

⑨バランの体内で特殊火薬が爆発。怪獣の巨体は木っ端微塵に吹き飛ぶ。

⑩事件は解決。しかし、それは現代に残された大きな謎の消滅を意味していた。

立ち上がった際のフォルムはやや人間的で、「鬼神」のイメージ。

背中の棘は、透明のゴムホースにビニールテープを貼って製作。

通常は四足歩行とされており、演技者・中島春雄の苦労が窺える。

両脇の被膜はビニール製。飛行時には大きめなものに取り替えられた。

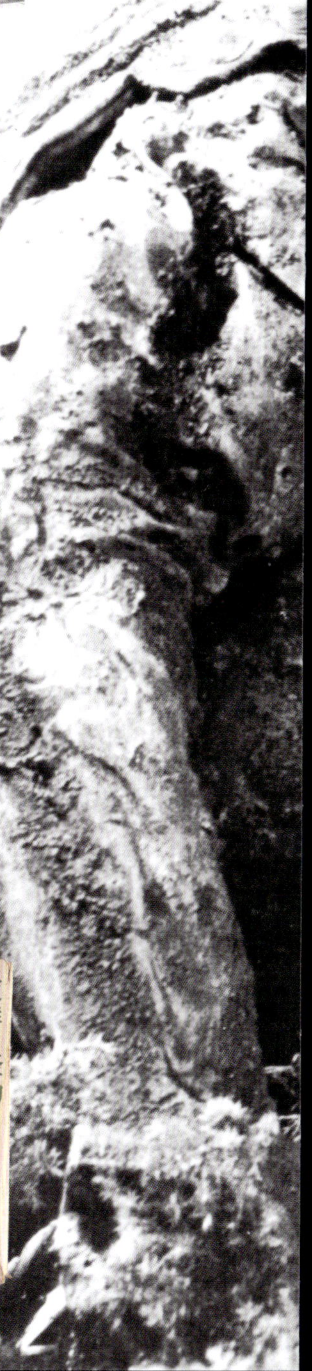

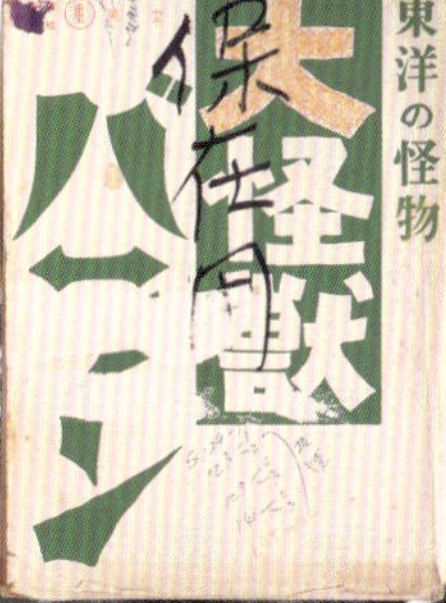

ゴジラ、ラドンと人気怪獣を輩出していた東宝は〝怪獣〟というキャラクターを女性層に向けて打ち出す実験を試みる。田中友幸は、新企画を純文学研究家兼作家の中村真一郎、福永武彦、堀田善衛の３名に託し、怪獣映画の原作『発光妖精とモスラ』が「週刊朝日別冊」に掲載される。それを踏まえた形で関沢新一が脚本を執筆。タイトルも『大怪獣モスラ』となり、製作が進められていった。

モスラ

『モスラ』
1961年7月30日公開 101分

STAFF
製作／田中友幸　原作／中村真一郎、福永武彦、堀田善衛　監督／本多猪四郎　脚本／関沢新一　撮影／小泉 一　美術／北 猛夫、安倍輝明　録音／藤縄正一、宮崎正信　照明／高島利雄　音楽／古関裕而　特技監督／円谷英二　美術／渡辺 明　照明／岸田九一郎　作画合成／向山 宏　撮影／有川貞昌　光学撮影／真野田幸雄

CAST
福田善一郎／フランキー堺　中條信一／小泉 博　花村ミチ／香川京子　天野貞勝／志村 喬　小美人／ザ・ピーナッツ（伊藤エミ、伊藤ユミ）　クラーク・ネルソン／ジェリー・伊藤　原田博士／上原 謙　国立綜合核センター院長／平田昭彦　ヘリコプター操縦士／佐原健二　防衛長官／河津清三郎　第二玄洋丸船長／小杉義男

〝善性〟を象徴する怪獣と、ストーリーのファンタジー性が女性層に受け入れられた。

東京タワーに張られた繭からモスラが出現する場面のセットは、№8ステージ。

巨体という設定ではあったが、モスラ幼虫の可愛らしさも人気に拍車を掛ける。

ステージ内に第三ダムの巨大なセットが組まれ、モスラの破壊シーンを撮影。

中條信一

言語学の博士で、ポリネシア海域の文化・風俗のエキスパート。

福田善一郎

日東新聞の社会部記者。インファント島で出会った小美人に協力。

原田博士

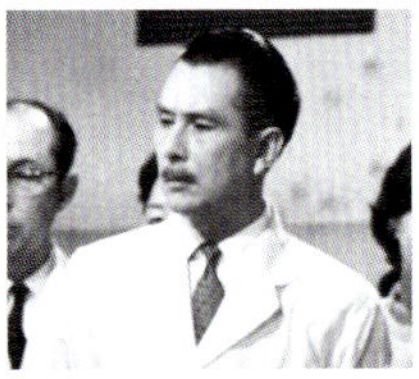

高名な原子力の科学者でインファント島調査団の日本側隊長。

花村ミチ

日東新聞のカメラマン。福田とは気が合うようで、取材に同行。

クラーク・ネルソン

国際古美術ブローカー。小美人を強引に拉致し、見世物にした。

天野貞勝

日東新聞社会部長。社会正義を信じ、福田の行動を容認している。

原子熱線砲

モスラの繭を焼却するためにロリシカ国が日本に貸与した超兵器。パラボラ型放射器から強烈な熱線を放つ。

巨大蛾怪獣 モスラ(幼虫)

全長／180 m(最大時) 体重／8000~2万t
演技者／中島春雄、手塚勝巳、開田 裕 他

カロリン群島に位置するインファント島の守護神的な怪獣。ネルソンに連れ去られた小美人を取り返すため、関東周辺を進撃した。

巨体をうねらせて移動。建造物を次々と破壊しながら突き進む。

インファント島から日本までの遠距離を泳ぎ、自衛隊とも交戦。

島の原住民らの願いを聞き入れ、卵から孵化して活動を開始する。

小美人

人類誕生以前からインファント島に生息していた双子の妖精。身長は30cm大で、モスラと意思を通い合わせられる。

ネルソンに捕まり、ショーへの出演を強要された。テレパシーを使う。

吸血植物

インファント島のジャングルに群生。蔓を動物に絡ませ、生き血を吸い取る。

数名の演技者で動かす巨大なスーツを製作。渋谷での進撃シーンが撮られた。

東京タワーを破壊したモスラ幼虫は〝幽玄〟なイメージで表現されている。

モスラ成虫を原子熱線砲で攻撃する、宣伝用のコラージュ写真が作られた。

モスラ成虫の造形物は3サイズ用意される。大サイの翼長は2mであった。

小美人の安全を確保するまで、モスラは活動を止めなかった。

ニューカーク市の空港に描かれた紋章を確認し、着陸する。

小美人が発するテレパシーを感知し、ロリシカ国へ飛来した。

巨大蛾怪獣 モスラ(成虫)

体長／80 m　翼長／250 m　体重／2万t　飛行速度／M(マッハ)3

繭の中で幼虫から変態し、出現した巨大な蛾の怪獣。高射砲の攻撃にも耐え、飛行する際の強烈な旋風で高層ビル群を次々と破壊。周囲の車両や船舶にも多大な被害を与えた。

STORY

インファント島へ向かった調査団は、双子の妖精〝小美人〟を発見するも、そのままにしておくことを決断。だが、ロリシカ国側のクラーク・ネルソンは、彼女たちを捕らえて東京で「妖精ショー」を主催し、金儲けを企む。やがて、小美人を救おうとするモスラ幼虫が日本へ上陸。悪意なきままに都市を破壊した後で成虫へと変態を遂げ、ネルソンが連れ去った小美人を追ってロリシカ国に向かう。その後、ネルソンは発砲騒ぎを起こして警官に射殺され、小美人はモスラと共に島へ帰っていった。

①日東新聞の福田善一郎と花村ミチは、言語学者の中條信一から詳しい話を聞く。

②インファント島のジャングルで、中條や福田は30cm大の小美人と遭遇した。

③小美人はロリシカ国のネルソンに拉致されて日本に運ばれ、見世物にされる。

④小美人を取り戻そうとするモスラ幼虫は、東京タワーを破壊、そこに繭を作る。

⑤成虫となったモスラは、小美人を追ってロリシカ国のニューカーク市に飛来。

⑥強烈な旋風でニューカーク市を破壊した後、空港に着地。小美人を乗せて飛び去った。

ロリシカ国のニューカーク市に登場するモスラは、翼長1・6mの中サイズの造形物で撮影。

宇宙大怪獣
ドゴラ

『宇宙大怪獣 ドゴラ』
1964年8月11日公開 81分

STAFF
製作／田中友幸、田実泰良　原作／丘美丈二郎　監督／本多猪四郎　脚本／関沢新一　撮影／小泉 一　美術／北 猛夫　録音／矢野口文雄　照明／小島正七　音楽／伊福部 昭　特技監督／円谷英二　美術／渡辺 明　照明／岸田九一郎　合成／向山 宏　撮影／有川貞昌、富岡素敬　光学撮影／真野田幸雄、徳政義行

CAST
駒井／夏木陽介　桐野昌代／藤山陽子　桐野／小泉 博　宗方博士／中村伸郎　マーク・ジャクソン／ダン・ユマ　岩佐／藤田 進　駒井の上司／田崎 潤　新田／船戸 順　髭の男／河津清三郎　夏井浜子／若林映子　多田／田島義文　ジョー真木／天本英世　ゲン／桐野洋雄　マツ／若松 明　サブ／加藤春哉

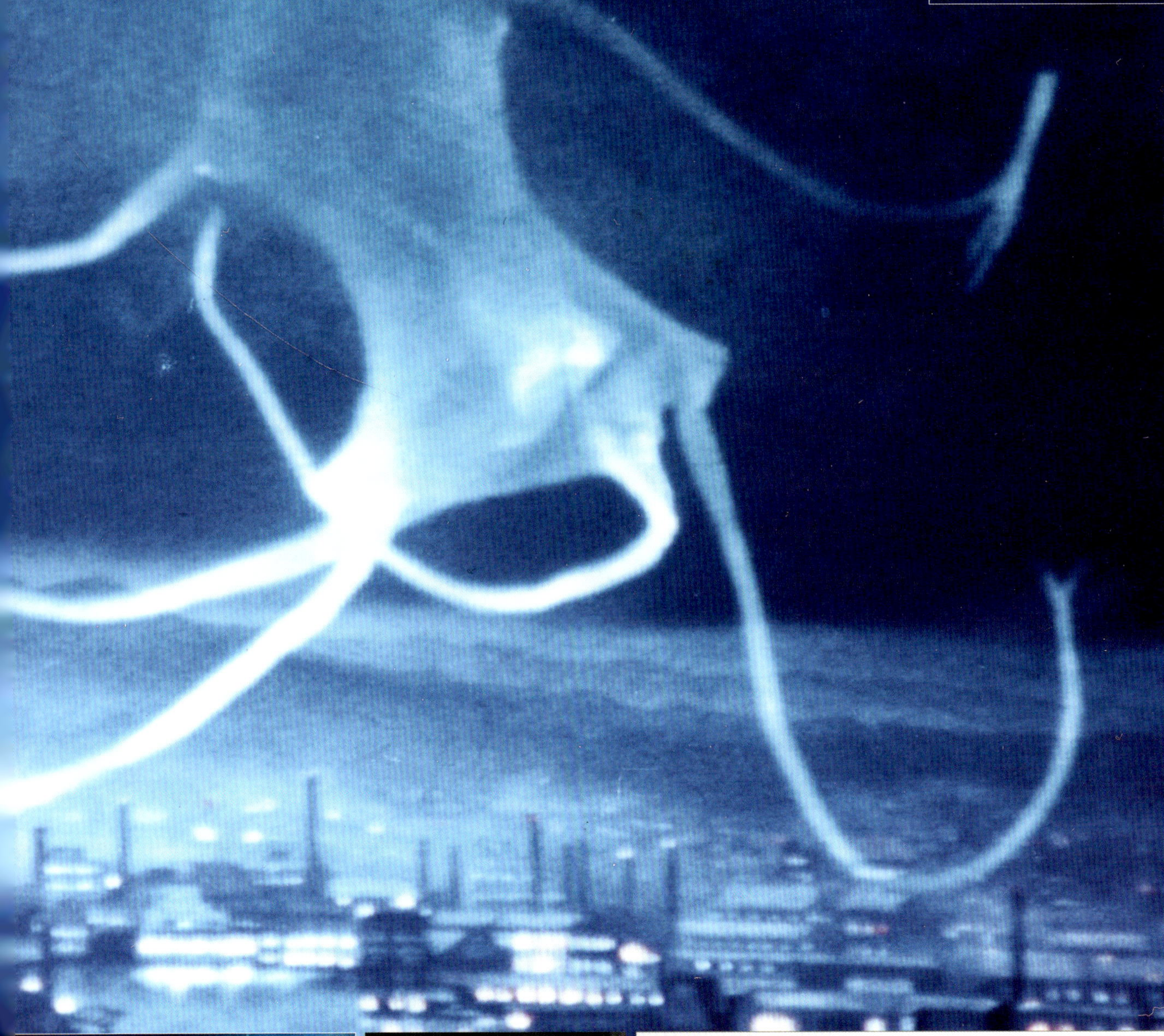

本作は、ＳＦ作家の丘美丈二郎が田中友幸に預けていたプロットの一つ「スペース・モンス」が元となっている。それを関沢新一が脚色することで、東宝の〝ＳＦ路線〟と〝怪獣路線〟を融合した企画が成立した。物語は〝未知なる宇宙怪獣の出現〟よりも〝ギャング対Ｇメン〟というスパイ映画的な印象が強く、ＳＦ映画としてはやや地味な印象となった。

水槽に浮かべた造形物やアニメーションなど、様々な技術で宇宙怪獣が創造された。

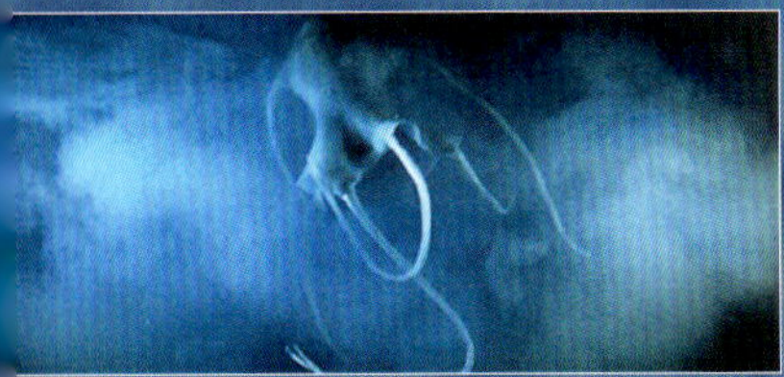

斬新な宇宙怪獣のデザインは小松崎茂が絵物語で発表したものを採用する。

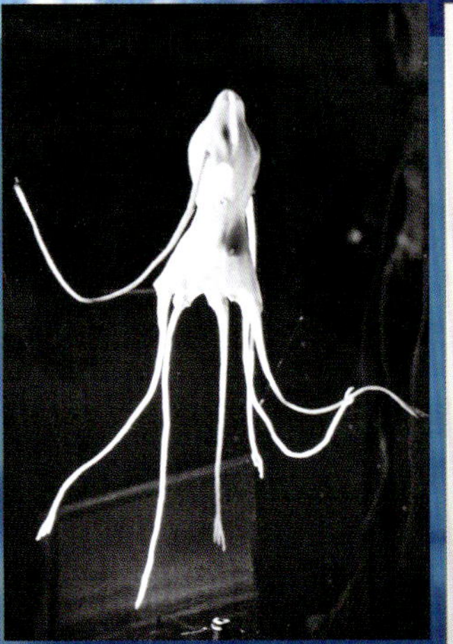

ドゴラの造形物は、当時の新素材であるソフトビニールで製作。

駒井
警視庁外事課の刑事。ダイヤ強盗団の捜査中にドゴラの活動を目撃する。

桐野昌代
桐野の妹で、宗方博士の秘書兼理解者。駒井とともに河田炭鉱を調査。

桐野
電波実験所の主任技師。テレビ衛星の破壊事件から宇宙細胞の存在を知る。

宗方博士
国際アカデミーの会員で結晶構造の研究者。宇宙細胞事件に関わる。

マーク・ジャクソン
ダイヤ保険協会の調査員。ブローカーを名のり、ダイヤ強盗団を捜査した。

夏井浜子
ダイヤ強盗団の女性構成員。密かにダイヤの独り占めを狙っていた。

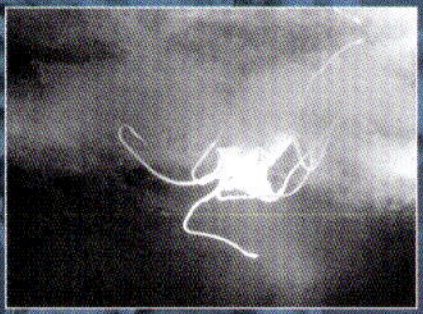

北九州上空で複数の細胞が結合し、海月状の巨大な怪獣となった。

細胞全体から高熱を発し、金庫の厚い扉さえも溶かしてしまう。

最後は、地蜂毒で細胞が結晶化することが判明し、倒された。

強大な触手を伸ばし、若戸大橋を持ち上げた後、粉々に破壊した。

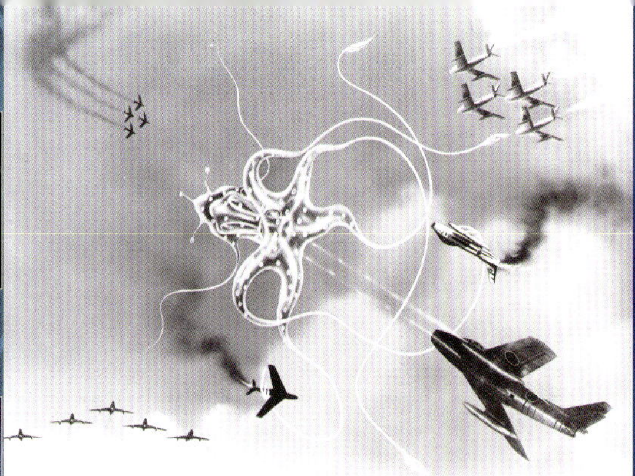

宇宙大怪獣 ドゴラ

全長／ミクロ～無限大　体重／不定

宇宙細胞が、原水爆実験の影響によって発生した放射線の吹き溜まりで突然変異。複数の単細胞が細胞分裂を繰り返しながら宇宙怪獣へと進化した姿。炭素物質を吸収して得たエネルギーで空中を浮遊しながら移動する。

特殊噴霧機

4つの脚に61式戦車の無限軌道を装備した噴霧装置。大量の地蜂毒を噴き出す。

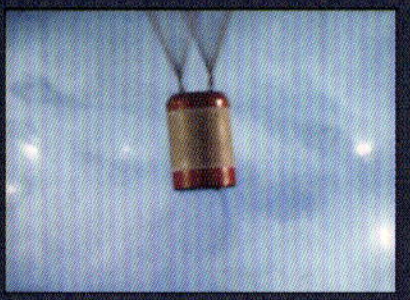

落下傘型噴霧機

ヘリコプターから投下したパラシュートに取り付けられている、小型噴霧装置。

一方のダイヤ強盗団も、ドゴラの出現で計画が次々と妨害されてしまう。

駒井がダイヤ強盗団の行方を追っていた際、ドゴラの力に翻弄された。

STORY

日本上空でテレビ中継衛星が爆破され、同時に世界各国の宝石店から大量のダイヤモンドが盗まれる事件が発生した。警視庁外事課の駒井刑事は日本で暗躍するダイヤ強盗団を捜査していた折、貯炭場の石炭が空に吸い上げられる現場を目撃する。その後、一連の事件は放射線の影響で突然変異した宇宙細胞・ドゴラによるものであると判明。さらに、地蜂毒が有効だということがわかり、自衛隊の噴霧作戦によってドゴラは全滅する。

①東京で宝石店の強盗事件が多発。その夜もダイヤ強盗団が暗躍し、謎の美女が見張りについていた。

②深夜の銀座裏通りを寝た状態の酔客が浮遊するという、怪現象が目撃される。

③ダイヤ強盗団が宗方から奪ったダイヤモンドは、研究・開発中の模造品だった。

④駒井と昌代、桐野は、火力発電所の煙突が空中に浮かび上がる異変に遭遇する。

⑤再びダイヤを狙った強盗団も、輸送車が空中へ飛び上がる怪現象に驚く。

⑥北九州の上空にドゴラが出現。市内に石のような物体が無数に降ってくる。

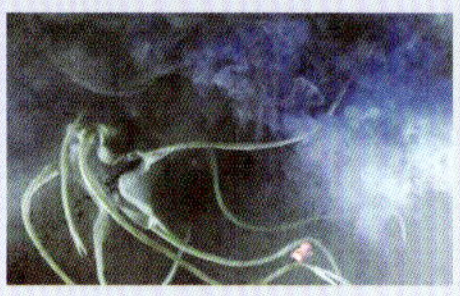

⑦洞海湾上空に現れたドゴラは、自衛隊の攻撃をものともせずに石炭を吸収する。

⑧調査の結果、地蜂毒がドゴラ対策に有効だとわかり、大量生産が指示された。

⑨一方、強盗団はマーク・ジャクソンからダイヤを奪い、国外逃亡しようとする。

⑩駒井たち警官隊との銃撃戦の末、強盗団は結晶化したドゴラの下敷きとなった。

空中にいるドゴラが大量の石炭を吸い上げるシーンは、撮影フィルムを逆回転させて表現。

フランケンシュタイン 対 地底怪獣《バラゴン》

『フランケンシュタイン対地底怪獣《バラゴン》』
1965年8月8日公開（日本）、
1966年7月8日（米） 90分（米国版・86分）

STAFF
製作／田中友幸　監督／本多猪四郎　脚本／馬淵 薫　撮影／小泉 一　美術／北 猛夫　録音／小沼 渡　照明／小島正七　編集／藤井良平　音楽／伊福部 昭　特技監督／円谷英二美術／渡辺 明　照明／岸田九一郎　合成／向山 宏　撮影／有川貞昌、富岡素敬　光学撮影／真野田幸雄、徳政義行

CAST
川地堅一郎／高島忠夫　ジェームス・ボーエン博士／ニック・アダムス（声／納谷悟朗）　戸上季子／水野久美　河井／土屋嘉男　岡山県警本部長／田崎 潤　大阪警視庁幹部A／藤田 進　広島衛戍病院軍医／志村 喬　須賀博士／中村伸郎　田所警部補／佐原健二　大阪警視庁幹部B／伊藤久哉　村田艦長／田島義文

東宝は「ゴジラシリーズ」以外に、海外市場でより展開しやすい日米合作の怪獣映画を企画。『フランケンシュタイン対ガス人間』や『フランケンシュタイン対デビルフィッシュ』などのプロットが提案され、そこから『フランケンシュタイン対ゴジラ』の脚本が馬淵 薫によって脱稿され、最終的にほぼ同じ内容で〝ゴジラ〟が〝地底怪獣〟となり、撮影が始まった。

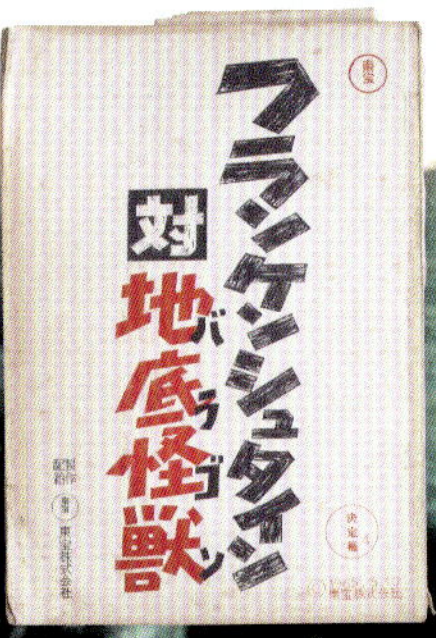

バラゴンのスーツだけを吊り上げ、フランケンシュタインが投げ飛ばす動きをスチールで表現。

格闘ではバラゴン役の中島春雄がフランケンシュタイン役の古畑弘二をリード。

生身の古畑が負傷しないよう、格闘戦ではあえて動きを制限した。

ジェームス・ボーエン博士
広島国際放射線医学研究所の医師。フランケンシュタインの細胞を調査。

戸上季子
フランケンシュタインを研究しつつ、彼を「坊や」と呼んで慈愛で包む。

川地堅一郎
フランケンシュタインを研究材料と考えていたが、彼に命を救われる。

河井
元、海軍将校。フランケンシュタインの心臓を広島衛戍病院に届けた。

広島衛戍病院軍医
フランケンシュタインの心臓を研究中、原爆投下によって死亡する。

村田艦長
伊号潜水艦の艦長。ドイツのUボートから秘密裏にトランクを受け取る。

少年の姿で保護されるも、短期間で巨大化した。温厚な性格で知能も高い。

様々な戦法を駆使してバラゴンを倒し、最後は崖下へ投げ落とした。

突然現れた大ダコによって湖へ引き込まれるバージョンも製作された。

改造巨人 フランケンシュタイン

身長／20 m（最大時）　体重／200 t（最大時）
演技者／古畑弘二（少年時代／中尾純夫）

太平洋戦争末期、ドイツから広島に送られた〝フランケンシュタインの心臓〟が、15年の年月をかけて成長を遂げた姿。細胞は放射線に耐性があり、蛋白質を補給し続ける限り、永久に死ぬことはない。

生身のフランケンシュタインに負けないよう、バラゴンも軽快な動きで演じられた。

古畑の全身に特殊メイクを施し、醜悪なフランケンシュタインが表現された。

大ダコは本来、海外版登場予定の怪獣で、ラテックス製の造形物が用意された。

特撮でのアクションに慣れている中島が殺陣を考案し、古畑に伝えたという。

特撮用の大プールを使用。琵琶湖でのフランケンシュタイン出現場面を撮影した。

海魔 大ダコ

全長／25 m　体重／2万 t

富士山麓の湖に生息する巨大な蛸。触手で敵を捕らえ、強く締めつけて水中へと引き込む。

地底怪獣 バラゴン

身長／25 m　体重／250 t
ジャンプ力／100m
演技者／中島春雄

中生代の大型爬虫類と目されており、地球の寒冷化に伴い、地底に潜って生き延びていたと推測される。地中を素早く掘り進んで秋田から白根山付近に移動。地上に出現して人間や家畜を次々と襲った。

普段は四足歩行だが、戦闘時は二足で立ち上がる。高い跳躍力を生かし、敵に飛び掛かっていく。

口から赤色の熱核光線を放射し、周囲の物体を焼却。また、怪力を誇る。

顔面の角を発光させて暗闇を移動。また、興奮すると両耳が立ち上がる。

STORY

フランケンシュタインの心臓が運ばれた広島が原爆投下で被害を受ける。15年後、国際放射線医学研究所に保護された孤児が短期間で急成長を遂げ、逃走。ジェームス・ボーエン博士らの調査により、その正体がフランケンシュタインだと判明した。一方、地底から出現したバラゴンが人間を襲って富士山麓へ移動。そこに定住していたフランケンシュタインは、激闘の末に怪獣を倒し、姿を消す。

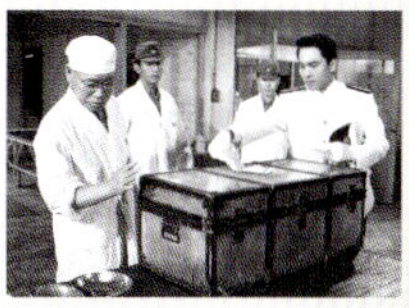

①フランケンシュタインの心臓で、不死身の兵士を作ろうとする。

②戸上季子による保護の下、謎の孤児は短期間で青年に急成長した。

③川地堅一郎がドイツへ飛び、フランケンシュタインの秘密を聞く。

④巨大化したフランケンシュタインは、季子に別れを告げて逃走。

⑤白根山のロッジにバラゴンが出現。多くの宿泊客が餌食となった。

⑥フランケンシュタインは、川地を救った後でバラゴンと対決し、粉砕。しかし、突如発生した地割れに飲み込まれ、姿を消した。

フランケンシュタインの怪獣 サンダ対ガイラ

『フランケンシュタインの怪獣 サンダ対ガイラ』
1966年7月31日公開（日本）、1970年7月29日（米） 88分（米国版・92分）

STAFF
製作／田中友幸、角田健一郎　監督・脚本／本多猪四郎　脚本／馬淵 薫　撮影／小泉 一　美術／北 猛夫　録音／刀根紀雄　照明／高島利雄　編集／藤井良平　音楽／伊福部 昭　特技監督／円谷英二　美術／井上泰幸　照明／岸田九一郎　合成／向山 宏　撮影／有川貞昌、富岡素敬　合成／向山 宏　光学撮影／徳政義行

CAST
間宮雄三／佐原健二　ポール・スチュワート博士／ラス・タンブリン（声／睦 五郎）　戸川アケミ／水野久美　喜田教授／中村伸郎　橋本陸将補／田崎 潤　泉田課長／伊藤久哉　平井／田島義文　医師／ヘンリー・大川　亀田三郎／山本 廉　風間二佐／桐野洋雄　歌手／キップ・ハミルトン　年配の漁師／沢村いき雄

前作が〝大人の鑑賞に堪える怪獣映画〟として評価されたことで、東宝は日米合作による「怪奇空想科学映画シリーズ」第2弾の製作を決定。当初は〝直接の続編〟として考案されたが、その後、フランケンシュタインが2体に分裂して戦う設定の〝姉妹編〟に変更され、キャラクター作りの段階で日本神話の「海幸山幸」が取り入れられる。人間社会を追われた本来のフランケンシュタインが山のイメージで善の「サンダ」、その細胞から分裂したフランケンシュタインが海のイメージで悪の「ガイラ」と設定され、物語が構築されていった。

かつて琵琶湖で負傷したフランケンシュタイン(サンダ)の細胞が海へ流れ込み、プランクトンを栄養源にして急成長を遂げた姿。蛋白質を補給するため、人間を捕食する。

フランケンシュタインの怪獣 ガイラ

身長／25m　体重／1万t　演技者／中島春雄

凶暴性に満ちた性格で、巨大な蛸にも攻撃を仕掛け、止めを刺す。

自衛隊の「L作戦」による攻撃で負傷し、本栖湖畔に潜んでいた。

人間の味を知り、捕食。光が苦手で、曇天の日中や夜間に活動。

敏捷な動きと全身に漲る怪力で、サンダと戦闘を繰り広げた。

京都のスチュワート研究所で育ったフランケンシュタイン。アケミたちとの交流の記憶から社会性を身につけており、知能も高い。怪力だが争いは好まない性格。

フランケンシュタインの怪獣 サンダ

身長／30m　体重／1万5000t　演技者／関田 裕

幼少期のサンダは類人猿のような姿だった。アケミに好意を抱く。

自衛隊の攻撃で窮地に立ったガイラを救うために出現する。

自身の分身であるガイラにも慈悲深く接していたが、裏切られた。

人間の捕食を止めないガイラを倒すため、命を懸けて立ち向かう。

ポール・スチュワート博士

フランケンシュタイン研究の第一人者。サンダの命を守ろうと奔走する。

戸川アケミ

スチュワートの助手的立場にある生物学者。母性でサンダに接していた。

間宮雄三

スチュワートの右腕ともいえる生物学者。漁船からガイラの細胞を採取。

喜田教授

間宮の依頼で、漁船の細胞を電子顕微鏡で鑑定。サンダの飼育を提案する。

橋本陸将補

フランケンシュタイン対策の責任者。移動司令部から前線に指示を出す。

泉田課長

海上保安庁・横須賀海上保安部の責任者。海上遭難事件を調査する。

STORY

三浦半島や羽田空港に凶暴な巨人が出現し、人間を捕食する事件が発生。世間はこれを〝フランケンシュタインの仕業〟と考えていた。そんな折、巨人が横須賀に上陸。人間を襲おうとしたが、自衛隊が展開した攻撃「L作戦」で止めを刺されそうになる。だが、そこにもう1体の巨人が出現し、凶暴な巨人を連れ去った。「サンダ」と命名されたオリジナルのフランケンシュタインは、自分の分身でもある凶暴な「ガイラ」と東京で大激突。戦い続けながら外海へと移動し、最終的には海底火山の噴火に巻き込まれて行方不明となった。

①嵐の海で第三海神丸が巨人(ガイラ)に襲われ、乗組員が犠牲に。

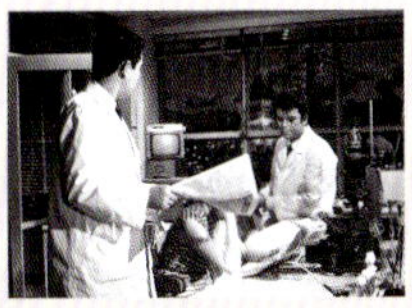

②スチュワート博士らは、フランケンシュタインの保護を検討する。

③ガイラが攻撃を受けた場所で、その細胞を採取しようと奮闘した。

④サンダは、ガイラを救おうとするも裏切られてしまう。

⑤東京に出現したガイラが戸川アケミを襲うが、サンダが阻止する。

⑥ついに、サンダはガイラを倒すことを決意。2体の激しい戦いが始まった。

突然変異で巨大化したと思われる蛸。嵐の夜、三浦半島沖で第三海神丸を襲い、触手で船員を捕らえた。

海魔 大ダコ　全長／25m　体重／2万t

66式メーサー殺獣光線車

陸上自衛隊の最新科学兵器で、メーサー砲を装備した車両と牽引車で構成。高出力の殺獣光線を撃ち出す。

メーサー装置車・全長／14.5m(台車部分／9.6m)
全高／6m　全幅／3.5m　重量／80t
牽引車・全長／6m　全高／2.5m　全幅／3m
重量／32t　駆動出力／1500馬力

2体のフランケンシュタインは激戦の末、海底火山の爆発の中に消えた。

サンダは松かさのイメージで茶色、ガイラは甲殻類と魚の鱗のイメージで緑色の表皮となる。

『フランケンシュタインの兄弟』、『フランケンシュタインの斗争』等、数稿が脱稿。

『フランケンシュタインの決闘』が本作の決定稿となり、撮影が開始された。

キングコングの逆襲

『キングコングの逆襲』
1967年7月22日公開（日本）、1968年6月19日（米）
104分（米国版・94分）

STAFF
製作／田中友幸　監督／本多猪四郎　脚本／馬淵 薫　撮影／小泉 一　美術／北 猛夫　録音／吉沢昭一　照明／髙島利雄　編集／藤井良平　音楽／伊福部 昭　特技監督／円谷英二　美術／井上泰幸　照明／岸田九一郎　合成／向山 宏　撮影／有川貞昌、真野田陽一　光学撮影／德政義行　操演／中代文雄

CAST
野村次郎三佐／宝田 明　カール・ネルソン司令官／ローズ・リーズン（声／田口 計）　スーザン・ワトソン／リンダ・ミラー（声／山東昭子）　ドクター・フー／天本英世　マダム・ピラニア／浜 美枝　フーの助手／田島義文、堺 左千夫　警備本部長／北 竜二　モンド島の老人／沢村いき雄　フーの手下／黒部 進、桐野洋雄 他

野村次郎三佐

国連が派遣した原潜・エクスプロアー号の副官。メカニコングを設計した。

カール・ネルソン司令官

エクスプロアー号の司令官。海底油田の調査中、モンド島へ立ち寄った。

スーザン・ワトソン

エクスプロアー号の医療責任者。キングコングに好意を持たれてしまう。

ドクター・フー

国際手配中の悪人で天才科学者。メカニコングを製造し、私欲に利用。

マダム・ピラニア

某国の女性工作員。高エネルギー鉱石「エレメントX」の採掘が目的。

フーの助手

フーからの指示で、キングコングへの攻撃や要人誘拐などを実行する。

モンド島での格闘は、1933年の『キング・コング』へのオマージュ。

大ウミヘビとの戦いでは、キングコングの野獣性が強調されている。

メカニコングのボディーは硬質ウレタン製で、両腕も長めに作られている。

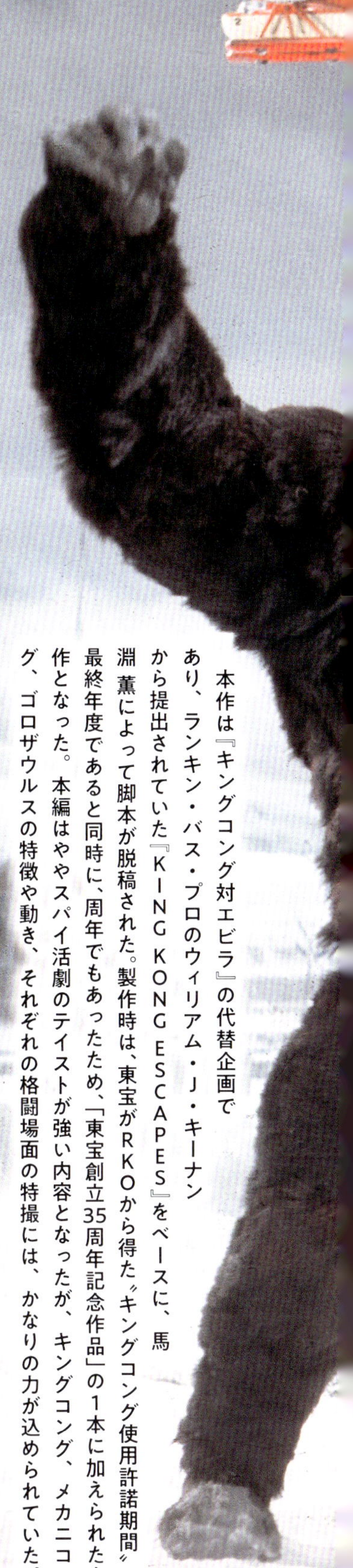

本作は『キングコング対エビラ』の代替企画であり、ランキン・バス・プロのウィリアム・J・キーナンから提出されていた『KING KONG ESCAPES』をベースに、馬淵薫によって脚本が脱稿された。製作時は、東宝がRKOから得た〝キングコング使用許諾期間〟の最終年度であると同時に、周年でもあったため、「東宝創立35周年記念作品」の1本に加えられた大作となった。本編はややスパイ活劇のテイストが強い内容となったが、キングコング、メカニコング、ゴロザウルスの特徴や動き、それぞれの格闘場面の特撮には、かなりの力が込められていた。

南ジャワ海のモンド島に生息し、島民から〝神〟として崇められている巨大類人猿。知能が高く温厚な性格だが、敵に対しては全身に漲る怪力を発揮し、果敢に挑む。

大怪力怪獣 キングコング

身長／20m　体重／1万t
演技者／中島春雄

フーのヘリコプター部隊の催眠ガス弾攻撃で意識を失ってしまう。

巨大なタンカーで北極に運ばれ、フーの催眠術によって操られる。

ドクター・フーに捕まり、エレメントXの採掘に利用された。

1号機

ネルソンと野村がキングコングを参考にして描き上げた設計図を、ドクター・フーが拝借。北極の研究所で完成させた〝作業機械〟。特殊な電波によって遠隔操作する。

電子怪獣 メカニコング

身長／20m　体重／1万5000t
演技者／関田 裕

腰部のベルトに削岩用の爆弾を装備し、北極の地底で活動した。

東京タワーに登り、キングコングと凄まじい戦闘を繰り広げた。

2号機

故障した1号機に次いで製作された。キングコングを追跡する。

素早い走りでドクター・フーの大型船を追跡し、港に沈めた。

エクスプロアー号

全長／60m　全高／20m　全幅／15m

国連科学委員会が所有する調査用原子力潜水艦で、小型ホバークラフトを搭載。

モンド島のジャングルに生息する前世紀の肉食恐竜で、性格は凶暴。長い尾を利用して30mも跳躍し、太い両脚で敵の急所に両脚蹴りを打ち込む。

原始恐竜 ゴロザウルス

身長／20m　体重／8000t　演技者／関田 裕

巨大な口に生えた鋭い牙で獲物に噛みつき、体を砕いてしまう。

キングコングの怪力で口を裂かれ、最後は血の泡を吹いて絶命した。

自分よりもはるかに強いキングコングを恐れず、襲い掛かっていく。

STORY

北極地下に眠るエレメントXを狙うドクター・フーは、モンド島でキングコングを捕獲し、採掘させようと画策。国連の原潜・エクスプロアー号の乗組員であるネルソンらを誘拐し、コングに命じるよう脅迫した。だが、コングは基地から逃亡。フーの指示で出動したメカニコングは東京でコングと激闘を繰り広げたが、東京タワーから落下して大破。フーもコングの攻撃で船ごと海に沈められた。

①スーザンの悲鳴でキングコングが覚醒。ゴロザウルスを攻撃した。

②スーザンを気に入ったコングは、彼女が乗った原潜を揺さぶる。

③フーに基地に捕らわれたコングが、メカニコングの姿に驚愕する。

④某国のスパイ・ピラニアが、ネルソンを取り込もうとするも失敗。

⑤フーは、協力を拒むスーザンに残酷な仕打ちを加えようとした。

⑥フーの基地を脱出したコングが、東京でメカニコングと対決。

⑦2体は東京タワーに登り、凄まじいまでの格闘戦を展開する。

⑧スーザンが見守るなか、メカニコングが落下し、勝利はコングに。

⑨港でフーの船を沈めたコングは、モンド島へ帰っていった。

海獣 大ウミヘビ

全長／85m　体重／4000t

モンド島近海に生息する巨大海蛇。キングコングの体に巻きつくも、簡単に引き剥がされ、止めを刺される。

北極での戦闘は本編にはなく、これは宣伝用に撮られたスチールの1枚。

登場する怪獣は〝通常の生物が巨大化したもの〟で、デザインアレンジは控えめだった。

『ゲゾラ・ガニメ・カメーバ 決戦！ 南海の大怪獣』
1970年8月1日公開 84分

STAFF
製作／田中友幸、田中文雄　監督／本多猪四郎　脚本／小川 英　撮影／完倉泰一　美術／北 猛夫　録音／増尾 鼎　照明／高島利雄　編集／永見正久　音楽／伊福部 昭　特殊技術／有川貞昌　美術／井上泰幸　照明／原 文良　合成／向山 宏　撮影／真野田陽一　光学撮影／徳政義行　操演／中代文雄

CAST
工藤太郎／久保 明　星野アヤ子／高橋厚子　サキ／小林夕岐子　リコ／斉藤宜丈　宮 恭一／土屋嘉男　小畑 誠／佐原健二　祈禱師オンボ／中村 哲　アジア開拓宣伝部長／藤木 悠　週刊トピックス編集長／堺 左千夫　横山／当銀長太郎　佐倉／大前 亘　客室乗務員／杉原優子

ゲゾラ・ガニメ・カメーバ
決戦！ 南海の大怪獣

SF色が強いストーリーで、大人の観客も満足できる内容だった。

怪獣が３体登場するが、実際に激突するのはガニメとカメーバ。

〝ゴジラ〟が登場しない昭和最後の東宝怪獣映画で、ハードな展開。

STORY

写真撮影でセルジオ島へ上陸したフリーカメラマン・工藤太郎は、巨大な烏賊《いか》・ゲゾラに襲われる。島民と協力し、ガソリンを使った火炎攻撃で怪獣を倒すも、続いて出現したガニメ、カメーバによって絶体絶命の危機に。しかし、怪獣に寄生した宇宙生物の弱点である超音波の影響で2体が暴走。同士討ちを続け、火山の噴火口へと落下した。

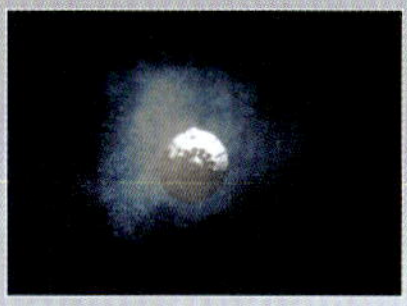
①木星へ向かうヘリオス７号がアメーバ状の宇宙生物に寄生される。

②カメラマンの工藤太郎は、アジア開拓の依頼でセルジオ島へ向かう。

③突然、巨大なゲゾラが島に上陸し、工藤や島民はパニックに陥る。

④島の近海に沈むヘリオス7号を調査した際、またも怪獣が出現。

⑤工藤たちは、ガソリンを使ってゲゾラに火炎攻撃を仕掛け、倒す。

⑥産業スパイの小畑誠が宇宙生物に寄生され、工藤たちに襲い掛かる。

⑦宇宙生物は小畑の体を介して、自分たちの目的を宣言した。

⑧蝙蝠《こうもり》が発する超音波でガニメとカメーバが錯乱。争い始める。

⑨自我を取り戻した小畑は、寄生宇宙生物と共に火口へ身を投げる。

本作は１９６６年に企画された海外との合作映画『怪獣大襲撃』を再考したもので、円谷英二が特技監督を務める予定だった。しかし、結果的に〝特技監修〟として脚本に名を記すのみとなり、有川貞昌が特撮全般を担当する。予算は全盛期の１／３と厳しかったが、田中友幸の「怪獣の灯を残そう」という意欲によって完成。「東宝チャンピオンまつり」の１作として公開された。

工藤太郎
好奇心旺盛なフリーカメラマン。セルジオ島で3大怪獣に遭遇。

星野アヤ子
アジア開拓の宣伝部員として、セルジオ島に渡り、危機に陥った。

サキ
セルジオ島の原住民女性。工藤たちを案内し、集落へと向かった。

リコ
サキの恋人。アジア開拓の事務所でゲゾラに襲われ、記憶を失う。

宮 恭一
生物学の権威で、アジア開拓のセルジオ島生態観察顧問を務める。

小畑 誠
ライバル企業の産業スパイ。宇宙生物に寄生され、操られた。

横山
アジア開拓の駐在員。島から逃げようとした際、ゲゾラに襲われる。

アジア開拓宣伝部長
工藤にセルジオ島の宣伝写真を依頼した責任者。ややC調な性格。

ヘリオス7号
国連宇宙局が打ち上げた木星探査ロケット。宇宙生物に乗っ取られ、セルジオ島近海に落下した。

大蟹怪獣 ガニメ

体長／20ｍ　体重／1万2000t
演技者／中島春雄

宇宙生物がセルジオ島近海に生息するカルイシガニに寄生し、怪獣化したもの。両腕の鋭い鋏で敵を捕らえ、捕食。また、体を斬り裂く。

弾薬によって爆死するも、宇宙生物に寄生された２体目が出現。

蝙蝠の超音波によって凶暴化。仲間のカメーバに攻撃を仕掛けた。

全身が硬い甲羅で覆われ、ライフルの弾丸をも弾き返してしまう。

大いか怪獣 ゲゾラ

体長／30m　体重／2万5000t
演技者／中島春雄

宇宙生物がセルジオ島近海に生息するカミナリイカに寄生し、怪獣化したもの。10本の触腕を敵の体に巻きつけ、怪力で締め上げて倒す。

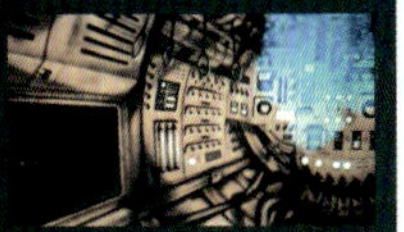
ヘリオス７号で地球に飛来した宇宙生物が、最初に出現させた怪獣。

墨汁管から大量の墨を吐き出す。高熱火炎が弱点らしい。

体温が０度の冷血動物で、触れた物体を一瞬で凍らせてしまう。

大亀怪獣 カメーバ

体長／20ｍ　体重／2万8000t
演技者／中村晴吉

宇宙生物がセルジオ島近海に生息するマタマタガメに寄生し、怪獣化したもの。素早い伸び縮みが可能な首で、強烈な頭突きを繰り出す。

背中を覆う頑丈な甲羅は、ガニメの鋏でも貫くことはできない。

頭突きで敵を空中に弾き飛ばすことも可能。やや動きは鈍いが怪力。

蝙蝠が放つ超音波に弱く、群体に囲まれて逃げだした。

モスラ

『モスラ』
1996年12月14日公開　106分

STAFF
企画・原案／田中友幸　製作／富山省吾　プロデューサー／北山裕章　監督／米田興弘　脚本／末谷真澄　撮影／関口芳則　美術／部谷京子　録音／宮内一男　照明／大澤暉男　編集／小川信夫　音楽／渡辺俊幸　特技監督／川北紘一　美術／大澤哲三　照明／斉藤 薫　撮影／江口憲一、大根田俊光

CAST
モル／小林恵　ロラ／山口紗弥加　ベルベラ／羽野晶紀　後藤大樹／二見一樹　後藤若葉／藤沢麻弥　田川／萩原流行　後藤真紀子／高橋ひとみ　後藤裕一／梨本謙次郎

STORY

北海道で古代遺跡が発見され、発見者の後藤裕一はメダルを剝がして持ち帰る。それを狙って黒い妖精ベルベラが飛来、メダルを奪い去った。その後、エリアスたちからメダルが宇宙怪獣デスギドラを封印していた「エリアスの盾」であることを聞いた後藤一家は、エリアスと協力してメダルを奪還。だが、岩塊からデスギドラが復活してしまった。恐るべき敵に対抗するため、エリアスはモスラを召喚。激しい戦いの末にデスギドラを封印する。

成虫の息子、モスラ・エクセルドが、成獣となったデスギドラに立ち向かう。

モスラ成虫がデスギドラと対決するも、力尽きて海底に沈む。

東宝は毎年の正月興行を、自社製作映画で維持する路線を決定。休止中の「ゴジラ」に代わる看板キャラクターに、女性観客の動員も可能な「モスラ」を選ぶ。内容的にはジュブナイル冒険譚の方向性が狙われ、基本設定はそのままにしつつも、毎回の舞台が異なる3部作を製作。〝明るく楽しい怪獣映画〟という新ジャンルを開拓した。

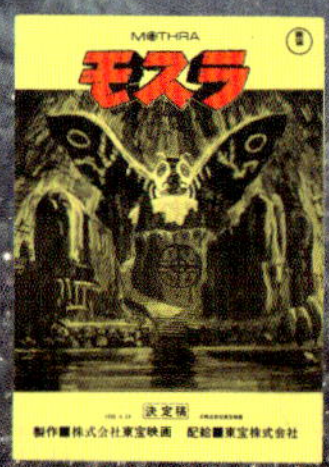

宇宙超魔獣 デスギドラ
全長／100m　体高／50m　体重／7万5000t
6500万年前に火星を荒廃させた宇宙怪獣で、その後、地球に飛来して恐竜を全滅させた。口から火砕流撃弾を発射する。

妖精神獣 フェアリー
翼長／0.3m　体重／不明
エリアスの祈りに応じ、モスラが生み出した分身体。ロラとモルを背中に乗せ、M（マッハ）1で空中を高速飛行する。

守護神獣 モスラ・エクセルド（幼虫）
全長／25m　体重／3000t
親であるモスラ成虫の危険を察知して卵から孵化。デスギドラと戦った。口からエクセル・ストリングスを放射する。

小美人エリアス

モルとロラの姉でエリアスの一員だが、人類を地球の癌細胞と蔑む。

太古の地球で高度な文明を築いていた妖精・エリアスの王家の末裔。

宇宙超魔獣 デスギドラ（成獣）
植物の生命エネルギーを吸収し、完全態となった姿。巨大な翼を開いてM23で飛行し、火龍重撃波や剛烈駆雷震で攻撃。

メカニカルドラゴン ガルガル
全長／0.55m　体重／50kg
ベルベラが搭乗する小型のドラゴン。その正体はロボットであり、口から破壊光線、シュビビン・ビームを撃ち出す。

守護神獣 モスラ・エクセルド（成虫）
全長／24m　翼長／53m　体重／5900t
幼虫が屋久杉の袂に繭を作り羽化、1万年の大地の記憶を得て成虫へと進化した姿。クロスヒート・レーザーが武器。

巨大蛾怪獣 モスラ（成虫）
全長／25m　翼長／50m　体重／6000t
先代のモスラ。卵を産み、インファント島の祭壇に控えていたが、デスギドラと戦った。触角から破壊光線を放つ。

STORY

沖縄の海に、ニライカナイの古代文明が生み出した怪獣・ダガーラが出現。本来は環境汚染を解決するための海洋浄化システムだが、暴走して毒液を流し始めた。世界を救うため、エリアス姉妹は石垣島へ向かい、少年少女やニライカナイから来た小生物ゴーゴと合流する。その後、ダガーラを鎮めるため、エリアスはモスラ・エクセルドを召喚。レインボーモスラ、水中モード・モスラへと変身してダガーラを撃破した。

モスラ2 海底の大決戦

『モスラ2 海底の大決戦』
1997年12月13日公開　100分

STAFF
企画・原案／田中友幸　製作／富山省吾　プロデューサー／北山裕章　監督／三好邦夫　脚本／末谷真澄　撮影／関口芳則　美術／清水 剛　録音／池田 昇　照明／大澤暉男　編集／米田美保　音楽／渡辺俊幸　特技監督／川北紘一　美術／大澤哲三　照明／蝶谷幸士　撮影／江口憲一、大根田俊光

CAST
モル／小林 恵　ロラ／山口紗弥加　ベルベラ／羽野晶紀　浦内汐里／満島ひかり　宮城洋二／島田正直　渡久地航平／大竹雅樹　小谷幹夫／奥野敦士　浦内敏子／紺野美沙子

守護神獣 **レインボーモスラ**
全長／25m　翼長／50m　体重／5900t

モスラ・エクセルドが、ゴーゴの力で強化変身した姿。額から撃ち出すクロスヒート・レーザー・レインボーで敵を粉砕。

水中モード・モスラ
(アクア・モスラ)
全長／24m　体重／3500t

レインボーモスラが変身した水中戦用。深海を200Knで移動。

極毒結晶体 **ベーレム**
全長／0.4~0.5m　体重／2~4kg

ダガーラが生成。汚染物質ウレコット・エッカクスを放射する。

伝説獣 **ゴーゴ**
体長／0.2m　体重／0.9kg

ニライカナイの人工生物。その正体は水の精で、治癒能力を持つ。

妖精神獣 **フェアリー**
翼長／0.3m　体重／不明

モスラの分身体であり、テレパシーを使ってゴーゴとも交信する。

メカニカルドラゴン
ガルガルII
全長／0.55m
体重／50kg

大破したガルガルの残骸を、ベルベラが修理・改造した強化型。

魔怪獣
ダガーラ

全長／73m　全高／36m　体重／1万7700t

ニライカナイの古代文明が遺伝子操作によって誕生させた海洋浄化システム。輝雷襲撃波や轟渦赤猛毒弾で敵を攻撃する。

魔怪獣 **ダガーラ**(完全体)

翼が巨大化し、M10で空中を飛行。両肩から超重龍爆炎を放つ。

STORY

かつて恐竜を滅ぼした宇宙超怪獣キングギドラがふたたび地球へ飛来。モスラ・エクセルドが戦いを挑むも、圧倒的な力の前に敗北。この強敵を倒すため、モルの力を借りて中生代にタイムスリップし、幼体のキングギドラを倒す。だが、現代で尾の一片からキングギドラが再生を遂げ、人類に危機が訪れる。その時、1億3000万年の眠りから最強の鎧モスラになったエクセルドが覚醒。必殺技エクセル・ダッシュ・バスターで最強の敵を倒した。

モスラ3 キングギドラ来襲

『モスラ3 キングギドラ来襲』
1998年12月12日公開　100分

STAFF
製作／富山省吾　企画協力／北山裕章　監督／米田興弘　脚本／末谷真澄　撮影／関口芳則　美術／櫻木 晶　録音／斉藤禎一　照明／粟木原 毅　編集／小川信夫　音楽／渡辺俊幸　特技監督／鈴木健二　美術／大澤哲三　照明／斉藤 薫　撮影／江口憲一、桜井景一　特殊効果／渡辺忠昭　操演／小川 誠

CAST
モル／小林 恵　ロラ／建 みさと　園田翔太／吉澤拓真　園田脩平／篠崎杏兵　園田珠子／鈴木彩野　園田雄介／大仁田 厚　園田幸江／松田美由紀　ベルベラ／羽野晶紀

守護神獣 **鎧モスラ**
全長／25m　翼長／50m
体重／5900t

1億3000万年の眠りで、エクセルドが最強形態となった姿。

光速モード・モスラ
全長／25m　翼長／30m
体重／5900t

レインボーモスラが変身した形態。亜光速で時空を遡っていく。

鎧モスラ・エターナル
全長／25m　翼長／50m
体重／5900t

戦闘終了後、鎧状の表皮を脱ぎ捨てた姿。インファント島へ帰還。

原始モスラ
体長／15m　体重／2000t

中生代白亜紀に存在したモスラの祖先。表皮が樹皮のように硬い。

妖精神獣 **フェアリー**
翼長／0.3m　体重／不明

モスラが生み出す分身。インパルサーやスキャンビームを放つ。

メカニカルドラゴン
ガルガルIII
全長／0.55m
体重／50kg

ガルガルIIの再改良型。右目に生物用の分析スコープをセット。

宇宙超怪獣
キングギドラ

多くの子供を生体ドームに幽閉し、生命エキスに変えようと狙う宇宙の悪魔。トリプルトルネードが最強武器。

身長／40m　体重／2万5000t

白亜紀型
キングギドラ

1億3000万年前の地球に飛来し、恐竜を襲っていたキングギドラの幼体。口から火炎弾を放ち、物体を焼却。

地球防衛軍

1950年代、ソ連の人工衛星打ち上げや米国映画『宇宙戦争』(1953)のヒットにより、世の中の〝宇宙〟に対する関心が高まっていた。そこで、東宝は本格的な空想科学映画の製作を決定。田中友幸はＳＦ作家の丘美丈二郎に〝地球が宇宙から攻められ、それを防御する〟という内容の原作を依頼。完成した原作を基に木村 武が脚本を書き上げ、東宝初のカラー・シネスコープ作品として完成した。

『地球防衛軍』
1957年12月28日公開 88分

STAFF
製作／田中友幸　原作／丘美丈二郎　潤色／香山 滋　監督／本多猪四郎　脚本／木村 武　撮影／小泉 一　美術／安倍輝明　録音／宮崎正信　照明／岸田九一郎　音楽／伊福部 昭　特技監督／円谷英二　美術／渡辺 明　照明／城田正雄　合成／向山 宏　撮影／荒木秀三郎、有川貞昌

CAST
渥美譲治／佐原健二　白石江津子／白川由美　岩本広子／河内桃子　白石亮一／平田昭彦　安達博士／志村 喬　森田司令／藤田 進　関隊長／伊藤久哉　杉本司令／小杉義男　川波博士／村上冬樹　浜本国防庁長官／山田巳之助　幸田博士／中村 哲　ミステリアン統領／土屋嘉男

スーツによる本格的な巨大ロボットが、円谷英二の迫力ある特撮で表現される。

モゲラを含め、本作に登場するSFメカは、画家の小松崎 茂がデザインを担当した。

富士山麓の地下からミステリアン・ドームが出現。周囲を制圧する。

子孫を残す目的で、ミステリアンは若い女性を誘拐した。

ミステリアンの地下基地建設の影響で、富士山麓に山火事が発生。

No.８ステージに組まれた富士山麓セットで、攻防シーンを撮影。

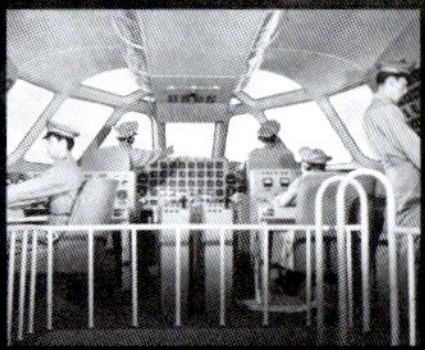

α号と第二β号の操縦席は流用であり、演技者だけが入れ替わった。

マーカライト・ファーブなど、斬新なメカが物語を盛り上げる。

渥美譲治

城南大学の助教授で優秀な天体物理学者。ミステリアンとの会見に指名される。

白石江津子

亮一の妹で渥美の恋人。盆踊りでミステリアンに目をつけられ、誘拐された。

岩本広子

中央天文台に勤務する女性で、亮一の元婚約者。ミステリアンの魔手に掛かる。

白石亮一

野心的な天体物理学者で、渥美の友人。ミステリアンの地球征服に協力した。

安達博士

中央天文台の所長で、渥美や亮一の恩師。ミステリアン対策の中心人物となる。

森田司令

防衛隊の陸将であり、地球防衛軍の最高司令官。ミステリアンの攻撃に対抗。

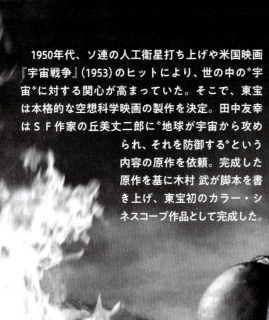

怪遊星人 ミステリアン

身長／1.8 m　体重／80 kg

火星と木星の間に存在した、第五遊星ミステロイドの知的生命体。地球を侵略して母星にし、子孫を繁栄させようと企てた。

ミステリアン統領

ミステリアンを率いる指揮官。富士山麓を制圧後、日本の支配を狙う。

ミステリアン・ドーム

ミステリアンが建設した地下基地の中心部。強烈な破壊光線を放つ。

ミステリアン円盤

ミステリアンが使用する小型艇。2時間で地球を一周できるらしい。

宇宙ステーション

4万2000km上空に位置する、ミステリアンたちの大型宇宙基地。

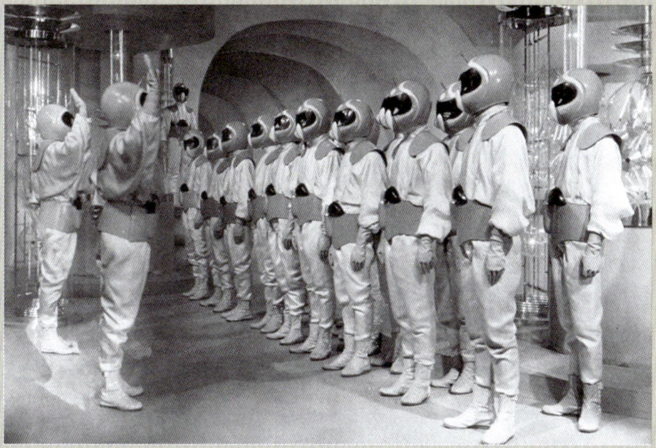

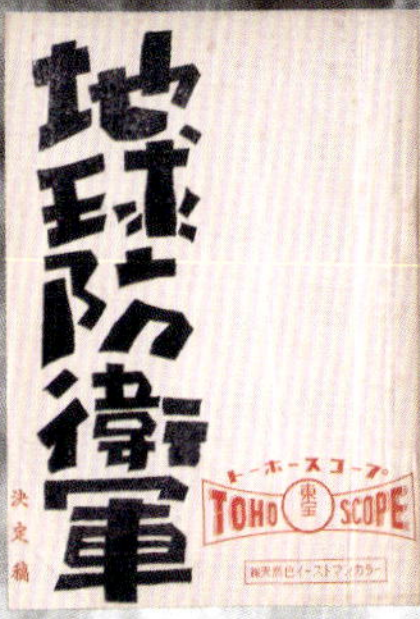

地底ロボット モゲラ 1号機

身長／50 m　重量／5万t　地中速度／150 km/h

土木掘削用のロボット削岩機で、ミステリアン地下基地のため、富士山麓の地中を掘っていた。コントロール電波によって進撃し、防衛隊と交戦した。

両目から青色の殺人光線を発射し、あらゆる物体を消失させる。

凄まじい怪力を発揮して突き進み、周囲の建造物を破壊していく。

2号機

地球防衛軍との最終決戦に出動。マーカライト・ファーブに押し潰されて動きを止める。

STORY

富士山麓で原因不明の山火事や放射線を伴う大陥没が発生。調査に向かった渥美譲治の前に巨大ロボット・モゲラが出現するも、防衛隊の総攻撃で動きを止めた。その後、富士に巨大なドームが出現。中にいた宇宙人ミステリアンは、ドームを中心に半径3㎞の土地の割譲と地球人女性との結婚を強要してくる。通常兵器では歯が立たないミステリアンに対し、地球防衛軍は新兵器を開発して対抗。3度に亘る攻撃で侵略者の野望を砕いた。

②突然、山崩れが発生してそこから巨大ロボットが出現。防衛隊は鉄橋を爆破して進撃をくい止める。

①盆踊りの夜、地面から発火するという奇怪な現象で大規模な山火事が発生した。

③ドームの中にいたミステリアンは、自身らが住む土地、女性との結婚を要求。

④ミステリアンの高度な科学力の前に、防衛軍の第1次攻撃は完全に敗北した。

⑤マーカライト・ファーブなどの新兵器を開発した防衛軍が、再び攻撃を開始。

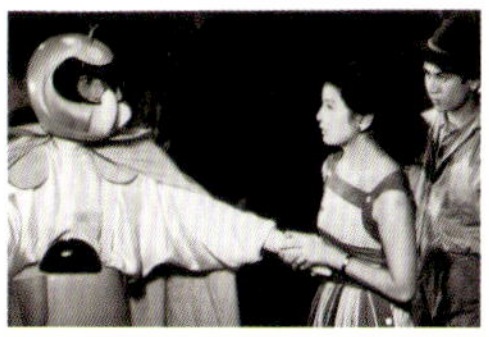

⑥ミステリアンに協力していた白石亮一は、誘拐された女性を解放し、姿を消す。

α号

全長／200 m

地球防衛軍の大型空中戦艦。マーカライト塗装を施し、ミステリアン・ドームを攻撃。

第二β号

全長／200 m

第3次攻撃に用意された、β号の二番艦。前面下部に電子砲が設置されている。

マーカライト・ファーブ

敵の熱線を弾くと同時に等しい熱量の光線を放つ、巨大レンズの兵器。

マーカライト・ジャイロ

全長／1000 m
重量／不明

マーカライト・ファーブを前線に輸送するための、超大型3段ロケット。

宇宙大戦争

『宇宙大戦争』
1959年12月26日公開 93分

STAFF
製作／田中友幸　原作／丘美丈二郎　監督／本多猪四郎　脚本／関沢新一　撮影／小泉 一　美術／安倍輝明　録音／三上長七郎　照明／石川緑郎　音楽／伊福部 昭　特技監督／円谷英二　美術／渡辺 明　照明／岸田九一郎　撮影／有川貞昌　作画合成／向山 宏　光学撮影／荒木秀三郎

CAST
勝宮一郎／池部 良　白石江津子／安西郷子　安達博士／千田是也　岩村幸一／土屋嘉男　リチャードソン博士／レオナルド・スタンフォード　アーメッド教授／ジョージ・ワイマン　小暮技師／伊藤久哉　防衛司令官／高田 稔　有明警部／村上冬樹　インメルマン博士／ハロルド・コンウェイ

スピップ号の乗組員は、ナタールの月世界前線基地破壊に出発。

白石江津子の役は白川由美から安西郷子に。ややイメージが異なる。

ナタール役には小柄な俳優が選ばれ、独特な雰囲気が醸し出された。

勝宮一郎

国際宇宙科学センターに所属する科学者。スピップ号で月世界へ向かう。

白石江津子

国際宇宙科学センターに勤務し、データ処理を担当。勝宮とは恋人関係。

安達博士

日本を代表する天体物理学者。スピップ号一号艇の隊長として活躍する。

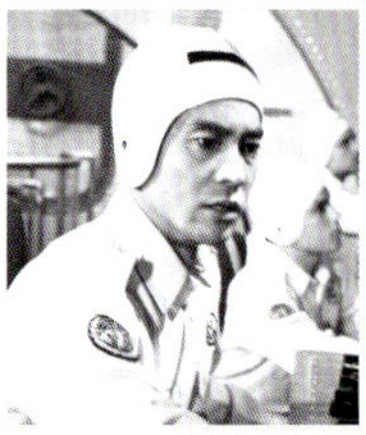

岩村幸一

勝宮の友人で、原子力関連の技術者。ナタールに操られてしまう。

リチャードソン博士

米国の高名な科学者で、スピップ号の開発メンバー。二号艇の隊長となる。

アーメッド教授

ナタールにラジオコントローラーで操られ、熱線砲を奪おうとする。

月面探検車 一号車、二号車

スピップ号に搭載された月面用車両。上部に強力な熱線砲が装備されている。

宇宙ステーション JSS-3

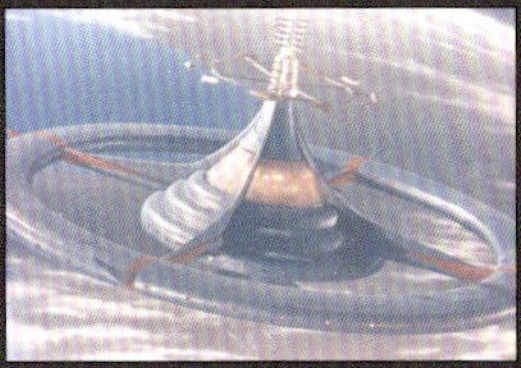

国際宇宙科学センターの宇宙基地。上部にロケット弾発射装置を10基装備。

戦闘ロケット

米ソで開発されていた宇宙偵察用の無人機を有人戦闘機に改造したもの。

熱線放射機

戦闘ロケット基地や大都市に設置された、パラボラ状の超大型熱線兵器。

スピップ号

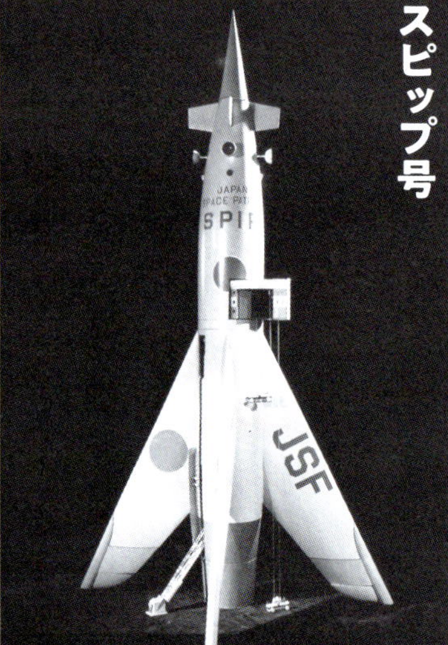

国際宇宙科学センターが開発した大型宇宙ロケットで、一号艇と二号艇が存在。原子燃料を使用する高性能エンジンのため、本体のみで大気圏を脱出できる。

地球征服を企む宇宙人。人類よりもはるかに進んだ科学力を有しているが、各個体は小柄であるため、集団で敵に襲い掛かる。人間に金属片を埋め込み、意のままに操った。

遊星人 ナタール
体重／100kg

邪悪な種族であり、先進の科学装備を駆使して地球と人類を襲う。

作戦に失敗したアーメッド教授を熱線で蒸発させ、証拠を隠滅した。

円盤

大型の司令円盤と小型のナタール円盤で編隊を組み、地球攻撃に出撃していく。

月世界前線基地

ナタールが月の裏側に建造した地球侵略用の巨大施設。ナタール円盤を発進させる。

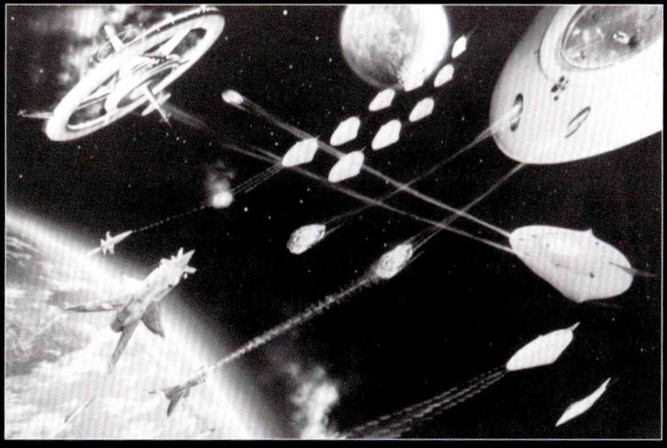

最終戦闘シーンをイメージして作成された宣伝用のコラージュスチール。実際の映像ではスピップ号は戦闘に参加していない。

ＳＦ映画として高いクオリティーを確保できた『地球防衛軍』の仕上がりに手応えを感じた田中友幸は、その〝姉妹編〟を計画。原作を再度、丘美丈二郎に依頼し、地球での怪事件を経た後、月世界で主人公たちが活躍する物語が完成した。『地球防衛軍』の続編であるため、天体物理学者の安達博士、国連側協力者のインメルマン博士とリチャードソン博士、主人公の恋人である白石江津子などの人物も、重要な役割を担う存在として本作にも登場している。また、『地球防衛軍』以上にＳＦ色が強い内容となり、特撮も超常現象や宇宙ロケットの打ち上げ、戦闘機と円盤との空中戦の映像表現に力が入れられ、巨大ロボットや怪獣など年少層が好むキャラクターは登場していない。

STORY

宇宙ステーションが謎の円盤群に襲撃され、東海道線の鉄橋、パナマ運河、ベニスでも不可解な事件が多発。科学者たちによる調査の結果、ナタールと名乗る宇宙生命体による侵略行為であることが判明する。国際宇宙科学センターから2機の宇宙探査艇スピップ号が月世界へ出発し、ナタールの前線基地を攻撃。探査艇が帰還後、地球各地の防衛体制が固められ、侵略者は返り討ちとなった。

①宇宙ステーションが爆発。それは侵略者からの宣戦布告であった。

②突然、アーメッド教授が世界会議の場で破壊活動を繰り広げる。

③侵略者の前線基地がある月を目指して、2機のスピップ号が出撃。

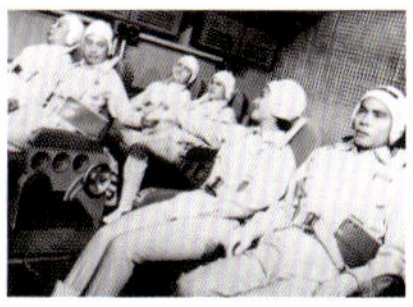

④一号艇に搭乗した岩村は、侵略者・ナタールに操られていた。

⑤月世界に到着したスピップ号の乗組員は、ただちに行動を開始。

⑥月面探検車から取り外した熱線砲で、前線基地に攻撃を仕掛ける。

⑦無数のナタールが出現するも、すべて撥ね除けていった。

⑧地球に侵攻してきたナタールの円盤群を、最新兵器で全滅させる。

ナタールの支配から解放された岩村が、月面に残って敵と対決。

地球の戦闘ロケットとナタール円盤のドッグファイトが宇宙で展開。

妖星ゴラス

『妖星ゴラス』
1962年3月21日公開 88分

STAFF
製作／田中友幸　原作／丘美丈二郎　監督／本多猪四郎　脚本／木村 武　撮影／小泉 一　美術／北 猛夫、安倍輝明　録音／伴 利也　照明／高島利雄　音楽／石井 歓
特技監督／円谷英二　美術／渡辺 明　照明／岸田九一郎　撮影／有川貞昌、富岡素敬
合成／向山 宏　光学撮影／幸 隆生、真野田幸雄

CAST
田沢博士／池部 良　園田智子／白川由美　金井達麿／久保 明　野村滝子／水野久美　河野博士／上原 謙　村田宇宙省長官／西村 晃　遠藤艇長／平田昭彦　斎木副長／佐原健二　園田艇長／田崎 潤　園田謙介／志村 喬　多田蔵相／河津清三郎　関総理／佐々木孝丸　木南法相／小沢栄太郎

南極で暴れる怪獣マグマは、当初、登場させる予定ではなかったらしい。

無重力のシーンは、ピアノ線による操演とカメラの回転速度で表現。

冒頭で主要メンバーと目された人物が死ぬという、まさかの展開に驚く。

造形物にエリアル合成を施すことで、燃え盛る巨大な恒星・ゴラスが表現された。

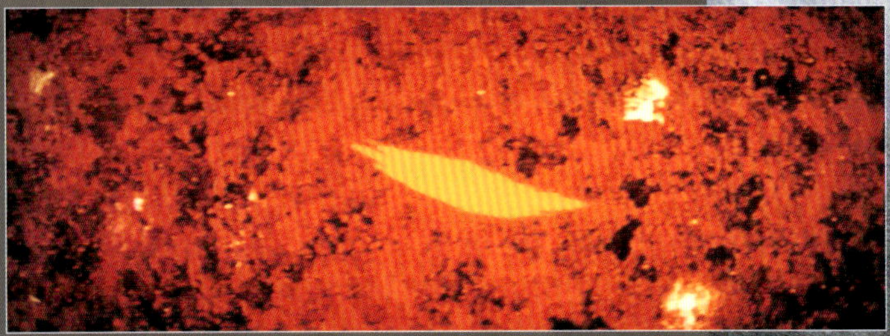

田沢博士
日本宇宙物理学会に所属し、地球を動かす計画を立案した物理学者。南極基地の建設に奔走した。

園田智子
JX-1隼号の艇長・園田の娘。地球の危機を案じる田沢の立場を理解し、密かに慕っている。

金井達麿
宇宙省に勤務するパイロットで、JX-2鳳号の乗組員。カプセル1号の事故で記憶喪失になる。

野村滝子
宇宙省の村田長官の秘書を務める女性。学生時代の友人・金井からの求愛に驚きを隠せなかった。

河野博士
先達として田沢に力を貸す、高名な物理学者。国連科学委員会でも南極計画の重鎮として活躍。

遠藤艇長
鳳号の艇長。温厚な性格で隊員らの行動にも一定の理解を示す。2年前に右の耳を失ったらしい。

全体から凄まじいまでの引力を有し、周辺の星を飲み込む。

地球と衝突しなかったゴラスは、宇宙の彼方へ飛び去った。

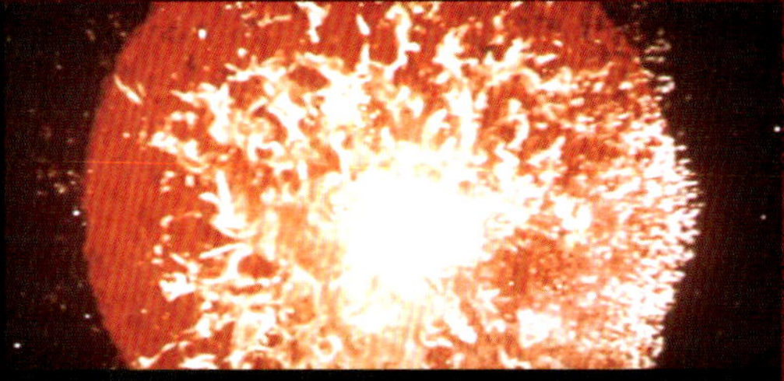

妖星 ゴラス

直径／地球の3／4ほど
質量／地球（5.972×10の24乗kg）の約6000～6200倍

1979年にパロマ天文台が発見した、老年期に入った恒星。直径は地球の３／４だが、質量は約6200倍でさらに増大中。地球への衝突コースを進んできた。

海象《せいうち》に酷似しているが、哺乳類ではなく、あくまでも爬虫類。

ＶＴＯＬ機からのレーザー砲による連続攻撃で絶命する。

ジェットパイプの噴射熱は、マグマにとっての弱点でもあった。

ジェットパイプの噴射熱の影響で南極が温暖になったために目覚めた、太古の巨大爬虫類。推進力機関センターのドームの1つを破壊。その影響で地球の移動に72時間のロスを生じさせてしまう。

南極怪獣 マグマ

全長／50m　体重／2万5000t
演技者／手塚勝巳、中島春雄

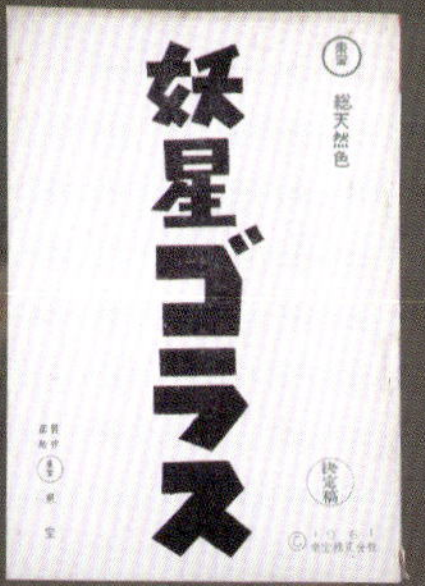

前２作の成功を確信した田中友幸は、ＳＦ大作の第３弾を企画する。その後、丘美丈二郎、木村 武との打ち合わせで辿り着いた案は〝宇宙の彼方から迫り来る恒星を避けるために地球が動く〟という荒唐無稽なものであった。しかし、とんでもなくありえないテーマを打ち出したことにより、本作は〝活劇〟として超一級の「娯楽ＳＦ」として仕上がっていく。木村による初稿のタイトルは『妖星ラゴス』、それが3稿を重ねた決定稿において『妖星ゴラス』に変更され、撮影が本格的に始まった。

地球全体を移動させるため、南極に無数のジェットパイプを設置。

隼号は、ゴラスの強大な引力に吸い寄せられ、燃え尽きてしまう。

鳳号がゴラス爆破に向かうも、調査の結果、不可能であると判明。

南極に大量の物資が運ばれ、推進力機関センターが建造された。

ゴラスは衝突せずに通り過ぎるも、世界各地は被害に見舞われた。

鳳号の打ち上げ前夜、金井は滝子に想いを伝えるが届かなかった。

STORY

太陽系に恒星・ゴラスが侵入。日本の隼号が調査に向かうも、引力圏内に捉えられて消息を絶つ。その後の調査でゴラスが地球への衝突コースを進んでいることが判明。爆破計画も考案されたが、田沢博士らによる地球移動計画が進められた。南極に設置されたジェットパイプは噴射を開始。途中、怪獣・マグマの出現でロスが生じるも、地球は移動を続け、ゴラスとの衝突は回避された。

①1976年、園田智子と野村滝子が見守るなか、隼号は宇宙へと飛び立った。

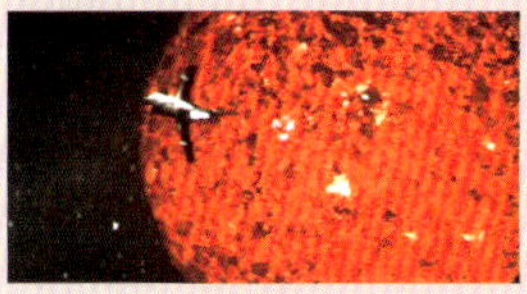

②宇宙管制委員会からの要請でゴラスに接近した隼号は、引力に吸い寄せられる。

③宇宙省は鳳号の出動準備を整えていたが、政府の許可がなかなか下りない。

④ゴラスの観測任務にはやる金井達麿たち鳳号の搭乗員が、宇宙省に押しかけた。

⑤地球移動計画が本格化し、南極基地やジェットパイプの建造が進められる。

⑥金井がカプセル１号に搭乗。ゴラスを目視できる位置まで接近し、事故に遭う。

⑦ジェットパイプの噴射熱で覚醒したマグマが、ドームを破壊してしまう。

⑧ジェットパイプからの噴射で地球は移動を開始。ゴラスと最接近したが……。

⑨紙一重の差で地球とゴラスの衝突は避けられ、人類は滅亡の危機を逃れる。

JX-2 鳳号

ゴラス爆破計画の調査に出動した、隼号の兄弟艇。ゴラスの詳細なデータ収集に貢献する。

JX-1 隼号

土星探検のために打ち上げられた単段式ロケット。ゴラスの観測に駆り出され、消息を絶つ。

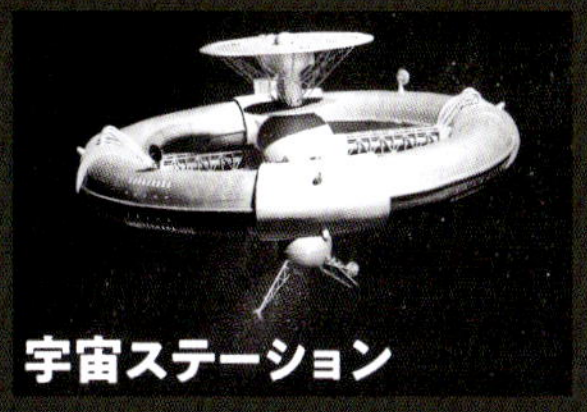

宇宙ステーション

地球の衛星軌道上に浮かぶ、巨大基地。ゴラス対策を補助し、帰還した鳳号とドッキングする。

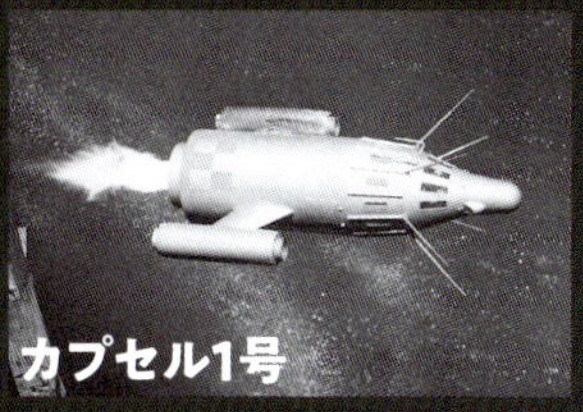

カプセル1号

鳳号の中心部に格納された、有人の観測用宇宙船。金井が搭乗し、ゴラスの恒星軌道に接近。

南極基地

地球を移動させる計画のために建造された巨大な施設で、推進力機関センターの役割も担う。

VTOL機

南極基地に所属する高速ジェット機で、垂直離着陸が可能。機首にレーザー砲を装備する。

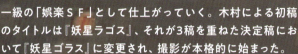

海底軍艦

『**海底軍艦**』
1963年12月22日公開 94分

STAFF
製作／田中友幸　原作／押川春浪　監督／本多猪四郎　脚本／関沢新一　撮影／小泉一　美術／北 猛夫　録音／上原正直　照明／小島正七　音楽／伊福部 昭　特技監督／円谷英二　美術／渡辺 明　照明／岸田九一郎　撮影／有川貞昌、富岡素敬　合成／向山 宏　光学撮影／真野田幸雄、徳政義行

CAST
旗中 進／高島忠夫　神宮司真琴／藤山陽子　西部善人／藤木 悠　神宮司大佐／田崎 潤　伊藤刑事／小泉 博　楠見／上原 謙　天野兵曹／田島義文　防衛庁幹部／藤田 進　防衛庁長官／高田 稔　ムウ帝国皇帝／小林哲子　海野魚人／佐原健二　ムウ帝国工作隊23号／平田昭彦　猊下／天本英世

1963年、何らかの事情で公開予定だった映画の1本が製作不可能となり、代打作品の企画が田中友幸に委ねられる。そこで、田中は少年時代から興味を持つ押川春浪の作品『海島冒険奇譚 海底軍艦』に着目した。脚本の関沢新一は、自身が同作に抱いていたロマンとイメージを重要視しつつ、明治時代の物語を本格的なSF映画として再構成。潜水艦から万能戦艦へと設定が進化した海底軍艦・轟天号対ムウ帝国の攻防戦に内容を絞り込んでいる。

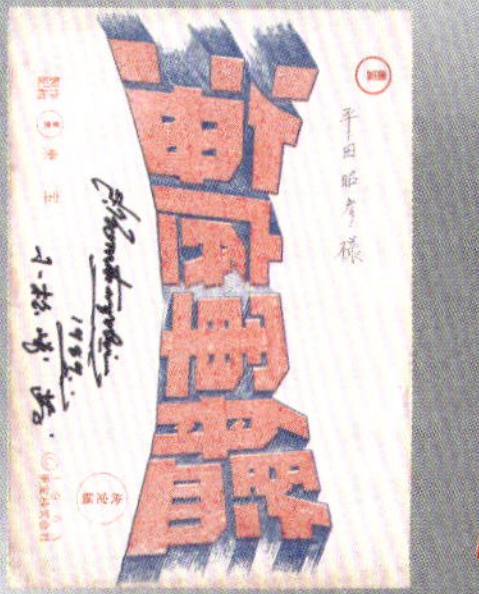

神宮司とムウ帝国皇帝との会見でも意識のずれが表現されていた。

No.9ステージにムウ帝国のセットが組まれ、多くの俳優が出演。

大日本帝国軍人と青年（1960年代）の意識の違いも描かれる。

海面から出現する轟天号の特撮シーンは、重量感を意識して撮影。

冷線銃など、海底軍艦の乗組員が使用する兵器は意外にも近代的。

轟天号対ムウ潜航艇の戦闘シーンは、迫力溢れる画面構成で演出される。

海底軍艦轟天号の先鋭的なデザインは、小松崎茂によって創造された。

旗中進

プロカメラマンで雑誌の表紙やグラビアが専門。ムウ帝国の事件に遭遇。

神宮司真琴

轟天号の艦長・神宮司大佐の娘。長じてからは楠見の秘書を務めた。

西部善人

旗中の助手を務めており、温厚かつ慌て者のコメディメーカー的人物。

神宮司大佐

大日本帝国海軍きっての軍人で轟天号の設計者。幼かった娘を楠見に託す。

伊藤刑事

警視庁の刑事で、旗中が遭遇した事件の担当。轟天号の挺身隊に参加。

楠見

光國海運の専務。かつての神宮司の上官で、海軍の技術少将だった。

蒸気人間

ムウ帝国人が気密服を着た姿。上陸時に海水が蒸気となって放出。

ムウ帝国

古代に高度な文明を興し、全世界を植民地として支配していた。1万2000年前に一夜で大陸は没し、地中深く、都市を築いて生存していた。

海野魚人

「実話の友」の記者を名乗り、楠見に接近。その後、真琴を拉致した。

工作隊23号

日本に潜入して土木技師を拉致。帝国の国土を保全する作業を強要。

猊下

地上攻撃の号令をかける、執政官のトップ。地上人を見下していた。

皇帝

帝国の頂点に立つ女性。ムウ帝国の先進性と正当性を信じている。

守護龍 マンダ

全長／150m　胴回り／10m
体重／3万t

ムウ帝国の守護神と目されている怪獣。海底洞窟に生息し、旗中たちは生け贄として捧げられそうになった。長い全身を轟天号に巻きつけ、攻撃。

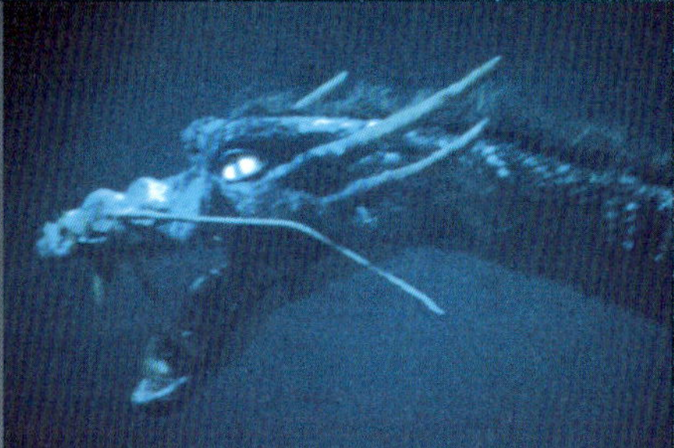

両手と両足に生えた鋭い爪で、轟天号の動きを封じようとした。

轟天号の放電攻撃で船体から離れ、冷線砲によって動きを止める。

旗中たちの救出に駆けつけた轟天号へ、攻撃を仕掛けてきた。

STORY

1万2000年前、海底に没したムウ帝国の末裔が、神宮司大佐が開発する海底軍艦の建造中止と地上世界の返還を要求してきた。国連の依頼で、上官だった楠見が神宮司と再会。最初は海底軍艦の使用を拒んでいた神宮司であったが、ムウ帝国の暴虐を阻止するために出撃を決意。怪獣マンダの妨害を排除して敵の宮殿に突入し、動力炉を破壊した。皇帝は海へ飛び込み、ムウ帝国と運命を共にする。

①カメラマンの旗中 進と助手は、港での撮影中に蒸気人間を目撃。

②昨晩の事件を伊藤刑事に伝えるも、なかなか信じてもらえない。

③モデル候補の神宮司真琴と上司の楠見が、ムウ帝国人に狙われる。

④神宮司大佐の部下である天野兵曹が、真琴に接近してきた。

⑤南の島に向かった真琴は、行方不明の父・神宮司大佐と再会する。

⑥真琴と旗中がムウ帝国人に捕らわれ、宮殿に幽閉されてしまう。

⑦神宮司が海底軍艦の出撃を決意。海底にあるムウ帝国の宮殿へ向かう。

⑧船体に巻きついたマンダを放電攻撃と冷線砲で排除してムウ帝国を攻撃。

⑨挺身隊が結成され、ムウ帝国の動力炉を時限爆弾で爆破。帝国を崩壊させた。

ムウ潜航艇

全長／130m　重量／7500t

深度3000mに耐える頑強な潜航艇で、艇首に光線砲を装備している。

伊号403潜水艦

全長／122m　基準排水量／6560t

反乱を起こした神宮司が、部下と共に南方へと脱出した際に用いられた。

海底軍艦 轟天号

全長／150m　重量／1万t

「轟天建武隊」を結成した神宮司大佐が20年をかけて建造した万能戦艦。4つのターボジェットエンジンにより、水中、水上、空中、地上、地中での活動が可能。

ドリルを高速回転させ、鋼鉄の厚い壁も貫く。船体から高圧電流を放射。

船体に艦橋や翼、電子砲台を収納し、空中を高速飛行して敵を追跡する。

艦首ドリル先に装備した冷線砲から超低温光線を放ち、敵を凍結させる。

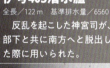

緯度0《ゼロ》大作戦

グリホンや大ネズミなど、他の作品とは一風異なる怪物が登場。

内容的に海洋シーンの特撮が多く、撮影所内の大プールを多用。

『緯度0大作戦』
1969年7月26日（日本）、1971年（米）公開 89分（米国版・97分）

STAFF
製作／田中友幸　監督／本多猪四郎　脚本／関沢新一、テッド・シャードマン　撮影／完倉泰一　美術／北 猛夫　録音／藤好昌生　照明／隠田紀一　音楽／伊福部 昭　特技監督／円谷英二　美術／井上泰幸　照明／原 文良　撮影／富岡素敬、真野田陽一　合成／向山 宏　光学撮影／徳政義行

CAST
田代 健／宝田 明　クレイグ・マッケンジー／ジョセフ・コットン　ジュール・マッソン／岡田眞澄　ペリー・ロートン／リチャード・ジャッケル　岡田鶴子／中山麻理　姿博士／平田昭彦　岡田博士／中村 哲　甲保／大前 鈞　アン・バートン／リンダ・ヘインズ　マリク／シーザー・ロメロ　ルクレチア／パトリシア・メディナ　黒い蛾／黒木ひかる

万能潜水艦
アルファー号

全高／12m　全長／100m　全幅／19.5m
重量／8000t　速度／50kn（水中）、M1（空中）

1806年6月21日に進水した高性能潜水艦。マッケンジーの意思で武装はしておらず、防御用電子バリアーのみを装備していたが、マリクと戦うため、レーザー光線砲が取り付けられる。

飛行能力が追加され、M（マッハ）1で空中を飛行し、危険を回避した。

マッケンジーと助手の甲保の2名が、各種モニターを確認しながら操縦する。

普段は緯度0のドックに停泊しており、海洋調査や人命救助などに使われる。

田代 健

日本の海洋学の権威。海底火山の噴火観測中、事故に遭うも、アルファー号に救助される。

クレイグ・マッケンジー

緯度0の住人で、アルファー号の艦長。マリクからの攻撃を退け、平和を守り続けていた。

ジュール・マッソン

フランスの地質学者。マッケンジーに協力してマリクを滅ぼした後、田代と共に緯度0へ残る。

ペリー・ロートン

潜水球に同乗した米国の新聞記者。緯度0に強い興味を抱き、様々な角度から取材しようとした。

岡田鶴子

岡田博士の娘。父と共に黒鮫号に捕らえられ、ブラッドロック島に幽閉されてしまう。

岡田博士

放射能に対する免疫の研究でノーベル賞を受賞した科学者。その知識をマリクに狙われる。

井上泰幸の指揮により、アルファー号、黒鮫号が創造された。

本作は、東宝が米国のドン・シャープ・プロとの提携により、一般映画として製作した作品である。脚本は、テッド・シャードマンが1940年代に執筆したラジオドラマ『Tales of Latitude Zero』を関沢新一がアレンジ。古典SF味が香る物語が完成し、撮影がスタートするも、ドン・シャープ・プロが倒産。最終的には東宝1社で全額を負担し、公開となった。

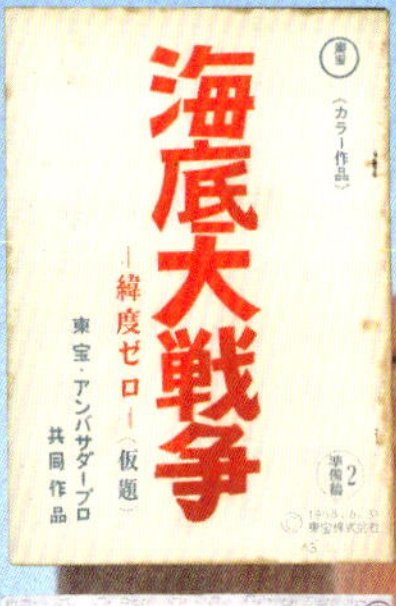

マリク

ブラッドロック島に基地を構える悪の天才科学者。人間の脳を動物に移植し、怪物を生み出す。

ルクレチア

マリクの愛人。謎の科学力で肉体を維持しているらしく、死後、体が急激に風化してしまう。

黒い蛾

黒鮫号の艦長であり、マリクの愛人。作戦失敗の責任を負わされ、グリホンに改造された。

巨獣 **大ネズミ** 全長／2m 体重／350kg

マリクが巨大化させたと思われる全長2mのネズミ。ブラッドロック島への侵入者を襲い、鋭い牙で噛み殺す。

コウモリ人間 身長／2m 翼長／2.5m 体重／200kg

血清で巨大化させた蝙蝠に人間の脳を移植し、生み出した怪物。空中を素早く飛行し、地上の敵に襲い掛かる。

グリホンには黒い蛾の脳が移植され、マリクへの復讐心を抱く。

巨大な翼を羽ばたかせ、空中を飛行する。手足の鋭い爪が武器。

合成怪獣 **グリホン**

体長／30m 翼長／50m 体重／2000t 飛行速度／M2

マリクがライオンに禿鷹の翼を合成。さらに黒い蛾の脳を移植し、巨大化血清を注入して完成させた合成怪獣。黒鮫号を攻撃中、レーザー砲の影響で発生した崖崩れに飲まれた。

マッケンジーの先導で武装した田代たちがブラッドロック島を襲撃。岡田親子を救った。

STORY

海洋学者・田代 健とその一行は、搭乗していた潜水球が海底火山の噴火に巻き込まれるも、クレイグ・マッケンジーが艦長を務めるアルファー号に救われ、高度な文明と豊富な資源を有する緯度0の基地に収容される。一方、悪の科学者・マリクが緯度0に向かう天才科学者・岡田とその娘を誘拐。田代たちはマッケンジーと共にマリクのブラッドロック島へ潜入し、そこに巣くう怪物やマリクと対決し、悪の野望を砕いた。

①海洋学の田代、地質学のジュール、新聞記者のペリーの3名が海底火山を調査。

②噴火の影響で潜水球が故障するも、マッケンジー艦長によって救助される。

③突然、マッケンジーや田代が乗るアルファー号が、黒鮫号から攻撃を受ける。

④敵の攻撃を逃れたアルファー号が、緯度0基地にあるドックへ入港した。

⑤緯度0は、田代たちが暮らす世界よりも進んだ文明と科学力を有していた。

⑥悪の天才科学者・マリクがノーベル賞受賞者の岡田博士と娘の鶴子を誘拐する。

⑦マッケンジーと田代たちは、岡田親子を救出するために敵の本拠へと向かう。

⑧マリクが製作したグリホンは、アルファー号ではなく黒鮫号に襲い掛かる。

⑨戦いを終えた田代とジュールは緯度0に残り、ペリーだけが元の世界に戻った。

黒鮫号

全高／18m 全長／114m
全幅／23.4m 重量／9000t

マリクが保有する高性能潜水艦で、黒い蛾が艦長を任されていた。アルファー号以上の速度で航行可能だが、電子バリアーは装備していない。

黒い蛾が怪物となった後は、マリクが指揮を担い、アルファー号と対決した。

追跡ミサイルやレーザー砲などの強力兵器で、アルファー号を追い、攻撃する。

エスパイ

『エスパイ』
1974年12月28日公開 94分

STAFF
製作／田中友幸、田中文雄　原作／小松左京　監督／福田 純　脚本／小川 英　撮影／上田正治、原 一民　美術／村木 忍　録音／伴 利也　照明／森本正邦　音楽／平尾昌晃、京 建輔　特技監督／中野昭慶　照明／大口良雄　撮影／富岡素敬　合成／三瓶一信　光学撮影／宮西武史　特殊効果／渡辺忠昭

CAST
田村良夫／藤岡 弘　マリア原田／由美かおる　三木次郎／草刈正雄　サラバット／岡田英次　寺岡／睦 五郎　法条／加山雄三　ウルロフ／若山富三郎　巽 五郎／内田勝正　ジュリエッタ／高村ルナ　ボール／山谷初男　ゴドノフ／ジミー・ショウ　P・B／アンドリュー・ヒューズ

１９６４年、作家の小松左京が執筆したＳＦスパイ・アクション小説の映画化。本来は、１９６７年に三橋達也の主演で製作される予定であったが、ペンディングとなり、東宝映像が主体となり、藤岡 弘を主役に据えた作品となった。掛札昌裕が脱稿した初稿を中西隆三と福田 純が修正。それを最終的に小川 英がまとめる形で、「超能力＝愛」をテーマとした脚本が完成した。

STORY

国際情勢の悪化を狙う悪の超能力者集団・逆エスパイが、バルトニア首相の暗殺を画策。世界平和を守る国際超能力機構・エスパイの超能力者、田村良夫は敵を追ってイスタンブールへ向かうも、３０００Ｖの電磁ショックを受けたために超能力を失ってしまう。その後、田村は首相が乗る特別機を墜落から救い、愛の力で超能力を取り戻すと、テレポート能力で移動し、暗殺者から首相を救出。超能力を駆使した戦いで逆エスパイのボス・ウルロフを炎で包み、焼き尽くした。

田村良夫

国際超能力機構・エスパイの日本支部で活躍する最強の超能力者。テレポート能力を身につける。

マリア原田

エスパイの一員で田村と愛し合う超能力者。逆エスパイに捕らわれ、辱めを受けそうになった。

三木次郎

テスト・ドライバーをしていたが、超能力に目覚め、エスパイに所属。動く物体を静止させる。

サラバット

インドの高僧でエスパイの協力者。優れた予知能力で未来に発生する事件などを知らせる。

法条

エスパイ日本支部の支部長。普段はＷＰＰＯ・国際公害研究機構の責任者として活動していた。

ウルロフ

悪の超能力者集団・逆エスパイの支配者。国際紛争を起こし、世界の平和を乱そうと画策した。

福田 純が監督を務め、スピーディーな演出で超能力SF映画を手堅くまとめた。

東欧の国・バルトニアの首相の暗殺を企てる逆エスパイとの戦いが描かれる。

前年末『日本沈没』の大ヒットでスターとなった藤岡 弘が田村良夫を熱演。

ややアダルトな場面や残酷描写も見受けられたが、迫真の演技が光る。

藤岡と草刈正雄という、２大若手俳優の競演が観客に受け入れられた。

ウルロフとの最終対決シーンは、やや怪奇映画的な演出であった。

惑星大戦争
THE WAR IN SPACE

『惑星大戦争』
1977年12月17日公開 91分

STAFF
製作／田中友幸、田中文雄　原案／神宮寺八郎　監督／福田 純　脚本／中西隆三、永原秀一　撮影／逢沢 譲　美術／薩谷和夫　録音／伴 利也　照明／小島真二　音楽／津島利章　特技監督／中野昭慶　美術／井上泰幸　照明／森本正邦　撮影／山本 武　合成／三瓶一信　光学撮影／宮西武史　特殊効果／渡辺忠昭

CAST
三好孝次／森田健作　滝川ジュン／浅野ゆう子　室井礼介／沖 雅也　滝川正人／池部 良　冬木和夫／宮内 洋　ジミー／デビッド・ペーレン　三笠 忠／新 克利　松沢博士／大滝秀治　大石／平田昭彦　幕僚／中山昭二　ヘル／睦 五郎　研究員／橋本 功

宇宙防衛艦 轟天
全長／157m　全幅／31〜53m
巡航速度／18万km/h
最大速度／光速の90%　航続距離／無限

国連宇宙局からの要請で滝川正人が設計・建造した、地球最強の防衛艦。宇宙航行用イオンエンジンを全開にすることで、光速の90%の速度で航行することが可能。艦首レーザー砲やリボルバービーム、航空爆雷、ミサイルなどの強力兵器を搭載。

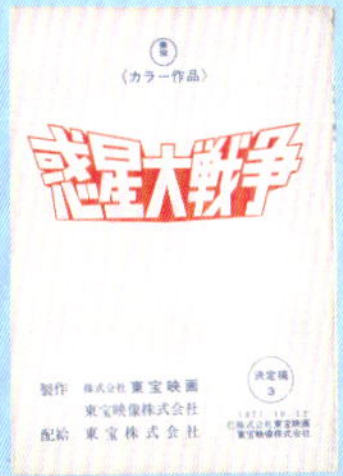

側面からエネルギーを噴射することで、惑星での離着陸が可能。

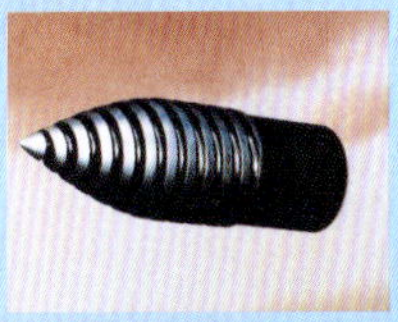
轟天の先端に装備された大型ドリル。有人操作によって飛行も可能。

大規模な轟天の艦橋が製作され、様々なシーンが撮られた。

米国映画『スター・ウォーズ』（1977）の配給権を取得した東宝は、翌1978年公開までの繋ぎとして、田中友幸に宇宙を舞台としたＳＦ映画企画を要請。『海底軍艦』を継承する〝轟天号を宇宙に飛ばす企画〟を具現化しようと考えた田中は、「ゴジラ復活」の企画に参加していた中西隆三、永原秀一に脚本を依頼、同じく福田 純を監督に指名し、約１ヵ月の撮影期間で本作を完成させた。

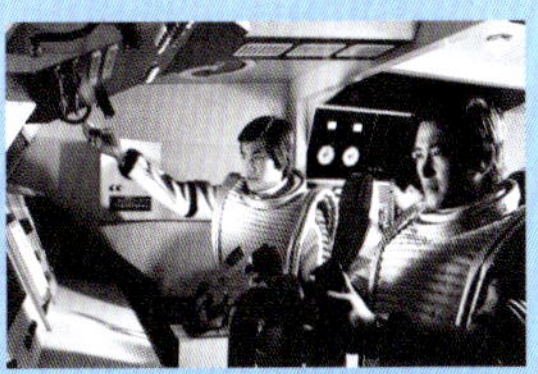
ランドローバーの操縦席や宇宙服などもリアルに造形された。

STORY
１９８０年代、地球では外宇宙からの攻撃が激化し、人類滅亡の危機が訪れる。国連宇宙局は滝川正人に宇宙防衛艦 轟天の建造を要請。途中、円盤群や宇宙人からの妨害がありながらも轟天は完成し、敵の前線基地がある金星へと飛び立った。その後、滝川の娘で搭乗員のジュンが敵に拉致されるも、三好孝次が率いる空挺隊が大魔艦へ突入し、恒星ヨミ第三惑星人から彼女を救出。最後は轟天を駆使した決死の攻撃と艦首ドリルによる滝川の特攻戦法で、大魔艦を撃破する。

恒星ヨミ第三惑星人
太陽系から２万2000光年も離れた球状星団・メシエ13から来た異星人。銀河帝国を名乗り、地球侵略を開始した。

大魔艦と球状ロケットを使って地球を攻撃。移住計画を推し進める司令官。

司令官 ヘル
身長／2ｍ　体重／100kg

ヘルが使役する知的生命体で、警備が主な使命。レーザーを吸収する斧が武器。

宇宙ボディガード 宇宙獣人
身長／3ｍ　体重／500kg

特殊なラバーマスクで地球人になりすまし、轟天の完成や作戦遂行を妨害する。

兵士

ヘル・ファイター
全長／9ｍ　全幅／6ｍ（直径）
最大速度／21万km/s

大魔艦から発進する戦闘円盤。下部からパルス・レーザーを放つ。

大魔艦
全長／230m　全幅／39〜72m
最大速度／30万km/s
航続距離／無限

恒星ヨミ第三惑星人の旗艦であり、ローマ船に酷似した高性能宇宙戦艦。

スペース・ファイター
全長／17ｍ　全幅／1.6〜3.8m
巡航速度／5万7000km/s
最大速度／19万5000km/s

轟天の側面より露出するリボルバーから飛び立つ小型戦闘機。レーザーカノンを装備。

ランドローバー
全長／27m　全幅／3.8〜5.7m
巡航速度／350km/h（陸上）M3.8（空中）
最大速度／M2.7

偵察隊及び空挺隊が搭乗した探査用装甲車でホバー走行も可能。レーザー砲が武器。

滝川ジュン
滝川艦長の娘で国連宇宙局・日本支部の職員。三好に好意を抱いていたが、室井と婚約する。

三好孝次
国連宇宙局の本部職員。地球防衛軍の宇宙防衛艦・轟天に搭乗し、恒星ヨミ第三惑星人に挑む。

滝川正人
高名な宇宙工学博士で、轟天の艦長。エーテル破壊爆弾で大魔艦に特攻を仕掛け、止めを刺す。

室井礼介
以前から轟天の搭乗員に選抜されていた、国防軍のエースパイロット。三好や冬木とは友人関係。

ジミー
NASAのパイロット。スペース・ファイターで大魔艦の上にある崖を攻撃し、巨岩を落とす。

冬木和夫
国防軍の空挺隊隊員。ジュン救出のため、大魔艦に潜入するも、敵のレーザー攻撃で殉職。

ブルークリスマス

BLOOD TYPE：BLUE

1970年代後半、米国発によるＳＦＸ映画ブームのなか、東宝が〝特撮に頼らないＳＦ映画〟として企画。倉本 聰が執筆したオリジナルストーリー「ＵＦＯブルークリスマス」を、岡本喜八の演出によって完成させた意欲的な作品である。

『ブルークリスマス』
1978年11月23日公開 133分

STAFF
製作／嶋田親一、垣内健二、森岡道夫　監督／岡本喜八　脚本／倉本聰　撮影／木村大作　美術／竹中和雄　録音／田中信行　照明／小島真二　音楽／佐藤勝　編集／黒岩義民

CAST
沖 退介／勝野 洋　西田冴子／竹下景子　西田和夫／田中邦衛　南 一矢／仲代達矢　兵藤光彦／岡田英次　兵藤夫人／八千草薫　木所／岡田裕介　代議士風の男／天本英世　五代報道局長／小沢栄太郎　竹入論説委員／大滝秀治　沼田報道部長／中条静夫　吉池理事／島田正吾

ＵＦＯの飛来と血が青く変質した人間など、恐怖映画要素も加味された。

仲代達矢（南 一矢役）と岡本喜八の絶妙なコンビネーションが引き立つ。

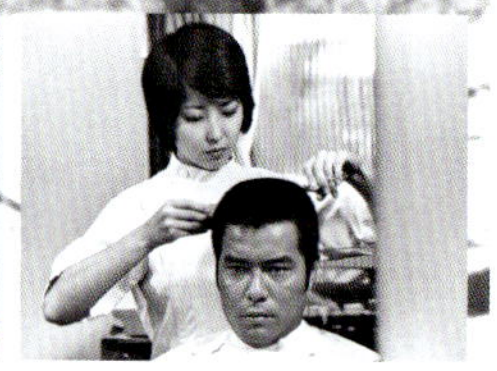

勝野 洋（沖 退介役）と竹下景子（西田冴子役）の悲恋が美しく描かれた。

STORY

地球各地にＵＦＯが飛来し、遭遇した人間の血が青く変質する現象が多発する。日本政府は血液点検制度を強引に推し進め、青い血を持つ国民を強制収容所に隔離。異星人の疑いをかけて、生体解剖や手術を実行した。国防庁特殊部隊員の沖 退介は、理髪店店員の西田冴子と恋愛関係になるも、血が青く変質した彼女は特殊部隊に射殺される。そして沖も銃撃の犠牲に……。

さよならジュピター

『さよならジュピター』
1984年3月17日公開 129分

STAFF
製作／田中友幸　製作・総監督・原作・脚本／小松左京　監督／橋本幸治　撮影／原 一民　美術／竹中和雄　録音／吉田庄太郎　照明／小島真二　音楽／羽田健太郎　特技監督／川北紘一　美術／寒竹恒雄　照明／三上鴻平　撮影／江口憲一　合成／宮西武史　特殊効果／渡辺忠昭　操演／松本光司

CAST
本田英二／三浦友和　マリア／ディアンヌ・ダンジェリー　アニタ／小野みゆき　地球連邦大統領／森繁久彌　ムハンマド・マンスール博士／岡田眞澄　井上竜太郎博士／平田昭彦　ミリセント・ウィレム博士／レイチェル・ヒューゲット　ピーター／ポール・大河　ブーカー／キム・バス

１９７７年、本格的なＳＦ映画の原作を依頼された小松左京が、２年の年月をかけて初稿を脱稿。さらにその４年後、映画製作のために株式会社イオを設立し、１９８４年に完成を見た作品。ブラックホールの接近と木星を巡る様々な人間模様が丁寧に描かれた名作といえる。

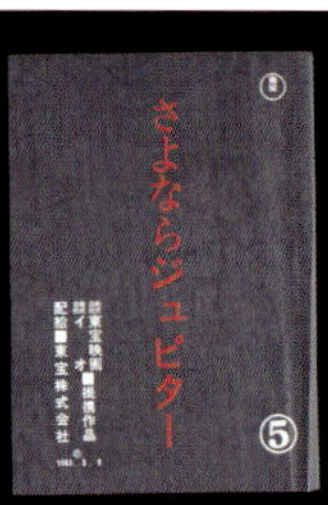

川北紘一が特技監督を務め、宇宙空間やメカのリアル描写を表現。

監督は予定されていた森谷司郎の助監督を務める、橋本幸治が担当。

TOKYO-3
全長／230 m　巡航速度／400 km/s
最高速度／700 km/s

地球～木星間を航行する超長距離貨客用巨大宇宙船。100人収容可能な貨客用キャビンを最大６基まで連結し、宇宙空間を700km/sで航行する。

STORY

2125年、エネルギー問題を解決するため、木星太陽化計画（ＪＳ計画）が進められていた。だが、過激な環境保護団体・ジュピター教団の破壊工作により、計画に遅れが生じる。その後、太陽系に巨大なブラックホールが迫っていることが判明。計画主任・本田英二が木星を爆破してブラックホールの軌道を変えることを提案し、自ら実行する。そこへジュピター教団の妨害が入るも、英二と、その恋人マリアの決死的行動で木星爆破は成功し、太陽系の危機は去る。

ミネルヴァ基地

全長／2.5km、150m（居住区）
直径／450m

木星の衛星エウロパとガニメデ間を周回する宇宙基地で、ＪＳ計画の中心施設。

ミューズ・12

全長／120 m　乗員／2名

木星大気圏深部探査船ジェイド・３の探査母船で、古い貨物船を改修したもの。

※全高はいずれも後部ターレットを含まず。

ガンヘッド

本作は特撮、ＳＦトレンドを生かした企画で、アニメ製作会社のサンライズがメインとなって、東宝、バンダイ、角川書店、ＩＭＡＧＩＣＡが提携。東宝映画が製作プロダクションとして機能した作品である。米国で映画を学んだ原田眞人が監督に抜擢され、意欲的な作品に仕上がった。

戦車モード

全高／2.47m　全長／8.7m　全幅／5.4m
全備重量／43.7t（標準装備）　最高速度／180km/h

ガンヘッド・ユニット507

世界連邦政府軍がロボット戦争に投入した局地戦用可変装甲戦闘車両で、戦車モードから直立モードに変形可能。機体左右の腕部マニピュレーターで敵と格闘戦を繰り広げる。

直立モード

全高／5.28 m
全長／6.12 m
全幅／5.76 m
最高速度／140 km/h

『**ガンヘッド**』
1989年7月22日公開　100分

STAFF
製作／田中友幸、山浦栄二　監督·脚本／原田眞人　撮影／藤沢順一　美術／小川富美夫　録音／斉藤禎一　照明／粟木原 毅　音楽／本多俊之　特技監督／川北紘一　特美／大澤哲三、好村直行　照明／斉藤薫　撮影／江口憲一　特殊効果／渡辺忠昭　操演／松本光司

CAST
ブルックリン／高嶋政宏　ニム／ブレンダ·バーキ　べべ／円城寺あや　イレヴン／水島かおり　セヴン／原田遊人　ボンベイ／川平慈英　ボクサー／斎藤洋介　ブーメラン／ドール·ヌイン　バラバ／ジェームズ·B·トンプソン　バンチョー／ミッキー·カーチス

特技監督の川北紘一により、優れたメカニックの特撮演出が行われる。

アメリカンテイストに溢れた、クールでドライなドラマが展開していく。

エアロ・ボット

全高／8.6m（アーム含まず）　全長／16.3 m
重量／189.7t　最高速度／67km/h

カイロンドームの警備用ロボット。巨大な２本のパワーアームで、ガンヘッドを攻撃する。

バイオドロイド

アイランド８ＪＯ製の生体ロボット。カイロンタワーへの侵入者を襲撃し、命を奪う。

STORY

2039年、トレジャーハンターのＢバンガーが巨大コンピュータ・カイロン５のＣＰＵを狙ってアイランド８ＪＯに侵入。生体ロボット、バイオドロイドやエアロ・ボットに襲撃され、危機を迎える。Ｂバンガーの１人・ブルックリンは、ロボット墓場に廃棄されていたガンヘッド・ユニット507を有人型に修復·改造して、エアロ・ボットの破壊に成功、危機を乗り越える。

ミカドロイド

東宝、東北新社、円谷映像が共同製作し、「東宝シネパック」ブランドで発売したオリジナルビデオ。武上純希と原口智生が脚本を脱稿し、本編を原口、特撮を樋口真嗣が演出。旧日本陸軍の不死身兵士が人間を襲う、ホラー色の強い作品となった。

ジンラ號

身長／不明　体重／不明
演技者／破李拳 竜

日本陸軍の第十一陸軍技術研究所が太平洋戦争時に開発した不死身兵士。装甲の内部に不死化と同時に筋肉を強化されて自我を失った人間が入れられており、殺戮を繰り返す。

ジンラ號は全身が潜水服に酷似した装甲服で覆われており、耐弾性に優れている。

科学者によって完成を見たジンラ號は、数十年の時を経て現代に復活。

『**ミカドロイド**』
1991年11月8日発売　73分

STAFF
企画／藤原正道、濱渡 剛、円谷 粲　プロデューサー／斎 春雄、下飯坂一政、永井憲二　原案·監督·脚本／原口智生　脚本／武上純希　撮影／間宮庸介　照明／保坂芳美　美術／水野伸一　音楽／川井憲次　特技監督／樋口真嗣　特殊撮影／桜井景一、大根田利光

CAST
彩子／洞口依子　冨田／吉田友紀　岡崎／渥美 博　利重／津田卓也　守衛／毒蝮三太夫　憲兵／黒沢 清　憲兵／手塚 眞　憲兵／林 海象

STORY

第二次世界大戦末期、日本陸軍の究極兵器として完成したジンラ號は、空襲によって研究所もろとも埋没し、忘れ去られていた。数十年後、研究所の上に建設されたクラブで発生した漏電により、ジンラ號が再起動。遭遇する人間を次々と抹殺していったが、研究所崩落から奇跡的に生き延びた元・不死兵士素体の男の活躍で、ジンラ號は永遠の眠りにつく。

白夫人の妖恋

『白夫人の妖恋』
1956年7月5日公開 103分

STAFF
製作／田中友幸　監督／豊田四郎　脚本／八住利雄　撮影／三浦光雄　美術／園眞　録音／下永 尚　照明／石川緑郎　音楽／團 伊玖磨　特技監督／円谷英二　特技／渡辺明、向山 宏、城田正雄　考證／馬力　編集／岩下廣一

CAST
許仙／池部 良　白娘／山口淑子　小青／八千草 薫　法海禅師／徳川夢声　王明／上田吉二郎　姣容／清川虹子　李公甫／田中春男　芽山道人／東野英治郎　油売商人／谷 晃　女中／小泉澄子　李家の女／宮田芳子　仙翁／左 卜全

中国の伝承「白蛇伝」を題材として林 房雄が執筆した小説『白夫人の妖術』を原作とし、東宝と香港のショウ・ブラザースが共同製作した特撮伝奇作品。女性映画の色合いが強く、山口淑子演じる白娘と池部 良演じる許仙の悲恋物語が中心に描かれる。一方で特撮のクオリティはかなり高い。

戦後の国際スター、山口淑子が主演に抜擢されたことで、映画は大ヒット。

白娘の侍女・小青は原作とは異なり、青蛇の化身となっていた。

STORY

貧しい青年・許仙は美しい女性・白娘に結婚を申し込まれたが、彼女から渡された支度金は盗んだものだった。罪に問われた許仙は蘇州へ追い払われるも、彼を慕う白娘が追いかけてくる。2人の幸福な日々が続くかと思われたが、芽山道人によって白娘が〝白蛇の精〟であると判明。その後、白娘は許仙の命を救うために自身を犠牲にする。許仙は己の本当の気持ちを悟り、白娘と共に蓬莱の島へ旅立つのだった。

本作は東宝特撮映画初のカラー作品で、幻想的な画面の美しさが特徴である。

特撮を駆使して様々な幻術を表現することで、観客を大いに楽しませた。

中国の屋敷や庭園をNo.8ステージに再現、男女のひたむきな愛情が表現される。

日本誕生

創立25周年記念映画であると同時に東宝映画1000作目となった本作は、東宝のオールスターが総出演する超大作となり、作品冒頭の〝国産み〟の場面に登場するイザナギとイザナミは、一般公募でキャスティングされるなどの話題作りもされた。三船敏郎演じる小椎命を主人公とする古代活劇であり、須佐之男命の八岐大蛇退治なども映像化された。

『日本誕生』
1959年11月1日公開 182分

STAFF
製作／藤本真澄、田中友幸　監督／稲垣 浩　脚本／八住利雄、菊島隆三　撮影／山田一夫　美術監督／伊藤熹朔　美術／植田 寛　録音／西川善男、下永 尚　照明／小島正七　音楽／伊福部 昭　特技監督／円谷英二　美術／渡辺 明　光学撮影／荒木秀三郎　撮影／有川貞昌

CAST
日本武尊（小椎命）・須佐之男命／三船敏郎　弟橘姫／司 葉子　薊／水野久美　奇稲田姫／上原美佐　美夜受姫／香川京子　倭姫／田中絹代　天宇受女命／乙羽信子　語り部の媼／杉村春子　若帯日子命／宝田 明　五百木之入日子命／久保 明　景行天皇／二代目中村鴈治郎

小椎命は女装して熊曽建・兄を倒し、熊曽建・弟から日本武尊の名を託される。

太陽神の性格と巫女の性格を併せ持つ天照大神は、原節子によって演じられた。

須佐之男命と八岐大蛇の対決も、本編と特撮を織り交ぜて描かれた。

神話怪獣 八岐大蛇

身長／300m　体重／1万t

8本の首を持つ大蛇で、誕生して間もない日本の出雲の国に出現。生け贄として奇稲田姫を狙った。

STORY

小椎命は父から九州の熊曽征伐を命じられ、女装して熊曽建・兄に近づいて見事に討ち果たし、熊曽建・弟から〝日本武尊〟の名を託された。都へ戻った直後、東国の征伐を命じられた武尊だったが、大和には帰らないことを決意。その後、大伴の一味に騙され、武尊は命を落とすも、その魂は一羽の白鳥となって空に向かい、大伴の一味は神罰により、洪水と溶岩流に飲まれて全滅。白鳥は高天原へ飛び去った。

カラー東宝スコープで製作され、昭和36年(1961年)度芸術祭参加作品である本作は、人々の〝核戦争に対する恐怖〟をベースにしている。さらに東西両陣営の誰もが望まぬ状況が拡大して戦闘状態となり、それが世界の破滅に繋がっていくという皮肉な結末が丁寧な特撮で表現され、かつてないデザスター(大災害)映像を描いた作品であるといえる。

世界大戦争

『世界大戦争』
1961年10月8日公開 110分

STAFF
製作／藤本真澄、田中友幸　監督／松林宗恵　脚本／八住利雄、馬淵 薫　撮影／西垣六郎　美術／北 猛夫、安倍輝明　録音／矢野口文雄　照明／森 弘充　音楽／團 伊玖磨　特技監督／円谷英二　美術／渡辺 明　照明／岸田九一郎　合成／向山 宏　撮影／有川貞昌

CAST
田村茂吉／フランキー堺　高野／宝田 明　田村冴子／星 由里子　田村お由／乙羽信子　江原早苗／白川由美　江原／笠 智衆　ワトキンス／ジェリー伊藤　笠置丸船長／東野英治郎　首相／山村 聰　外相／上原 謙　防衛庁長官／河津清三郎　官房長官／中村伸郎

STORY

アメリカンプレス・センターの運転手を務める田村茂吉は、東京でささやかな暮らしを営んでいた。一方、世界は連邦国と同盟国の2大陣営に分かれ、一触即発の緊張状態にあったが、そんな時、両陣営の関係が悪化。核ミサイルのボタンが押されそうになるも、偶発的な出来事で発射は止まった。しかし、軍用機同士の戦闘をきっかけに世界各地で武力衝突が発生し、ついに核ミサイルが発射態勢に。世界は最後の時を迎えることとなり、茂吉は家族と共に自宅に残ることを決意する。

現実の最新兵器に限りなく近い形状の特撮造形物が用意された。

当初のタイトルは『第三次世界大戦 東京最後の日』で、監督には堀川弘通が選ばれていた。

世界全体が最終局面を迎えるなか、小さな愛を育もうとする人間の姿も描かれる。

庶民の日常に入ってくる核の脅威が、登場人物の会話シーンにも盛り込まれていた。

特技監督である円谷英二の試行錯誤によって、現実味を感じるほどのリアルな核戦争シーンが表現されている。

八住利雄と馬淵薫の脚本、松林宗恵の演出によって骨太の映像作品が完成した。

高野

茂吉の家に下宿している笠置丸の船員。日本へ帰港の途中、夜空に浮かぶ謎の発光体を目撃する。

田村茂吉

アメリカンプレス・センターに雇われている運転手。核戦争突入の際、あえて避難はしなかった。

田村お由

茂吉の妻で、冴子の他に2人の子供を育てていた。病気らしく、普段は家で臥せっていた。

田村冴子

茂吉の娘で三亀商事に勤務する会社員。高野と密かに愛を育み、結婚を誓い合っていた。

ワトキンス

茂吉が運転手を担当しているアメリカンプレスの記者。高野を訪問し、謎の光の目撃談を聞く。

江原早苗

高野の同僚である江原の娘で、保育園の職員。親と再会できない子供たちと最後の時を迎える。

日本沈没

『日本沈没』
1973年12月29日公開　140分

STAFF
製作／田中友幸、田中 収　原作／小松左京　監督／森谷司郎　脚本／橋本 忍　撮影／村井博、木村大作　美術／村木与四郎　録音／伴 利也　照明／佐藤幸次郎　音楽／佐藤 勝　特技監督／中野昭慶　美術／井上泰幸　照明／森本正邦　合成／三瓶一信　撮影／富岡素敬

CAST
田所博士／小林桂樹　山本 勇総理／丹波哲郎　小野寺俊夫／藤岡 弘　阿部玲子／いしだあゆみ　邦枝／中丸忠雄　中田／二谷英明　幸長助教授／滝田裕介　総理府総務長官／垂水悟郎　片岡／村井国夫　渡老人／島田正吾　花江／角 ゆり子　結城／夏八木 勲

No.8ステージに巨大な日本列島のセットが組まれ、オープニング映像などが撮影された。

ＳＦ小説の大家、小松左京が９年の年月をかけて執筆した〝空前のベストセラー〟の映画化。田中友幸と田中 収が企画・製作を担当し、脚本と音楽は、黒澤 明の作品で高い評価を得ている橋本 忍と佐藤 勝、監督には、やはり黒澤作品でチーフ助監督を務めていた森谷司郎が抜擢され、４か月間の撮影期間で本作は完成。約880万人の観客動員と16億4000万円の配給収入を挙げる大ヒット作となった。

山本勇総理

内閣総理大臣。政財界の黒幕である渡老人の力を借り、日本国民を救う「D計画」を推し進める。

田所博士

やや変わり者ではあるが、優秀な地球物理学者。様々な調査の結果、日本列島の沈没を予測した。

阿部玲子

大手財閥の令嬢。政略結婚を目的に小野寺と出会うことになるも、次第に心を惹かれて愛し合う。

小野寺俊夫

深海潜水艇わだつみの操艇者。田所博士と共に日本海溝で奇妙な亀裂と乱泥流を目撃する。

中田

情報科学を専攻する学者で、自然現象の確率論の解析を行う。「D計画」の主要メンバー。

邦枝

内閣調査室の一員として田所博士に接近。「D計画」の内容を説明し、参加と全面協力を仰いだ。

深海潜水艇 わだつみ

全長／10m
重量／80t

1名の操艇者が運転し、最大で3名まで乗船可能。水中照明弾やビデオカメラなどを装備している。

海底開発興行株式会社が保有する、最新の深海潜水艇。理論的には10万mの海底へ潜ることも可能だが、2000mを超えるとバランス機構の問題があって、会社から長時間の潜航を止められている。

夜の砂浜で抱き合っていた小野寺と玲子は、天城山の噴火に遭遇。

スイスに旅立つ日、玲子が富士山の爆発に巻き込まれてしまう。

日本列島を脱出した玲子は雪の大地、小野寺は灼熱の荒野にいた。

日本列島が地割れによって徐々に崩壊していく様をリアルに描く。

中野昭慶特技監督の計算された演出で精密な都市壊滅が描かれる。

東京に大地震が発生。火災や津波によって360万人の犠牲者が出る。

STORY

沈没した無人島調査のため、深海潜水艇わだつみに乗船した田所博士は、日本海溝で奇妙なトレンチを発見。直感で異変を感じ取った田所は、政府からの協力要請で「D計画」に参加し、近い将来、日本列島が海底に沈むと結論づける。やがて、それは現実となり、各地で大地震が発生。政府は日本国民を海外へ避難させる計画を実行し、結果的に多くの人命が救われたが……。

ノストラダムスの大予言

スペクタクル大作路線の第2弾として製作された本作は、作家の五島 勉が執筆したメタノンフィクション書籍を映画化したものである。ノストラダムスの予言書『諸世紀』を引き合いに出しつつ、科学的データに基づいた最も悲観的な未来を特撮で表現。環境問題を社会に問う内容で映像を完成させた。

『ノストラダムスの大予言』
1974年8月3日公開 114分

STAFF
製作／田中友幸、田中 収　原作／五島 勉　監督・潤色／舛田利雄　協力監督・潤色／坂野義光　構成・脚本／八住利雄　撮影／西垣六郎　美術／村木与四郎　録音／増尾 鼎　照明／小島真二　音楽／冨田 勲　特技監督／中野昭慶　美術／井上泰幸　撮影／富岡素敬、山本 武

CAST
西山良玄、西山玄哲、西山玄学／丹波哲郎　西山まり子／由美かおる　西山伸枝／司 葉子　中川 明／黒沢年男　病院院長／志村 喬　総理大臣／山村 聰　植物学者／平田昭彦　動物学者／小泉 博　田山／谷村昌彦　吉浜／佐々木勝彦　大根／竜崎勝　木田／浜村 純

地下鉄線路内で発生した植物異常発生の特撮シーンは、圧巻の完成度。

終末に向かう世界で、中川 明と西山まり子の愛が美しく描かれる。

丹波哲郎は、迫力ある演技で西山良玄、玄哲、玄学を演じ分けた。

ニューギニアに出現した大コウモリや食肉植物は本編撮影で表現。

STORY

環境学者の西山良玄は、先祖から伝わる『諸世紀』も同時に研究をしていた。そんな折、巨大な蛞蝓《なめくじ》の大量発生やSST事故によるオゾン層の破壊で日本列島に超紫外線が降り注ぐなどの事件が多発。さらにニューギニアでは放射能によって巨大化した動植物や食人鬼と化した住民が現れる。度重なる怪現象を目の当たりにした良玄は、国会で地球の危機を力説する。

大コウモリ
身長／1m　体重／10kg
ニューギニアの奥地に生息する蝙蝠が放射能を含んだ雨の影響で突然変異。

変異生物 大ナメクジ
身長／0.4m　体重／200g
防腐剤ＡＦ２や有害な化学物質などの影響を受け、夢の島に異常発生した。

東京湾炎上

『東京湾炎上』
1975年7月12日公開 100分

STAFF
製作／田中友幸、田中 収　原作／田中光二　監督／石田勝心　脚本／大野靖子、舛田利雄　撮影／西垣六郎　美術／村木与四郎　録音／渡会 伸　照明／高島利雄　音楽／鏑木 創　特技監督／中野昭慶　美術／井上泰幸　照明／森本正邦　撮影／富岡素敬

CAST
宗方船長／丹波哲郎　館 次郎／藤岡 弘　小佐井機関長／宍戸 錠　ムンク／水谷 豊　未知子／金沢 碧　西沢甲板長／内田良平　岩動達也／渡辺文雄　葛城対策本部長／鈴木瑞穂　深見 久／佐藤 慶　江原一等航海士／北村総一朗　井上三等航海士／潮 哲也

マンモスタンカーの爆発シーンは、大プールを使用して撮影。

地質学者の館 次郎が潜水服で原油タンク内に入り、時限爆弾を捜索。

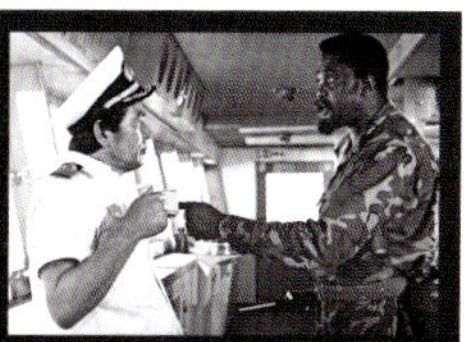
テロリストのリーダー、シンバと宗方船長の対峙も見所の一つ。

田中友幸と田中 収によるスペクタクル大作路線の第3弾で、原作は田中光二の『爆発の臨界』。実際に発生したタンカーの爆発事故も企画のきっかけのひとつ。大野靖子と舛田利雄が脚本を脱稿。マンモスタンカーをシージャックしたテロリスト集団と乗員らの駆け引きや、政府の対策などがハードに描かれていた。

STORY

原油を満載したマンモスタンカーがテロリスト集団にシージャックされる。日本政府はパニック映画の特撮映像を現地の映像に合成して放送し、敵を欺こうとするも、計画は失敗。その最中に乗員が反乱を起こし、テロ集団は全滅したが、時限爆弾の１つが原油タンク内に落ちてしまう。館は潜水服でタンク内に潜って時限爆弾を探し、タイムリミット寸前に発見する。

火の鳥

漫画家・手塚治虫がライフワークとして描き続けていた『火の鳥』の「黎明編」を映像化した作品。古代３世紀の日本、熊襲と邪馬台国を舞台に、すべてを超越した生命体・火の鳥を巡る人間たちの群像劇を描いた作品で、実写と特撮、アニメーションの融合で映像を表現している。

『火の鳥』
1978年8月19日公開 137分

STAFF
製作／市川喜一、村井邦彦　原作／手塚治虫　監督／市川 崑　脚本／谷川俊太郎　撮影／長谷川 清　美術／阿久根 巖　照明／佐藤幸次郎　音楽／深町 純　特技監督／中野昭慶　合成／三瓶一信　美術／井上泰幸　照明／森本正邦　撮影／山本 武　光学撮影／宮西武史

CAST
猿田彦／若山富三郎　ナギ／尾美トシノリ　天弓彦／草刈正雄　タケル／田中 健　ヒナク／大原麗子　ウズメ／由美かおる　グズリ／林 隆三　スサノオ／江守 徹　ウラジ／沖 雅也　マツロ王／潮 哲也　ヤマタイ国親衛隊長／小林昭二　オロ／風吹ジュン　女官ヌサ／ピーター

火の鳥
炎を纏った鳥の姿をしている超生命体。100年に一度、自らを炎で燃やし、永遠に生き続ける。

クマソの少年、ナギを演じた尾美トシノリの芝居が高評価を得る。

高峰三枝子演じるヒミコ、草笛光子のイヨなど、豪華な俳優陣が総出演。

監督は市川崑で、アニメーションパートの作画監督は鈴木伸一が担当。

STORY

猿田彦が率いるヤマタイ国軍がクマソを侵略するが、それには年老いた女王・ヒミコが若さを取り戻すため〝永遠の命を約束する、火の鳥の生き血〟を求めているという事情があった。猿田彦は少年・ナギを気に入り、奴隷として連れ帰るが、ナギが復讐のためにヒミコを狙って失敗。猿田彦とクマソへ逃亡する。その後、ヒミコは天弓彦に２人の追跡と火の鳥を手に入れることを命じた。

地震列島

『地震列島』
1980年8月30日公開 126分

STAFF
製作／田中友幸　監督／大森健次郎　脚本／新藤兼人　撮影／西垣六郎　美術／阿久根 巖　照明／小島真二　音楽／津島利章　特技監督／中野昭慶　美術／井上泰幸　照明／森本正邦　作画／塚田猛昭　撮影／山本 武、長谷川光広　光学撮影／宮西武史　特殊効果／渡辺忠昭

CAST
川津陽一／勝野 洋　橋詰雅之／永島敏行　芦田富子／多岐川裕美　川津裕子／松尾嘉代　梅島一枝／松原千明　官房長官／佐藤 慶　芦田浩蔵／松村達雄　川津房江／村瀬幸子　統幕議長／鈴木瑞穂　川津隆一／松田洋治　助川象三／三木のり平　渡辺教授／岡田英次

黒澤 明らの助監督を務めた大森健次郎が、大胆なタッチで演出。

首都高速を含む三軒茶屋周辺のデザスターな破壊は、中野昭慶のカラー。

写真は合成スチールだが、羽田空港の災害シーンも見所の1つである。

地球物理学者の川津陽一と部下の芦田富子が織りなす人間模様も必見。

1970年代にヒットしたスペクタクル大作路線の延長線上に位置する作品で、大地震への危険性が論じられるなかで民衆の関心が膨らみ、製作された。企画は田中友幸だが、着想はグループ915が執筆した書籍『大地震』で、それを新藤兼人が脚本として完成させた。

STORY

地球物理学者の川津陽一は、東京を大地震が襲う可能性を予測し、政府に防災対策を訴えたが一笑に付される。そんな時、観測機器が震動を感知。地震予知会議が招集されるもすでに遅く、東京にマグニチュード7.9の地震が発生。川津の妻・裕子も地下鉄で危機に陥るが、川津の決死的な行動で生還を果たす。

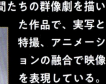

竹取物語

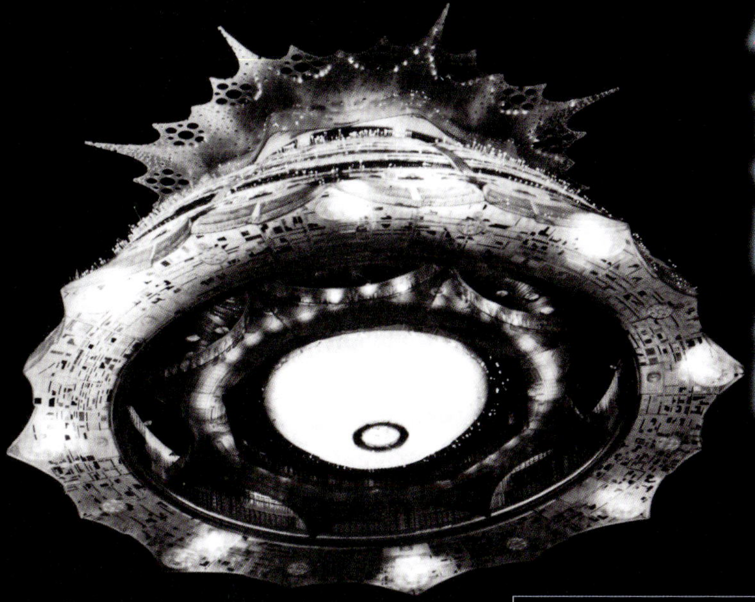

STORY

竹取の造は光る竹から幼児を発見。少女へと成長し、やがて美しい乙女・加耶となる。噂を聞きつけて貴族たちが結婚を申し込むも、加耶は大伴の大納言に想いを寄せていた。求婚に対する条件として伝説上の宝物を探してくるよう貴族に依頼したが、それはいずれも失敗。やがて、加耶が月の住人であることが判明。巨大な光る船に乗って帰っていった。

円谷英二がJ《ジェイ》・O《オー》・スタヂオ時代に撮影と特殊技術を担当し、後に本格的な再映画化を望んでいたといわれる企画で、田中友幸にとっても念願だった作品。東宝とフジテレビが提携、20億円の巨費をかけて製作され、かぐや姫が宇宙人というファンタジーSF設定の物語となった。

天女

身長／不明　体重／不明

加耶を迎えに来た巨大円盤から現れた小型の生命体。異星人と思われるが真相は不明のまま。

天竺の竜

全長／15m　体重／3000t

南の海を航行する大伴の大納言の船舶と遭遇した怪物。中生代の首長竜の生き残り。

ラストでかぐや姫が円盤に乗り込むシーンは、操演と合成によって完成。

沢口靖子演じる加耶を、市川 崑が幻想的で美しい乙女として映像化する。

光る竹から幼児(加耶)が誕生する場面は、光学合成で表現された。

『竹取物語』
1987年9月26日公開 121分

STAFF
製作／田中友幸、羽佐間重彰　企画／三ツ井 康　監督・脚本／市川 崑　脚本／菊島隆三、石上三登志、日高真也　撮影／小林節雄　美術／村木 忍　照明／下村一夫　編集／長田千鶴子　音楽／谷川賢作　特技監督／中野昭慶　美術／井上泰幸　照明／三上鴻平　撮影／江口憲一、大根田俊光

CAST
加耶／沢口靖子　五歳の加耶／中野美穂　竹取の造／三船敏郎　田吉女／若尾文子　大伴の大納言／中井貴一　車持の皇子／春風亭小朝　安倍の右大臣／竹田高利　明野／小高恵美　商人の宇陀／常田富士男　藤原の大國／加藤 武　帝／石坂浩二　皇后／岸田今日子

ヤマトタケル

STORY

オウスは、不思議な洞窟の中に迷い込んだ際、「お前はやがて三つの光を得て神の戦士となる」という声を聞く。やがて、クマソ討伐の任を課せられ、激戦の末に討ち取り、ヤマトタケルの名を得る。その後、月面に激突した氷塊から夜の闇の神・ツクヨミが復活。オトタチバナ、天の白禽と一体化することで宇宙戦神となり、ツクヨミの化身である八岐大蛇を倒す。

八岐大蛇の巨大な造形物を製作し、ヤマトタケルとの戦闘場面を描く。

東宝ならではの〝ヒーロー路線〟も探ろうということで、かつての『日本誕生』を現代風にアレンジし、テレビアニメシリーズと連動した、夏休み公開用の劇場作品。日本神話をベースにしつつも徹底的な娯楽作品を目指し、巨大ヒーローや怪獣なども投入した意欲作であった。

『ヤマトタケル』
1994年7月9日公開 104分

STAFF
製作／富山省吾　監督／大河原孝夫　脚本／三村 渉　撮影／関口芳則　美術／小川富美夫　照明／望月英樹　編集／小川信夫　録音／池田 昇　音楽／荻野清子　特技監督／川北紘一　美術／大澤哲三　照明／大澤暉男　撮影／江口憲一　特殊効果／渡辺忠昭

CAST
ヤマトタケル／髙嶋政宏　オトタチバナ／沢口靖子　ヤマトヒメ／宮本信子　ツクヨミ／阿部 寛　クマソタケル／藤岡 弘　ケイコウ／篠田三郎　セイリュウ／石橋雅史　ゲンブ／ベンガル　イナヒヒメ／杜 けあき　エタチバナ／秋篠美帆　スサノオ／目黒祐樹　ツキノワ／麿 赤児

海神《カイシン》ムーバ

水面高／11m　全長／38m
重量／2万t　演技者／冴木勇次

ツクヨミの復活に暗躍する呪術師・ツキノワの祈禱で出現した、海の怪物。タケルを襲う。

熊襲神《クマソガミ》

クマソの守護神である巨人。高熱の溶岩の体をもち、左手を弓、右手を矢に変えて攻撃する。

全長／3m　重量／0.5t　演技者／破李拳 竜

天の白禽《アマノシラトリ》

全長／6.3m　翼長／7m　体重／1.5t
飛翔力／最高速度1万光年

天照大神が放った使い。戦闘能力はないが、ヤマトタケルを乗せて月面まで飛行していく。

八岐大蛇《ヤマタノオロチ》

体高／38m　全長／66m　首長／22m
体重／5万t　演技者／薩摩剣八郎

月面に宮殿を築き、世界を支配しようと企てるツクヨミの化身。高熱火炎や怪光線を放つ。

宇宙戦神《ウツノイクサガミ》

ヤマトタケルとオトタチバナ、天の白禽が〝三つの光〟を得て一体化し、誕生する巨大戦士。

身長／12.5m　体重／1万t
飛翔力／最高光速100万光年　演技者／福田 亘

透明人間［南条］

身長／1.7m　体重／80 kg

戦時中、西崎博士が偶然発見した透明化量子「ホストン」を吸収した南条が、可視光線を完全に透過できる体質となり、透明人間となった姿。サンドイッチマンを生業としていたが、自分の名を騙って悪事を働く強盗団と対決する。

透明人間

『透明人間』
1954年12月29日公開　70分

STAFF
製作／北 猛夫　原案／別府 啓　監督／小田基義　脚本／日高繁明　美術／安倍輝明　録音／藤縄正一　照明／岸田九一郎　編集／庵原周一　音楽／紙 恭輔　撮影・特技指導／円谷英二　合成／幸 隆生　美術／井上泰幸　光学撮影／荒木秀三郎

CAST
南条／河津清三郎　美千代／三條美紀　矢島／高田 稔　小松／土屋嘉男　健／植村謙二郎　まり／近藤圭子　まりのおじいさん／藤原釜足　山田社会部長／村上冬樹　科学者／汐見 洋　野村代議士／沢村宗之助　警視総監／恩田清二郎　竜田警部／大友 伸

ナイトクラブの歌手・美千代や、盲目の少女・まりには心を開いている。

透明人間の苦悩を背負った南条は、ピエロの扮装をし、穏やかに暮らしていた。

透明人間特攻隊の生き残りとなった南条の孤独と悲哀を描く、戦争の影が濃い一編。

写真は宣伝用のスチールであり、このような場面は映画内に存在しない。

STORY

銀座で交通事故が起こり、最初はなかった死体が実体化してきた。遺書からそれが旧日本軍の「透明人間特攻隊」の生き残りで、もう１人の透明人間がいることが判明。その後、透明人間を名乗る強盗事件が多発したが、すべては矢島という男の偽りであった。真の透明人間であるピエロのサンドイッチマン・南条は、自分に汚名を擦りつける強盗団と対決。激しい格闘の末、爆発に巻き込まれて矢島と共に命を落とした。

美千代も南条に情を感じており、瀕死の彼に縋りつき、悲しみの感情を爆発させた。

1954年12月公開の作品ではあるが、北猛夫による企画は『ゴジラ』よりも破壊、トリック映画としての妙味が意識されている。当時の宣伝においては〝怪奇スリラー映画〟としてアピールされており、特殊技術の円谷英二は、大映で関わった『透明人間現わる』の雪辱戦として捉えていたといわれる。

矢島たちは卑怯にも美千代を人質に取り、透明人間と対決しようとした。

新聞記者である小松は南条の部屋に忍び込み、彼が透明人間だということを確認する。

矢島と健は、透明人間強盗団の秘密を知った美千代の命を狙う。

周囲からどんなに優しくされても、透明人間である南条の心は晴れることはなかった。

矢島まり

南条が住む「平和荘」で、倉庫番のお爺さんと暮らしている盲目の少女。南条を父のように慕う。

美千代

ナイトクラブ「黒船」の歌手で南条の友人。心優しい博愛主義の女性で、正義感や道徳心も強い。

小松

銀座の強盗事件を目撃した新聞記者。透明人間こと南条が犯人ではないと見抜いていた。

まりのお爺さん

倉庫番を生業とし、まりを育てている老人。強盗団に協力を強要され、最後には撃たれて死亡。

健

矢島の片腕的な子分。透明人間／南条を恐れ、拳銃を乱射しながら地下室へ逃げていった。

矢島

ナイトクラブ「黒船」の支配人で、透明人間を名乗る強盗団のボス。次次と悪事を働いていた。

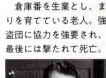

獣人 雪男

雪男のスーツは大橋史典が製作。巨大感を表現するために足元を高下駄式にしていたが、安全上の問題からNGとなり、撮影に使用したものに作り直される。

東宝怪奇映画の世界

『獣人 雪男』
1955年8月14日公開　95分
製作／田中友幸　原作／香山 滋　監督／本多猪四郎　脚本／村田武雄　撮影／飯村 正　美術／北 辰雄　録音／西川善男　照明／横井總一　音楽／佐藤 勝　編集／庵原周一　特殊技術／円谷英二　合成／向山 宏　美術／渡辺 明　録音／西川善男　照明／横井総一

CAST
飯島高志／宝田 明　チカ／根岸明美　武野道子／河内桃子　小泉重喜／中村伸郎　中田／堺 左千夫　爺様／高堂國典　大場／小杉義男　武野信介／笠原健司　村落の男／大村千吉　栗原／鈴木孝次　品川／山本 廉　松井／瀬良 明　児玉／堤 康久　武野／岡部 正

獣人雪男　身長／3.5m　体重／200kg

北アルプス奥地にあるガラン谷の洞窟に生息する原人の一種。毒茸によって一族のほとんどは死に絶えており、生き残っているのは2体のみ。付近の住人には〝山の主〟として崇められている。

全身に漲る怪力で熊や羚羊《かもしか》を倒し、食糧にして生き延びていた。

知能が高く、山に迷った人間を助けるような温厚な性格の持ち主。

『ゴジラ』で認識された怪奇と特殊技術、奇想天外な物語という題材で、新たな方向性を模索した作品。検討用台本は『S作品』と題され、『ゴジラ』の製作と並行して進められていたが、同作が大ヒットしたことで製作が正式に決定。『アルプスの雪男』のタイトルで公式発表された。

STORY

K大山岳部は日本アルプスへスキー合宿に来ていたが、雪崩のために山小屋へ逃げ込んだ1人が死亡、もう1人は行方不明となる。半年後、K大山岳部は「雪男探検隊」を組織して再び入山。リーダーの飯島高志が、悪徳興行師や集落の住人に襲われて危機に陥るも、雪男に救われる。その後、悪徳興行師の銃で雪男の子供が死亡。怒った雪男は犯人を殺し、飯島の恋人・武野道子をさらって逃走する。その時、集落の娘・チカが山刀を抜いて雪男を威嚇。道子は救出されたが、チカは銃で撃たれた雪男と共に噴火口へと落下、姿を消す……。

チカ

山の集落に住む娘で、雪男と簡単なコミュニケーションが取れる。飯島に恋心を抱いていた。

飯島高志

K大山岳部のリーダー的存在。半年前のスキー合宿で仲間を失い、同時に雪男を目撃する。

小泉重喜

飯島たちK大山岳部と「雪男探検隊」を組織し、北アルプスへ雪男を探しに来た人類学者。

武野道子

飯島の恋人で山岳部員。キャンプ場を襲撃した雪男に拉致され、洞窟に連れ込まれてしまう。

爺様

チカの祖父で山の集落の長。雪男を〝山の主〟として恐れ、都会の人間の行動に顔を曇らせる。

中田

K大山岳部員で「雪男探検隊」のメンバー。友人の飯島をサポートして雪男の秘密に迫った。

トラックの荷台に設置された檻も、腕の怪力で簡単に破壊した。

飯島に関わろうとするチカは、爺様から激しく叱責される。

雪男の子供

雪男の同族。悪徳興行師の大場に捕まって檻に閉じ込められ、銃の乱射で弾が命中し、命を落とす。

仲間が少ない寂しさで人間の女性に興味を持ち、肌に触れようとする。

子供を殺されたことで雪男の怒りは爆発。人間に対して敵意を持った。

美女と液体人間

『美女と液体人間』
1958年6月24日公開　86分

STAFF
製作／田中友幸　原作／海上日出男　監督／本多猪四郎　脚本／木村 武　美術／北 猛夫　録音／三上長七郎、宮崎正信　照明／西川鶴三　編集／平 一二　音楽／佐藤 勝　特技監督／円谷英二　合成／向山 宏　美術／渡辺 明　照明／城田正雄　撮影／荒木秀三郎、有川貞昌

CAST
新井千加子／白川由美　政田／佐原健二　富永／平田昭彦　宮下刑事部長／小沢栄太郎　真木博士／千田是也　内田／佐藤 允　三崎／伊藤久哉　花枝／北川町子　田口刑事／土屋嘉男　峯子／白石奈緒美　岸／三島 耕　坂田刑事／田島義文　金／中村 哲　宗チャン／加藤春哉　大チャン／大村千吉

東宝の専属俳優、海上日出男から提出された企画案「液体人間現る」をベースにして田中友幸が製作した、「怪獣映画」「SF映画」に続く、特殊撮影を駆使した第3の路線。後に「変身人間」と呼ばれるシリーズの第1作で、水爆実験による死の灰の影響で人間が液体化する恐怖と人間が抱く〝執着心〟の恐ろしさを赤裸々に描いた作品である。

液体人間

身長／不明　体重／不明

死の灰を浴びた第二竜神丸の船員が強烈な放射線による物理的・化学的なショックを受け、原始的な液状に変異した姿。

液体人間は生物を包み込んで溶かし、養分にする特性をもっていた。

STORY

ある雨の夜、拳銃を発砲した男が忽然と姿を消す。警視庁は麻薬密売に絡む仲間割れと判断するが、城東大学助教授の政田は〝水爆実験の死の灰を浴びた液体人間〟が犯人消失に関わっていると主張。それは事実であり、麻薬密売とは関係なく、液体人間が人間を襲う事件が多発した。捜査陣は政田たちの意見を取り入れ、下水道にガソリンを流して火を放つ作戦を決行。液体人間を全滅させるのだった……。

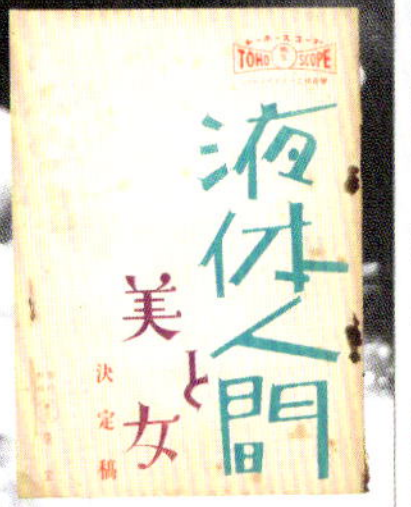

政田

城東大学で生物学を専攻する助教授。〝死の灰が人体に及ぼす影響〟について研究を続けていた。

新井千加子

キャバレー「ホムラ」の歌手で、ギャングの一員だった三崎の情婦。政田に心を惹かれ始める。

宮下刑事部長

捜査一課に所属する刑事部長で富永の部下。液状化した怪物を「液体人間」と仮称した人物。

富永

政田の大学時代の友人。警視庁・捜査一課長として、三崎たちギャング一味の犯罪を追っている。

内田

三崎と結託し、麻薬密売を目論んでいたギャング。東京の下水道で液体人間に襲われ、死亡する。

真木博士

城東大学の生物学教授で、政田の恩師。警視庁幹部の前で生物の液状化実験を公開、説明する。

内田に拉致され、麻薬の密売に加担するように脅迫された。

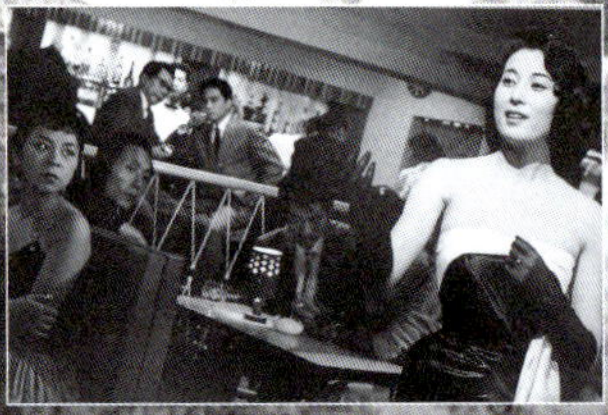

新井千加子は麻薬密売には関係がなく、歌手で生計を立てている。

襲った人間を液状にし、自身の仲間にすることも可能らしい。

化粧品等に使われる固体素材（有機ガラス）で液体人間を表現。

液体人間から逃れた千加子は、政田や警官隊によって保護される。

東京の下水道に隠された麻薬を取りに行った際、液体人間と遭遇。

電送人間

STORY

殺人現場で超伝導を使用したスイッチの一種・クライオトロンを発見した東都新聞の桐岡 勝は、事件が科学犯罪と考察。警視庁の小林と共に被害者と関わりのあるキャバレーを張り込んでいると、復讐を企む須藤兵長＝電送人間が現れ、殺人を犯す。その後も電送人間は予告殺人を続けたが、最後の標的である大西を殺した後、物体電送機の停止で消滅した。

兵隊の扮装で現れ、銃剣を隆の体に突き刺して止めを刺した。

瀕死の仁木が物体電送機を停止させ、須藤は電送の途中で消滅。

『電送人間』
1960年4月10日公開 85分

STAFF
製作／田中友幸　監督／福田 純　脚本／関沢新一　撮影／山田一夫　美術／浜上兵衛　録音／西川善男、宮崎正信　照明／西川鶴三　音楽／池野 成
特技監督／円谷英二　作画合成／向山 宏　美術／渡辺 明　照明／岸田九一郎　撮影／有川貞昌　光学撮影／荒木秀三郎

CAST
桐岡 勝／鶴田浩二　中条明子／白川由美　大西社長／河津清三郎　岡崎捜査主任／土屋嘉男　須藤兵長、中本伍郎／中丸忠雄　小林警部／平田昭彦　仁木博士／佐々木孝丸　隆 昌元／田島義文　三浦博士／村上冬樹　滝／堺 左千夫　塚本／大友 伸　丸根刑事／山本 廉　呼び込みの親父／沢村いき雄

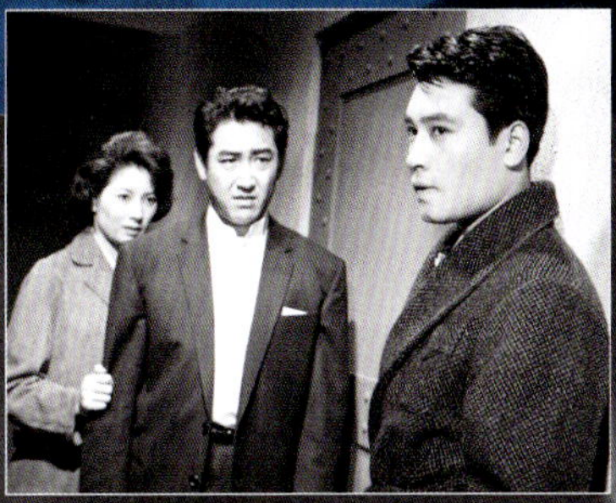

須藤兵長は、中本伍郎と名乗り、軽井沢の小谷牧場に潜んで復讐計画を続ける。

各地に電送人間が出没。次々と起こる殺人事件を、新聞記者や警察官は追い続けた。

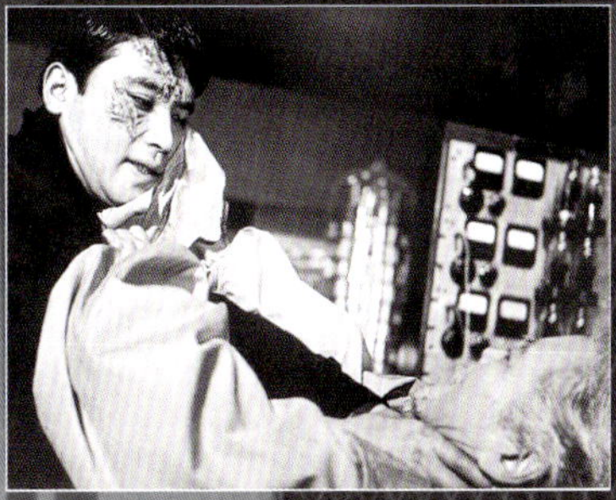

私欲のために国家を裏切り、自身の命を奪おうとした上官たちを殺すことが目的。

電送人間［須藤］

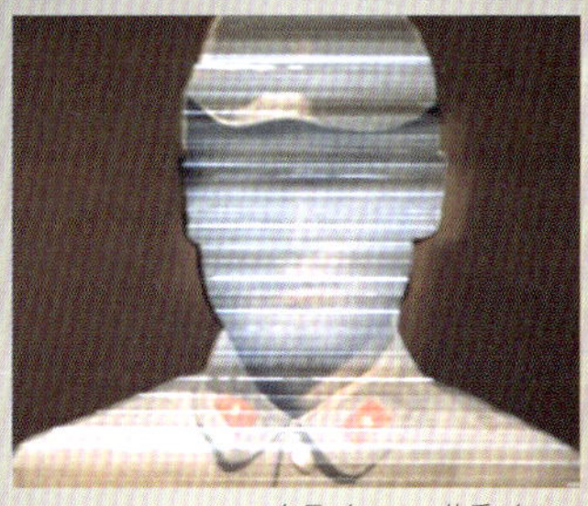

身長／1.8m　体重／70kg

須藤兵長が物体電送機を使って遠方に出現した際の姿。電送が完全ではないらしく、画像が乱れたような見た目をしている。

検討用台本には「怪奇空想科学映画」と題されている科学犯罪ドラマだが、「変身人間」シリーズの第2弾。『ガス人間才1号』と並行して企画作業が行われ、関沢新一が脚本を担当。監督は、後に〝東宝アクション路線〟の代表格となる福田 純で、人間が抱く〝執念と狂気〟の様をテンポよく演出していた。

中条明子

日邦精機の営業部に勤務する女性。小谷牧場との商談を担当し、数台の冷却装置を納品した。

桐岡 勝

東都新聞学芸部記者。殺人現場に残されたクライオトロンに興味をもち、電送人間の事件に関わる。

仁木嘉十郎

陸軍技術研究所に所属していた科学者で、物体電送機の開発者。爆発の影響で足が不自由になる。

小林警部

警視庁の警部で、桐岡とは大学時代からの友人。密輸事件の捜査と並行し、電送人間事件を追った。

隆 昌元

陸軍の諜報員だった男。軍国キャバレー「DAI HONE I」を経営していたが、須藤に殺される。

大西正義

元、陸軍中尉。敗戦の混乱に乗じて軍資金の金塊の横領を計画。仁木と須藤を始末しようとする。

ガス人間オ1号

『ガス人間オ1号』
1960年12月11日公開 91分

STAFF
製作／田中友幸　監督／本多猪四郎　脚本／木村 武　撮影／小泉 一　美術／清水喜代志　録音／藤好昌生、宮崎正信　照明／高島利雄　音楽／宮内国郎　特技監督／円谷英二　美術／渡辺 明　照明／岸田九一郎　撮影／有川貞昌　光学撮影／荒木秀三郎

CAST
岡本賢治／三橋達也　春日藤千代／八千草 薫　水野／土屋嘉男　甲野京子／佐多契子　田宮博士／伊藤久哉　田端警部／田島義文　稲尾刑事／小杉義男　佐野博士／村上冬樹　鼓師／左 卜全　警視庁幹部／佐々木孝丸　葉山／山田巳之助　池田／松村達雄　銀行の支配人／宮田羊容

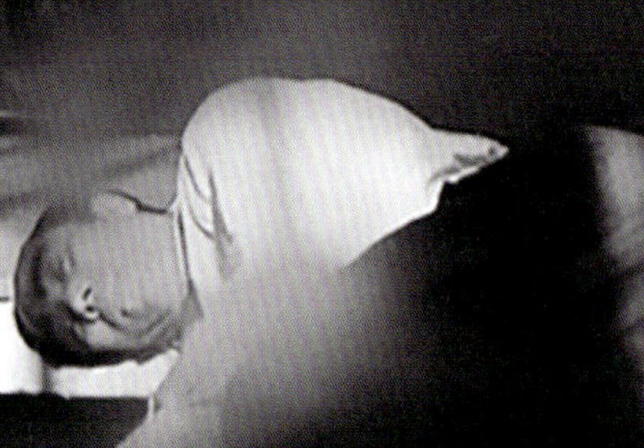

「変身人間」シリーズの第3弾で、スリラー色が強い『電送人間』に対し、本作では〝人間の愛憎の恐ろしさ〟に焦点が絞られ、劇中で上演される舞踊「情鬼」こそがテーマとなっている。平凡な男性が体を自在にガス化できる能力を得、本来では住む世界が違う女性と関わり、最後には2人とも悲劇を迎えるという内容が観客の心を掴む。

ガス人間［水野］

図書館勤務の男性・水野が、佐野久倍博士の〝人間を細胞から変質させる体質改造実験〟に雇われ、その失敗によって体をガス状へと自由に変化させる力を得た姿。

身長／1.7m
体重／60kg

精神を集中させることで、ガス状から元の肉体へ戻ることも可能。

銀行強盗犯を追う警視庁の岡本は、舞踏家の春日藤千代に辿り着く。

日本舞踊の名門である春日流家元・藤千代は、没落寸前だった。

藤千代が新作舞踊の発表会を計画。資金の出所に関心が集まる。

水野はガス人間の力で、藤千代の発表会を成功させようとした。

水野の空気人形が製作されたが、撮影には背面のみが使われた。

京子は、藤千代の話題ばかりを振る岡本の言動に怒りを覚えていた。

藤千代は絶世の美女ではあるが、その姿からは想像できない年齢らしい。

学生時代の岡本は京子の家に下宿しており、両親とも面識があるらしい。

水野が警察の拘置所に現れ、藤千代を連れ帰ろうとするも、拒否される。

宝塚歌劇団出身で日本舞踊の心得がある八千草薫が藤千代役に選ばれた。

水野と抱き合う藤千代は、会場に蔓延するUMガスを引火させ、罪を清算。

岡本らは藤千代と鼓師を逃がそうとしたが、2人はその申し出を拒む。

水野の衣装だけを吊り、そこからフロンガスを噴出させてガス人間を表現。

STORY

銀行強盗犯を追っていた警視庁の岡本は、山中の屋敷で春日流家元の美女・藤千代を目撃する。その後、都内で同様の事件が多発。岡本は藤千代が怪しいと感じて捜査を続け、銀行から奪われた紙幣を見つけて彼女を逮捕した。だが、真犯人は彼女を援助していた図書館員の水野で、彼は体をガス化できる力を使って犯罪を行っていたのだ。釈放された藤千代は、予定されていた新作舞踊の発表会を開催。終演後、会場に充満したUMガスを引火させ、水野を道連れに爆死を遂げた。

岡本賢治

銀行で発生した強盗殺人事件を捜査する警視庁警部補。ガス人間・水野の犯罪を止めようとした。

春日藤千代

日本舞踊・春日流の家元。弟子たちに去られて没落するも、水野の援助で復活の兆しが見えた。

甲野京子

東都新報の社会部記者。岡本とは幼馴染みで恋人未満の関係であり、藤千代に軽い嫉妬心を抱く。

田端警部

警視庁の警部で岡本の上司。強盗殺人事件から引き続き、ガス人間が起こした事件を捜査する。

佐野久倍

城北大学の医学部教授。水野を実験材料にし、宇宙飛行に耐える肉体へと作り替えようとした。

鼓師

藤千代に仕え、生活の面倒を見ていた老人。日本舞踊の鼓師でもあり、発表会でその腕前を披露。

マタンゴ

天本英世の怪演で、遭難者たちが目撃する神出鬼没の怪物の恐怖感が増した。

『マタンゴ』
1963年8月11日公開 89分

STAFF

製作／田中友幸　原案／星 新一、福島正実（ウィリアム・ホープ・ホジスン『夜の声』より）　監督／本多猪四郎　脚本／木村 武　撮影／小泉一　美術／育野重一　録音／矢野口文雄　照明／小島正七　音楽／別宮貞雄　特技監督／円谷英二　美術／渡辺 明　照明／岸田九一郎　撮影／有川貞昌、富岡素敬　光学撮影／真野田幸雄、徳政義行

CAST

村井研二／久保 明　関口麻美／水野久美　作田直之／小泉 博　小山仙造／佐原健二　吉田悦郎／太刀川 寛　笠井雅文／土屋嘉男　相馬明子／八代美紀　東京医学センター医師／熊谷二良、岡 豊、山田圭介　警察関係者／草間璋夫、日方一夫、手塚勝巳

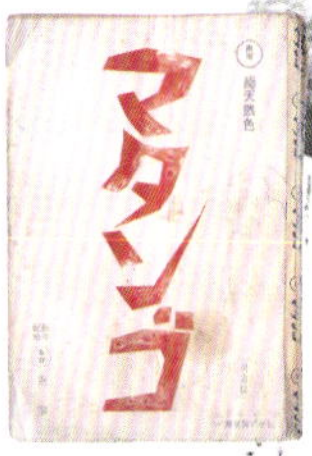

唯一、茸を食さずに日本へ戻ったという村井も、顔に茸が生え始める。

「変身人間」シリーズ第4弾に位置づけられるも、多分に怪奇譚の要素が強い異色作。原作は、ウィリアム・ホープ・ホジスンの怪奇短編小説『The Voice in the Night（夜の声）』で、それをS-Fマガジン編集長の福島正実とＳＦ作家の星 新一がアレンジ。木村 武の手で脚本化されたことにより、物語が完成する。

飢餓状態になった遭難者たちは、森林に生息する茸を食べて怪物化していく。

嵐に遭遇してヨットが孤島に漂着。そこにあった不気味な難破船に乗り込む。

笠井は所有する豪華ヨット「AHO DORI」に乗船し、遠洋に出発した。

最初は結束していた7人だが、次第にエゴを剥き出しにする者が現れ始めた。

麻美は生き残るために自分の美しさを利用。笠井や吉田を手玉に取ろうとする。

茸の胞子が皮膚を覆い、徐々に怪人の状態から怪物へと姿を変える。

第三の生物 マタンゴ

水爆実験の影響で誕生した新種の茸。これを食した人間は幻覚を見つつ高揚感を感じ、肌艶もよくなるが、やがて茸の怪物に変異する。

身長／0.1～2.5m
体重／50g～300kg

関口麻美

流行歌手で笠井雅文の愛人。自身の女性的な魅力を生かして食料を得、生き延びようとした。

村井研二

城東大学心理学研究室の助教授。恋人の相馬明子を極限状態から救うため、怪物に立ち向かう。

小山仙造

臨時雇いの漁師。金に汚く、入手した海亀の卵を笠井に高値で売りつけた。吉田に射殺される。

作田直之

笠井産業の社員でヨットの艇長。理性的なことを言い続けるも、食料を奪い、ヨットで単独で脱出。

STORY

豪華ヨットで海に繰り出した７人の若者が嵐に遭遇し、謎の孤島に漂着する。そこには人がいた痕跡はあるが誰もいない。７人は反対側の入り江にあった難破船を拠点にして、島内の散策を開始した。その後、食料が乏しくなると仲間同士で争いが始まり、さらに茸に覆われた顔の怪人が現れたが、それは島に生育する茸・マタンゴを食べた人間が変異した姿だった。若者の４人はマタンゴを食したことで影響を受け始める、残った１人はヨットで脱出し東京へ戻るが、その顔には茸が生え始めていた。

相馬明子

村井の教え子であると同時に恋人となった女性。まじめな性格で、城東大学心理学研究室に勤務。

笠井雅文

笠井産業の社長を務める青年実業家。欲望のままに生きてきたからか、飢餓を極端に恐れていた。

吉田悦郎

新進気鋭の推理作家。一見、陽気な好漢に見えるが皮肉が多い。笠井から麻美を奪おうとする。

幽霊屋敷の恐怖 血を吸う人形

東宝プロデューサー・田中文雄の企画で始まった、吸血鬼を題材とした作品であり、俗に「血を吸う」シリーズとも呼ばれる恐怖映画の第1弾。本作には吸血鬼は登場せず、特殊な催眠術の影響で死から甦り、衝動的に殺人を犯してしまう、悲しい女性の姿が描かれた。

『幽霊屋敷の恐怖 血を吸う人形』
1970年7月4日公開 71分

STAFF
製作／田中友幸、田中文雄　監督／山本迪夫　脚本／小川 英、長野 洋　撮影／原 一民　美術／本多好文　録音／富田 実　照明／佐藤幸次郎　編集／岩下広一　合成／三瓶一信　擬闘／宇仁貫三　音楽／眞鍋理一郎

CAST
佐川和彦／中村敦夫　佐川圭子／松尾嘉代　高木浩／中尾 彬　野々村志津／南風洋子　源造／高品格　吏員／浜村 純　運転手／堺 左千夫　人夫／二見忠男　係員／関口銀三　山口淳之介／宇佐美淳也

圭子と浩は事件の真相を確かめようと活動し、その影響で被害に遭う。

高木 浩が夕子の墓を暴くと、そこに彼女の亡骸はなかった。

夕子は、山口が野々村志津を乱暴した末に誕生した子供だった。

小林夕岐子が夕子役に選ばれ、金のカラーコンタクトを着用して熱演。

野々村夕子
演技者／小林夕岐子

交通事故によって死亡するも、山口淳之介医師が施した催眠術によって復活。ナイフを使った殺人を犯す。

夕子の恋人だった兄を探す女性・佐川圭子が事件に巻き込まれる。

STORY

婚約者に逢いに行ったまま戻らない兄を探すため、佐川圭子は恋人の高木 浩と共に野々村夕子の自宅を訪れる。しかし、そこに兄は居らず、夕子は交通事故で死んだという。これを納得できない圭子は真実を解明しようと活動を開始。その後、死んだはずの夕子が殺人鬼となって出現するも、特殊な催眠術で自分を甦らせた山口を殺し、永遠の眠りにつくのだった。

呪いの館 血を吸う眼

STORY

画家志望の柏木秋子は、幼い日に見た〝恐ろしい目で牙を剝く男〟の悪夢に悩まされていた。やがて、謎の男が現れて彼女を襲い、妹の夏子が男の僕《しもべ》となってしまう。男は吸血鬼であり、秋子を花嫁にしようと狙っていたのだ。秋子は恋人の佐伯と共に能登半島の洋館へと向かい、吸血鬼の最期を見届けた。

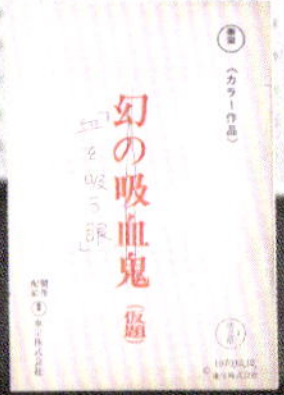

『呪いの館 血を吸う眼』
1971年6月16日公開 82分

STAFF
製作／田中文雄　監督／山本迪夫　脚本／小川 英、武末勝　撮影／西垣六郎　美術／育野重一　録音／渡会 伸　照明／佐藤幸次郎　編集／近藤 久　合成／三瓶一信　音楽／眞鍋理一郎

CAST
佐伯／高橋長英　柏木秋子／藤田みどり　柏木夏子／江美早苗　久作／高品 格　老人／大滝秀治　教授／松下達夫　男A／小川安三　男B／大前 亘　患者／桂木美加　運転手／二見忠男　看護婦A／記平佳枝　看護婦B／毛利幸子　看護婦C／川口節子　警備員／鈴木治夫

吸血鬼らしい長身に見せるため、岸田はヒールを履いて演じた。

男に首を噛まれ、生き血を吸われた夏子も吸血鬼となり、秋子を狙う。

凄まじい怪力を誇るが、心臓に杭を打たれると体が崩れて死ぬ。

吸血鬼の血を引く一族の男性で25歳になった時に覚醒。18年後に復活し、柏木秋子を花嫁にしようとその血を狙う。

吸血鬼［影のような男］
演技者／岸田 森

真の獲物を得るため、周囲の人物を吸血鬼にしていく、お約束の展開もあった。

「血を吸う」シリーズの第2弾。好調な成績だった前作を踏まえ、田中文雄はかねてからの念願であった〝和製ドラキュラ映画〟を企画し、『幻の吸血鬼』の脚本が完成。吸血鬼役には特撮ファンに高い人気を誇る岸田 森が起用され、異様なムードのキャラクターを演じた。

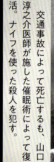

血を吸う薔薇

「血を吸う」シリーズの最終作。プロデューサーの田中文雄が東宝のテレビ部門へと移動したことで続編の話が立ち消えていたが、３年後に東宝映像へ復帰したことで企画が浮上。〝オカルトブーム〟の後押しもあって製作が決定し、山本迪夫の独特なタッチが生きた作品となった。

『血を吸う薔薇』
1974年7月20日公開 83分
STAFF
製作／田中文雄　監督／山本迪夫　脚本／小川 英、武末 勝　撮影／原 一民　美術／薩谷和夫　録音／矢野口文雄　照明／森本正邦　編集／池田美千子　擬斗／宇仁貫三　音楽／眞鍋理一郎
CAST
白木／黒沢年男　西条久美／望月真理子　三田村雪子／太田美緒　林 杏子／荒牧啓子　野々宮敬子／麻理ともえ　下村／田中邦衛　吉井教授／佐々木勝彦　学長夫人／桂木美加　高倉刑事／伊藤雄之助　土屋刑事／吉田静司　細谷／小栗一也　島崎／片山 滉

学長夫人も吸血鬼で、女生徒の顔を奪って生き永らえていたらしい。

吸血鬼［学長］　演技者／岸田 森

200年前、転びバテレンとなった外国人が少女の生き血を吸って鬼となり、顔を変えながら生き続けていた。

聖明女子短期大学の歴代学長となり、女生徒の生き血と次の素体を狙う。

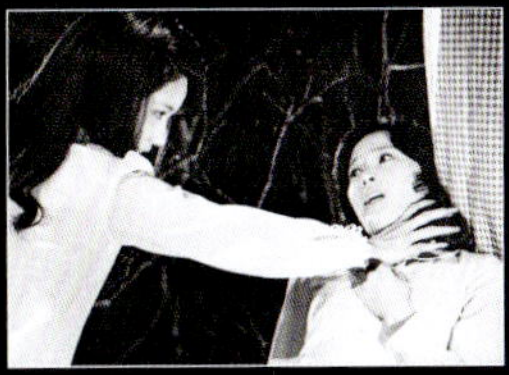

学園の寮で、次々と女生徒たちが吸血鬼に襲われていく。

STORY

聖明女子短期大学に赴任した教師の白木は不気味な現象に遭遇し、付近に伝わる吸血鬼伝説を知る。その後、学園寮の女生徒たちが謎の死を遂げるが、それらはみな、顔を変えながら200年間も生き続けていた学長＝吸血鬼の仕業だった。

HOUSE

CMでその名を馳せた映像作家、大林宣彦の初映画監督作品。東宝の企画部長だった松岡 功は〝理解不能〟と評しながらも、企画に可能性を見出して製作を決定。その結果、アイドルとホラーを融合したファンタジー映画として脚光を浴びる作品となった。

ポップな色彩感覚で華麗な映像世界が構築され、女性客を集める。

『HOUSE』
1977年7月30日公開 88分
STAFF
企画・製作・監督／大林宣彦　企画／角田健一郎　製作／山田順彦　原案／大林千茱萸　脚本／桂 千穂　撮影／阪本善尚　美術／薩谷和夫　録音／伴 利也　照明／小島真二　殺陣／伊奈貫太　合成／松田 博　光学撮影／宮西武史　音楽／小林亜星、ミッキー吉野
CAST
オシャレ、実母（2役）／池上季実子　ファンタ／大場久美子　ガリ／松原 愛　クンフー／神保美喜　マック／佐藤美恵子　スウィート／宮子昌代　メロディー／田中エリ子　東郷圭介先生／尾崎紀世彦　オシャレの父／笹沢左保　江馬涼子／鰐淵晴子　羽臼香麗／南田洋子

STORY

夏休みが近いある日、オシャレは６名の友人を連れて大好きなおばちゃまの家・羽臼《はうす》邸へ遊びに行く。そこには不可思議な出来事が待ち受けており、１人また１人と少女が羽臼邸に食べられていく。そして、最終的にオシャレはおばちゃま、羽臼邸と一体になる。

不気味な画面の中にも、どこかコケティシュな一面が光る。

狼の紋章

『狼の紋章』
1973年9月1日公開 84分
STAFF
製作／田中 収　原作／平井和正　監督・脚本／松本正志　脚本／石森史郎、福田 純　撮影／上田正治　美術／竹中和雄　録音／伴 利也　照明／佐藤幸次郎　編集／武田勲　合成／三瓶一信　音楽／眞鍋理一郎
CAST
犬神 明／志垣太郎　青鹿晶子、明の母（2役）／安芸晶子　木村紀子／本田みちこ　羽黒 獰／松田優作　黒田力也／伊藤敏孝　神 明／黒沢年男　小沼竜子／加藤小夜子　大賀／沢井正延

東宝外国部と文芸部を経て契約者となった田中 収の企画であり、原作はＳＦ作家である平井和正の小説。監督には映像デビュー直後の松本正志が選ばれ、クールかつバイオレンスな映像が完成し、支持を集めた。

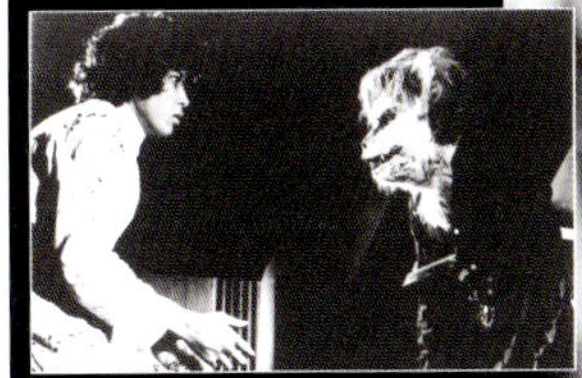

主演の志垣太郎は狼男のマスクを被り、危険な格闘にも挑戦した。

STORY

博徳学園に犬神 明という生徒が転校してくる。学園の支配者である羽黒 獰は暴力で屈伏させようとしたが、明は無抵抗を貫く。しかし、女教師・青鹿晶子を監禁し、凌辱する羽黒に明の怒りの感情が爆発。狼男へと変身して羽黒の息の根を止める。

愛の戦士 レインボーマン

『愛の戦士 レインボーマン』　全52話
1972年10月6日～
1973年9月28日（金曜日19時30分～20時）放送
STAFF
企画／衛藤公彦　原作／川内康範　プロデューサー／片岡政義（NET）、野口光一（東宝）　監督／山田 健、長野卓、砂原博泰、六鹿英雄、児玉 進　脚本／伊東恒久、尾中洋一、吉原幸栄、田村多津夫、加瀬高之
CAST
ヤマト タケシ・レインボーマン／水谷邦久　ダイバ・ダッタ／井上昭文　淑江／伊藤めぐみ　ヤッパの鉄／山崎純資　ミスターK／平田昭彦　ダイアナ／山吹まゆみ　オルガ／藤山律子　イグアナ／塩沢とき　ゴッドイグアナ／曽我町子

アニメ版『月光仮面』の後企画を実写に決定した広告代理店の萬年社から、東宝が依頼されて製作。原作者の川内康範が持つ独特な世界観、日本人の根底にある「祈り」の感性から生まれた孤高の戦士、レインボーマンは、年少視聴者層に受け入れられる。

敵の戦闘力・能力に合わせてダッシュ1～ダッシュ7まで、7つの化身に変わって戦う。

日本国の解体と日本人の殲滅を企てる秘密結社「死ね死ね団」に立ち向かった。

ヤマト タケシがインドで聖者ダイバ・ダッタの修行を受け、超人の力を得る。

行け！ゴッドマン

円谷プロが製作した『レッドマン』に続き、日本テレビ『おはよう！こどもショー』内の怪獣コーナーで放送されたヒーロー番組を東宝企画が担当。造成地にミニチュアセットが組まれ、巨大感を意識した格闘シーンが撮影された。

ゴッドマンは、ファイヤーゴッド星から来た正義の超人。怪獣の出現を感知して飛来し、「ゴッドマン拡大！」の掛け声で人間大から巨大化する。

『行け！ ゴッドマン』　全260回
1972年10月5日～
1973年9月28日（『おはよう！ こどもショー』内）放送
STAFF
監督／久松正明、津島平吉、佐原博泰　音楽／山下毅雄
CAST
怪獣おじさん／朝戸鉄也　エリちゃん／鶴間エリ

クレクレタコラ

東宝企画が製作した週6回放送の帯番組。1話完結で、内容的には、公害の影響で怪獣になったタコ＝タコラが様々なものを欲しがり、他の怪獣や周囲から奪い取ろうとするも手痛いしっぺ返しを食う、スラップスティック・コメディであった。

タコラが暮らす「不思議な森」には、彼を含む9体の怪獣が住んでいる。

悪意はないが欲深い性格。「変身タコラの術」で何にでも変身できる。

『クレクレタコラ』　全260話
1973年10月1日～
1974年9月28日（月曜日～土曜日18時55分～19時）放送
STAFF
企画・原案・製作／磯野 理　監督・脚本／坪島 孝　監督／石田勝心、浅野正雄、小谷承靖　脚本／長野洋、柏原寛司、木下祐子、篠崎 好、渡辺由自、まつしまとしあき、上原正志、鶴川五六　音楽／菊池俊輔
CAST
タコラ、チョンボ、モンロ／太田淑子（声）　イカリー、ヘララ、シクシク、デブラ、ビラゴン／阪 脩（声）

流星人間ゾーン

「ゴジラ」のテレビシリーズ化を考えていた東宝映像の社長・田中友幸が、監督の福田 純と共に練っていた企画。巨大化したゾーンファイターがゴジラと共闘し、恐獣と対決するというコンセプトは、萬年社との協議で決まった。東宝初の巨大ヒーローといえる。

ゾーンファイターが巨大化し、ガロガバラン星人が送り込む恐獣と対決する。

故郷を破壊され、地球に移住したピースランド星人・ゾーンファミリーが活躍。

『流星人間ゾーン』　全26話
1973年4月2日～
9月24日（月曜日19時～19時30分）放送
STAFF
監修／田中友幸　企画／高橋薫明、土門 弘　プロデューサー／衛藤公彦（萬年社）、高橋修之（日本テレビ）、西川善男　監督・脚本／福田 純　監督／本多猪四郎、古澤憲吾、菊池昭康、小栗康平、蓑輪雅夫　脚本／武末 勝、上原正三、島本十郎、石狩あきら、胡桃 哲、永井素夫、服部一久、古保則夫、小栗康平、竹内 進、雨宮雄児、石森詩朗、神沢信一、荒木芳久
CAST
防人 光・ゾーンファイター／青山一也　防人 螢・ゾーンエンジェル／北原和美　防人 明・ゾーンジュニア／佐藤賢司　防人陽一郎／中山昭二　防人月子／上月左知子　防人雷太／天草四郎　城 タケル／小原秀明

／行け！ 牛若小太郎／円盤戦争 バンキッド

行け！グリーンマン

『おはよう！　こどもショー』内の怪獣コーナーで放送されたヒーロー番組第３弾。前作よりもストーリー性が強化されており、神が遣わした正義のロボット生命体・グリーンマンが、地底世界で蘇った悪の化身・魔王が放つ怪獣から子供達を守るという、１エピソード３話構成になっていた。

「グリーンマン・ジャイアントマシーンチェンジ」の掛け声で巨大化。グリーンマンスティックで敵を倒す。

『行け！　グリーンマン』　全156回
1973年11月12日～1974年9月27日（『おはよう！　こどもショー』内）放送
STAFF
監督／久松正明、津島平吉、佐原博泰　音楽／山下毅雄
CAST
魔王／田中亮一（声）　トンチキ／田口 昂（声）

ダイヤモンド・アイ

『ダイヤモンド・アイ』　全26話
1973年10月5日～
1974年3月29日（金曜日19時30分～20時）放送
STAFF
企画／衛藤公彦　原作／川内康範　プロデューサー／片岡政義（NET）、山本悦夫（東宝）　監督／高瀬昌弘、六鹿英雄、山田 健　脚本／伊東恒久、田村多津夫　特技監督／真野田陽一　殺陣／渡辺高光、上西弘次、宇仁貫三
CAST
雷 甲太郎／大浜詩郎　カボ子／黒沢のり子　五郎／福田 悟　海藤警部／玉川良一　早川編集長／久野四郎　雷 勝子／菅井きん　大沢山京子／青木英美　源 海龍・キングコブラ／南原宏治　蘭花・ヒメコブラ／隅田和世

巨悪に挑むルポライター・雷甲太郎と、ブルーダイヤの精霊、ダイヤモンド・アイの活躍劇。

地獄の魑魅魍魎・前世魔人が企てる悪行に敢然と立ち向かっていく。

『レインボーマン』に続く川内康範原作、東宝テレビ部製作のヒーロー作品第２弾。高瀬昌弘がメイン監督を務めた関係もあり、キャストとスタッフに多くの「東宝青春ドラマ」関係者が招集された。人間がもつ〝業〟を描いた物語である。

円盤戦争 バンキッド

全国的に巻き起こった〝空飛ぶ円盤ブーム〟を背景に製作され、登場するＵＦＯも、実際の目撃例を参考に描かれた。地球への移住を狙うブキミ星人に挑む少年円盤遊撃隊バンキッドの活躍をミニチュア特撮を駆使して表現。

合体戦闘機バンキッドマザーに搭乗し、ブキミ円盤と空中戦を展開。

『円盤戦争 バンキッド』　全26話
1976年10月3日～
1977年3月27日（日曜日18時30分～19時）放送
STAFF
原案／高橋薫明　プロデューサー／安田 暉、山本時雄、高橋昭男（日本テレビ）、野口光一、滝沢健夫（東宝）　監督／金谷 稔、日高武治、野長瀬三摩地　脚本／長坂秀佳、加瀬高之、やなせひかる　特技監督／真野田陽一
CAST
天馬 昇・バンキッドペガサス／奥田英二　宇崎竜一・バンキッドドラゴン／田鍋友啓　宇崎純二・バンキッドラビット／辻 辰行　牛島二郎・バンキッドオックス／梅津昭典　白鳥ほのか・バンキッドスワン／鈴木美江

日本沈没

『日本沈没』　全26話
1974年10月6日～1975年3月30日
（日曜日20時～20時55分）放送
STAFF
企画／田中友幸　原作／小松左京　プロデューサー／斉藤 進、小倉 斉、橋本洋二、安田孝夫　監督／長野 卓、金谷 稔、福田 純、西村 潔、山際永三、真船 禎　特技監督／高野宏一、田渕吉男、川北紘一　脚本／山根優一郎、長坂秀佳、石堂淑朗
CAST
田所雄介博士／小林桂樹　小野寺俊夫／村野武範　阿部玲子／由美かおる　中田一成秘書官／黒沢年男　幸長信彦助教授／細川俊之　結城達也／橋本 功　吉村秀夫／仲谷 昇　辰野記者／田中邦衛　山城教授／佐々木孝丸

1974年10月から放送されたテレビシリーズ。東宝映像が製作したが、特撮部分は円谷プロから派生、誕生した日本現代企画に委託されたため、メインの特技監督は高野宏一が担当。毎回日本の名所旧跡を徐々に崩壊させていく内容だった。

行け！牛若小太郎

『行け！　牛若小太郎』　全156話
1974年11月12日～
1975年4月25日（『おはよう！こどもショー』内）放送
STAFF
脚本／伊東恒久、山本 優、篠崎 好、鈴木雅子、なんざわよういち　監督／久松正明、砂原博泰、津島平吉、今村明男
CAST
牛若小太郎／田中亮一（声）　入道／加藤正之（声）　うらぎら／田口 昂（声）　コーンジョ／芝田清子（声）　妖怪／雨森雅司、寺田 誠、北村弘一、城山知馨夫、石井敏郎、中島喜美栄（声）

『おはよう！　こどもショー』内の怪獣コーナーの最終シリーズで、１話完結。光の中から生まれた〝太陽の子〟牛若小太郎が諸国漫遊をしながら〝闇一族〟の妖怪たちを退治するという内容だが、ややコメディー寄り。

七星闘神 ガイファード
GUYFERD

ガイファードとなった風間 剛は、仲間の九條 麗と力を合わせ、クラウンの野望に挑む。

デスファードとガイファードが、最強の敵・ゾディアックに挑む。

東宝映像事業部がカプコンのゲーム企画をベースにし、製作したテレビシリーズ。拳王流の使い手が変身する改造戦士・ガイファードが、秘密組織クラウンが送り出す戦闘兵士と激突、平和を守る内容で、作品ムードは王道のヒーローものだった。

『**七星闘神 ガイファード**』　全26話
1996年4月8日～9月30日（月曜日18時30分～19時）放送

STAFF
プロデューサー／黒川雅彦、斎 春雄、岩田圭介（テレビ東京）　監督／村石宏實、神澤信一、北村義樹、高野敏幸、高瀬将嗣　脚本／会川 昇、稲葉一広、石井博士

CAST
風間 剛／川井博之　城石丈雄／赤星昇一郎　九條 麗／清水あすか　九條 優／立川大和　風間将人／加納詞桂章　中野祐二／友金敏雄　村越悦子／星 遙子　バイクロス／岡部 健　紫苑 恵・メタル紫苑／武田雅子

電脳警察 サイバーコップ

ジュピター／武田真也は、23世紀から来て記憶を失った未来人だった。

東宝企画とタカラ、講談社がタッグを組み、新時代の特撮ドラマを意図したSFテレビシリーズで、読売広告社とスタジオジャンプが製作に加わった。23世紀から来た青年がジュピタービットを装着。シリコン生命体からTOKYOシティーを守る物語が展開した。

『**電脳警察 サイバーコップ**』　全34話+2回
1988年10月2日～1989年7月5日
日曜日10時30分～11時（第24話まで）
水曜日17時～17時30分（第25話以降）放送

STAFF
企画／嶋村一夫（読広）、永山勝美（東宝企画）　プロデューサー／堀越 徹（NTV）、石川清司（読広）、鳥海 満、田久保正之（東宝企画）、小林哲也（スタジオジャンプ）　監督／村石宏實、松本清孝、北村義樹、平田道夫、大井利夫　脚本／武上純希、大橋志吉、ごうどかずひこ、田 哲平、戸田博史

CAST
武田真也・ジュピター／吉田友紀　上杉智子／千葉美加　北条明・マーズ／塩谷庄吾　毛利亮一・サターン／水本隆司　西園寺治・マーキュリー／佐々木竜馬　ルシファー／高良隆志　バロン影山／佐藤仁哉

当初、争っていたジュピターとルシファーは、後に共闘関係となる。

世紀末の戦士・マーズ、サターン、マーキュリーも登場する。

超星神 グランセイザー

最終的には、セイザータリアスがグランセイザーのリーダー的立場となった。

東宝とコナミがタッグを組み、製作した意欲作「超星神シリーズ」の第１弾。12人の戦士で構成されたグランセイザーは、3人１組で4つのトライブ（炎・風・大地・水）に分かれており、５体の巨大な超星神と共に宇宙からの侵略者・ウオフ・マナフに立ち向かう。

超星神は、４億年前の超古代文明が科学技術を駆使して完成させた巨大ロボット。各トライブが１体ずつ所有し、３人の力で起動する。

グランセイザーの力を受け継ぐ12人の若者は、宇宙考古学者からのサポートで敵と対決。

『**超星神 グランセイザー**』　全51話
2003年10月4日～2004年9月25日（土曜日9時～9時30分）放送

STAFF
企画／藤原正道、柳田和久、宮崎勝文　プロデューサー／山川典夫（テレビ東京）、二村慈哉、石井信彦　監督／村石宏實、鈴木健二、三好邦夫、鹿島 勤、石井てるよし、池田敏春　脚本／大川俊道、園田英樹、古怒田健志、石井博士、稲葉一広、河田秀二、上代 務、野添梨麻

CAST
弓道天馬／瀬川 亮　獅堂未加／清水あすか　獅堂 剣／武田光兵　伝通院 洸／芹沢秀明　雨宮涼子／星野マヤ　秤谷 仁／松沢 蓮　松坂直人／高原知秀　早乙女 蘭／磯山さやか　神谷 豪／正木蒼二　反町 誠／岡田秀樹　魚住 愛／伊藤久美子　三上辰平／菅原卓磨

ライザーグレンは、後にライザーシロガネへと二段変身を遂げた。

当初は敵だったデモンナイトも、ジャスティライザーと共闘関係になる。

「超星神シリーズ」第2弾として製作された本作は『グランセイザー』との差別化を図り、和のテイストが強調されたヒーローとなった。ジャスティ・クリスタルが発する光を浴びた3人の若者はジャスティライザーに変身。侵略宇宙人カイザー・ハデスに立ち向かう。

幻星神 ジャスティライザー
THE JUSTIRISERS

幻星神たちの中核となる怪獣タイプのコアロボット・幻星獣ライゼロスも敵と対決。

ジャスティライザーは3人体制となり、伊達翔太、真田ユカ、平賀真也が変身する。

『幻星神 ジャスティライザー』 全51話
2004年10月2日～2005年9月24日(土曜日9時～9時30分)放送

STAFF
企画／藤原正道、雲出幸治、森 恭一、柳田和久　統括プロデューサー／釜 秀樹　プロデューサー／山川典夫(テレビ東京)、渡辺和哉、船田 晃　監督／石井てるよし、鹿島 勤、米田興弘、池田敏春、大津 是、村石宏實、鈴木健二、近藤孔明、本多幹祐　脚本／稲葉一広、河田秀二、上代 務、天沢 彰、真島浩一、浦沢義雄

CAST
伊達翔太／伊阪達也　真田ユカ／神崎詩織　平賀真也／井坂俊哉　神野司郎／波岡一喜　天堂澪／江口ヒロミ　本宮麗香／小澤栄里　松平健一／正名僕蔵　ノルン／川合千春　市川 徹／内田 明　瀬川麻美／久保麻衣子　松原理緒／鳥井綾乃　伊達源太郎／中村有志

超星艦隊 セイザーX

「超星神シリーズ」の最終弾。宇宙規模の壮大なストーリーが主軸となるが、一方でコメディ的な要素も強調された。2005年の世界に暮らす青年が2500年からきた未来人たちと共闘。セイザーXの一員となって宇宙海賊デスカルから地球を防衛する。

火の属性を有したライオセイザーはパワーとスピードのバランスに優れ、剣技を駆使。

レミー・フリーデはルーエ星出身と思われたが、正体は1960年の地球人であった。

『超星艦隊 セイザーX』 全38話
2005年10月1日～2006年6月24日(土曜日9時～9時30分)放送

STAFF
企画／藤原正道、井澤昌平(テレビ東京)、雲出幸治、森 恭一　統括プロデューサー／釜 秀樹　プロデューサー／山川典夫(テレビ東京)、渡辺和哉、船田 晃　監督／米田興弘、市野龍一、池田敏春、舞原賢三　脚本／林 民夫、河田秀二、稲葉一広、古怒田健志、瀧田哲郎、関根智彦、今井 聡、宮川洋紀

CAST
安藤拓人／高橋良輔　アド／進藤 学　ケイン／三浦涼介　レミー／松山まみ　シャーク隊長／松永博史　ゴルド／ロバート・ボールドウィン　安藤由衣／枚田菜々子　グローザ／石川美津穂　パトラ／石坂ちなみ　安藤春子／森川由加里　安藤宗二郎／宗方勝巳

セイザーXの戦艦がコアブレイバーと合体し、巨大ロボット・流星神が完成。シャークリーガーのみ、戦艦が単独で変形。

現代人の安藤拓人がライオセイザー、宇宙人のアドがイーグルセイザー、ケイン・ルカーノがビートルセイザーに変身する。

ゴジラ70年記念《ねんきねん》
テレビマガジン特別編集《とくべつへんしゅう》
ゴジラ大鑑《たいかん》
東宝特撮作品全史《とうほうとくさつさくひんぜんし》

2024年10月15日　第１刷発行
講談社 編

構成・執筆・編集／小野浩一郎（エープロダクション）
写真／大島康嗣・東宝
アートディレクション／ヒライヒトリ（スタジオハカリ）
レイアウト・DTP／安達勝利、比嘉友美（コアーズ）
スタジオハカリ
編集人／岡本朋子
発行人／安永尚人
発行所／株式会社講談社
〒112-8001 東京都文京区音羽2-12-21
電話　出版（03）5395-3491
販売（03）5395-3625
業務（03）5395-3603
印刷所／TOPPANクロレ株式会社
製本所／大口製本株式会社
監修／東宝株式会社
株式会社バンダイナムコフィルムワークス

KODANSHA

ISBN978-4-06-536364-5